| 光明社科文库 |

连云港后发先至
理论、实践与探索（2022）

张国桥◎主编

光明日报出版社

图书在版编目（CIP）数据

连云港后发先至：理论、实践与探索：2022 / 张国桥主编 . -- 北京：光明日报出版社，2023.12
ISBN 978－7－5194－7679－3

Ⅰ.①连… Ⅱ.①张… Ⅲ.①区域经济发展—研究—连云港 Ⅳ.①F127.533

中国国家版本馆 CIP 数据核字（2023）第 250246 号

连云港后发先至：理论、实践与探索：2022

LIANYUNGANG HOUFA XIANZHI：LILUN、SHIJIAN YU TANSUO：2022

主　　编：张国桥	
责任编辑：宋　悦	责任校对：刘兴华　董小花
封面设计：中联华文	责任印制：曹　净

出版发行：光明日报出版社
地　　址：北京市西城区永安路 106 号，100050
电　　话：010-63169890（咨询），010-63131930（邮购）
传　　真：010-63131930
网　　址：http：//book.gmw.cn
E － mail：gmrbcbs@gmw.cn
法律顾问：北京市兰台律师事务所龚柳方律师
印　　刷：三河市华东印刷有限公司
装　　订：三河市华东印刷有限公司
本书如有破损、缺页、装订错误，请与本社联系调换，电话：010-63131930

开　　本：170mm×240mm	
字　　数：377 千字	印　张：21
版　　次：2024 年 6 月第 1 版	印　次：2024 年 6 月第 1 次印刷
书　　号：ISBN 978－7－5194－7679－3	
定　　价：99.00 元	

版权所有　　翻印必究

前　言

用"理论之思"答好"实践之问"

社会大变革的时代，也是哲学社会科学大发展的时代。世界之变、时代之变、历史之变正以前所未有的方式展开，当代中国正在经历人类历史上最为宏大而独特的实践创新，提出了大量亟待回答的理论和实践问题。为此，习近平总书记寄语社科工作者，要做到方向明、主义真、学问高、德行正，自觉以回答中国之问、世界之问、人民之问、时代之问为学术己任，在研究解决事关党和国家全局性、根本性、关键性的重大问题上拿出真本事、取得好成果。

当前，多重战略机遇叠加的连云港，正处在加压奋进、提速增量、提质增效的关键时期，牢牢锚定争先进位目标，奋力推动各领域攻坚突破，全面推进中国式现代化连云港新实践，对科学决策提出了新的更高的要求。面对连云港加快后发先至的时代呼唤，迫切需要哲学社会科学界实现更大作为。如何多出研究成果，多出精品力作，用"理论之思"答好"实践之问"，这是新时代社科联工作必须答好的重大课题。

用"理论之思"答好"实践之问"，必须坚持聚焦重大现实问题。全面推进中国式现代化连云港新实践，是一项崭新的时代课题，既需要大胆地解放思想，突破理论禁区，也需要实事求是地直面现实问题，提出科学管用的对策建议。这一年，全市社科界紧紧围绕全市重大战略和现实问题，坚持聚焦"一带一路"强支点建设、海洋经济、港城互动和产业发展，坚持聚焦地方治理体系和治理能力现代化、聚焦传承和弘扬地方特色文化等重大课题，形成了《打造绿色安全的世界级石化产业基地研究》《连云港市加快构建"一带一路"东方大港的思考及建议》《大手笔打造新港城几何中心的路径与思考》等一批质量较高的研究成果，在各级各部门以及社科界产生了一定影响。

用"理论之思"答好"实践之问"，必须广泛汇聚社会之智。智力资源是一个国家、一个民族、一个地区最宝贵的资源。全面推进中国式现代化连云港新实践，必须善于集中各方面智慧、凝聚最广泛力量。这一年，市社科联充分发挥"联"的优势和桥梁纽带作用，团结和动员社科界"五路大军"等各方面研究力量，紧紧围绕全市中心工作搞好重大选题的协调和研究力量的协调，突出抓好同一课题不同学科和多个课题组的研究会战，统筹协调盘活存量资源，努力实现了资源整合效应的最大化。

用"理论之思"答好"实践之问"，必须致力畅通成果转化渠道。研究成果如果束之高阁，就没有价值的实现，不能发挥作用，必须在搭建平台、畅通渠道、促进转化上下功夫、求实效。这一年，市社科联继续通过组织开展书记市长圈题等全市应用研究资助项目，推出研究成果200多篇，通过编印《决策内参》和课题成果专报等渠道报送研究成果40多篇，其中，《高标准建设"一带一路"强支点推动连云港高质量发展对策研究》《连云港市高水平构建国家海洋经济发展示范区的路径研究》《我市加快崛起"中华药港"的思考与建议》等多篇成果获市领导肯定性批示，13篇获市重点部门主要领导肯定，有效发挥了成果转化的"推进器"作用。

新的时代呼唤新的理论，新的理论指导新的实践。全面推进中国式现代化连云港新实践，离不开广大社科工作者的积极参与；同样，在实现连云港后发先至的新征程中，广大社科工作者大有可为，也必将大有作为。让我们携手并肩，勉力前行，努力为建设人民期待的现代化新港城贡献更加磅礴的智慧力量。

张国桥

2022年12月

（作者系中共连云港市哲学社会科学界联合会党组书记）

目 录
CONTENTS

发展战略篇 ·· (1)

高标准建设"一带一路"强支点推动连云港高质量发展对策
　　研究 ··· 张国桥　谢朝清 (3)
打造绿色安全的世界级石化产业基地研究 ························· 段　东 (29)
连云港市加快工业化发展战略路径与选择 ························· 刘成文 (41)
提升国家东中西区域合作示范区开放合作能级的思考及建议 ··· 古　璇 (50)
推动中国（江苏）自由贸易试验区连云港片区创新发展思路与对策
　　研究 ·· 宣昌勇 (71)

产业发展篇 ·· (87)

连云港市建设国内领先的新能源、新材料产业基地路径选择 ··· 张　涛 (89)
关于加快我省碳纤维产业创新发展的若干建议 ····················· 杨　龙 (103)
新时代"后发先至"构建重大产业引领支撑的战略思考及
　　建议 ·· 张　源 (107)
浅析全球变局背景下我市产业链发展面临的问题和发展路径 ···············
　　·· 席世战 (120)
东海水晶产业链发展调研报告 ·· 薛　剑 (126)

海洋强市篇 ·· (133)

连云港市加快构建"一带一路"东方大港的思考及建议 ······ 古龙高 (135)
连云港市高水平构建国家海洋经济发展示范区的路径研究 ···· 张宏远 (163)
关于建设连云港区域性国际农产品贸易中心的思考 ············· 平浩生 (179)
大手笔打造新港城几何中心的路径与思考 ························· 卢士兵 (188)

社会民生篇 ………………………………………………………… （207）

大力推进我市乡村振兴的思考及建议 ………………… 孙巨传（209）
我市扎实推进共同富裕的问题及对策研究 ……………… 易爱军（222）
我市推进新型农村社区治理的问题及对策研究 ……… 李秀芸 杨雪英（236）
我市"大数据+网格化+铁脚板"治理模式存在的问题及对策
　　建议 ………………………………………………… 郭高晶（249）

文化教育篇 ………………………………………………………… （259）

连云港大力弘扬西游文化的对策研究 …………………… 赵　鸣（261）
关于做强媒体核心优势　推动文创产业高质量发展调研报告
　　……………………………………………………… 苏中保（274）
关于海州文化旅游融合发展问题的思考 ………………… 顾建华（284）
我市推进新时代教育评价改革的思考及建议 …………… 骆增翼（290）

生态文明篇 ………………………………………………………… （299）

关于涉渔"三无"船舶清理和海岸环境整治的调研报告 …… 华宏铭（301）
连云港市重点行业碳达峰碳中和工作研究 ……………… 谢方宝（305）
连云港市农村黑臭水体治理研究 ………………………… 吕江莉（309）
充分发挥河湖长制优势高质量推进水污染防治 …… 市政协社法民宗委（319）

后记 ………………………………………………………………… （325）

01

发展战略篇

高标准建设"一带一路"强支点
推动连云港高质量发展对策研究

张国桥　谢朝清

作为国家首批沿海对外开放城市和新亚欧大陆桥东端起点，连云港位于中国东部沿海的脐部，南连长江三角洲区域，北接山东半岛城市群，东与日韩隔海相望，西通新亚欧大陆桥与我国中西部乃至中西亚、欧洲相连，地处我国最发达的沿海经济带与带动我国东中西区域共同发展的陇海线经济带交汇处，是连接环太平洋地区与欧亚大陆的海陆枢纽，一直以来在我国生产力布局中占有重要位置。

近年来，江苏沿海地区发展、国家东中西区域合作示范区建设、长三角一体化发展、"一带一路"倡议实施等国家战略纷纷聚焦连云港，为连云港发展带来了重大机遇。党中央、国务院和江苏省委、省政府对连云港给予高度重视，希望连云港在促进区域协调发展、服务国家扩大开放上发挥更大作用。2009年，时任国家副主席的习近平同志到连云港视察，指出连云港要实现后发先至，构建新亚欧大陆桥，完成新时代的"西游记"。2013年以来，习近平总书记四次见证中哈连云港物流合作基地项目协议签署和启动运营，并指出要将以连云港为东端起点的新亚欧陆海联运通道打造成"一带一路"标杆和示范项目。2013年，李克强总理在上合组织成员国政府首脑（总理）理事会会议上提出在连云港为上合组织成员国提供物流、仓储服务。2014年，习近平总书记视察江苏时指出，江苏处于"一带一路"的交汇点上，要主动参与"一带一路"建设，放大向东开放优势，做好向西开放文章，拓展对内对外开放新空间。2017年，江苏省委、省政府提出要提升连云港的发展站位，作为"一带一路"倡议支点来规划发展、重点支持。2019年，江苏省委、省政府明确支持连云港加快"一带一路"交汇点的强支点建设，加快打造有影响力的区域发展中心、重点产业中心、综合枢纽中心，努力成为"一带一路"交汇点建设的"强支点"。所有这些，对连云港发展提出了更高定位，要求连云港高标准建设"一带一路"强支点、在服务国家战略实施中发挥更大作用。作为"一带一路"交汇点建设的强支点，连云港的使命有哪些，处在什么站位，汇聚何种资源，撬动哪些力量，达到怎样的效果，找寻这些答案的过程，是连云港贯彻落实习近平总书记重要指示精神，全力融入、服务多重国家战略实施的过程，也是连云港人时不我待、只争朝夕、抢抓机遇、加快发展的过程。

本文根据城市发展的基本规律、城市定位的一般原则，结合连云港这座城市的发展历程，分析时代对连云港提出的使命要求，围绕高标准建设连云港"一带一路"强支点开展相关研究，以求更科学准确地明确连云港的发展定位、发展战略和发展路径，为更好地服务国家战略实施、服务江苏高质量发展提供理论政策依据。

一、研究背景

（一）研究意义

从连云港层面来看，作为江苏省委省政府提出的"一带一路"交汇点建设的强支点，研究分析如何抢抓"一带一路"倡议机遇，按照中国特色社会主义进入新时代这一历史方位，遵循创新、协调、绿色、开放、共享新发展理念，迅速做强综合实力，提升辐射带动能力，实现总书记寄语的"后发先至"期望，走出一条具有连云港特色的发展之路。

从江苏层面来看，通过"一带一路"交汇点强支点建设服务江苏高质量发展，更好地发挥区域增长极作用，更好地发挥港口龙头带动作用，更好地发挥生态本底优势，探索解决江苏区域发展不平衡问题，探索创新区域合作体制机制，探索实践生态优先、绿色发展之路。

从国家层面来看，如何立足连云港连接南北、沟通东西的特殊地理区位优势，着力打造"一带一路"标杆和示范项目，打通"一带一路"倡议实施的重要战略通道，把连云港建设成"一带一路"海陆东西双向对外开放的枢纽，发挥连云港服务国家战略实施的支点作用，更好地促进区域协调发展、优化中国对外开放格局。

（二）研究现状

"一带一路"倡议提出以来，学术界围绕经济发展、国际合作、贸易投资、设施联通、人文交流等方面开展研究，取得了一系列成果。一方面，新闻媒体报道的数量急剧增长，反映了国家的高度重视和公众的热情关注；另一方面，围绕"一带一路"倡议的专题研讨会也日益增多，如2014年12月在外交学院举办的"一带一路与亚洲命运共同体"研讨会、2015年10月在山东大学举办的"地缘政治视域下的一带一路倡议"、2017年7月在连云港举办的"一带一路倡议支点城市与区域合作发展"国际论坛等,充分体现了学术界对"一带一路"倡议的关注和研究价值上的认可和肯定。国内也涌现出了数量繁多的优秀论文和专著,代表著作有李向阳主编的亚太蓝皮书系列《亚太地区发展报告(2015):一带一路》、王灵桂主编的《国外智库看"一带一路"》及邹磊的《中国"一带一路"倡议的政治经济学》等。

  有关连云港城市发展的研究文献有千余篇之多,"城市定位""发展战略""发展路径""强支点"等日益成为研究热词。李隽通过对连云港城市营销的目标市场分析和城市竞争力分析,结合"一带一路"倡议指导,分别从城市文化、空间、功能、产业、特色等五方面进行城市定位探索,并对发展战略进行思考:国际视野,加快构建城市价值链;整体联动,推动港产城融合发展;文化传承,助推合作走向纵深;城市营销,打造国际知名海港城市。孟力强对连云港市城市定位进行了回顾,提出了"桥头堡中心"定位概念,分析了"桥头堡中心"的功能特点,提出实现连云港发展战略定位的对策建议。江行舟、段东、张国桥分析了连云港建设沿海中部区域性中心城市的战略意义,并对连云港建设沿海中部区域性中心城市的条件进行分析。研究认为,连云港应充分发挥港口的龙头带动作用,大力提升城市经济内核,加快完善重大基础设施,深入推进区域战略合作,建设山海相拥的知名旅游城市、中国沿海新兴港口工业城市和辐射带动能力强的新亚欧大陆桥东方桥头堡。刘成文就连云港建设"现代化国际海港中心城市"的内涵和标准、面临的问题和差距,以及建设"现代化国际海港中心城市"的发展战略进行了分析研讨,提出了实施东方大港战略、显山亮海战略、科教创新战略、交通优先战略、旅游提升战略和文化引领战略。杨东升分析了连云港在"一带一路"交汇点核心区和先导区的理论依据,提出了连云港在"一带一路"中应该扮演龙头地位、发挥枢纽作用,指出了当前存在的开放层次低、经济总量小、城市功能弱等问题,提出了将连云港发展定位为"四个城市四个中心",即国际性海滨城市和金融商贸中心、世界著名港口城市和物流中心、现代化工业城市和科技研发中心、国内外向往的旅游城市和休闲娱乐中心,建议实施国家牵动战略、开放拉动战略、创新驱动战略、环境带动战略。

  综合来看,学术研究领域将一座节点城市尤其是国内城市,作为"一带一路"交汇点强支点研究的文献并不多,更多的是侧重于布局国外城市战略支点或者支点国家,研究国家层面政治经济文化方面战略意图。建设连云港"一带一路"强支点、服务江苏高质量发展,是国家战略在地方实践上的典型范例,有利于打造"一带一路"标杆和示范项目,对其开展对策研究,可以为更好地落实国家战略提供理论支撑,并为"一带一路"倡议辐射城市提供发展实践启示。

(三) 相关基本理论综述

1. "一带一路"强支点的基本概念

强支点的概念可以拆解成两个子概念,强即力量大,这里特指地位特别重要,关系全局。支点即指杠杆发生作用时起支撑作用固定不动的一点,引申指事物的关键、中心。

国家层面对"一带一路"倡议做了顶层设计,确定了共建"一带一路"五大方向,明确合作重点和空间布局,以及"六廊六路多国多港"的合作框架。2017年5月,推进"一带一路"建设领导小组办公室发布的《共建"一带一路":理论、实践与中国的贡献》提出,在建设"一带一路"过程中,中国同共建国家将共同打造新亚欧大陆桥、中蒙俄、中国—中亚—西亚、中国—中南半岛、中巴和孟中印缅六大国际经济合作走廊。事实上,如果把"一带一路"看作联通世界的合作"网络",那么经济合作走廊就是结网的"经线",沿线支点城市则是连线结网的空间"支点"。从经济视角看,支点城市对"一带一路"经济合作走廊的沿线区域发挥着"内聚"和"外联"作用:一方面,支点城市是经济合作走廊各区域的要素集聚"中心地"或经济"增长极",通过要素和产业集聚,支点城市可以辐射带动周边区域的经济发展;另一方面,支点城市又是经济合作走廊沿线区域的外部联通"门户",在要素配置中发挥着"四两拨千斤"的重要作用。

连云港作为"一带一路"交汇点,地理上连接南北、沟通东西,战略位置重要,发展基础良好,具有建设强支点城市的基础条件。

2. 区域经济理论

区域经济是国民经济的子系统,在一国社会经济发展中的地位举足轻重。新中国成立70年来,中国区域经济理论研究大体经历了两个不同时期,即改革开放前的30年和改革开放后的40年。

新中国成立初期,经济基础十分薄弱,近70%的工业位于沿海地区。为了改变这种地区经济极不平衡的状况,在改革开放之前30年,中国实施"均衡发展"的区域经济战略。这一时期,出于加快国防建设、缩小沿海与内陆的差距以及赶超西方国家战略的需要,中国开始改变原有的生产力布局,把重点工程项目更多地安排在内地建设。"一五"计划实施的156个工业项目主要分布在资源丰富的东北和中西部地区，20世纪60年代的"三线建设"项目更是以西部为主。

改革开放之后，中国区域经济理论的发展大体经历了三个阶段：第一阶段，20世纪80年代，向东部沿海倾斜的不平衡发展阶段。1988年邓小平提出"两个大局"战略构想，即先发展沿海地区，发展壮大的沿海再反过来帮助内地发展，这是区域非均衡发展战略的集中体现和战略部署。第二阶段，20世纪90年代，兼顾中西部的区域协调发展阶段。1997年，党的十五大报告中强调"促进地区经济合理布局和协调发展"，标志着区域协调发展战略已经取代不平衡发展战略，成为占支配地位的主流思想。1999年，中央正式提出"国家要实施西部大开发战略"。第三阶段，进入21世纪，随着协调发展战略不断付诸实践，开始了区域总体发展的新征程。2005年，"十一五"规划纲要中明确提出了中国的区域发展总体战略，即"坚持实施推进西部大开发，振兴东北地区等老工业基地，促进中部地区崛起，鼓励东部地区率先发展的区域发展总体战略，健全区域协调互动机制，形成合理的区域发展格局"。

3. 城市定位理论

城市定位的一般内涵是：根据自身条件、竞争环境、需求趋势等及其动态变化，在全面深刻分析有关城市发展的重大影响因素及其作用机理、复合效应的基础上，科学筛选城市地位的基本组成要素，合理地确定城市发展的基调、特色和策略的过程。

城市的发展命运取决于多方面的因素，影响城市定位的主要因素概括起来有五个方面：一是政治因素。指来自国家的乃至国际组织的意志，对于一个城市的城市定位起着强制约作用。例如，由于联合国、国际货币基金组织等世界权威政治、金融机构总部的设立，致使纽约必然发展成世界主要的政治和金融中心。二是资源禀赋。指一个城市行政区划范围内所拥有的自然资源，是支撑城市定位的根本物质基础。例如，威尼斯由于及早发掘和集中开发利用了城市水系的特有优势，成就了享誉世界的"水上之城"城市发展目标。三是主导产业。城市"大不大"是由其基础条件决定的，但城市"强不强"则是由主导产业决定的。许多城市往往以现有的主导产业来确定城市定位。例如，"世界电影之都"洛杉矶、"中国油城"大庆。四是区域文化。指在历史进程中形成的一个城市特有的区域文化积淀，是支撑城市定位的人文基础，是决定城市未来发展的文化资本和"软实力"。例如，"世界音乐之都"维也纳，"东方园林之城"苏州。五是竞争环境。指城市竞争对象特别是可比对象的状况与发展动态，它是制约城市发展的外在矛盾力量，也是城市定位战略决策的重要参考因素。要尽可能避开强势者的锋芒，寻求差别化、个性化、优势化定位，做到"人无我有、人有我优、人强我让"。

根据城市经济学、城市地理学、城市规划学等相关学科的基本理论，城市定位的主要内容包括以下方面：一是城市空间定位。是对城市的区域地位及空间势力范围的界定，城市作为区域的节点和纽带，必须明确城市所辐射的区域，由此确定城市在城市群或城市体系中的空间地位。不同的城市，其所能影响的空间范围是有差异的，如国际性、洲际性、全国性、大区域性、地区性城市等。二是城市功能定位。是城市发展总体战略的核心组成，引导城市中长期的发展方向。可分为一般功能和特殊功能，一般功能是指城市所必须具备的，如政治、经济、文化和社会功能等，特殊功能是指由城市某个特殊的优势而形成的独特功能，具有个性化和特色性，往往作为一个城市区别于其他城市的一大特征。三是城市产业定位。是一个城市参与区域专业化分工和协作的前提，是一个城市生存和发展的经济基础。必须在充分考虑资金、技术、人才、市场等因素的基础上，依托城市所拥有的资源条件，对城市主导产业、战略性新兴产业和优势产业进行筛选和组合，从而确定与城市发展方向一致，体现城市优势，并能够使之融入全球产业链，创造价值的产业体系定位。四是城市特色定位。是指能够综合反映城市的政治、经济、文化、历史和景观形象的地域化个性特征。城市特色是此城市有别于彼城市的核心性标志，港口城市、风景旅游城市、工业城市、数字化城市、学习型城市、绿色城市、钻石之都、金融中心、软件之都、展览之都、钟表之都、石油城等之间有着迥然相异的特色和个性。城市特色定位必须与原有的自然、人文环境有机融合，正确反映城市的特色，才有利于城市历史文脉的延续和发展。五是城市文化定位。包括对城市意象和城市赋形的归纳和构建。城市文化意象，是凝聚着不同地域、各个民族智慧和历史文化的一种文化符号。赋形就是强调在城市规划、建设和发展中，要通过具体形式体现和传承城市特有的文化意象。

二、连云港建设"一带一路"强支点的实证分析

（一）历史实证分析

1. 连云港素以"淮口巨镇""东海名郡"著称

连云港古称海州，历史上可追溯到黄帝时代。早在四五万年前，原始先民就在这块土地上繁衍生息。据史籍记载，市境古为少昊氏之遗墟。市域内有明

确行政建置于秦代，名朐县，属东海郡。始皇帝曾三次东巡于此，秦代统一交通所修筑的驰道，连接了当时都城咸阳和在连云港所设置的秦东门，这奠定了面向大海的海州成为秦王朝东大门的战略定位，也是今天亚欧陆桥陇海兰新线段的前身。东魏武定七年（549年）设海州，这是历史上第一次出现"海州"名称，辖6郡19县，以"东滨渤海，西绾徐邳，北控齐鲁，南蔽江淮"的区位优势，成为苏北、鲁南沿海地区的政治、经济、文化中心和军事重镇。元、明两代，时称海州为"淮口巨镇"。1948年连云港全境内解放，将新浦、海州、连云港及附近地区划建新海连特区；1949年更名为新海连市；1953年新海连市划归江苏省；1961年新海连市面向连岛、背倚云台山，因港得名改连云港；1962年升为江苏省辖市；1983年国家地市体改时，将徐州的赣榆、东海两县与原淮阴地区的灌云县划归连云港；1996年将淮阴市灌南县划归连云港；2001年撤销云台区；2014年撤销赣榆县设立赣榆区，撤销新浦区、海州区，设立新的海州区。历经沧海桑田变迁，连云港逐渐形成了目前的政区版图。

2. 连云港自古为我国重要通商口岸

从云台山下的大村和朝阳等地出土的商周遗址、春秋战国遗址及汉墓群、石刻等，说明岛上和陆上的交往相当频繁。海州朐港秦汉时就开始同越南、缅甸、印度、斯里兰卡等国往来，素有"海道第一程""海上丝绸之路"之称。唐宋年间，海州朐港可沟通外海内河，北通登、荣、胶、烟，南连通、泰、江、浙，市境内成为海上丝绸之路和陆上丝绸之路的交汇点。唐代，海州开凿80千米长的官河，沟通运河和海运，使海州港成为繁华的商港、南北货运集散的码头和海上补给粮饷的军港，宿城出现新罗人居住的村落。宋代，海州年运销原盐47万石，在全国六大茶叶集散市场中茶税总额最高，海州被朝廷作为与高丽等海外国家往来的四大重要口岸之一。元、明两代，改漕粮河运为海运，海州港是中转之处，时称海州为"淮口巨镇"。明朝海州已是"漕运重地"，盐业经营举足轻重，在海州设有惠泽和高桥二巡检司，赣榆设有荻水镇和临洪镇巡检司，说明海州在明朝时，海上交往已经频繁。清康熙年间，海州是与"宁波、漳州、澳门"并列的"四海关"之一，成为朝廷"钦定口岸"，设海关，征收海船货税。到了近代，伴随着大浦港及连云港的兴建和东陇海铁路的铺设，连云港的手工作坊及物资交流活动呈现群体性的格局，城市经济发展出现新的繁荣，至20世纪二三十年代，逐步发展成苏北鲁南的区域贸易中心。

3. 近现代连云港逐步演变为新兴商业码头

在晚清兴起洋务运动、推动实业救国的背景下，沈云霈、许鼎霖等士商名流就在海州兴办实业，这些推动着海州地区工商业乃至苏北近代资本主义工商业的发展。1933年中央大学地理系胡焕庸教授来新浦专程考察，在其《两淮盐政考察报告》中讲道，"新浦水陆辐辏，商铺林立，是新兴的商业码头，商民俨然以小上海自诩，其前景方兴未艾"。这个阶段，其城市功能有三个标志性的规划定位。

一是孙中山与"东方大港"。孙中山先生于1917年撰成《建国方略》，提出中国经济建设的设计。在其第二部分《实业计划》中，提出在我国沿海建设三个头等大港，即北方大港天津港、东方大港上海港和南方大港广州港；四个二等海港，即营口、海州、福州、钦州；还有九个三等港。连云港列入了二等海港建设之列，在所有大港中名列第五。他认为"海州今已定为东西横贯中国中部大干线陇海铁路之终点""在沿江北境二百五十英里海岸之中，只此一点，可以容航洋巨舶逼近岸边数英里而已"。但直到新中国成立，多点式的连云港还是典型的农耕社会的传统集镇，城市功能就是行政中心或商贸集市的功能。

二是陇海铁路与"东端起点"。沈云霈是东陇海铁路的奠基人，他致力于陇海铁路的规划和建设，促成老窑为陇海铁路的终端。东段徐州至海州的大浦，1923年竣工，全线1953年通车。新浦因此也在20世纪之初逐步发展为一个区域商埠，成为沭河三角洲河口地区的商贸中心，城市中心也从古城海州转移至新浦，新浦成为地区性的行政中心和手工业、商业集中的区域。1946年以后，商埠新浦沿着交通线朝东北方向延伸，形成了工业和仓库用地的伸展轴，城市形态开始向外呈轴向发展。新中国成立之前，连云港已经形成多点式城市构架，流通城市的基本功能已初步具备，但工业和海港还很薄弱，尚不具备现代工业城市和海滨城市的特征和功能。

三是赖琏与"远东工商业枢纽"。1934年老窑港开港，为了支撑港口的发展，1935年国民党南京政府设立连云市，南京市政府秘书长赖琏任连云市筹备组的组长。他们的远程计划是："要把陇海铁路一直向西扩展到甘肃及新疆而与欧洲的铁路系统衔接起来，那么我们便以连云港为起点，横跨亚欧两洲，贯通由太平洋到大西洋的东西大道。这不但是划时代的国际交通新纪元，而且对我国外交、内政、经济、交通和对外贸易，都可以发生极广泛极有利的影响。"经过艰苦的工作，一个东方大都市规划逐渐形成，目标是要建设成上海和青岛之间的百万人口的国际化的大都市，在江苏比苏州、无锡等省辖市都要早。可是由于各种历史因素，多年来东部城区仍一直是连云港市的次中心区。

4. 新中国成立后国际化海港中心城市定位日趋明确

新中国成立后，连云港的城市发展主要还是围绕陇海铁路、港口两大资源进行定位规划。

新中国成立后至改革开放前：江苏重要的生产原料基地和半成品、产成品加工基地。连云港解放后，在国家财力支持和国民经济发展计划的指导下，新海地区围绕海洋发展盐业、化工业、加工业，发展成新兴轻化工业城市；东部城区的发展围绕港口和海洋航运而展开，连云港港口被纳入沿海"八大"港口之一。连云港成为当时江苏重要的生产原料基地和半成品、产成品加工基地，到20世纪70年代，其人均地区生产总值与南京、常州等城市相差无几。20世纪70年代开始，工商业的发展、人口的集聚，促进中心城市建设进一步发展，新浦和海州、连云和墟沟在空间上连接，多点式城市演化成"一市双城"。尤其是在周恩来总理关于"三年改变港口面貌"的指示指引下，连云港市经济发展取得明显成效。

改革开放后至20世纪末：新亚欧大陆桥东桥头堡、临海工业基地、带动地区经济发展的龙头、风景旅游胜地。1984年连云港被确立为第一批十四个对外开放的沿海城市之一，同年国家级连云港经济技术开发区建立，连云港的城市性质发生了根本性的改变。1984年，省政府批复同意《连云港市城市总体规划（1980—2000）》，该规划确定连云港市的城市性质为"中国沿海中部的重要海港城市"。1986年，市政府将城市性质调整为"我国沿海中部新兴的工业、外贸、港口城市"，要求积极发展轻工业、化工业，大力开发风景旅游资源。1994年，国务院把沿桥（中国段）可持续发展列入中国21世纪议程优先项目，规划把连云港建成连接太平洋沿岸国家与中亚地区的国际性港口城市、环境优美的旅游中心、国际商贸中心和交通枢纽。1995年，省政府批复同意《连云港市城市总体规划（1991—2010）》，规划明确连云港城市的性质为新亚欧大陆桥东桥头堡，中国沿海中部的重要的工业、商贸、科技、文化、风景旅游综合发展的城市；远景发展成国际海港城市。城市的主要职能为：新亚欧大陆桥东桥头堡、临海工业基地、带动地区经济发展的龙头、风景旅游胜地。

步入21世纪之后：沟通东西、连接南北的重要节点与区域中心城市。2005年，省政府批复同意《连云港市总体规划（2003—2020）》，该规划确定连云港的城市性质为新亚欧大陆桥东桥头堡和国际性港口城市、全国重点旅游城市、江苏省海洋开发基地。"十一五"规划江苏省沿江、沿海、沿线的"U"型战略和开发苏北的战略实施，尤其是连云港"一体两翼"港口发展和"一心三级"的城市发展战略的提出与实施，城市建设与发展，从理念到空间结构和生产力布局等方面实现全方位提升。2005年，连云港市提出了建设"区域性海滨城市、现代化港口工业城市、山海相拥的知名旅游城市"的城市定位。在修编的《连云港市城市总体规划（2008—2030）》中，明确了连云港的城市性质的同时，把城市定位为沟通东西、连接南北的重要节点与区域中心城市，我国中部沿海的国际性干线大港，江苏省乃至国家级临港产业基地，山海相拥、环境优美的现代化海滨城市，开放创新、和谐发展的生态宜居城市。提出到 2030 年，将连云港市打造成开放创新、生活宜居现代、环境绿色低碳的国际化海港中心城市。

（二）现实因素分析

1. 资源禀赋和竞争优势

客观而言，相对于国内许多城市，连云港具有诸多得天独厚的资源禀赋和竞争优势，这些既让连云港在一批国家战略实施中占有重要地位，又为连云港建设"一带一路"强支点提供了有利条件。

（1）地理区位独特。1923 年陇海铁路修建到大浦，1934 年老窑现代港口开港，一条铁路、一个港口，奠定了连云港现在特殊的地理区位。南开大学刘秉镰教授在《论港口城市的经济发展》中分析了港口城市的经济增长，认为城市经济增长的根源在于需求和供给的变动，域外对城市的需求可有效促进这种变动，域外需求和内部供给之间相互促进，加之城市利用本区域所具有的比较优势进行生产，在国际分工中取得比较利益。就港口城市而言，海陆两个腹地使其具有广阔域外需求优势，海运的低物流成本使其发展工业具有极大的成本优势，港航业的极强产业关联性使其对要素集中有较强的吸引和凝聚作用，这些推动港口城市的经济增长速度往往明显高于一般城市。盛洪教授在《制度为什么重要：如何在地区竞争中胜出》中指出，一个地方的发展，要考虑其自然资源因素、人文历史资源因素以及其地理位置，一个城市的兴衰与其在贸易通道上的地理位置非常相关，某种程度上地理位置决定了其发展潜力和前景。连云港具有连接南北、沟通东西的特殊地理位置，铁路大陆桥将连云港与中西部、中亚西亚乃至欧洲紧紧连接在一起，国际性大港离全球三大主航线较近，处在优势洲际大通道的起始点，在航运区位上具有全国其他沿海港口城市无法比拟的地理优势。地理区位的独特优势，使连云港具有广阔的发展前景，也让国家赋予了连云港诸多使命。

（2）发展空间广阔。连云港陆域面积 7615 平方千米，处于北纬 34°12′~35°07′、东经 118°24′~119°24′之间，位于鲁中南丘陵与淮北平原的接合部，地势由西北向东南倾斜，地形以平原、岗地为主，地貌基本分布为中部平原区、西部岗岭区、东部沿海区。地处暖湿带与亚热带过渡地带，受海洋影响，为湿润季风气候，四季分明，光照充足，气候温和。海陆交汇、南北过渡地理位置的特殊性，以及气候特征和地貌类型的多样性，造就了连云港独特的资源禀赋优势，赋予了连云港极为广阔的发展空间。连云港农产品物产丰富，是国家重要的粮棉油、林果、蔬菜等农副产品生产基地，海州湾渔场为中国八大渔场之一，全市有地理标志保护产品22个，发展生态、有机、外向农业的条件得天独厚。更需要看到的是，连云港是一个海洋城市，有海域7516平方千米，海岸类型齐全，有组合深水大港，有标准海岸线162千米，其中40多千米的基岩海岸为江苏独有，还拥有480平方千米滩涂，发展海洋经济空间广阔。依托沿海组合大港和300平方千米国有工业性质的盐田，连云港由北到南辟建了一系列产业园区，是国家规划建设的七大石化产业基地，为发展临港工业提供了其他很多城市无法比拟的条件。国家"十四五"规划和2035年远景目标纲要明确提出，"积极拓展海洋经济发展空间"。连云港海洋资源十分丰富，要进一步树牢海洋意识，把海洋经济作为重要发展空间。

（3）支持政策密集。改革开放之初，连云港被确定为首批14个沿海开放城市之一，批准设立国家级经济技术开发区。2008年，国务院出台的《江苏沿海地区发展规划》，在连云港对外开放、投融资、资源开发与管理、人才保障方面给予极具含金量的政策。2009年，国家出台《国家东中西区域合作示范区建设总体方案》在财政和投资、用地、海关监管、金融等方面给予政策支持，赋予示范区相当于省级政府投资主管部门的项目管理权限。2013年"一带一路"倡议提出后，连云港被确定为新亚欧大陆桥重要节点城市，国家在中哈物流基地、上合组织物流基地、中欧班列等方面给予大力支持。2019年，国务院宣布江苏获批建设自贸试验区，连云港成为三个片区之一，被赋予了"亚欧重要国际交通枢纽、集聚优质要素的开放门户、一带一路共建国家（地区）交流合作平台"三大定位。2021年，中共中央、国务院印发的《国家综合立体交通网规划纲要》中，连云港港被列为全国沿海27个主要港口之一，并正式确定为国际枢纽海港。纲要在"国家综合立体交通网主骨架布局"中提出建设7条走廊，大陆桥走廊位列其中，其主要路径之一为"连云港经郑州、西安、西宁、乌鲁木齐至霍尔果斯/阿拉山口"。

（4）开放载体齐全。港口是连云港最重要的开放载体平台。连云港港是国际枢纽海港、我国综合运输体系的重要枢纽，是中哈物流合作基地、上合组织出海基地。连云港港现已形成连云、赣榆、徐圩、灌河"一港四区"，30万吨级航道水深超过20米，万吨级以上的海港泊位79个、千吨级以上的内河泊位35个，最大泊位等级30万吨级，辟有中东、波斯湾、美西南、非洲等远洋干线在内的集装箱航线73条，与全球150多个国家和地区进行通航往来。连云港经济技术开发区是1984年经国务院批准设立的首批国家级开发区，现已形成新医药、新材料、高端装备制造等主导产业，建成全国最大的抗肿瘤药物、抗肝类药物生产基地，全国重要的现代中药生产基地，全国最大的碳纤维生产基地，亚洲最大的风电装备生产基地。连云港高新技术产业开发区 2015 年经国务院批准升格为国家级高新区，规划总面积 145.2 平方千米，区内汇聚了江苏海洋大学、中国船舶第七一六研究所等"九校一所"，建有江苏省海洋资源开发研究院等多个省级新型研发机构，正在加快培育发展智能制造装备、医药与大健康、电子信息及软件、新材料和现代服务业等产业。此外，连云港还有中哈物流合作基地、上合组织（连云港）国际物流园、哈国东门特区无水港、"一带一路"连云港国际农业合作示范区、江苏自贸区连云港片区、连云港综合保税区、中欧跨境运输班列等一批开放载体，举办了中国（连云港）丝绸之路国际物流博览会、中国—中亚合作论坛、新亚欧大陆桥"安全走廊"国际执法合作论坛、国际医药技术大会等国际国内展会。

（5）产业基础较好。2021 年连云港实现地区生产总值达到 3728 亿元，一般公共预算收入完成 274.8 亿元；社会消费品零售总额实现 1203 亿元，全市已初步形成新医药、新材料、新能源、高端装备制造"三新一高"新兴产业和石化、冶金"两基型"临港产业等六大主导产业。产业规模逐步壮大，工业应税销售收入突破 4000 亿元，实现翻番；年销售过百亿元企业达到 10 家，苏北第一；连续 6 年获省长质量奖，位居全省前列。产业结构日益优化，2020 年全市三次产业占比为 11.8∶41.9∶46.3，第三产业占比超过第二产业 4.4 个百分点。外向型农业全省领先，农产品出口位居全省首位。"三新一高"产业增势强劲，生物医药产业入围国家先进制造业集群，"中华药港"正在成为中国医药行业新地标；高性能纤维及复合材料、硅材料、化工新材料等产业规模持续扩大，国内领先的新材料产业基地初具雏形；江苏核电 5 号、6 号机组并网发电，7 号、8 号机组开工建设，新能源发电量占全省近半，是华东地区重要能源基地。临港产业快速崛起，全市临港产业产值达到 2600 亿元，占到规模以上工业总产值的 42%。盛虹炼化一体化项目顺利投产，卫星化学、中化国际部分项目投产达效，世界一流石化产业基地强势崛起。全市产值 20 强企业中大部分是发展与港口关联产业，基础性、基地型临港工业加快发展，临港产业成为全市经济发展新的重要增长极。

（6）文化底蕴深厚。连云港境内名胜古迹众多，对于城市文化建设、对外文化交往、旅游产业发展来说是宝贵的资源。距今 7000 多年的将军崖岩画号称东方天书，被考古学家苏秉琦评价为"中国古代文明多元化起源的物证"。二涧遗址、大伊山石棺墓证实 6000 多年前此地受北辛文化和青莲岗文化影响，形成了独特的地域文化。藤花落遗址证实此地在6000多年前已跨入早期文明的门槛。孔子登山望海、秦始皇东巡等脍炙人口的传说，中国最富浪漫主义色彩的两部古典名著《西游记》《镜花缘》，均诞生于连云港。尤其是"徐福东渡"和"佛从海上来"极为著称，徐福东渡日本在2000多年前是空前的壮举，促成了一代"弥生文化"的诞生，给日本带去了文字、农耕和医药技术。为此，徐福成了日本人民心目中的"农神"和"医神"。另外，"佛从海上来"，从20世纪70年代末开始，我国考古界和佛教界对连云港市的孔望山摩崖造像研究证明，佛教文化有一条路径是从海上首先传入我国的，最早登陆的地方就是中国连云港市。"东渡"与"西游"等地方历史文化在"一带一路"背景下具有十分重要的当代文化价值。连云港南北交汇、海陆交融的多元文化特质，有利于打造连云港开放包容的城市形象，有利于培育市民的全球视野、包容意识、开放思维。

2. 竞争态势和存在不足

一直以来，连云港存在着经济总量不大、发展不充分、新旧动能转换和产业升级步伐不够快、中心城区带动能力不强、港口优势未能得到充分发挥等问题，这些是在建设"一带一路"强支点过程中，必须客观正视和亟待解决的问题。

（1）综合实力与承担的使命不相匹配。连云港是一个不缺战略的城市，但综合实力不强仍是最大的市情。在江苏13个设区市中，连云港的经济总量长期处在倒数的位置。在全国首批14个沿海开放城市中，连云港的地区生产总值、一般公共预算收入、工业增加值、港口吞吐量等指标都处在靠后位置。在陆桥沿线重要节点城市中，郑州的地区生产总值是连云港的3.5倍左右，西安是连云港的2.8倍左右，徐州是连云港的2.5倍左右，洛阳是连云港的1.6倍左右。不管放在哪个参照系中，连云港的发展都相对落后，与其优越的资源禀赋、地理区位不相称。习近平总书记期望连云港实现"后发先至"，辩证地说明目前连云港尚处在"后发"的状态。事实上，"一带一路"沿线城市可以分为三类：一类是世界级中心城市，如上海；一类是次区域中心城市，如西安；一类是沿线的口岸城市，如连云港。英国拉夫堡大学的全球化与世界城市研究组织，通过对研究对象城市与其他城市的关联、城市的商业新闻和先进服务提供水平三个维度分析，测量眼球对象城市对外关联度、"世界形象"和"全球能力"等指标，将城市确定为α、β、γ、HS（high Sufficiency）、S（Sufficiency）等级，定期推出世界城市排名。2016年推出的新亚欧大陆桥经济走廊中国境内的10个支点排名中，西安γ级，郑州、乌鲁木齐S级，连云港、徐州均尚未跻身世界城市行列。

（2）桥头堡地理区位优势日益被削弱。港口是连云港最核心的战略资源，港口优势是连云港最大的优势，但是连云港桥头堡的地理区位优势呈现被削弱的趋势。在腹地拓展上，天津、青岛、日照、上海的腹地与连云港交叉，货源争夺激烈。因港口功能、通关水平、航班航线等方面的限制，提供的主要还是船货代服务、引航拖轮服务、船舶供应服务、客货班轮运输等港口航运初级阶段的服务。航线航班密度不够，口岸环境、市场环境、信息环境不成熟，与国际航运配套的金融、保险、贸易服务业务有待发展，导致港口缺乏参与更大范围扩张的竞争力，对中西部地区货源的吸引力不够，沿陇海线地区甚至苏北一些城市舍近求远，选择走上海港、青岛港。尤其是相距不足100多千米的日照港快速崛起，给连云港港带来了巨大的挑战。与此同时，天津、上海、广州等港口城市也在积极做畅通陆桥通道的努力。

（3）产业支撑不足，港口与产业互动不够。虽然近年来连云港经济取得了长足发展，但地区产业基础仍很薄弱，直接腹地对港口的产业支撑不足。炼化一体化等产业项目产出效益还需要时间，新旧动能转换和产业升级步伐不够快，一些小化工的清退为大项目落地腾出了空间，但必须承受转型时期的阵痛。港口功能不能适应临港产业发展的需要，30万吨航道二期工程建设相对滞后，徐圩港区、柘汪、灌河等两翼港区集疏运体系完善需要周期，综合功能尚不能满足临港产业快速发展的需要。港区之间功能布局有待优化，受先天地理因素影响，传统的连云港区后方陆域狭小，港口集疏运一直是个难题，导致了大量的货物需要运输、大批的散杂货集中在中心城区。规划连云港区向两翼港区转移货种，但大型矿石码头、原油码头仍然布局在传统港区。港口与产业互动不足导致本地产业对港口上量贡献不大。据统计，连云港本地货源占港口吞吐量的比重较低，处在20%左右。与之相比，青岛本地货源在港口吞吐量中的比重超过60%，日照超过40%，大连超过35%，苏州及苏南地区货源生成量在太仓港的比重超过60%。连云港港口具有的大运输、低物流成本优势，在推动本地及周边地区产业发展上还远没有得到充分发挥。

（4）城市布局大而散，辐射带动作用不强。长期历史形成了连云港中心城市双城发展格局，全市政治文化经济的重心是新海城区，人口主要集中在新海城区，港口所在的东部城区主要是服务港口，但人口数量不足20万。赣榆县改区后，形成"一心三极"组团发展格局，但其融入主城区步伐还不够快。有限的城市资源、旅游资源、海洋资源、岸线资源的整合程度都不够，资源利用碎片化、配置低效化现象突出，一定程度上是囿于体制机制而互相掣肘，没有发

16

挥出应有的效应。连云港不是大城市但是城市大,发展不够紧凑,导致中心城市的承载和辐射带动能力偏弱。从港城互动来看,港口与城市、旅游、社会事业发展整体水平仍然滞后,港口、城市、工业、旅游互相争夺发展空间。从港口对城市的功能需求上看,城市功能对港口服务的支持不力,航运服务业发展还不够成熟,金融保险、航运贸易、法律咨询、信息服务、航运服务等高端航运服务体系需要加快构建,尤其是作为港口经济发展的主要地区——东部地区的商务环境还需大力营造,世界知名的航运、物流、贸易、金融企业较少,社会服务体系和各类要素市场还不够发达。

(5) 交通发展不快,综合交通枢纽建设滞后。连云港境内1935年就建成了90千米铁路,连云港港于1933年现代港口开港。近年来在多重叠加的国家战略机遇推动下,连云港交通运输发展取得了一定成效,但总体上与国家级综合交通枢纽城市的发展定位相比,仍存在较大差距。主要表现在:一是高铁发展滞后。30多年来铁路交通仅有东西向,没有南北向。陇海铁路连徐段作为国家级铁路大动脉,一直是单线,直到2006年才开始电气化改造。连徐高铁作为国家"八纵八横"高速铁路网的规划项目,成为整个陇海铁路客专最后开工的一部分,实际上早在2009年《江苏沿海地区发展规划》就被省政府明确提出,由于"一些客观原因"一直未能落实,直至前几年连盐铁路、连青铁路和连淮扬镇铁路、连徐高铁才建成通车。二是交通集成度不够。服务港口、铁路枢纽、机场等重要交通枢纽的集疏运路网仍需加快建设;支撑服务产业园区发展的连接性道路、铁路专用线等需要加快建设,机场快速连接线开工建设迟迟未提上日程;城市环线、县区通道、功能板块和乡镇节点道路覆盖等有待加强,至今三县、赣榆区与中心城市没有建设成体系的快速通道,影响到中心城市集聚辐射作用的发挥;内河航运通达性不够,海河联运的能力不足。三是出行条件亟待改善。在全市对外交通联系通道中,城际间出行可供选择的交通方式较为单一。公路仍有缺失通道,与宿迁方向尚无直连高速道路,与淮安、南京方向若遇雪雾天气没有一级公路辅助通道;部分道路标准偏低、功能不足,不利于城际间高效便捷联系。

(6) 经济外向度开放度仍不高,城市国际化水平较低。连云港开放型经济总量小,三资企业、生产企业出口总量偏低,中小企业开拓新市场能力不足;外资缺少重点项目、重点企业支撑,外商投资企业直接从业人员少;"走出去"境外投资项目规模普遍较小;开发园区作为发展开放型经济主阵地作用发挥不够,全市经济外向度、开放度不高,远远落后于国内几大港口城市。西向贸易交往是连云港的传统优势,但是由于西向贸易无论从规模还是种类都相对较小较少,如何将"一带"的西部地区、中西亚国家与"一路"的地区、国家联合互相呼应，是连云港贸易开放的一个课题。连云港与日韩一衣带水，但在开放合作方面与周边盐城、淮安等城市都有差距。在投资开放方面，连云港不仅存在开放程度不足，还存在开放政策权限的掣肘，由于本身的投资体量较小，导致对外金融服务领域发展较慢，国家开放政策倾斜程度一般。在城市国际化方面，缺乏系统化制度设计，城市提供国际服务的功能偏少，国际化色彩不够鲜明。在徐福东渡传说与《西游记》所蕴含的"东渡西游"精神、《镜花缘》少有的农业社会开放意识表征上的文章做得不足、挖掘不深、辨识度不高。徐福在日韩拥有深远的影响力，但是这一文化纽带没能被充分利用，对日韩文化交流做得不深不透。自2016年以来，青岛已顺利完成三轮"国际化+"行动计划，推进完成439项重点工作任务，涵盖推进经济发展、城市规划、社会治理、公共服务、国际交流、人文环境、人才引进等各方面，推动城市综合实力显著提升，城市面貌发生深刻变化，城市集聚辐射功能日益显现，相比之下连云港还有很多工作需要做。

三、推进"一带一路"强支点建设的路径选择

连云港建设"一带一路"强支点，应牢固新亚欧大陆桥经济走廊节点、国家东中西区域合作示范区，上合组织出海口、中哈物流基地、打造标杆和示范项目、海洋强市等意识，着力提升城市发展定位。（1）从空间上来看，连云港应定位为"一带一路"枢纽城市。连云港是国家"一带一路"规划确定的新亚欧经济走廊节点城市、上海合作组织出海基地、中哈物流中转基地，同时也是江苏省"一带一路"交汇点建设的强支点。连云港向东辐射日韩经济圈，向西辐射中西部、西亚、中亚以及欧洲地区，其城市潜在的空间影响范围，具备建设"一带一路"重要枢纽城市的条件。（2）从功能上来看，连云港应定位为东西双向开放的重要门户。着力发挥对日韩开放的地理优势和对大陆桥合作的传统优势，打造东西双向开放的重要门户，向西看更要向东看，扩大向东开放，引领向西开放，不断提升开放能级，全面建设与"一带一路"共建国家和地区在更宽领域、更深层次的良性互动合作示范区。（3）从产业上来看，连云港应定位为新型临港产业基地和中国东部沿海重要的经济增长极。建设"一带一路"强支点，综合经济实力是根本。一方面要发挥临港综合优势加快做大做强临港经济，另一方面要发挥"三新一高"产业竞争优势加快做优做强战略性新兴产业，加快建设世界级沿海新型临港产业基地、极具竞争力的先进制造业基地，全面深度融入国际产业链、供应链和价值链，不断提升连云港在国际经济中的作用和地位。（4）从特色定位上来看，连云港应定位为"一带一路"东方大

港。建设具有更强集聚辐射能力的枢纽港、产业港、物流港、贸易港，使之成为"一带一路"东方大港和"一带一路"重要的海陆物流枢纽。同时积极承担重点面向大陆桥、面向东北亚的国际功能，举办大型国际性活动，提升连云港在"一带一路"的影响力和话语权。(5) 从文化上来看，连云港应定位为"一带一路"重要人文交流城市。连云港是一座历史文化资源富集的东方城市，尤其是"东渡"与"西游"文化品牌。应坚持古为今用、推陈出新，彰显和而不同、自强不息的城市文化精神和开放包容、兼收并蓄的城市文化品格，大力推进"一带一路"人文交流。

重点采取以下发展战略：(1) 以港兴市战略。"建港兴城，城以港兴，港为城用，港以城兴，港城相长，衰荣共济"，正是港城关系的内涵。港口是连云港最核心的战略资源，最大限度地发挥好港口的比较优势，实施以工兴港、以港兴市，是推进连云港发展的必然选择。要加快打造国际基本港、区域枢纽港和特色产业港，加快以港兴市，实现港城互动，真正发挥好港口的龙头带动作用。(2) 产业强市战略。工业化是连云港发展不可跨越的阶段。大体上工业化可以划分为初期、中期、后期三个阶段：初期是以轻工业为主体的发展阶段；中期是以重工业为主体的发展阶段；后期也称之为后工业社会时期，是由以工业为主体转向以服务业为主体的发展阶段，或者说是发达的工业化阶段。目前，连云港正进入工业化的中后期，要加快推进工业化进程，并推动现代服务业发展，实现城市经济多元集聚增长。(3) 创新驱动战略。这是大的发展趋势。对于科技创新资源相对缺乏的城市，需要加快破解这个瓶颈制约。与先进发达城市相比，连云港创新资源比较薄弱，但是在一些领域创新很有特色，在国内甚至国际领先。要坚持一手抓好投资拉动，另一手抓好创新驱动，推动经济实现质的有效提升和量的快速增长，通过聚力创新，转变发展动能，激发发展活力。(4) 绿色发展战略。贯彻落实"生态优先、绿色发展"要求，科学处理好经济发展与生态保护的关系，坚持以发展为主旋律，以环保为硬约束，以生态为竞争力，在解决好化工园区整治、入海河流水质改善、饮用水源安全等现实问题的基础上，着力保护好、发展好连云港的自然之美、生态之美、绿色之美。(5) 协调共进战略。发展经济只是手段，是为了夯实物质基础，最终目的是改善民生。连云港实现后发先至，应在经济社会发展的协调性上下功夫，多方面多领域同步发力，解决结构性民生矛盾，提升普惠性民生水平，强化扶助性民生兜底，满足多样性民生需求，让人民生活每年都有新变化、一年更比一年好。

连云港建设"一带一路"强支点，关键在于提供面向"一带一路"的先进国际服务，关键在于深度融入全球产业链。应采取有力措施，扎实加以推进，重点做好以下几个方面的工作。

（一）加快推动物流运输港向区域资源配置中心转变

加快推进面向陆桥的区域性国际航运中心建设，推动物流运输港向区域资源配置中心转变。航运中心不是一个简单的港口定位，而是涵盖了港口所在城市与航运相关的功能，涉及经济、外贸、加工、仓储、航空、金融、保险、海事、信息、人才等多领域。加快航运、物流、商贸、金融、信息等产业发展，推动港口由物流运输港向资源配置中心转变，是对连云港城市总体功能的定位，其主要是从整体上强化城市功能，为生产要素自由流动畅通渠道，增强港口城市对腹地的辐射能力和承接国际产业的能力。连云港建设区域性国际航运中心，具体功能体系包括以下几个方面：一是大陆桥运输与物流服务中心。国际运输与物流服务是连云港陆桥国际航运中心的核心功能，主要涉及口岸的物流通过与处理能力，包括完善城市与经济腹地的海陆空河管道等综合立体交通体系，健全物流、仓储、配送、分拨及供应链一体化管理系统，整体提升口岸通过能力与服务水平。二是大陆桥商品与贸易服务中心。贸易引起的物流集散是国际航运中心发展的动力所在。只有形成发达的国际贸易，才能从货源上为航运中心提供有力支撑。作为大陆桥沿线地区重要口岸的连云港，应该成为服务大陆桥沿线地区开展国际贸易的重要口岸。国际商品与贸易服务中心主要涉及国际商品贸易市场的建设，以及区港联动和保税港区、自贸区试验区的发展。三是大陆桥生产与加工服务中心。利用深水组合大港，丰富的岸线资源、土地资源，临港产业区、出口加工区，以及东中西区域合作示范区等优质载体，加快建设陆桥沿线地区出口产品加工基地和进口资源深加工基地。四是大陆桥海事咨询与服务中心。国际海事等航运服务功能对航运企业和货物委托方具有很大的吸引力，是最能体现国际航运中心地位之所在，是航运中心所在港口城市经济能量与活力的反映，应大力强化其航运咨询、航运交易、海事保险、海损理算、海事仲裁、海事监管等职能。五是大陆桥航运信息服务中心。航运信息中心具有航运信息有效集聚、航运信息专业分析、航运信息权威发布、航运信息辅助决策、航运信息增值服务等基本功能，要建立标准化、系统化、多接口的国际信息交换与服务系统。六是大陆桥航运金融服务中心。主要涉及的是位于连云港的各银行、保险、证券、事务所与财务结算中心等金融服务机构的发展。七是大陆桥航运人才服务中心。航运中心建设不仅需要高级工程技术人才，还需要大批精通国际航运以及与之相关的管理人才，如航运业务管理、金融、贸易、海关、商检、港监、理货等各类高级人才。

围绕建设区域性国际航运中心，着眼建设枢纽干线大港，提升城市整体功能，加快推进以下重点工作。一是建设枢纽大港。连云港建设区域性国际航运中心，要坚持航道深水化、码头专业化、船舶大型化、航线国际化的要求，按照"一体两翼"组合大港空间布局，推进港区功能调整和专用码头整合，着力形成功能齐全、分工合理、协调发展的组合大港布局。二是提升物流体系。按照"完善铁路、拓展公路、提升空港、打通运河"的思路，构筑现代化的海陆空铁水立体交通体系，凸显沟通南北、连接东西的国际中转枢纽的战略节点优势。深入实施水运主通道建设工程，实现"一体两翼"港区深水航道通航，着力形成连接京杭大运河、长江的内河干线航道网。加快完善建成面向周边地区的"七纵十横"干线公路，加快推进连云港至淮安高速改造工程，争取建设连云港至宿迁高速通道。同步提升海空双港能级，推进花果山机场二期建设，积极发展临空经济。争取连云港至临沂方面铁路建设。加快徐圩新区、赣榆港区等重点园区、港口铁路专用线建设，完善港口集疏运体系。三是优化口岸环境。提高口岸管理的规范化、标准化和国际化水平，完善连云港口岸"大通关"体系，使连云港口岸的功能、效率、管理、服务达到国际一流水平。加强与西部内陆地区的跨口岸协作，在主要腹地城市建设具有综合物流集散功能的内陆"无水港"，拓展"属地申报、口岸验放"和检验检疫直通放行业务，延伸连云港口岸功能，逐步放大"大通关"范围，实现大陆桥全线贯通，简化进出境货物通关、转关和过境手续，提升通关贸易便利化水平，吸引新亚欧大陆桥更多货物从连云港口岸通关。四是集聚航运要素。围绕港口航运发展相关服务业，强化航运要素集聚，使港口城市从"交通枢纽"上升为"航运中心"。重点加快建设航运服务集聚区，吸引现代服务业集聚，打造国际一流的航运服务环境。积极拓展船舶管理、船舶经纪、船舶保险、航运信息、国际海事诉讼、国际海事仲裁等服务功能，完善航运科技、航运咨询和航运信息服务产业体系，加快发展船舶技术转让、技术开发和船舶技术咨询、技术服务等业态。五是大力发展金融服务。加强金融市场体系、金融机构和业务体系建设，大力改善金融环境，加快引进银行分支机构，积极发展地方性银行和各类金融、保险业务，重点强化航运融资、航运保险、国际结算、中介机构等方面的业务，建设服务苏北鲁南、面向"一带一路"的区域性金融中心。

　　（二）打造开放特征更加明显的国际化枢纽城市

　　建设"一带一路"强支点，加强区域协作、扩大对外开放是核心要义，这既是连云港服务国家战略实施的重大使命，也是推动连云港高质量发展的现实需要。要大力度打造开放特征更加明显的国际化枢纽城市，充分利用国际国内两个市场，汇聚国际国内两种资源，助力连云港实现后发先至。

1. 加快推动海陆双向对外开放。既要注重发挥大陆桥海陆联运传统优势形成向西开放的比较优势，更要注重发挥与日韩一衣带水的地缘优势形成向东开放的竞争优势。与东部沿海地区和东北亚的日韩国家相比，地广人稀的中西部地区和中西亚国家的经济实力相对较弱，客观上经济深度合作的空间相对较小，连云港对外开放合作的重点应更加突出"向东"方向。一方面，要围绕"打造标杆示范项目""上合组织国家出海口""中哈物流基地""国家东中西区域合作示范区""中欧班列"等时代课题，向西开放既"写意"又"写实"，擦亮中哈物流基地、"霍尔果斯—东门"特区无水港、上合组织出海基地等品牌，加快布局里海、中西亚、中东欧等大陆桥沿线物流节点，加快提升中欧班列运营水平，加快扩大中国（连云港）丝绸之路国际物流博览会（连博会）、新亚欧大陆桥国际执法合作论坛（连云港论坛）、上合组织国际圆桌会议等影响力，加快推进东中西产业合作示范区等载体建设，积极发挥连云港在新亚欧大陆桥的枢纽作用。另一方面，要切实加大对日韩招商引资力度，强化对东北亚经贸合作。东北亚是全球最具活力和发展潜力的区域之一，其经济总量占亚洲70%以上。连云港与日韩海上距离在500海里以内，空中距离在2小时以内。源自连云港的徐福传说影响比较广泛，与徐福相关的传承地在日本、韩国有20多处，中日韩三国与徐福相关的研究社团共50多个。连云港与日韩地缘相近、人缘相亲，应努力在对日韩经贸合作上尽快实现突破。连云港一度设立过中日生态科技园、中韩产业园，也曾试图与日本方面开展生态产业合作，但很长时间未取得实质性的突破。目前西大堤填海区域尚未开发，建议与连岛连片规划建设，深入落实中国（江苏）自由贸易区政策，学习借鉴海南自由贸易港做法，争取国家层面给予更大相关政策支持，对标国际高水平经贸规则，建设面向日韩、中西亚地区的特殊海关监管区，推进贸易自由便利、投资自由便利、跨境资金流动自由便利、人员进出自由便利、运输来往自由便利和数据安全有序流动，打造中国东部沿海重要的开放门户。

2. 加快建设国际性海港中心城市。从城市基础建设和城市治理两个方面着手，大力提升城市的承载和辐射能力。城市基础建设方面，要加快建设美丽宜居特色海滨城市，为引进吸纳国际国内优质发展要素创造一流的人居环境。优化城市空间布局，按照"城市东进、拥抱大海"发展方向，着力形成组团发展、功能互补、提升品质、彰显特色、快速联通的城市发展格局。遵循港口城市空间演变规律，优化岸线资源配置，连云港区加快推动部分货物向两翼港区转移，老港区岸线适度转变为城市、产业、旅游岸线。以连云新城建设为重点,加强商贸商务、港航服务、高端居住等业态集聚发展,形成功能配套齐全、高端商务服务集聚的特色居住区。强化赣榆城区与主城区、连云老城区与连云新城融合对接,切实提升赣榆、连云海洋经济、商贸旅游、滨水居住等城市功能。树立公园城市理念,把整个城市建设成美丽宜居的大公园,着力发挥山、海、湿地等良好生态本底,构建大尺度的生态宜居空间,打造绿色发展的城市样板。把海滨特色、地方文化、旅游城市等理念融入规划建设,加强对重要节点的景观设计,打造"显山、露水、见海、融绿"城市天际线。深入挖掘本土文化和民风民俗,深化保护性修复,加快特色文化街区建设。突出海滨特色,串联海岛、沙滩、湿地、岸线等资源,做优做美黄金海岸风光带,大手笔勾勒海州湾印象。城市治理方面,要加快构建同国际投资和贸易通行规则相衔接的制度体系,努力营造市场化、法治化、国际化的一流投资发展环境。要树立开放思维,置身于当代国际政治、经济、文化的情境思考问题,承认并容纳必要的复杂性和不确定性,看到全球问题与商业机会或挑战之间的直接联系,坚持国际先进经验和连云港实际相结合,积极在国际先进国家合作中寻找切入点和结合点,主动学习、接轨国际规则和国际惯例,引入国际通用的行业规范和管理标准,提升城市治理现代化水平。要将营商环境作为重要生产力。打造优良营商环境是要让市场主体蓬勃发展,企业主体拥有较强获得感,其背后是政府思路和理念的创新,以及能够提供完备的制度安排和服务。要树立更高标杆、打造典型示范,持之以恒,不断努力,下大力气把连云港打造成审批事项最少、办事效率最高、服务质量最优、创新创业活力最强的区域之一。要依托中国(江苏)自由贸易试验区、连云港综合保税区、中哈物流基地、上合组织国际物流园等开放载体建设,建立与国际接轨的营商规则,引导企业遵循相关的国际公约和协定,让开放环境更加互利共赢。

3. 加快打造具有影响力的国际交流平台。以政策沟通、设施联通、贸易畅通、资金融通、民心相通为主要内容,"一带一路"倡议致力于共同打造政治互信、经济融合、文化包容的利益共同体、命运共同体和责任共同体。除推进经贸合作、推动设施联通、贸易畅通、资金融通外,政策沟通、民心相通必不可少。为此,包括连云港在内的节点城市纷纷建设合作交流平台,开展多层次、多渠道沟通磋商,建立完善多边联合工作机制,如"一带一路"国际合作高峰论坛、博鳌亚洲论坛、中国—东盟博览会、欧亚经济论坛、中国—阿拉伯博览会、中国西部国际博览会、中国—俄罗斯博览会、丝绸之路(敦煌)国际文化博览会、丝绸之路国际电影节和图书展等。连云港要切实发挥中国(连云港)

丝绸之路国际物流博览会的效应，推动更多国际物流企业助力连云港物流产业发展、打造标杆示范项目。积极办好上合组织国家圆桌会议，争取将连云港作为永久性会址。推动"连云港论坛"常态化机制化运行，加快建设"一带一路"国际执法安全培训和研究中心，构建新亚欧大陆桥执法安全合作新平台。同时，要积极参与《区域全面经济伙伴关系协定》（RCEP）落实和中日韩自由贸易区建设，探索促进中日韩自贸区建设的地方合作机制，加强对日韩以及东南亚国家区域交流合作。"东亚文化之都"评选是落实中日韩三国领导人会议精神，由三国共同发起的国际性文化城市命名活动，是中日韩人文领域交流的重要成果和东亚区域文化合作品牌。自2013年启动"东亚文化之都"评选以来，每年中日韩三国各评选1—2个城市当选"东亚文化之都"，目前青岛、宁波、扬州、大连、济南、泉州、西安等城市都已获评。建议启动"东亚文化之都"评选工作，推广连云港的城市文化品牌，促进连云港与日韩的文化交流。要积极与"一带一路"共建国家和地区开展公共外交、民间外交和民族文化交流，缔结更多友好城市，加强环保、旅游、文化、教育领域的对外交往合作，推动江苏女子民乐团走进沿线国家，打造"丝路东方留学连云港"品牌，支持江苏海洋大学马卡洛夫学院建设。建设"一带一路"交汇点研究与科普基地，积极开展"一带一路"学术交流和文化传播。

（三）建设辐射带动能力强的重要经济增长极

抢抓"一带一路"重大机遇，发挥连云港比较优势，加快建设辐射带动能力强的重要节点城市。

1. 加快推动港口经济转型升级。港口经济的内涵理论界尚未形成普遍的认定，一般认为港口经济从空间上看是一个区域经济概念。港口经济（Port Economy）是在一定区域范围内，由物流运输、临港工业、港航、商贸等相关产业有机组合而成的一种区域经济。港口和城市是两个复杂的经济系统，港城互动发展是港口城市经济发展的关键。港口城市经济发展一般遵循从初级商港经济阶段发展到临港工业经济阶段，进而发展到多元集聚经济增长阶段的历程。初级商港经济阶段，港口经济主要以交通运输为主。港口工业经济阶段，主要是利用港口物流成本优势和港口海陆两个扇面腹地的市场优势，发展临港工业经济。多元集聚经济阶段，主要是发挥港口强关联作用，发展航运、贸易、金融、信息等现代服务业，实现多元经济增长。尤其是贸易发展，港口的本质是商埠，是贸易通道。近代以来农业文明走向海洋文明，国际上经济发达地区主要集中于沿海港口周边区域。港口城市具有诸多发展优势，以港兴市是港口城市发展的基本战略，港城互动是港口城市经济发展的基本要义。就连云港而言，作为横贯中国东中西三大区域的铁路大动脉最直接、最便捷、最经济的出海口，连云港在沿海港口具有先天优势，但很长时间以来停留在运输装卸经济阶段，围绕港口的贸易经济长期未得到充分的发展。囿于港口后方陆域狭窄，临港工业发展迟缓（全市最先突破40亿产值的工业企业益海粮油，其厂区坐落在港口作业区），直至徐圩、赣榆以及两灌港区建设，临港工业经济才有发展空间。目前连云港处在港口工业经济加速集聚阶段，要发挥两翼港口和岸线资源优势，重点发展石化产业等大进大出的临港工业，以及面向"一带一路"的资源加工产业。临港产业有丰富的内涵，如果仅仅立足于石化产业，会显得过于单一，连云港需要加强向日本的"三湾一海"、新加坡的裕廊工业区学习，加快发展现代临港工业。日本的三湾一海的太平洋工业地带，不仅是日本也是世界工业最发达工业区之一，几乎集中了日本全国的石油化工、钢铁机械、建材造船、汽车等基础工业。新加坡裕廊工业区的工业包括造船、修船、炼油、钢铁、水泥、化学、汽车装配、食品、电缆等，各主导产业由最初的初加工向高附加值产品领域延伸。国内一些港口城市临港工业发展迅速，今年9月巴斯夫湛江一体化基地首套装置正式投产，该项目投资总额达100亿美元，是巴斯夫迄今为止最大海外投资项目，建成后将成为巴斯夫全球的第三大一体化生产基地，仅次于德国路德维希港和比利时安特卫普基地。项目首批装置将生产工程塑料及热塑性聚氨酯，为汽车、电子产品以及新能源汽车等领域提供材料。连云港要遵循港口经济发展一般规律，加快推进盛虹炼化、中化国际、卫星石化、新海石化等一批旗舰型龙头项目，高标准打造千亿级石化产业集群，建设世界级的沿海新型临港产业基地，同时加快发展港航、物流、贸易、金融、信息等现代服务业，推动港口经济从临港工业经济阶段向多元集聚经济阶段转变。

2. 加快做强战略性新兴产业。创新型经济是经济发展的主导力量，战略性新兴产业是做强未来产业竞争优势的必然选择。连云港尽管创新资源相对薄弱，但创新型经济有特色，要坚持有所为有所不为，在战略性新兴产业发展上占有一席之地。连云港创新型经济发展应重点突出几个方面：一是"药"（新医药产业）；二是"材"（新材料产业包括碳纤维、硅材料、化工材料等方面）；三是"化"（化工及其下游材料产业）；四是"机"（燃气轮机及其相关产业）；五是"海"（海洋高科技产业方面）；六是"农"（现代农业方面）。要继续瞄准新医药、新材料、新能源以及高端装备制造等"三新一高"和石化、现代农业以及中国科学院燃气轮机项目、深海科学技术太湖实验室连云港中心等相关科技创新资源，积极拓展延伸产业上下游，开展产业原始创新、应用研究和集成创新，加快把特色优势转变为竞争优势。新医药方面，加快打造"中华药港"。燃气轮机方面，其产业链涉及机械、冶金、材料、化工、能源、电子、信息等诸多工业部门，涵盖气动热力学、工程热力学、传热学、燃烧学、结构力学、控制理论、材料学、制造工艺等众多基础学科和工程技术领域，要依托大科学装置中国科学院燃气轮机建设，围绕相关产业链开展招商，加快发展燃气轮机相关产业。新材料产业方面，强化石化产业基地科技创新，引导化工产业向新材料产业延伸。现代农业方面，依托现有的创新园区平台，加快建设国家级农业科技园区，做强做优现代农业。海洋经济方面，深入挖掘、积极对接江苏海洋大学、702研究所、716研究所等高校院所的创新资源，加快推进海洋科技创新，打造国内具有影响力的海洋产业基地。

3. 加快培育壮大海洋经济。21世纪是海洋的世纪。2021年，我国海洋经济生产总值突破9万亿元，江苏海洋经济总产值突破9000亿元，连云港海洋经济实现产值1048亿元。连云港海洋资源丰富，有港口、渔业、盐业、矿产、土地、旅游、能源等资源，但开发利用多局限于渔业、盐业、港口和旅游等产业，海洋利用规划滞后，海洋经济平台缺失，海洋科技创新体系刚刚起步，涉海中介服务发展缓慢，开发科技含量不高，资源开发效益偏低，生态保护矛盾凸显，管理协调水平不高，总体上仍处于传统粗放型开发阶段，缺乏有规模的海洋特色产业、龙头企业和品牌产品，海洋经济总量与海域面积比重不相称，还没有形成完备的现代海洋产业体系。要坚持陆海统筹和区域联动，促进空间布局、产业发展、基础设施、资源开发、生态保护协同发展，形成全方位、多层次、广覆盖的协调海洋经济发展新格局，打造"海州湾湾区经济"。加快做优海洋渔业，着力培育高效特色精品渔业园区，推进海洋牧场建设，扶持发展远洋渔业，强化渔港经济区建设，构建现代化水产品加工流通体系，积极引进有实力的社会资本，加快推进南极磷虾和深海养殖工船项目。打造海洋新兴产业增长引擎，加快发展壮大海洋装备、海洋药物和生物制品、海水利用等海洋新兴产业，积极布局海上风电、海洋能、海洋新材料、海洋工程等潜力产业。推进与中船重工702所、716所、江苏海洋大学等科研机构合作，加快建设深海技术科学太湖实验室连云港中心等一批创新载体平台。组建连云港海洋经济金融服务平台和产业发展基金，引导金融机构、社会资金投向海洋产业。强化全社会的海洋国土意识、海洋经济意识、海洋环境意识和海洋国防意识，牢固树立"向海洋要资源，向海洋要发展空间"的观念，将海洋经济强市作为立市战略，研究制定海洋经济发展战略和主要政策措施。

4. 深度开发文化旅游产业。围绕建成全国知名的滨海旅游目的地目标，大力推动全域旅游发展，加快旅游产品开发，加强旅游品牌营销，切实提高旅游公共服务水平，把连云港建设成国内著名的旅游强市、国际著名的旅游目的地。大力发展全域旅游，精心编制全域旅游发展规划。全面提升花果山西游文化旅游的核心带动作用，形成海洋休闲度假产业轴、山海城市风情发展轴、山水人文体验发展轴，把前云台山片区、连岛及后云台山片区、锦屏山及海州古城片区、东海水晶产业园和温泉等旅游资源核心区打造成特色鲜明、功能完善、优势互补的旅游产业集聚区。推进旅游业与相关产业融合发展，重点打造工业旅游、休闲农业、体育休闲等新型旅游产品。深度挖掘旅游资源，构建以观光旅游为基础，休闲度假旅游为主体，新型业态为特色的旅游产品体系，大力发展海洋休闲度假、海州文化体验、山地休闲体验、温泉休闲养生、时尚休闲田园五大旅游业态，着力开发潜水、垂钓、海底观光、海上休闲运动等旅游产品。推进国家历史文化名城建设，深入实施文脉整理研究工程，夯实旅游经济、文创产业发展基础，推广连云港海陆交融、南北交汇、开放包容的城市品牌形象，促进与"一带一路"共建国家文化交流。强化"文化是旅游灵魂、旅游是文化载体"理念，大力发展文创产业，提升文旅服务和产品供给质量，培育和壮大文旅消费新业态、新模式，激发文旅消费潜力，加快打造文化和旅游注意力经济亮点。

四、连云港"一带一路"强支点建设的政策建议

将连云港打造成"一带一路"强支点，是一项长期性、系统性和全局性工程，需要整个城市上下齐心，需要相关区域协调配合，更需要强有力的政策支持。

（一）支持连云港提升先进国际服务能力

一是支持上合组织国际物流园建设，将上合组织物流园设立为省级开发区，向国家层面争取纳入上合组织合作框架。完善设立上合组织国际物流园海关监管场所，支持依托中哈铁路装卸场站设立铁路口岸。二是支持打造国际骨干精品班列，设立专项资金，增强对日韩过境货源、西向出口货源、东向回程货源的市场开发能力。三是支持连云港强化与国际航运、铁路、海关等合作协同，在"一带一路"沿线建设物流场站、分拨中心、海外仓等物流节点。支持建设"一带一路"物流大数据中心，沿线主要物流节点建设信息化平台。四是支持建设区域性国际航运枢纽，深化连云港与中远海运集团、上海港口集团合作，共建集装箱外贸干线港和内贸中转港。支持连云港近远洋航线开发、江苏长江北向出海通道建设、全国区域内贸中转中心建设和海铁联运、海河江联运等业务发展，提高航运市场分担率和话语权。五是支持重点基础设施建设，将连云港

至临沂城际铁路纳入省中长期铁路网规划，加快连宿高速建设，争取早日建成服务于沿线经济社会发展。

（二）支持连云港深度融入国际产业链

一是支持临港产业基地建设。增加能源消费、煤炭消费、节能考核和主要污染物排放指标，并对国家规划的重大项目和产业转移项目给予倾斜。二是扶持特色产业做大做强。推动省产业研究院在连云港设立医药创新分院。加快省药品认证审评分中心等机构建设，缩减新药注册申报周期。支持连云港对全球和全国物流龙头企业合作，布局一批枢纽型物流企业。省市联动推进省内航运企业快速发展，支持连云港自主发展龙头型航运企业。借鉴厦门航空创立发展经验，省市共同出资，成立省属航空公司。支持将连云港港打造为江苏国际邮轮第一港、国际邮轮母港。三是强化金融支持发展政策。鼓励金融机构提高融资便利程度，创新金融服务产品，多渠道为企业提供长期低成本融资。支持连云港开展跨境人民币创新业务试点，争取在外商直接投资资本金结汇管理方式改革等更多领域开展先行先试。争取在连云港设立国开行二级分行和"一带一路"开发银行。放大省"一带一路"产业基金效应，设立连云港"一带一路"强支点建设专项基金，撬动社会资本参与建设。支持连云港建设大宗散杂货进口商品国际交易中心和交易平台。

（三）支持连云港拓展对外交流合作

一是打造"一带一路"品牌展会，成立省"连博会"工作领导小组，统筹协调各项具体工作，继续给予专项资金扶持，将其打造成国家级物流专业展会。二是加快连云港论坛建设，完善省级层面协调机制，成立省政府联席会议机制，会商研究论坛建设有关重大问题。支持"一带一路"国际执法合作论坛永久会址建设，在立项、资金等方面给予支持，同时扶持连云港安防产业发展。三是支持连云港承办国际性会议，积极落实在连云港召开的上合组织国际圆桌会议联合声明，争取在连云港设立永久会址。四是开展"一带一路"文化人才交流，支持连云港地方高校发展，推动科技与人才资源加速集聚。支持连云港建设省重点产业高技能人才专项实训基地。设立"一带一路"文化交流工作专项资金，重点支持相关文化活动。五是与"一带一路"国家和城市搭建交流平台，助推江苏女子民族乐团走进更多国家，提升国际影响力。

（作者简介：张国桥，连云港市哲学社会科学界联合会党组书记；谢朝清，江苏海洋大学副教授）

打造绿色安全的世界级石化产业基地研究

段 东

石化产业是国民经济支柱产业，肩负着提供绿色能源和产品、保护生态环境、应对气候变化的重大使命。面对"双碳"的约束背景，建设世界级石化园区是我国石化产业迈向全球价值链高端的必然要求，是双循环发展格局下实现"绿色低碳"的必然选择。产业一直是连云港市经济发展的短板，也是"十四五"时期要致力解决的重点问题。为此，连云港市"十四五"规划和市第十三次党代会都把石化产业作为"产业强市"的重要支柱产业，提出"全力构建石化产业基地，以更大力度推进安全绿色循环发展，形成经验、掌握标准、引领行业"。因此，按照"一体化、大型化、园区化、高端化、清洁化"的发展思路，加快建设世界级绿色石化产业基地，是连云港市培育未来万千亿级石化产业集群的重要抓手，是建设"生态文明示范基地"的生动实践，更是推动连云港市跨越发展和高质量发展的重要经济增长极，承载着百万市民的期盼，需要加快研究落实以绿色安全为支撑的世界级石化产业基地建设问题。

一、连云港市绿色石化产业基地建设现状

徐圩新区作为石化产业基地的重要载体，自2021年入选"绿色化工园区名录"之日，始终倡导绿色、低碳、循环、可持续发展理念，把"绿色""生态"发展摆在首位，对园区的绿色发展高度重视，在园区发展规模、绿色循环发展、绿色创新生态、绿色环保管控等方面都取得了一定的成效。

（一）园区发展规模不断壮大，绿色石化产业集群初具规模

在多年的固定资产投资、工业投资和基础设施投资的拉动下，石化产业园区的发展规模稳步壮大，石化行业工业增加值占比由2018年的60.9%上升到2020年的98.0%，基本形成"互供互联、交换共享、循环发展"的炼化一体化产业集群、多元化原料加工产业集群、化工新材料和精细化工产业集群、基础

化工原料产业集群的格局，培育了江苏斯尔邦石化有限公司、江苏虹港石化有限公司、盛虹炼化一体化项目、浙江卫星石化、中化连云港循环经济产业园、连云港荣泰化工仓储有限公司、连云港虹洋热电有限公司等一批具有国际竞争力的大型石化和环保龙头标杆企业，重点围绕盛虹炼化、卫星石化、中化循环产业园等龙头产业做大做强炼化一体化、烷烃资源深加工产业链，获得国家部委认定绿色工厂示范企业1家，工业企业通过清洁生产审核5家，初步建成产业项目集聚、公用设施完善、资源能源节约、生态环境和谐、管理服务高效的世界一流石化产业基地。

（二）绿色发展成效日益明显，石化产业链条逐步延展

绿色发展理念持续践行。制定项目招引重点目录和重点产品技术负面清单，大力推行绿色招商，建立绿色招商引资准入门槛。加大企业绿色技术改造力度，推动能源清洁低碳高效利用，实现了能耗和排放的双下降，单位工业总产值能耗由2018年的0.25吨标准煤/万元下降到2020年的0.20吨标准煤/万元，单位工业增加值新鲜水耗由2018年的50.09m^3/万元下降到2020年的36.77m^3/万元，单位氨氮排放量较2018年下降了0.0023kg/万元，单位固体废弃物排放也实现了一定程度的下降。制定新区循环化改造项目清单，鼓励资源能源循环低碳发展，对斯尔邦石化、虹港石化等已投产企业实施循环化改造，完成环境问题全面整治提升，提高了固废资源利用率和废水循环利用率，废气资源、余热资源回收利用率达90%以上，工业废水重复利用率达97%以上。园区环境改善，新区PM2.5平均浓度为26.6微克/立方米，同比降低27.9%，烟气全部消白，空气优良天数比率为87.4%，比2018年提升了10.1个百分点，均位列全市第一。

绿色循环产业链初步成形。形成上下游产业循环，在产业链的上下游均有国内的大型知名企业，龙头项目的各种基础原料在基地内部得到了充分延伸利用，基础原料就地转化率达70%以上，产业链关联度达75%以上。在精细化工园区，主要原料大部分由园区上游企业提供，形成原料互供的产业大循环，形成上下游相互循环、产业链相互连通、价值链互为补充的石化产业生态链条。

（三）聚力强化绿色技术创新，绿色创新生态渐趋完善

构建与新发展格局相适应的区域创新体系和产业创新生态，引进化工行业研发平台载体，培育石化基地的"软实力"。支持重点企业建立10家以上研发中心和中试基地，推进省产业研究院绿色化工研究所建设，与中石油化工研究院合作建立新能源新材料试验基地，形成持久创新动力；与华为等公司合作加快推进数字化和工业互联网在化工企业、地上地下公共管廊和港区的应用，促

进园区智慧化管理达到国际水平。

(四) 强化绿色环保标准规范，绿色环保管控能力提升

树立生态安全示范标杆。将安全环保第三方服务延伸到项目建设全过程，实施打造国内化工园区生态环境、安全管理示范标杆三年行动方案，设定环保指标100项、安全标准55项。制定安全风险管控、事故死亡率、应急能力、信息化平台建设等园区和企业层面23个方面共55项安全标准，石化基地全景覆盖和重大安全风险监测覆盖均达到100%。

重大安全风险隐患管控能力提升。开展VOCs全环节、全流程系统排摸，全覆盖采样监测，建成试点企业VOCs动态排放清单及污染物排放"指纹库"，实现精准溯源和精准治污。印发实施《徐圩新区烟气消白（冷却塔）改造激励政策》，有效提升企业积极性。强化重大环保风险管控，建立智能安全环保监测监控系统，实现园区、化工企业自动在线监测设施全覆盖，初步形成点—面结合的环境监测监控体系，实现园区水、大气全方位自动监测监控。

绿色发展保障设施初步完善。初步建立了应急救援保障体系、智慧安全运行保障体系、区域生态环境监控体系等"绿色"基础设施。建成日供水能力29万吨的徐圩水厂和第二水厂，日处理能力18万吨的工业废水处理厂、再生水厂，建设能源保障体系热电工程及IGCC公用工程岛等能源保障体系。基本建成国家级危化品应急救援基地和实训基地、地下综合管廊和应急备用水源地等安全环保管控体系。完成28千米海堤达标建设、海堤消险加固工程，建成投运固危废处置中心一期回转窑焚烧线，园区危险废物处理能力得到完善。构建智慧能源监管中心信息平台，为园区及企业提供公共检测服务、能源消耗统计、生产经营统计以及物流循环统计数据等信息，助推园区的能源、资源的节约和高效利用。

二、连云港市绿色石化产业基地建设的机遇、挑战和问题

连云港市绿色石化产业基地在建设导向、绿色主导产业选择、环保安全管控等方面取得了一定的进步，为打造世界级石化产业基地打下了坚实的基础，但发展中仍存在一些问题和短板，发展环境也面临多重机遇和挑战。

(一) 绿色石化产业基地建设面临的挑战

1. 国际环境的挑战。当前国内外形势正在发生深刻而复杂的变化，百年未有之大变局叠加"百年疫情"，导致世界经济深度衰退、国际贸易和投资大幅萎缩、经济全球化遭遇逆流。一是新冠疫情的爆发和蔓延给全球生产生活秩序和

经济社会发展带来巨大冲击，引发世界经济秩序混乱，严重影响全球经济一体化进程，给我国石化行业的国际贸易带来严峻挑战。二是发达国家"再工业化""产业链重构"战略使得全球争夺制造业高端链条的竞争愈演愈烈，对全球产业发展和分工格局产生深远影响，美国将中美贸易问题政治化严重干扰两国乃至全球正常的科技交流和化工设备采购。三是为应对全球气候变化和能源资源约束加剧，世界各国正积极探索转变发展理念、道路和模式，以低能耗、低污染、低排放和高效能、高效率、高效益为特征的低碳经济受到广泛关注，低碳化已成为世界石化化工行业发展的重要特征，也对化工行业绿色化发展提出更高要求。

2. 国内环境的挑战。一是"双碳"背景和生态文明的建设实践对安全生产、绿色发展的要求日益提高，近几年化工行业事故频发，社会各界对石化化工企业的安全发展关注度提高，化工企业搬迁入园、化工园区整合和改造提升将加快推进；国家对碳达峰与碳中和的战略部署将显著增加传统能源化工行业二氧化碳的排放成本，对企业延长产业链、优化产业结构和提升技术水平提出了更高要求。二是随着全球经济一体化进程出现波折，行业技术引进将严重受阻，"以市场换技术"的方式将日渐式微，提升自主创新能力，建设以企业为主体、以市场为导向、产学研用相结合的产业技术创新体系将成为未来主基调，这就对化工企业的技术创新和研发投入提出了更高要求。

（二）绿色石化产业基地建设面临的机遇

我国正处在转变发展方式、优化经济结构、转换增长动力的攻关期，高质量发展的推进期，发展前景向好，连云港市绿色石化产业基地依然面临重大机遇。

1. 国内市场需求扩大。构建国内大循环为主体，国内国际双循环相互促进的新发展格局将是未来一段时期发展的主要趋势，市场需求总体继续扩大，传统石化化工产品在很长的一段时间内保持低速增长态势，而与智能制造、电子通信、中高档生活消费品和医药保健等有关的化工产品都将有很大增幅，结构和产品优化是未来重点和方向。

2. 智能互联技术加快。人工智能、大数据、云计算、移动互联等新技术的广泛应用以及5G技术实现突破性进展，与现代制造业加速渗透融合，将加速石化产业数字化转型，为产业创新注入新动力，为化工产业安全生产带来全新的智能监测和防控手段。

（三）连云港市绿色石化产业基地建设存在的问题

1. 石化产业规模不大，投资效益出现下降。依据徐圩新区提供的相关数据测算结果，2020年石化产业增加值占比虽然比2018年提升了27.1个百分点，但是，石化产业的销售收入和工业总产值都出现较大幅度的下降，石化产业的销售收入占比由2018年的96.5%下降到2020年的77.5%，石化产业的工业总产值占比由2018年的94%下降到2020年的81.5%，规模和集群经济效应不显著，直接的结果是2020年的石化产业利润占比较2018年下降了16.2个百分点。投资效益也出现了一定程度的下降，2020年单位固定资产石化产业增加值约为0.024，低于2018年的0.039。

2. 资源能耗制约严重，单位排放波动较大。在碳达峰、碳中和大背景下，连云港市石化产业对工业用地、能源消耗和污染物排放指标等需求不断增加，部分项目因能耗、排放指标以及用地等问题推进缓慢，对"新增可再生能源和原料用能不纳入能源消费总量控制"的政策研究利用不足，发展需要的资源能耗指标、环境容量亟待落实。目前规划可使用土地仅能满足当前布局项目用地，难以满足盛虹石化后续二期项目用地需求，也难以围绕石化产业链布局下游产业用地需求，未来发展空间有待突破。

从排放制约来看，2020年，单位工业增加值化学需氧量（COD）排放量较2018年减少了3.15kg/万元，但是较2019年增加了0.3kg/万元，单位SO_2（工业增加值角度，下同）排放量较2018年增加了0.25 kg/万元，单位工业氮氧化物（NOX）排放量较2018年增加了1.61kg/万元，单位VOCs排放量较2018年降低了8.14 kg/万元，但是较2019年增加了2.22 kg/万元，单位排放波动较大。

3. 产业链关联度较低，未能形成体系化。各企业自身的产业链不完整，对下游和旁系的产品开发不到位，也缺少具体的规划愿景，导致下游产业链条不完整，绿色发展压力大。同时，园区内企业间缺少互动，各自为战，产品不能优先供给园区内或者周边企业，墙内开花墙外香。

4. 研发机构平台较少，石化高端人才缺乏。连云港市石化企业多为生产加工基地，高能级产业创新平台和引领性行业研究机构不足，现有的研发中心和中试基地数量、研发能力与建设世界级的绿色石化产业基地不匹配。"院企合作"范围小，还需要进一步拓展和加深合作。专业技术工人队伍还不能充分满足产业发展需求，高端型石化科研领军人才还需进一步集聚，科研机构与企业产学研合作还需进一步增强。

5. 生产生活设施缺少，基础设施不配套。一是交通不畅。仅以盛虹炼化一体化项目为例，五位一体的物流现在只有汽运和海运，并且汽运受到疫情的严重制约。其余三个（铁路、漕运、管道）中，铁路只差最后的十几千米。内河漕运有现成的客观条件且十几千米外的新云台码头可以借鉴或者合作，有较成熟的运转经验，还需加快推进。管道已经分段全面启动但是受制于省内相关行政区域的差异性，没有省级领导和有关部门的统一协调导致进度缓慢。二是基地的公共配套建设滞后，管廊、蒸汽、电、道路、生活小区及配套不能满足项目建设的需要，影响了项目建设速度。园区想要发展成物流集散中心还缺少加油站，主要原因是审批手续复杂、条件苛刻，导致石化产业园区产油但是无油可加。三是智慧园区范围较窄，数产融合集成度低。智慧园区建设主要集中在安全环保监测监控和能源监管，数字经济发展与石化产业的智能制造之间缺乏深度融合与综合集成，产业数字化和工业智能化在销售、仓储、物流等环节也缺少行之有效的一整套行业解决方案。四是石化基地生产区与生活办公区之间缺乏有效绿色安全防护带，石化基地和主城区之间也缺少有效防护污染隔离带。

6. 园区与园外互动少，政策叠加优势没有彰显。一是石化产业基地与江苏自贸试验区连云港片区非常近，但是没有充分利用自贸区的优势政策。自贸区是境内关外的最高开放等级，监管自由度高于保税区，可利用"境内关外"的"关外"这个优势开展加工贸易和转口贸易。二是石化产业基地还没有获得生产所需的原油进口权和成品油出口权。以盛虹炼化为例，企业已经拿到了进口原油的使用权，但是没有配套的进口权，造成进口业绩旁落"他人之手"。国内的成品油产能早已过剩，炼油行业内卷严重，市场竞争激烈，作为国家级石化产业基地，开展国内国际双循环相互促进才是完整的市场行为，需要尽早取得汽柴油和燃料油的出口配额以及出口权，争取早日参与国际竞争。

三、典型地区石化产业绿色发展做法与经验启示

绿色发展是石化产业高质量发展的本质要求，国内其他地区绿色石化基地建设实践和经验都对连云港市绿色石化基地建设提供了重要参考，尤其是宁波绿色石化基地建设的主要做法给连云港市建设绿色安全引领的世界级石化基地提供了积极借鉴和有益启示。

（一）宁波市绿色石化基地建设的主要做法

宁波绿色石化拥有镇海炼化、大榭石化、逸盛石化、中金石化、台塑关系企业、万华化学等一批重点石化企业，已经形成一次加工原油3100万吨/年、烯烃约400万吨/年、PTA约700万吨/年、MDI约120万吨/年的生产能力，石化产品规模居全国前列。加快建设绿色石化万亿级产业集群，是宁波培育"246"万千亿级产业集群的重要抓手。其主要做法是：

1. 强化"三个理念"。早期的宁波石化基地建设通过强化"三个理念"来

打造绿色安全高端石化基地。一是强化环保理念，打造绿色发展环境。宁波石化基地始终把"绿水青山"和"金山银山"从单选题做成"多选题"，注重把环保绿色作为经济发展的硬约束，积极回应群众关切问题，科学编制规划，优化空间布局，集聚优势产业，完善产业链，提高配套基础设施和土地集约利用水平，增强可持续发展能力。二是强化"人本理念"，确保安全规范生产。通过强化安全基础，实行安全生产联席会议制度，每季度召开会议，研究部署阶段性安全生产工作。通过筹建集重大危险源监控预警、应急指挥、应急技能培训中心三位一体的国内一流应急管理中心，形成完备的应急体系。三是强化"选商理念"，将产业链向高端延伸。围绕石化产业链条，通过补链和拓链招商，搭建起了纵向石化高端产业链和横向循环经济链的"骨架"。

2. 强化"六化协同"。以"资源利用最大化、产业结构最优化、安全监管智能化、节能减排循环化、公共服务一体化、园区环境生态化"来推动整个园区的绿色发展，实现基地建设的"绿色""循环""安全""环保""智能"。

3. 打造石化科技高地。一是与中国科学院系统院所、中国科学院海西创新研究院、北航宁波创新研究院等进行技术合作，寻找企业合作伙伴，为科技项目寻求更广阔的市场，实现院企"联姻"的互利共赢。二是加强资源整合，强强联手，合力攻关解决技术瓶颈难题，力争在绿色高分子材料、磁性复合材料、纳米复合材料、汽车轻量化材料等研发领域取得突破。

4. 打造化工产业大脑。通过打造"化工产业大脑"，构建"产业大脑+未来工厂"双核引擎，赋能绿色石化产业集群高质量发展。宁波镇海区已集聚国家石油基清洁能源与高端材料制造业创新中心、国家新材料测试评价平台、全国新材料产业大数据平台等全国头部创新服务综合体，化工产业大脑已实现省市区企业四级贯通，多个化工园区和多套设备接入产业大脑。一是迭代升级场景应用，构建"浙里化工"政府治理场景，迭代推出新智造应用、共性技术、产业生态、公共服务等4个企业侧应用版块，上线安全生产、环境保护、能源管理、物流运输等场景应用、物资联储联备应用，为企业提供全生命周期管理一站式服务。二是强化数据综合集成，加强场景应用数据融合和跨部门数据对接共享，建模石化产业集群数据云图，帮助政府掌握产业发展态势、监测产业风险、优化产业布局，结合产业云图，实施危化品运输行业产业调整等重大生产力布局。三是高效布局"智能工厂"，启动智慧化工园区平台建设，实施石化企业上云、工业互联网建设、5G智能改造等配套数字化项目。四是科技赋能行业治理，引进危险源监控、危化品储运、AR远程维护作业等"数字安全管家"，提升石化"智安"水平。五是推动省市县企业四级贯通，打造线上大脑统筹、线下实体运作、全行业覆盖的石化产业链中心，为企业把握行业风向标、调整生产决策提供支撑。六是将科技创新、金融服务、财税支持、精准合作等石化产业政策和最新产业动态纳入"智控大脑"，融合企业码服务、一键政策等功能，实现企业服务闭环管理、惠企要素精准匹配。

5. 构建石化产业人才开发长效机制。通过对口引才、海外柔性引智和本地定向纳才形成组团式服务引才，通过校企合作培养、短期充电培训、学历职称提档、工作技能升级形成订单式培养育才，通过搞活院士工作站、培育工程技术中心和技术创新团队形成高端式平台聚才，通过完善人才关爱机制，打通人才成长跑道，形成"妈妈式"服务兴才。

（二）宁波市绿色石化基地建设的主要启示

宁波市绿色石化基地建设的主要做法和经验，给连云港市建设绿色安全引领的世界级石化基地提供了有益启示。

启示一：建设绿色石化基地首先要凝聚绿色发展共识。牢固树立绿色发展理念，始终坚持绿色安全引领。通过电视、报刊、微信等平台，多途径、多渠道、多形式广泛宣传建设绿色石化万亿级产业集群的重大意义，推动各方增强建设绿色石化万亿级产业集群的思想认同和行动自觉。

启示二：促进石化产业绿色发展的根本动力是技术创新。无论是化工产业的绿色生产过程及开展循环技术改造，还是"化工产业大脑"的实际应用，都离不开先进技术的支持。因此，通过"院企"合作，建立各种技术创新平台，是建设绿色化工园区必走之路。

启示三：建设绿色石化基地重视高端化工人才培引。促进石化基地绿色化发展，最关键的是"人才"。因此，要深入实施人才发展战略，通过不同途径、方式着力引进和培养石化产业各类创新型领军人才，切实发挥人才技术创新的主动性和积极性。

四、加快建设世界级绿色石化产业基地的政策建议

浙江舟山绿色石化产业基地的建设经验表明，"资源利用最大化、产业结构最优化、节能减排常态化、安全监管智能化、公共服务一体化、园区环境生态化"是实现石化产业绿色安全发展的重要原则和行动路径，连云港市应积极借鉴浙江舟山绿色石化基地建设经验，必须不断延伸石化产业链、提升产品价值链、完善绿色供应链，通过宏观（有为政府）与微观（有效企业）的协调发力，打造"世界级绿色石化产业基地"。

（一）优化绿色产业体系发展布局，聚力增强集约开发强度

推进绿色产业链和集群培育。着力完善绿色产业体系和布局，推动石化产业向精细化、高端化、专业化发展，构建循环发展、绿色低碳、本质安全的现代石化产业链。按照油头化尾的石化产业链，围绕"链主"企业展开补链和拓链，提升产品价值链、完善绿色供应链，在巩固炼油等上游加工能力的基础上，突出特色化、差异化、高端化，继续做大做强炼化一体化、烷烃资源深加工产业链，重点发展高端聚烯烃、特种工程塑料、可降解树脂、功能性膜材料等先进高分子材料和精细化工。开展龙头企业引领的子集群培育，发挥领军企业龙头作用，进一步扩能延链升级，带动产业链中下游企业共同发展。

增强石化园区集约开发强度。持续推进"亩产论英雄"改革，坚持存量土地挖潜与增量产能提升相结合，强化单位土地产出、单位能耗产出、单位排污产出、节能减排、清洁生产和低碳经济等指标的考核导向，加快低效土地二次开发利用，提升土地开发和产出效益。提高土地、水电气能源、环境等资源的利用，实现园区内原料、能源和中间体安全、快捷、高效流动。

（二）更加突出增强产业链关联度，聚力解决资源能耗制约

延长产业链条促融合。重点围绕特色石化产业链和新型高端纺织产业链进行产业链延伸，完善产业链"闭合圈"，形成上下游一体化的石化产业链，力争下游产业全部就地解决原材料。促进行业间耦合发展，推动石化化工与建材、冶金、节能环保等行业耦合发展，提升固废综合利用水平，围绕石化产业链延伸及碳综合回收利用布局环保产业，继续推进盛虹可降解材料、斯尔邦石化二氧化碳制甲醇、POE中试装置和卫星石化二氧化碳及氢气回收利用等项目，助推园区"碳达峰"实现"碳中和"。

着力提升绿色安全水平。大力发展循环经济及资源再利用，解决能耗平衡难题。围绕园区绿色循环化发展目标，大力引进和推广节能、治污的新技术，着力构建企业内和企业间的能源、水资源梯度综合利用和中水回用体系，企业和园区基础设施之间实现电、热、冷、气等多种能源协同互济。深化与田湾核电站的供热合作，加快互通相关管道建设，推动清洁零碳核能供热满足长远发展需求，逐步替代现有煤电供热。统筹园区现有热源点和用户需求，在2022年稳定运行基础上，尽快落实已经入户项目能源尤其是蒸汽保供方案。研究利用国家最新实施的"新增可再生能源和原料用能不纳入能源消费总量控制"政策，针对能耗和排放问题，建议对连云港市列入石化产业基地规划建设的重大石化项目在国家和省级层面予以支持，争取实施石化园区能耗指标单列或能耗指标

省市分担，争取能够在年度能源"双控"目标考核中，将连云港市新增可再生能源量予以抵扣。大力推广绿色制造模式，加快推进数字化赋能。

着力解决土地不足难题。向外要"空间"。一是强化石化基地整体开发建设意识，加大统筹力度，建立利益分享机制，将板桥工业园区纳入徐圩新区统一开发建设，并对板桥工业园区实施"腾笼换鸟"工程，分阶段淘汰落后工艺、技术、设备和产品，对产业层次低、排放总量大、环境风险高、污染治理难的企业及不符合石化未来发展规划的企业做好预案，合理清退，拓展土地空间。二是增强石化基地与灌云县临港产业区（燕尾港）联动发展，规划石化产业拓展区，预留石化发展用地。

（三）完善绿色技术创新开发机制，聚力培引石化高端人才

优化产业创新生态。围绕石化产业发展需求引育产业高端创新平台，依托大学、研究所等创新平台集聚创新资源，深入推进产学研合作，加快构建重点实验室、重点领域创新中心、共性技术研发机构"三位一体"的创新体系。强化企业创新主体地位，支持企业建设企业研究院、工程（技术）中心、院士工作站、博士后工作站、重点实验室等研发机构，支持企业牵头组建产业技术创新联盟、中试基地、上下游合作机制等协同创新组织。

集聚壮大人才队伍。坚持引进和培养相结合、研究和生产相结合，着力引进一批石化产业创新型领军人才、复合型管理人才和应用型技术人才。推动高校石油和化学工业相关学科与园区中等专业学校的合作，联合培养企业急需的应用型专业人才。以院士工作站和工程技术中心等高端平台聚才。完善人才关爱机制，成立高层次人才服务联盟，以"妈妈式""保姆式"服务兴才，真正做到以事业、待遇、真情留人。

（四）完善园区基础设施建设，聚力增强绿色发展保障能力

完善基础设施配套。一是重点解决交通不畅问题，加快铁路、漕运、管道等立体物流交通网络建设。二是完善加油站、蒸汽、生活小区及配套。三是建设绿色安全防护带。按照安全庇护所要求高标准建设园区地下管廊。加快建立生产区与生活区、石化基地与连云港市主城区之间的隔离防护带，建议在烧香河支河两岸建立宽度不小于200米的绿色防护林。

建设低碳智慧园区。建好石化产业"数字中枢"，强化数据综合集成，制定化工园区数字化平台建设指南、综合评价指标体系、数据规范标准等制度，构建面向石化产业生产全过程、全业务链的智能协同体系，推动园区内信息化与工业化的深度融合，促进园区各系统之间无缝连接与协同联动，建立跨部门数

据共享机制，形成园区综合信息化管理平台。继续全力打造全国安全监管标杆园区，强化源头管理和企业主体责任落实，对危险源实行分类、分级的网格化、数字化管理。提升石化"智安"水平，全面落实危化品重点企业防控数据图像监控体系，加快园区"智慧安全"建设，强化智能化数据监管，增强绿色安全监管效能。

（五）增强园区与自贸区互动，聚力发挥政策叠加优势

研究利用自贸试验区的特殊优惠政策，学习海南自贸区内中石化洋浦炼厂的做法，创新开展石化贸易。争取将石化产业基地的一部分纳入自贸区，避开许可证限制，开展保税船燃料油和成品油等产品的出口。建设保税罐，引进上海能源交易所的交割库资质，达成国务院对江苏自贸试验区总体方案的具体要求，"建设大宗商品集散中心"，"支持……设立大宗商品期货保税交割库，开展期货保税交割、仓单质押融资等业务"，借力上海INE影响力开发江苏保税船供和转口贸易。为企业争取早日获得生产所需的原油进口权和成品油出口权。园区内企业还探索设立厂库交割，既可以丰富销售渠道，还能开展套期保值以控制原料成本。

（六）强化监督检查和宣传引导，聚力营造绿色发展氛围

强化绿色安全监督检查。落实企业安全生产和环境保护主体责任，严格执行危险化学品登记管理和建设项目"三同时"制度，依法责令不符合安全生产和环境保护条件的企业停产整顿。加大安全、环保、质量、节能等执法检查力度，加强污染物、能耗等在线监测和联网管理。聘请化工专家、院士成立绿色石化产业发展专家委员会，加强对连云港市绿色石化产业基地建设的专业指导。

营造绿色发展氛围。石化产业基地承载着连云港市跨越发展的希望，建设绿色石化产业基地更是推动连云港市高质量发展的重要实践，各类新闻媒体要加强舆论宣传引导，开展多层次、多形式的宣传教育，大力传播绿色发展理念，讲好绿色石化产业基地建设对连云港市发展的重要意义，为加快建设世界级绿色石化基地营造良好氛围。

参考文献

[1] 宁波石化开发区强化"三个理念"打造绿色安全高端石化基地[J]. 宁波通讯，2015（22）：2-3.

[2] 宁波市经济和信息化局. 化工产业大脑：助力绿色石化产业集群高质量发展[EB/OL]. 中国政府网，2022-02-24.

［3］大榭开发区人事局.大榭开发区四式解三难构建石化产业人才开发长效机制［EB/OL］.三好人力，2019-01-13.

［4］宁波石化开发区强化"三个理念"打造绿色安全高端石化基地［J］.宁波通讯，2015（22）：2-3.

（本课题系全市应用研究资助项目重大课题研究成果；课题组负责人：段东，中共连云港市委党校常务副校长；课题组成员：闫振华、卢山、许彬山、司广智）

连云港市加快工业化发展战略路径与选择

刘成文

一、回首奋斗历程，凝聚奋进力量，充分汲取连云港工业发展的宝贵经验

1978年，党的十一届三中全会作出了改革开放的英明决策，拉开了建设中国特色社会主义的伟大序幕，党和国家的工作重心转移到经济建设上来。1984年连云港被列为全国首批沿海开放城市，工业经济发展迅速驶入快车道。1995年，全市三次产业结构中，二产比例首次超过一产，工业发展进入工业化初期。2000年12月，全市召开工业经济大会，把推进工业化进程作为富民强市、加快发展的第一方略，牢固确立了工业经济的主体地位。回顾这20多年工业发展历程，大致可以划分为以下四个发展阶段：

第一阶段：优化调整结构（2000—2009年）。按照中共十五大国有企业改革与脱困三年目标要求，2000年"八大工业公司"改制基本完成，初步建立现代企业制度，恒瑞医药、康缘药业等多家企业上市，新海石化、镔鑫特钢、兴鑫钢铁、亚新钢铁等重大项目落地建设，一批具有发展潜力的集团企业迅速崛起。

第二阶段：重大园区建设（2009—2014年）。2009年，乘着江苏沿海开发上升为国家战略的东风，连云港加快"一体两翼"组合大港建设，打造沿海和沿陇海线产业带"一纵一横"T型产业走廊，强势启动徐圩新区开发，以石化、冶金为发展重点的临港产业和以新医药、新能源、新材料、高端装备制造为发展重点的战略性新兴产业的布局框架全面拉开。

第三个阶段：加快转型升级（2014—2019年）。深入贯彻党中央、省委决策部署，以新发展理念为引领，坚决摒弃以破坏环境为代价、粗放式发展的做法，注重创新驱动，突出绿色低碳，徐圩新区坚持招商选资，走循环经济发展道路，石化产业基地成为全国七大石化产业基地之一，迎来了全力推进重大项目、持续扩大有效投资的新起点。铁腕整治"两灌"化工园区，组织实施"三千技改",加快构建科技含量高、资源消耗低、环境污染少的现代产业体系,致力实现更高质量、更有效率、更加公平、更可持续、更为安全的发展。

第四个阶段:产业集群成链(2019—至今)。2018年12月14日,省委、省政府在徐圩新区举行全省重大项目现场推进会,10个重大项目现场同时集中开工。盛虹石化、卫星石化、中化化工等一批地标型、旗舰型项目加快推进,万亿级、世界级的石化产业基地崭露雄姿。这次会议对连云港加快工业立市步伐、加快转型升级具有深远影响。2019年3月,提出建设国内一流、世界知名的"中华药港",加快落实扶持新医药产业发展"八条政策",国家级新医药产业基地纵深推进,对连云港打造"一带一路"倡议支点、实现"后发先至"具有重要意义,连云港已步入聚企成链、聚链成群的新发展阶段。

历史总是给人以深刻的启示。回顾连云港工业20多年的发展历程,既有成功的经验,也有失败的教训,为我们走好今后的工业发展道路提供有益的参考和借鉴。梳理回顾这段历程,主要是把握了以下几点:

(一)积极融入时代发展潮流,充分用好重大战略机遇

习近平总书记指出,一个国家、一个民族要振兴,就必须在历史前进的逻辑中前进、在时代发展的潮流中发展。回顾这一段发展历程,我们深刻认识到,连云港工业之所以有今天的发展基础,最重要的就是融入了时代发展潮流,把握住了重大战略机遇,推动了主导产业和重点企业加快布局。其中比较重要的有两次:一次就是1997年,中共十五大提出国有企业改革与脱困三年目标要求后,连云港应时而动、顺势而为,完成了"八大工业公司"的改制,医药产业迎来了发展"黄金期",涌现出恒瑞医药、正大天晴、豪森药业、康缘药业等一批领军企业,崛起了"港城特色、全国一流、世界知名"的千亿级"中华药港"。另一次就是2009年,江苏沿海开发提出后,连云港积极争取、主动作为,加快建设"一体两翼"组合大港,规划布局徐圩新区、柘汪等临港产业园区,招引落地新海石化、镔鑫特钢等重大企业,实现了百亿企业、千亿园区的重大突破。这一段发展历程深刻启示我们,一个地区跨越崛起的梦想,只有融入国家战略、顺应时代潮流,才能熠熠生辉。当前,连云港工业要在新时代实现"后发先至",更加需要精准把握时代脉搏,充分用好"一带一路"强支点、新一轮沿海开发等战略机遇,在园区建设、产业发展、项目招引等各方面、各环节矢志突破,才能书写好奋进新征程、建功新时代的工业篇章。

(二)依托自然资源禀赋,大力实施区域竞争优势战略

"竞争战略之父"迈克尔·波特认为,当前一个国家或地区经济发展的指导

理论，已从比较优势理论转向竞争优势理论。在他看来，由于全球化移去了人为的贸易和投资壁垒，使传统投入要素的产地变得不再重要，企业因此没有必要设立在原料或者市场附近，而更应该选择有利于企业生产率增长的地域。结合波特教授的区域竞争优势理论，回顾这一段发展历程，我们深刻认识到，一个地区的工业发展，可以依托但不能依赖于自然资源禀赋所形成的比较优势。比如，医药产业在起步阶段，并不具备自然资源禀赋优势，创新人才还面临周边发达城市的虹吸效应。但正如波特教授所特别指出的，适度的初级生产要素（例如人口、资源）不足，反而能起到刺激企业创新的作用，而这种创新是企业持久的竞争优势来源。正是医药企业坚持创新驱动、久久为功，形成了核心竞争力，医药产业才成为我市集中度最高、竞争力最强、发展潜力最大的支柱产业之一。这一段发展历程深刻启示我们，实现工业在新时代的"后发先至"，要谋求的不仅仅是局限于资源禀赋的比较优势，而要大力实施区域竞争优势战略，加快形成涵盖区域科技、区域管理、区域基础设施等多方面在内的竞争优势，为工业经济的加快发展汇聚更多优质的资源要素。

（三）坚持科技创新引领，构建安全可控现代产业体系

加快构建现代产业体系，是保持经济中高速增长、推动产业迈上中高端水平的迫切需要。《江苏省国民经济和社会发展第十四个五年规划和二〇三五年远景目标纲要》用专章，围绕"聚力打造制造强省，积极构建自主可控安全高效的现代产业体系"进行部署。回顾这一段发展历程，我们深刻认识到，核心技术"要不来、买不来、讨不来"，只有坚持科技自立自强，才能真正构建起安全可控的现代产业体系。比如，在"八大工业公司"改制前，连云港氨纶厂和连云港纺机厂都隶属纺织公司，当时氨纶厂是明星企业，不论效益，还是产品，都拉开纺机厂一个层次。但改制后，由于氨纶厂选择了合资道路，外资企业更看重中资企业的销售渠道，以便更好地占领市场，而对企业技术创新并不积极主动，甚至对中方采取技术封锁。氨纶厂的发展一度停滞不前，大批技术人才外流，成为其他企业的中坚力量。杜仲氨纶（与美国杜邦公司组建的合资企业）也被业界称为氨纶行业的"黄埔军校"。而反观纺机厂，改制后成立鹰游纺机公司，走上科技自立自强的道路，并在2005年攻关碳纤维项目，2007年成立中复神鹰碳纤维有限公司，十年磨一剑，2017年荣获国家科学技术进步奖一等奖，实现全市以第一完成单位第一完成人获国家奖一等奖"零"的突破，打破了国外高性能碳纤维企业对我国市场的长期垄断。这一段发展历程深刻启示我们，构建安全可控的现代产业体系，必须保持战略定力，围绕产业链条的关键环节

加快突破，把"卡脖子""牵鼻子"技术牢牢掌握在自己手里，才能真正赢得创新主动权、发展主动权。

（四）深入践行"两山"理论，坚定走绿色低碳发展道路

人不负青山，青山定不负人。生态保护与经济发展不是矛盾对立，而是辩证统一的。但在连云港工业的一个时期，也存在粗放式发展的现象，对水气土各方面环境质量造成不同程度的损害。回顾这一段发展历程，我们深刻认识到，只注重发展，而忽视保护，即便取得一些带污染的GDP，最终也难以为继。比如，"两灌"化工园区招引了一批小化工企业，通过违法排污获取超额利润，虽然表面上红红火火，但所获得的收益，远远不足以弥补对水气土等环境质量造成的严重破坏。而徐圩新区保持战略定力、久久为功，走绿色低碳、循环经济的发展道路，一批千亿级的重大产业项目落地投产，正在加快崛起成为江苏沿海千亿级新增长极。这一段发展历程深刻启示我们，在加快新型工业化的进程中，要加强对高水平保护和高质量发展两个方面的统筹，把高水平保护寓于高质量发展之中，把高质量发展放在高水平保护前提之下，把"生态优先、绿色低碳"作为鲜明导向和主动选择，才走出一条经济发展和生态文明建设相辅相成、相得益彰的新发展道路。

二、聚焦关键问题，把握发展机遇，坚定新时代连云港工业发展的信心和决心

2021年9月，连云港市第十三次党代会胜利召开，确立了"加快后发先至、全面开创新局，建设人民期待的现代化新港城"的宏伟目标，连云港的历史掀开了崭新的一页。作为带动经济社会发展的主引擎，工业经济欣逢其时、前景光明，年度应税销售再跨千亿台阶、突破4000亿元，拉开了"加快产业体系现代化跨越"的精彩序幕。但站在新的时代方位，将连云港工业放到现代化建设的大局大势中精准定位，放到"争当表率、争做示范、走在前列"的光荣使命中战略考量，放到习近平总书记"后发先至"的殷殷嘱托中充分把握，我们深刻认识到，工业经济发展仍然不充分、不平衡，依然存在深层次、结构性的矛盾，主要表现在四个方面。

（一）发展速度居全省前列，但总量不大的现状仍需加快转变

"十三五"以来，连云港工业生产保持了较快的增长速度，主要指标增幅位居全省前列，应税销售更是连续跃上两个千亿台阶，但由于基础薄弱，总量不大的矛盾仍未得到根本性解决，主要表现为：全省占比小，二产增加值占全省

的 3%，仅相当于苏州的 14.9%；工业应税销售收入占全省 2.3%，仅相当于苏州的 8.0%；规模企业少，共有规模企业 1037 家，仍为全省最少，仅占全省的 2%，而排名全省 12 位的宿迁，也比我市多 1017 家。

（二）主导产业集聚集群，但质态不优的瓶颈仍需加快突破

随着"一纵一横"T 型产业走廊的构建，以石化、冶金为发展重点的临港产业和以新医药、新能源、新材料、高端装备制造为发展重点的"三新一高"产业全面拉开了框架布局，呈现集聚集群的良好发展态势。但具体来看，除新医药、新材料等具备较强竞争力，在全省乃至全国具有一定影响外，其他产业大多整体层次不高、抗风险能力较弱，在市场行情下行情况下，保持良好运行质态的难度较大。比如，我市的船舶修造、光伏产业，由于金融危机、美国"双反"等因素影响，分别在 2008 年、2011 年进入长达 10 余年的下行周期，产业整体开工率一度跌至 30%左右。

（三）科技综合实力提升，但创新不强的短板仍需加快补齐

近年来，连云港以创新型城市建设为抓手，深入实施创新驱动战略，加快集聚资源要素，推进建立企业主导、市场导向、产学研深度融合的创新体系，科技综合实力得到进一步提升，但仍存在一些问题和不足。整体创新水平不高，2021 年全社会研发投入占 GDP 比重达 2.24%（较"十二五"末提高 0.55 个百分点），仍低于全国、全省平均水平 0.2 个、0.69 个百分点，部分县区还处在 1%的较低水平。高新技术企业较少，高新技术企业、科技型中小企业分别为 449 家、1597 家，较宿迁分别少 71 家、87 家，数量均居全省末位。科技服务能力偏弱，列入省级统计的新型研发机构仅有 10 家，在连高校研所向我市企业转化的技术合同额仅占全市的 1.5%左右，服务发展的能力还有待进一步提高。

（四）园区主体地位稳固，但效益不高的问题仍需加快解决

12 家省级以上开发园区，创造了全市 75.3%的制造业增加值、80.1%的工业应税销售，在扩大工业总量、加快产业集聚、创造就业岗位、增加财政收入等方面发挥着重要的支撑作用，是经济发展的"主阵地""火车头"，但整体来看，效益不高的问题仍较为突出。从周边情况看，2021 年，南通 17 个、徐州 12 个、盐城 15 个省级以上开发园区分别实现一般公共预算 391 亿元、279 亿元、207 亿元，而我市仅为 111 亿元（淮安 9 个省级以上开发园区实现 78 亿元），差距较为明显。从自身情况看，12 个省级以上开发园区，亩均建设用地税收最高 29.7 万元/亩，最低 0.58 万元/亩，即便剔除化工整治的影响，资源利用低效化的问题仍比较严重。此外，各开发园区的土地资源、环境容量、能耗指标等发

展瓶颈显现，有的天然气、工业蒸汽供给不足，基础设施等建设较为落后，也严重制约了大项目、好项目的洽谈落户。

虽然存在一些制约因素，但调研组认为，未来一个时期，连云港工业面临着更加广阔的发展空间，拥有更加美好的发展前景。从全省各市工业发展历程来看，目前共有11市应税销售突破4000亿，其中2010年以后有7个（含连云港），大致有以下三种情况的走势：第一种以南通为代表，突破4000亿后，高歌猛进、奋勇向前，每1—2年就再跨一个千亿台阶，在2019年突破万亿，仅用时9年。第二种以徐州、盐城、泰州为代表，突破4000亿后，保持较为平稳的发展态势，每2年再跨一个千亿台阶，2021年分别突破6000亿、7000亿、7000亿。第三种以镇江、扬州为代表，突破4000亿后，连续4年无法跨上5000亿元台阶，但最终也实现了破局，在2021年分别突破6000亿、7000亿。这也在一定程度表明，工业应税销售突破4000亿后，存在一个时间窗口，把握得好，必然继续保持强劲运行态势，把握得不好，有可能形成停留盘整的态势，但总体仍将保持一定的发展惯性。特别是，从连云港自身发展来看，随着盛虹石化、中化国际等一批重大项目陆续达产达效，工业有望顺势再跨1—2个千亿台阶，向上突破的动能十分强劲。

"行至半山不止步，中流击水再出发。"在这样有利的情况下，肩负着"后发先至"光荣使命的连云港，需要更加自觉地站位全局、感恩奋进，将4000亿作为新的奋斗起点，以坚定的自信、无畏的勇气知难而进、迎难而上，努力让工业发展的每一步都踏在时代的鼓点上，在2030年前后全力冲刺万亿级。为实现这一远大目标，一要更大力度解放思想。只有思想解放，行动才会有突围，实践才会有突进，业绩才会有突破。必须持续深入地用新思想解放思想、统一思想，坚定不移地把新发展理念贯穿到工业发展全过程、各领域，与"欠发达"的安然若素彻底决裂，在工作理念上对标苏南，在精神状态上比肩苏南，树立起工业高质量发展的"新标杆"。二要更加系统推进发展。把谋事和蓄势、抓当下和抓未来统一起来，找准融入新发展格局的方向定位，把握新型工业化的时代内涵，推动工业经济发展的质量变革、效率变革、动力变革，实现更高质量、更有效率、更加公平、更可持续、更为安全的发展。三要更实举措狠抓关键。攻坚"牵一发而动全身"的重点领域，抓住"一子落而满盘活"的关键环节，持续攻坚短板弱项、瓶颈制约等问题症结，聚焦聚力园区建设、转型升级等重点工作，再突破一批百亿级、千亿级的旗舰型、地标型项目，以实干实绩交出工业发展的合格答卷。四要更优服务营造环境。聚焦市场主体关切，不断深化"放管服"改革，持续提升服务水平，深挖细栽营商环境这棵"梧桐树"，让更多企业在连云港发展顺心、舒心、有信心，最大程度地形成资本集聚力、项目吸引力、产业承载力。

三、践行新发展理念，融入新发展格局，奋力书写好新时代连云港工业发展的光辉篇章

2021年8月，召开全市创新型城市建设暨工业经济高质量发展大会，围绕科技创新、产业强链、重点产业加快发展、工业园区建设等方面，明确了具体的工作举措，制定了一系列导向明确、针对性强、含金量高的"政策大礼包"，激发了创新创业的活力。2022年2月，全市县域经济高质量发展大会召开，隆重表彰了工业经济十强乡镇（街道），同时又进一步就工业经济、产业发展做出了部署安排，"工业立市、产业强市、以港兴市"的发展导向更加鲜明。在深入领会市委战略考量的基础上，结合掌握情况，调研组建议在今后一个时期，工业发展重点实施五个战略。

（一）实施创新争先战略，加快构建现代产业体系

实践证明，一个地区要实现跨越赶超，在发挥好资源禀赋优势的同时，必须深入实施创新驱动战略，持续提升产业基础高级化和产业链现代化水平，加快推动制造业发展迈向高质量。加快崛起"中华药港"。聚力壮大生物药、化学药、现代中药、原料药四大核心产业，培育产业梯队，打造更富影响力的领军企业和制造集群。积极发展医疗器械、辅料包材、制药装备、医药服务等板块，形成多门类、全链条的产业高地。高水平建设花果山医学科学中心，汇聚创新资源，丰富产业生态，提供新药研发到上市的专业化、全过程、立体型服务，打造具有国际竞争力的现代医药创新中心。大力发展新兴产业。加快高效低碳燃气轮机技术攻关和成果转化，巩固大型风电产业优势，稳步发展核电及其装备制造，拓展光伏、锂电、氢能源等产业版图，努力建设国内领先的新能源基地。大力推动高性能纤维产业发展，加快硅产业向高端跃升，积极发展集成电路材料产业，奉献更多港城制造的"大国重器"和"超级材料"。改造提升传统产业。坚持特色化、品牌化、高端化，加强研发攻关、科技赋能，突破智能装备、核心部件，引领工程机械、纺织机械等板块做大做强。促进冶金行业提档升级，加快向精品钢、特种钢转型，提高精深加工水平。壮大粮油、食品、酿酒等产业规模，加强市场开拓，打造一流品牌，增强综合竞争力。积极引导企业加强技改，推进"两化融合"，提升智能制造水平。

（二）实施临港率先战略，充分发挥比较优势

条件优良的港口岸线、面积广袤的滩涂盐田是我市独有的资源优势，非常

适合临港大工业的布局。必须始终坚持临港率先战略，加快形成产业集聚核、拉伸延长产业链，全面构建具有国际竞争力的世界级石化产业基地。铺展万亿级产业新蓝图。举全市之力支持徐圩新区发展，瞄准万亿级产业集群目标，加快推动国家石化产业基地迈上新能级、实现新突破，打造江苏乃至全国沿海地区发展的强劲增长极。立足已全面形成以盛虹石化、卫星化学、中化国际为龙头三大石化产业集群的发展基础，对标对表《建设世界一流石化产业基地打造万亿级产业集群行动计划》"三步走"实施方案，到2030年基本建成万亿级产业集群，为加快新时代的"后发先至"奠定坚实基础、注入强劲动力。构筑一体化发展新格局。考虑到徐圩新区临港产业的快速壮大、土地资源瓶颈制约等因素，将灌云燕尾港、灌南堆沟港作为两翼，积极承接徐圩新区的产业外溢。同时，结合徐圩港、燕尾港、堆沟港的区位，科学规划建设可容纳20万~30万人的临港产业发展中心镇，在土地出让金中，拿出一部分用于支持燕尾港、堆沟港的临港产业发展。

（三）实施生态优先战略，坚持绿色低碳发展

绿水青山就是金山银山。必须深入践行"两山"理论，走"生态优先、绿色发展"道路，进一步筑牢良好的生态本底，走工业经济和生态文明建设相辅相成、相得益彰的新发展道路。推进技术改造。围绕制造业智能化、绿色化、高端化的发展方向，推进新一轮"三千技改"，集中力量、集聚资源、集成政策，推动1000家以上企业加强技术改造，实施1000个以上重点技改项目，完成1000亿元以上技改投入，打造千亿产业集群，培育一批优势产业链。加快绿色发展。以冶金、石化等主要耗能行业为重点，组织实施余热余压利用、能量系统优化等节能改造；大力发展环保技术装备，加强工业污染防治，鼓励企业加快源头减量、减排的改造升级。提高效益水平。把项目的"含金量、含新量、含绿量、含碳量"作为招引标准，严把用地指标安排、项目准入、履约管理等环节，有效破解土地、能源等资源紧张局面。按照产业发展布局，合理规划建设高新产业集聚区，为科技含量高、亩均税收多、占地少的项目提供用地空间和优质服务。采取"市场化、差别化、数字化"等措施，倒逼企业通过实施"腾笼换鸟"、厂房"上天入地"，真正实现低产变高产、寸土产寸金。

（四）实施县域创先战略，形成集聚集群特色

县域是推动工业经济高质量发展的重要支撑。经过多年的持续奋斗，横向比我市县域工业经济取得长足进步，但纵向比、放到全省来看，还需要进一步增强推动县域工业经济高质量发展的责任感、使命感、紧迫感。进一步突出产

业培育。产业是县域经济高质量发展的基础和支撑。结合自身优势，每个县区选定1~2个主导产业，梳理产业链供应链的堵点断点，协调市场拓展、国内国际物流、国产替代等问题，建立产业链供应链对接平台，提高产业垂直整合度，壮大产业链规模，推进产业集聚发展，打造具有地方特色的产业集群。进一步突出园区建设。产业园区是经济建设的主阵地、主战场。各县区必须聚力提升园区发展能级，坚持集聚集约和创新驱动发展方向，明晰产业发展路径，完善开发园区配套设施，推进管理运行体制机制改革，提升招商引资成效和企业服务水平，提升园区的产业集聚力承载力，提高发展质量效益。进一步突出项目支撑。没有新的项目就没有新的经济增量。各县区必须牢固树立"项目为王"的理念，始终把项目建设和招商引资作为发展县域经济的重中之重。强化项目推进保障，能耗、排放等要素优先向重点项目倾斜，优先保证县域工业园区建设、重大基础设施项目、重点产业集群和招商引资项目的需求，推动项目快落地、快建设、快投产、快达效。

（五）实施服务领先战略，全面优化营商环境

地区发展，短期靠项目，中期靠政策，长期靠环境。营商环境既是反映一个地方政治生态状况的重要方面，更是一个地方软实力的重要体现。优化营商环境是解放生产力、激发市场活力、提高综合竞争力的重要举措，对于推动高质量发展意义重大。坚持改革增效。充分用好自贸试验片区平台，"大胆试、大胆闯、自主改"，加速对接国际规则，深化审批、监管、商事、投融资等领域改革，打造"手续最简、环节最少、成本最低、效率最高"的办事流程，建立完善以负面清单管理为重点的外商投资管理制度、以贸易便利化为重点的贸易监管制度、以政府职能转变为重点的事中事后监管制度，努力把营商环境打造得更优更有效。坚持服务提效。树牢"有求必应、无事不扰"的理念，持续擦亮"连心城、贴心港"营商品牌，用更加热情周到的服务，用更多秒办快办的事项，用更富创造性、更有获得感、更具含金量的政策，真诚为企业着想、帮企业解难、促企业发展，当好"店小二"，做好"服务员"，使最优营商环境成为连云港最大"看点"、最佳"口碑"。

（课题组负责人：刘成文，连云港市委改革办副主任；课题组成员：王洪、邓洪鹏）

提升国家东中西区域合作示范区开放合作能级的思考及建议

古 璇

国家东中西区域合作示范区（以下简称示范区）是 2011 年国务院批准在连云港市连云区设立的国家级示范区，国家发展改革委下发了《国家东中西区域合作示范区建设总体方案》（以下简称《示范区建设方案》），对示范区的建设发展进行了制度设计和整体安排。提升国家东中西区域合作示范区开放合作能级的研究，重点是对国家确定的示范区合作能级的实施成效进行评估，并对新形势下的示范区开发合作能级提出新的对策建议。因此，对方案实施成效评估是前提。本研究在对《示范区建设方案》十年来的实施效果进行评估的基础上，对如何提升国家东中西区域合作示范区开放合作能级提出对策建议。

一、示范区开发能级实施成效评估

（一）评估内容

《示范区建设方案》的一个显著特点，是示范区开发能级实施目标具有可度量性。

根据《示范区建设方案》设计，示范区开放合作能级包括三方面："服务中西部地区对外开放的重要门户、东中西产业合作示范基地、区域合作体制机制创新试验区。"

对于上述开放合作能级，在服务中西部地区对外开放方面，《示范区建设方案》具体提出，到 2015 年"港口服务功能进一步完善，大陆桥沿线地区出海更加便捷高效；区域合作服务平台初步形成，面向中西部地区的合作服务体系基本建立"。到 2020 年"服务中西部地区对外开放的重要窗口功能更加完善。以港口为核心的综合交通枢纽作用充分发挥，面向中西部地区的合作服务体系更加完备"。

在东中西产业合作示范基地建设方面，到2015年"产业合作基地建设初见成效，与中西部地区产业分工更加合理、协作更加紧密"。到2020年"东中西区域产业合作层次进一步提升"。

在区域合作体制机制创新方面到2015年"合作体制机制创新取得重要进展，东中西地区协调发展的政策体系初步形成"。到2020年"促进区域合作的体制机制基本形成"。

上述发展目标的可度量性，为《示范区建设方案》开放能级实施效果的评估奠定了基础。

（二）评估方法

基于上述特点，本研究评估方法主要采用成功度分析法。将《示范区建设方案》涉及的示范区开发能级内容细化为指标体系，与实施情况进行比对，评估《示范区建设方案》确定的目标、价值是否有差异，检查《示范区建设方案》是否达到设定的能级目标及达到目标的程度，据此做出《示范区建设方案》设定的能级目标是否完成的判断。

本次评估的指标体系由三级指标构成。根据内容，我们将《示范区建设方案》涉及的示范区开发能级内容拆分为两大类、四个一级指标：两大类指标，即基础性指标、功能性指标；四个一级指标，即出海通道功能、合作服务体系、产业合作基地建设、机制体制创新，每项一级指标又包含若干具体指标内容，为评估的二级指标。具体见下表：

《示范区建设方案》一、二级评估指标体系表

指标类别	指标名称			
	基础性指标	功能性指标		
一级指标	出海通道功能	合作服务体系功能	产业合作基地功能	合作体制机制创新
二级指标	综合交通枢纽建设情况	商务服务功能	建设出口产品生产加工基地	创新建设管理机制
	健全口岸"大通关"体系	重大科研成果转化功能	建设产业承接与转移基地	创新科技合作机制
	综合交通枢纽建设情况	人力资源合作开发功能	建设出口产品生产加工基地	创新环境管理机制
	——	商务服务功能	——	创新建设管理机制

51

每一项二级指标又分解为若干三级指标，如方案中"产业合作基地实施情况"为一级指标，对其评估包括"进口资源加工基地、出口产品生产加工基地、产业承接与转移基地"三个二级指标的实施情况，而其中"进口资源加工基地"这个二级指标的评估，又包括"石油化工加工基地、有色金属加工基地、精品钢材等加工基地"三项评估指标。上述1—3级指标构成评估指标体系。

每一项指标的评估结果，根据完成情况，分为完全成功、成功、部分成功、不成功四类，分别以AA，A，B，C代替。超额完成目标为完全成功，完成目标为成功，部分完成为部分成功，没有实质性进展为不成功。

一级指标评估结果由其二级指标评估结果决定，二级指标评估结果由其三级指标评估结果决定，三级指标的评估结果是整个评估体系的基础。一级指标评估结果的确定，看其二级指标的评估结果，如A类及以上超过半数为该项指标成功；B类及以下超过半数为该项指标不成功。三级指标亦然，以此类推。

二、示范区开放合作能级实施成效评估

（一）示范区开放合作能级实施具体效果评估

1. 提升出海通道功能实施情况评估

鉴于评估内容较多，我们将研究内容整理为表格形式，以方便阅读。出海通道功能实施情况，见下表：

提升出海通道功能实施情况评估表

评估指标		落实情况	评估结论
二级	三级		
开放服务功能	集装箱干线运输建设	大力发展集装箱干线运输，与日本、韩国航运合作，巩固发展内贸直达航线和中转运输，开通美西、中东波斯湾、南非等3条远洋干线在内的集装箱航线73条	AA
	现有海关特殊监管区域和保税监管场所整合发展情况	2018年5月，国务院正式批复连云港出口加工区整合优化为连云港综合保税区； 2019年国务院批复设立中国（江苏）自由贸易试验区连云港片区； 2020年获批开展海关特殊区域增值税一般纳税人资格试点； 2020年国务院批复设立连云港跨境电商综合试验区； 江苏省首家保税展示交易中心建设运营，航运交易市场和口岸"一站式"服务平台加快推进	AAA

续表

评估指标 二级	评估指标 三级	落实情况	评估结论
开放服务功能	完善服务周边地区及内陆腹地的保税物流体系情况	加强与国内重要节点地区港口、物流园区合作，与郑州、西安、银川、乌鲁木齐、霍尔果斯等沿线地区建立合作关系，与郑州国际物流西区共建友好园区； 与上合组织秘书处、中国国际商会加强合作，成功举办上合组织国际物流圆桌会议； 设立中哈实业家委员会江苏地方联络办公室	AA
	国际中转、配送、采购、转口贸易和出口加工发展情况	上合物流园于2015年正式启动建设，成为中亚.环太平洋的商贸物流集散中心、服务"一带一路"共建国家和地区的国际物流合作基地和现代物流业创新发展的试验示范园区； 与沿线乌兹别克斯坦、吉尔吉斯斯坦等中亚国家以及阿塞拜疆、格鲁吉亚等共建国家就畅通物流通道等方面达成合作意向，与"霍尔果斯—东门"经济特区签署合作协议	AAA
	面向中西部地区的资源集中采购平台建设情况	建成丝路国家展贸中心，打造丝路共建国家和地区经贸交流平台； 建设多式联运中心，与国内知名物流企业洽谈委托运营及合资共建事宜	BB
	连接中西部地区的现代物流中心建设情况	积极推进与大陆桥沿线城市合作建设物流场站，与中远海运集团建立战略合作关系，联合收购了哈国霍尔果斯无水港项目49%股权，与中外运化工发展化工物流等合作项目，与西安、银川、乌鲁木齐、霍尔果斯等中西部地区开展合作； 与安徽、河南等地内河码头建立海河联运联监机制； 在宿迁、淮安、徐州、侯马、洛阳、西安、银川、西宁等地建了"无水港"，霍尔果斯乃至中亚等地的"无水港"建设也在稳步推进	AA
	国外大型企业在示范区设立总部和研发生产、采购配送、商品交易中心	跨境电商、总部经济取得新进展，"点点通"跨境电商公共服务平台接入海关总署"跨境电子商务零售统一版信息化系统"，小红书、eBay、四海国际货代等知名电商及孵化器相继签约落地； 计划建设石化产品交易中心； 中核环保等总部企业相继入驻	BB

续表

评估指标		落实情况	评估结论
二级	三级		
综合交通枢纽建设情况	与中西部地区重大交通基础设施对接情况	深度对接中西部地区重大交通基础设施，连徐高铁已试运营； 连霍高速对接"双西"公路	AA
	大陆桥沿线重要城市共建共用连云港港口情况	与徐州市、宿迁市等城市签订了共建共用连云港口岸的合作协议	BB
	连云港港口通过能力提升	持续提升港口通过能力，形成"一港四区"格局，港口成功跻身世界深水大港行列； 连云港区30万吨级航道完工，航道疏浚深至25万吨级； 徐圩港区30万吨级航道一期工程建成通航，已建成投用通用泊位和液体化工泊位11个（其中10万吨级5个）	AA
	陇海兰新铁路客运通道建设	连徐高铁投入运营	AA
	疏港铁路及集装箱办理站建设情况	旗台作业区铁路专用线建成运行； 上合物流园铁路专用线主体建成； 徐圩、赣榆临港产业区铁路专用线加快建设	AA
	海铁联运和铁路集装箱运输建设情况	在全省率先开行了至中亚、欧洲国际班列，是全国运营规模和运行效率最高的跨境班列。其中，中亚班列占全国市场份额30%以上，为全国首位；欧洲班列成为唯一获准开行至伊斯坦布尔等方向的直达班列	AAA
	徐圩新区铁路支线、骨干公路、内河航道建设情况	连盐支线全线通车，徐圩新区产业区专用铁道工程开工建设； 以烧香支河、善后河三级航道为主的内河运输通道正在积极推进； 徐圩新区规划主干公路已建成	AA
	物流方面的交流与合作	积极布局链状物流节点，围绕畅通中欧班列，与拉脱维亚里加港、跨里海国际运输协会签订战略合作框架协议； 与郑州、西安、银川、乌鲁木齐、霍尔果斯等沿线城市共建联运通道和物流合作体系； 在陆桥沿线开展"无水港"布局，在宿迁、淮安、徐州、侯马、洛阳、银川、西宁等地建设了"无水港"，推进西安、霍尔果斯乃至中亚等地的"无水港"建设	AA

续表

评估指标 二级	评估指标 三级	落实情况	评估结论
口岸"大通关"体系协调情况	大陆桥沿线城市在海关、检验检疫、边防检查等方面开展跨区域口岸合作	成立大陆桥沿线海关合作机制、大陆桥沿线商检合作机制等有关组织，开展跨区域口岸合作	BB
	"属地申报、口岸验放"的通关模式实施情况	国际贸易"单一窗口"船舶申报系统投运；货物申报、过关查验、一次放行等功能上线运营；大通关信息平台初步建成	AA
	在大陆桥沿线节点城市合作建设物流场站情况	积极布局链状物流节点，围绕畅通中欧班列，与拉脱维亚里加港、跨里海国际运输协会签订战略合作框架协议；与郑州、西安、银川、乌鲁木齐、霍尔果斯等沿线城市共建联运通道和物流合作体系；在陆桥沿线开展"无水港"布局	AA
	发展海铁、海陆等多式联运情况	建立独具特色的陆桥集装箱铁水联运体系，陇海铁路直达港区，在港区内建有铁路装卸场，可实现海铁联运；连云港疏港航道直达上合组织（连云港）国际物流园中云台内河码头，通过短驳可实现海河联运；稳步提升港口对外运输能力，实现高速公路和一级公路直通港区，启动连云港区至中云台内河码头的皮带机廊道建设，建设上合国际物流园专用铁路线	AAA
	国家电子口岸作用发挥情况	充分发挥连云港作为全国第四个设立交通电子口岸分中心的作用，实现了全国通关一体化；依托电子口岸平台，实现铁路网上审单、口岸订舱网上办	AA
	港口、铁路间互联互通和信息共享，建设具有通关、物流、商务等应用功能的大通关信息平台情况	搭建多式联运综合服务平台，自主研发蓝宝星球货运交易平台，通过智能撮合、洽谈、竞价、电子合同、运价指数、港铁协同等功能促成线上交易，为货主提供"门到门"一揽子解决方案，探索形成公路运力线上撮合交易新模式；构建中哈陆海联运电子数据交换通道，实现中哈两端生产数据互换、物流数据及海关、铁路间的数据互换，为中亚东行至连云港过境的货主提供及时的口岸仓储、装卸、加工等信息服务，为中欧（亚）班列的运行提供重有力的数据支撑；推行"港航通"——国际贸易"单一窗口"的连云港模式，打通了口岸全程物流链条一站式办理通道，口岸代理单位或货主可足不出户完成口岸业务线上办理与电子支付等	AA

出海通道功能评估结果显示，有 3 项二级评估指标，评估结果为 3 项 A，综合评价应为 A，形成以下《出海通道功能评估表》。

出海通道功能评估表

二级指标	评估情况	评估结果
开放服务功能完善情况	7 项 3 级指标，分别为：A，AA，A，AA，B，A，B	A
综合交通枢纽建设情况	8 项 3 级指标，分别为：A，B，A，A，A，AA，A，A	A
健全口岸"大通关"体系	6 项 3 级指标，分别为：B，A，A，AA，A，A	A

2. 合作服务功能实施情况评估

鉴于评估内容较多，我们将研究内容整理为表格形式，以方便阅读。合作服务功能实施情况，见下表：

合作服务体系实施情况评估表

评估指标 (二级)	评估指标 (三级)	落实情况	评估结论
金融服务功能	国内外银行及其他金融机构设立分支机构情况	数十家国内金融机构在示范区设立分支机构，目前已设立银行业机构 20 家	B
		国外金融机构设立分支机构还未突破	C
	发展金融中介服务情况	金融中介服务较快发展。推动设立联泰、环智等股权投资机构和基金管理平台	B
	资金结算、票据贴现、证券发行、信托投资和保险等投融资服务体系情况	积极推进出口信用险服务港口企业发展，港口集团获批开展跨境人民币双向资金池业务，港口集团、开发区国际贸易公司开展跨境双向外币资金池业务，加大对中西部地区企业发展进出口业务提供金融支持，先后服务企业 630 多家	AA
	为中西部地区企业发展进出口业务提供金融服务情况	——	CC

续表

评估指标		落实情况	评估结论
二级	三级		
商务服务功能	建设航运交易市场和口岸一站式服务平台	大陆桥国际商务大厦等一批标志性商务楼宇建成使用，600余家企业相继入驻，航运交易市场和口岸一站式服务平台正在加快推进；利用"新亚欧大陆桥安全走廊国际执法合作（连云港）论坛"举办及永久会址建设的平台，积极争取论坛秘书处及"警用装备和安防设施展览会"落户	AA
	设立中西部地区驻连云港办事机构集中区	中西部地区在连云港设立的商务办事机构已近300家	A
		集中办公区未形成	C
	在云湖商务核心区建设大陆桥沿线地区产品展示展览中心情况	徐圩新区云湖商务核心区大陆桥产品展览展示中心、产业服务中心、创投服务中心等6个商务服务平台已建成使用，其中大陆桥产品展览展示中心是徐圩新区开展东中西区域商务合作与交流的主要功能平台	AA
重大科研成果转化功能	技术交易市场建设情况	获批建设省技术产权交易市场连云港分中心，可共享全省技术成果与需求信息，直接办理技术交易合同登记、享受相关税费减免政策等便捷服务	BB
	科技研发和中介服务机构集聚情况	共建成新型研发机构5个，有效促进了科技成果、专利技术等就地转化	A
	服务中西部地区产业发展的技术合作和交易平台	示范区共打造产业、物流、科技和人才等区域合作服务平台22个	AA
人力资源合作开发功能	与大陆桥沿线地区人力资源合作开发情况	建立了中西部人力资源合作开发机制，签署《东中西人才服务区域合作协议》；与淮北、开封、西安等16市的人才服务机构通过资源共享、资信互认、互设窗口、规范标准、挂职交流、联合招聘等方式进行合作，加大大陆桥沿线地区人力资源合作开发力度	BB
	人力资源和培训基地整合情况	建设连云港生物中专（徐圩校区），作为支撑产业发展的实用型技术人才培养基地，2019年成功举办中西部青年英才训练营活动，来自西安交通大学、西安石油大学等6所高校的53名学员参加，有效搭建了与中西部高等院校的合作平台，进一步完善人力资源合作开发功能	BB

合作服务体系功能评估结果显示，有4项二级指标，评估结果为2项A，2项B，综合评价应为A，形成以下《合作服务体系功能评估表》。

合作服务体系功能评估表

二级指标	评估情况	评估结果
金融服务功能	4项3级指标，分别为：B-C，B，A，C	B
商务服务功能	3项3级指标，分别为：A，A-C，A	A
重大科研成果转化功能	3项3级指标，分别为：B，A，A	A
人力资源合作开发功能	2项3级指标，分别为：B，B	B

3. 产业合作功能实施情况评估表

鉴于评估内容较多，我们将研究内容整理为表格形式，以方便阅读。产业合作功能实施情况，见下表：

产业合作基地实施情况评估表

评估指标 二级	评估指标 三级	落实情况	评估结论
进口资源加工基地建设情况	石油化工加工基地情况	徐圩新区的"连云港石油化工产业基地"是国务院确定的国家七大石化产业基地之一，已经聚集包括盛虹炼化、中化国际、卫星石化等一批百亿级项目，签约入驻项目总投资超过3000亿元	AAA
	有色金属加工基地情况	有色金属加工基地已经完成"七通一平"，正在加快招商工作	BB
	精品钢材等加工基地情况	投资96亿元的珠江钢管一期工程项目已经建成投产；规划建设丝路国家钢材交易中心	BB

续表

评估指标		落实情况	评估结论
二级	三级		
出口产品生产加工基地建设情况	西部地区外向型企业在示范区建设出口产品加工分装专业化生产加工基地情况	出口产品生产加工基地建设开始起步，出口加工区配套设施逐步完善，海关综合查验区、监管场站和检验检疫公共服务平台相继建设。现有入驻项目33个，入驻丝路电商8个	BB
	西部地区外向型企业在示范区建设装备制造出口组装等专业化生产加工基地情况	丰诺实业等6个项目建成投产；重组溶葡萄球菌酶生物制药、大型海上及低风速风电叶片、瑞济人羊膜、晓行精密制造、东大集团总部及进口休闲食品加工基地、五矿铜精矿混矿、金融街和跨境电商交易中心、奥萨大健康产业研发中心等项目	BB
产业承接与转移基地情况	承接长三角其他地区重化工业转移，建设临港产业基地	被确定为国家七大石化基地之一；从新加坡等国家、长三角地区以及中西部地区引进多家重化企业	AA
	生物医药、新材料、新能源等战略性新兴产业	2019年，19家新医药企业实现产值443亿元，12家新材料企业实现产值19.2亿元，14家高端装备制造企业实现产值28.4亿元	AA

产业合作基地功能评估结果显示，有3项二级指标，评估结果为1项A，2项B，综合评价应为B，形成以下《产业合作基地功能评估表》。

产业合作基地功能评估表

二级指标	评估情况	评估结果
进口资源加工基地	3项3级指标，分别为：AA、B、B	B
出口产品生产加工基地	2项3级指标，分别为：B、B	B

续表

二级指标	评估情况	评估结果
产业承接与转移基地	2项3级指标，分别为：A，A	A

4. 机制体制创新功能评估

鉴于评估内容较多，我们将研究内容整理为表格形式，以方便阅读。机制体制创新功能实施情况，见下表：

机制体制创新情况评估表

评估指标（二级）	评估指标（三级）	落实情况	评估结论
收益共享机制	示范区承接产业转移项目的收益由合作各方分享情况	出台《国家东中西区域合作示范区（先导区）加快承接产业转移暂行办法》《国家东中西区域合作示范区先导区鼓励总部经济发展暂行办法》等，探索建立收益共享机制，共建共用共享资源	BB
收益共享机制	项目投产后产生的增值税、所得税地方留成部分，合作双方按一定比例分成情况	——	CC
建设管理机制	中西部地区在示范区设立"区中区""园中园"情况	积极探索"区中区""园中园"新模式，出台了《国家东中西区域合作示范区先导区鼓励共建"区中区""园中园"暂行办法》	BB
建设管理机制	采取委托管理、投资合作等多种方式参与示范区建设	开展了积极探索	BB
建设管理机制	产业合作和共建共享基础设施的新模式	开展了积极探索	BB
科技合作机制	大陆桥沿线地区企业建立健全科技资源开放、共享、共建的体制机制	发挥陆桥沿线经济技术开发区和高新技术产业园区在产业集聚和创新载体方面的作用，建立健全科技资源开放、共享、共建的体制机制；探索建立先进科研技术跨区域转移扩散机制	AA

续表

评估指标		落实情况	评估结论
二级	三级		
环境管理机制	开展主要污染物排放总量初始权有偿分配和排污权交易,建立排污权跨区域、跨产业调剂交易制度	一是以提高区域整体环境质量为目标,通过建立排污权交易制度、加强跨区域污染联防联控、健全区域环境信息共享和应急联动机制,打破地区分隔,深化交流合作,促进资源整合、信息共享、环保共赢; 二是探索开展主要污染物排放总量初始权有偿分配,加快建立健全排污权交易制度,统筹解决重大产业项目的排污指标	BB
	多污染物协同减排合作	——	CC
	建立规划环评和建设项目环评的联动机制	——	CC

合作体制机制创新功能评估结果显示,有4项二级指标,评估结果为1项A,三项B,综合评价应为B,形成以下《合作体制机制创新评估表》。

合作体制机制创新评估表

二级指标	评估情况	评估结果
创新收益共享机制	2项3级指标,分别为:B、C	B
创新建设管理机制	3项3级指标,分别为:B、B、B	B
创新科技合作机制	1项3级指标:A	A
创新环境管理机制	3项3级指标,分别为:B、C、C	B

(二)示范区开放合作能级实施成效评价

1. 开放合作能级实施成效总体评价

综合上述一级、二级、三级指标评估结果,在国家、江苏省和陆桥沿线省区的共同努力下,总体上看,《示范区建设方案》确定的"服务中西部地区对外开放的重要门户、东中西产业合作示范基地、区域合作体制机制创新试验区"目标基本完成,示范区空间格局趋于优化,连云港服务中西部区域的能力显著提高,有些方面还取得了突破性的成效,如连云港自贸片区、中哈基地、上合园区、跨境电商综合试验区的设立,中国七大石化基地的建设等。十年示范区建设的实践证明，建设示范区"有利于发挥新亚欧大陆桥便捷的出海通道作用，更好地服务中西部地区发展开放型经济，提升我国整体对外开放水平；有利于促进资源的跨区域合理流动和优化配置，发挥东中西部地区的比较优势，推动东部与中西部地区在更宽领域、更高层次上开展交流与合作"。

2. 部分功能仍有较大提升空间

从上述的评估情况看，部分政策功能未能有效开展，特别是：

在"产业合作示范基地、区域合作体制机制创新试验区"建设方面仍有较大提升空间。

在陆桥过境运输方面，"建立陇海兰新铁路运输协调机制、制定陇海兰新铁路沿线地区到连云港港的集装箱'五定'班列运价优惠"没有落实。"开通郑州至连云港港双层集装箱'五定'班列"方面，虽然郑州中心站（圃田）至连云港（连云港港口）的集装箱"五定"班列开通，但双层集装箱"五定"班列未开通。

在金融创新方面，国外金融机构设立分支机构还未突破，金融中介服务发展也相对滞后。与此关联的是示范区"为中西部地区企业发展进出口业务提供金融服务"功能难以有效发挥。

机制体制创新方面，收益共享机制未取得突破性进展，"项目投产后产生的增值税、所得税地方留成部分合作双方按一定比例分成"的政策未能发挥作用；环境管理机制未取得突破性进展，多污染物协同减排合作、建立规划环评和建设项目环评的联动机制政策未能发挥作用；示范区承接产业转移项目的收益由合作各方分享等，只停留在文件层面。

有些功能平台虽然已经破题，但至今未能完成。如在合作平台建设方面，"国外大型企业在示范区设立区域性总部和研发生产、采购配送、商品交易中心，以及面向中西部地区的资源集中采购平台建设、技术交易市场建设"等政策实施未有突破性进展。在合作基地建设方面，在"利用临港产业园区与中西部地区进口资源深加工企业合作建设石油化工、有色金属、精品钢材等加工基地"方面，在"中西部地区外向型企业在示范区建设出口产品加工分装、装备制造出口组装等专业化生产加工基地"方面，都未有突破性进展。在合作园区方面，"中西部地区在示范区设立'区中区''园中园'、采取委托管理、投资合作等多种方式参与示范区建设""产业合作和共建共享基础设施的新模式"等重要机制体制创新的政策规定，主要还停留在政策文件层面。

虽然中西部地区在连云港设立的商务办事机构已近300家，但在连云港设立中西部地区驻连云港办事机构集中区未形成规模；在大陆桥沿线重要城市共建共用连云港港方面，也未有突破性进展。

三、提升国家东中西区域合作示范区开放合作能级的思路与对策

（一）提升示范区开放合作能级的思路

1. 强化开发开放能级，突破示范区建设仅局限于国内段区域合作的认识误区，从"一带一路"倡议的战略视域考量示范区，建设合作国际示范区

示范区实践的十年中，经过"十二五""十三五"的发展，我国中西部地区东西双向互济、陆海内外联动的区域协同开放格局初步形成。

推进"一带一路"建设仍然是我国"十四五"时期的发展重点，推进示范区发展，一定要将"打造标杆和示范项目"做实做好。"打造标杆和示范项目"的具体要求，应该是建设"亚欧重要国际交通枢纽、集聚优质要素的开放门户、'一带一路'共建国家（地区）交流合作平台"。我们要着眼于依托新亚欧大陆桥国际通道，发挥示范区在服务"一带一路"倡议、践行国内国际双循环战略中不可替代的区域合作示范区作用，打造连接东中西部地区的国内经济循环支点，打造联通日韩与中亚、环太平洋沿岸国家地区与欧洲市场的双向流通、加工、制造的国际经济枢纽、国际供应链中心，建设以国内大循环为主体、国内国际双循环相互促进的合作国际示范区。

2. 强化区域合作能级，突破对示范区模式"线性"认识的思维误区，从区域协调发展的大视域考量示范区，建设跨区域协调发展样板区

目前，以"一带一路"建设和自由贸易试验区建设为重点的陆海内外联动、东西双向互济的全面开放新格局逐步形成，示范区在实现东、中西部地区优势互补、协调发展新机制不断完善中发挥重要作用。设立示范区，一方面，陆桥经济带利用示范区的开放优势、东方桥头堡的门户优势，积极参与国际经济大循环，借助两个市场、利用两种资源加快自身发展步伐的同时，"更好地服务中西部地区发展开放型经济"。另一方面，可以利用示范区在我国区域经济协调发展中"南连长三角，北接渤海湾，隔海东临东北亚，又通过陇海铁路西连中西部地区以至中亚"（温家宝，2007）的重要战略地位"提升我国整体对外开放水平"。示范区建设十年间，陇海兰新、沿海两大联系中国东西南北的铁路大通道在此交会，因此，新时期示范区的区域合作，不仅仅是东中西间的区域合作，还应以示范区为圆心，依托陇海兰新、沿海两大交通干线，从东中西区域合作、东中西区域与长三角、环渤海的合作互动来考量。特别是"十四五"时期，促进集聚、消除分割和缩短距离将成为区域协调发展的重要方向，示范区的区域

合作应该主动探索协调发展新路，成为区域协调发展的先行区、示范样板区，为促进我国区域治理现代化做出贡献。

3. 强化创新能级，突破示范区建设重实体轻机制的实践误区，以机制体制创新为引领，建设区域合作体制机制创新试验区

"健全区域协调发展体制机制"是中央五中全会提出的"十四五"时期我国推进区域协调发展一项重要任务，不仅对保障区域协同发展十分重要，而且具有极大挑战性，这也是示范区十年实践总结的重要启示。国务院批复设立的各类示范区中，冠以"国家"二字的，只有在连云港设立的《国家东中西区域合作示范区》。一方面，说明示范区建设在国家区域发展格局中具有重要战略地位；另一方面，示范区之所以冠以"国家"与其巨大的空间跨度不无联系。在连云港设立国家级示范区，安徽、河南、陕西、甘肃、新疆等中西部省区货物可以依托陇海兰新线从连云港下海，通过大通道把沿线的发展带动起来。巨大的空间跨度必然涉及沿线行政管理体制分割带来的合作难度大、市场分割带来的要素流动不畅、同质化带来的激烈竞争等，要通过示范区的建设实现潜在的发展潜力和价值难以形成现实的竞争力的协调，探索建立区域统一大市场，推动区域协调发展和共治共享，蕴含了其巨大的挑战性，难度亦不容小觑。

在对示范区开放合作能级评估中发现，《示范区建设方案》中没有能够完成的项目、完成进度缓慢的项目，基本上与机制体制创新不够息息相关。如由于收益分配机制、建设管理机制创新不够，导致"区中区""园中园"政策、出口产品生产加工基地建设政策，以及多污染物协同减排合作、规划环评和建设项目环评的联动机制等中西部共建、共用、共享示范区的政策大多停留在文件层面。因此，推进机制体制创新，使示范区首先成为区域合作体制机制创新试验区，极为关键。

（二）提升示范区合作能级的对策

1. 坚持目标引领，将示范区建设融入"打造标杆和示范项目"，建设为服务"一带一路"供应链走廊的海陆门户

落实总书记"打造标杆和示范项目"的目标要求，建立由中国政府牵头、新亚欧大陆桥沿桥国家特别是中亚国家共同参与的、高层次的、政府间的大陆桥过境陆桥运输协调机制，定期磋商解决发展中所存在的各种问题。将连云港至中亚、欧洲沿线定位成新亚欧大陆桥通道建设的主导线路，在连云港建立国际联运业务统一受理平台，进行受理、审单、商定国际联运计划、报关转关、协调服务等系列相关事宜，避免欧大陆桥运输通道建设。设立"新亚欧陆海联

运通道协调机制",落实《示范区建设方案》提出的"制定陇海兰新铁路沿线地区到连云港港的集装箱'五定'班列运价优惠政策,尽快开通沿线地区至连云港港双层集装箱'五定'班列"。

完善多式联运体系,创建大陆桥运输、中欧班列国际品牌。发挥"连云港—霍尔果斯—东门"双枢纽在陆桥运输和中欧班列中的枢纽作用,积极探索"班列+园区""班列+口岸"等"班列+"服务模式,创新中欧班列集拼集运模式,逐步将中欧班列(连云港)发展为集跨境电子商务、中转集拼、国际铁海联运等功能于一体的综合系统。推进和完善连云港—里海供应链基地项目建设,在连云港和阿克套分别建设供应链基地,形成集供应链管理、产业转移、跨境贸易于一体的"一带一路"国际经贸合作新模式。

2. 坚持产业合作,推进示范区、自贸区建设与中西部产业联动发展

合作建设总部经济承载区。要突出与"一带一路"沿线重点国家地区合作,以东亚、东盟成员国及台湾、香港地区为主,大力发展总部经济,在自贸片区内打造总部经济群。探索与"一带一路"共建国家开展贸易供应链安全与便利化合作,推动示范区、自贸片区内企业以自建、收购、股权合作等多种方式在"一带一路"共建国家建立境外营销、物流、结算等区域性运营总部。

合作建设国际会展经济繁荣区。自贸片区、示范区依托连云港国际商务中心大力举办国家级展会,发展会展经济,争取在自贸片区、示范区内举办的展会中,境外展品在展期内进口和销售享受免税政策。

合作建设创新性经济先导区。抓住国家赋予连云港"建设首次进口药品和生物制品口岸"契机,大力引进国外优质医疗资源,建设淮海经济区区域医疗中心。加强国际合作,建设大数据、区块链技术和产业创新发展基地。

共同推动优势产业全产业链开放。示范区的优势产业,包括在经济发展过程中已经形成了的石化、新医药、新材料、新能源、装备制造等产业。特别要推动石化全产业链开放发展。依托连云港自贸片区,加强与世界知名石油化工企业的合作,支持连云港石化产业基地建成全国最大的原料多元化烯烃产业基地、最具影响力的聚酯原材料生产基地、电子化学品和聚合物添加剂生产基地、亚洲最大的油脂科技产业基地以及世界最大的苯二酚系列产品生产基地。引进国际先进技术,聚焦产业高端,打造精深加工产业链。允许连云港综合保税区徐圩片区内企业开展危化品经营,以原油、成品油为重点,开展油品、LNG等大宗商品保税储运加工业务,建设国际油品储运基地。赋予相关炼化企业来料加工资质,支持开展油品保税炼制、保税加工、保税出口,对一线入境的生产料件实施保税监管。发挥自贸片区、综合保税区等海关特殊监管区优势,加速

落实油品炼制行业对外开放政策，探索发展油品保税炼制、保税加工、保税出口等业务。积极争取允许徐圩新区适度开展成品油非国营贸易出口，搭建成品油内外贸分销网络，支持以油品炼化基地为基础，丰富产品种类和销售渠道，逐步取消成品油出口配额。积极争取放开保税燃料油供应资质限制，吸引境内外"保税燃料油供应商开展供油服务，丰富市场竞争主体"。

3. 坚持制度创新，建立以共建共用为核心的制度体系，构建服务沿桥经济大循环骨架

建立陆桥沿线区域共建示范区的省部际联席会议制度。"十四五"时期，国家将继续深入推进区域协调发展战略，示范区十年的建设实践充分证明，共建示范区涉及区域广、建设内容多、需协调的事项繁杂。实践已经告诉我们，虽然《示范区建设方案》提出安徽、河南、山西、甘肃、新疆等亚欧大陆桥沿线省（区）要积极参与示范区建设，但落实起来难度极大，急需建立更加高效的区域协调发展机制。江苏省政府2013年就提出"争取建立国家陆桥沿线区域联席会议制度"，但一直没有落实到位。建议建立完善省部际联席会议制度，加强国家层面对《示范区建设方案》与沿线省区（城市）规划的衔接及实施的监督，"共同解决跨区域合作中遇到的问题"，并配套建立《示范区建设方案》实施情况的监测、评估、奖惩、调整机制，确保东中西区域合作重大事项、重大政策的落地。

建立沿桥城市政府间共用示范区的合作机制。目前，我国的区域政策正从地区导向转变为地区导向和流动要素导向相结合，示范区建设要顺应这个发展变化，建立大陆桥沿线城市政府间旨在加强进口加工、出口生产基地及"区中区""园中园"等实体层面合作的组织机制，加快示范区服务中西部的平台、基地、园区建设。回顾《示范区建设方案》实施过程中，虽然具体提出鼓励利用临港产业园区与中西部地区进口资源深加工企业合作建设石油化工、有色金属、精品钢材等加工基地，建设中西部地区出口产品生产加工基地，建设出口产品加工分装、装备制造出口组装等专业化生产加工基地，目前示范区已具备项目承接条件，但实际建设过程中缺少这一机制抓手，许多《示范区建设方案》提出的任务，目前都尚未实现实质性突破。特别是那些体量大、基地型、龙头型的项目落地缓慢，体制机制掣肘是主要因素。

另外，国家有关部委、江苏省也要加大赋权力度，落实示范区、有关查验单位机构级别组织架构和人员配置。

4. 坚持问题导向，以建设千万标箱集装箱大港为抓手实现示范区建设率先突破

（1）深耕日韩、中亚、中西部，构建千万标箱集装箱大港支撑空间发挥

已经形成的"连云港—东门"国际物流双枢纽、"连云港—里海"国际物流供应链优势,加强与日韩、中亚、欧洲等国家港口开展国际联运业务的大客户、铁路、船货代理公司的交流、合作,支持境内外企业在陆桥沿线共建海外仓、物流中转基地和产业园区,加快形成和完善国际物流供应链、产业链、价值链。

强化陆桥沿线区域合作,立足与中西部地区经济长远发展的战略高度,扩展示范区服务中西部的空间,包括拓展产业链的需求空间、拓展港口产业配套服务的需求空间、拓展产业带动的需求空间、拓展航运服务的需求空间。强化与陆桥沿线中西部地区城市、口岸(特别是郑州、西安、乌鲁木齐等陆桥沿线枢纽城市)在集拼集运方面合作,增强港口中转集拼功能,打造"东部出口基地+中西部集结中心"的枢纽型运输模式。全方位推进示范区与中西部地区的融合发展。

还要进一步做好淮海经济区、苏北鲁南地区以及本地货源企业使用连云港港口的组织引导,做好点对点货源争取工作。

(2)建设国际物流中心,拓展千万标箱集装箱大港的承载空间

抓住连云港自贸片区扩大对外开放的契机,加快国际物流中心建设。落实《中国(江苏)自由贸易试验区总体方案》(以下简称自贸区总体方案)"支持规划建设铁路集装箱中心站"的政策,加快铁路集装箱中心站建设步伐。设立过境运输拆拼箱中心,打造以连云港为中心的新亚欧陆海联运货物中转分拨基地、我国大区域集装箱集散中心、国际物流中心。

落实自贸区总体方案"授予自贸试验区铁路对外开放口岸资质"政策,放大海上启运港退税政策,实现多式联运物流监管中心、保税物流园区、保税库等海关特殊监管区域与铁路相连,加快国际物流中心建设。

落实自贸区总体方案提出"建设大宗商品集散中心"要求,建设大宗商品集散中心及现货交易所和交易平台。重点建设油品、化工产品、粮食、煤炭、铁矿石等区域性大宗商品交易市场,设立铁矿石、铜矿砂、小麦等大宗商品集散中心及现货交易所和交易平台,开展现货交易,实现由运输集散中心到贸易中心的转型升级。建设保税燃料油交易中心,以保税燃料油供应为突破口,在扩大现货交易基础上,稳步推进期货交易,探索保税燃料油业务的海关监管等配套的政策创新。与上海期货交易所等合作,设立大宗商品期货保税交割库,开展期货保税交割和仓单质押融资等金融业务(优先发展铜矿期货交易),提高对大宗商品的定价能力。形成集大宗商品运输、仓储、贸易、金融等于一体的业务集群。争取扩大保税混矿范围。

(3) 加快建设国际航运试验区，提升千万标箱集装箱大港的政策空间

连云港港口、连云港自贸片区位于示范区区域内，建议国家先行批准在连云港设立国际航运试验区，借鉴上海临港新片区政策，"在沿海捎带、国际船舶登记、国际航权开放等方面加强探索"；将连云港港设定为船籍港，开展国际船舶登记业务，对境内制造船舶在"中国连云港"登记从事国际运输的，"视同出口，给予出口退税"；支持在示范区内按照国务院文件要求"设立外商独资的国际船舶运输、国际船舶管理、国际海运货物装卸、国际海运集装箱站和堆场企业，允许外商以合资、合作形式从事国际船舶代理业务，外方持股比例放宽至51%"。完善启运港退税相关政策，探索外籍国际航行船舶开展以连云港港为国际中转港的外贸集装箱沿海捎带业务；实现航运税制、航运金融、船舶登记、海关监管等方面政策和制度创新，加快国际航运市场开放，完善国际枢纽港功能，"提高对国际航线、货物资源的集聚和配置能力"。

建议以连云港自贸片区为载体探索建设连云港自由贸易港，赋予示范区更大改革自主权。示范区要依托新亚欧大陆桥经济走廊，面向东亚、东北亚、东南亚，服务海陆丝路经济带区域，以过境运输、转口贸易为重点，以自贸港为载体，加快将连云港打造成我国面向环太平洋沿岸国家地区的重要对外开放门户。鉴于自贸港的设立是一个较长的过程，建议先行扩大示范区享受连云港自贸片区政策范围，将自贸片区现有的政策扩展延伸至包括国家级经济技术开发区、上合园区、连云港主港区（包括中哈园区）、连云新城在内的示范区区域。其中主港区享受上海洋山自贸片区政策，连云新城、上合园区享受上海临港新片区政策。先行在自贸片区港口区块内设立"物理围网区域"，建设对标国际公认、竞争力最强自由贸易园区的特殊综合保税区，实施更高水平的转口贸易自由化便利化政策和制度。

(4) 采取有效措施，夯实千万标箱集装箱大港基础

在争取国家进一步加大对 40 万吨矿石泊位和配套航道的改扩建工程支持力度的基础上，在建设自由贸易试验区港口区块"五大中心"中，突出超大型智能化集装箱中心建设，把现有深水泊位升级为 15 万吨级，新建 20 万吨级集装箱泊位，提高智能化水平，适应千万标箱集装箱大港的发展需要。

吸引国内外港口企业入港，采取多种形式共建共用千万标箱集装箱干线大港。

加大对船公司运营近远洋干线的支持力度，强化与国内外知名船公司合作力度，吸引世界知名船公司、跨国公司在连云港设立区域总部或分公司，把连云港作为基本港；对来连云港设立区域分公司的船公司给予相应政策扶持；建

议设立省级层面专项补贴资金、省级财政转移支付等方式,统筹用于支持连云港远洋航线、集装箱各项业务发展,将已实施的航线补贴政策延续到2025年,并逐年提高补贴的力度,千方百计提高远洋航线数量、航线密度和覆盖面,实现远洋干线的快速突破。

打通"堵点",畅通和完善集疏运体系。实现示范区与陆桥沿线地区、长三角地区、苏北鲁南地区的有效沟通和联动,强化集装箱货源集聚能力。开通连盐铁路的货运功能,争取尽快启动沿海高铁连云港至盐城段规划建设,推进连云港至临沂货运铁路建设;加快港口、园区连通陇海线大通道的铁路支线建设,徐圩铁路支线等港口、园区货运铁路专用线建设;放大"一港四线"格局,推动连接京杭运河、淮河、沙颍河及连申线等海江河联运"黄金水道"航道升级扩能,打通京杭运河入海通道经通榆运河至灌河的全程二级航道,加快连宿徐航道等重点工程进度,构建通江达海的内河航道网和集装箱精品网。

参考文献:

[1] 中共中央关于制定国民经济和社会发展第十四个五年规划和二〇三五年远景目标的建议[EB/OL].中国政府网,2020-11-03.

[2] 习近平.关于《中共中央关于制定国民经济和社会发展第十四个五年规划和二〇三五年远景目标的建议》的说明[EB/OL].中国政府网,2020-11-03.

[3] 国务院关于印发6个新设自由贸易试验区总体方案的通知:国发〔2019〕16号[EB/OL].中国政府网,2019-08-26.

[4] 国家发展改革委关于印发国家东中西区域合作示范区建设总体方案的通知:发改地区〔2011〕1185号[EB/OL].中国政府网,2011-06-14.

[5] 省政府关于贯彻落实国家东中西区域合作示范区建设总体方案的实施意见:苏政发〔2012〕65号[EB/OL].江苏省人民政府,2012-05-26.

[6] 省委省政府关于高质量推进"一带一路"交汇点建设的意见:苏发〔2018〕30号[EB/OL].江苏省人民政府,2018-12-12.

[7] 古龙高.基于哲学语境中的"示范区"建设问题,江苏人文社会科学讲座(2012年选编本)[M].南京:河海大学出版社,2013:318-328.

[8] 赵巍,古龙高.设立国家级连云港东西互动示范区的探讨[J].现代经济探讨,2009(1).

[9] 古璇,古龙高,赵巍.国家东中西区域合作示范区服务中西部的理论支持与现实优势[J].大陆桥视野,2013(4).

［10］古璇,古龙高,赵巍.东中西区域合作示范区服务中西部的现状、问题与扩展空间［J］.大陆桥视野,2013（5）.

［11］古璇,古龙高,赵巍.加快国家东中西区域合作示范区建设的重点研究［J］.大陆桥视野,2013（7）.

［12］古璇,古龙高,赵巍.加快国家东中西区域合作示范区建设的难点研究［J］.大陆桥视野,2013（8）.

［13］古璇,古龙高,赵巍.加快东中西区域合作示范区建设的创新点研究［J］.大陆桥视野,2013（9）.

［14］古璇,赵巍,古龙高.国家东中西区域合作示范区管理体制创新研究［J］.大陆桥视野,2013（9）.

［15］古龙高,古璇,赵巍.国家东中西区域合作示范区建设中的区域创新一体化研究［J］.大陆桥视野,2014（7）.

（本课题系全市应用研究资助项目一般项目研究成果；课题组负责人：古璇,江苏海洋大学博士、副教授；课题组成员：赵巍、徐大庆、古龙高）

推动中国（江苏）自由贸易试验区连云港片区创新发展思路与对策研究

宣昌勇

设立中国（江苏）自由贸易试验区连云港片区，使连云港的发展又一次迎来了重要的历史机遇。承载着建设"一带一路"强支点的重要战略使命和港城人热切的期望，作为江苏自贸试验区的三大片区之一，连云港片区在江苏"全力打造国内一流、国际公认"的自贸试验区上必须做出自己应尽的一份贡献。为此，连云港片区应紧紧围绕建设亚欧重要国际交通枢纽、集聚优质要素的开放门户和"一带一路"共建国家（地区）交流合作平台的功能定位，在打造亚欧陆海联运大通道上立标杆，在与"一带一路"共建国家（地区）交流合作上做示范，在产业高质量发展上开新篇，加大具有连云港特色的制度创新，为江苏开放型经济发展先行区建设方面大胆创造"连云港模式"，勇于贡献"连云港智慧"。

一、江苏自贸试验区连云港片区建设存在的问题及原因

江苏自贸试验区连云港片区自成立以来，在市委、市政府的坚强领导下，锚定"为国家试制度、为地方谋发展"职责使命，持续深化改革创新，加快落实试点任务，在建设发展中取得了一系列新进展和新成效，但是也明显存在着急需解决的问题。

（一）连云港片区建设存在的问题

1. 重要任务完成进展情况不够理想

截至目前，省定任务涉及我市的128项任务，有效实施率达95%，但是对于我市发展将起到重要推动作用的如首次药品和生物制品进口口岸、游轮国际母港、平行车进口口岸、大宗商品交易中心、国际邮件交换局等重要事项仍然进展缓慢。

2. 制度创新遇到进一步突破的瓶颈

从连云港片区制度创新的案例来看，制度创新主要集中在贸易便利化和政府职能转变等方面。另外，制度创新涉及的市级部门不多，主要集中在港口、海关、市场监管等部门，部门支持和参与制度创新的积极性有待进一步提高。和其他的自贸试验区一样，在第一阶段容易进行创新的地方已经差不多完成了，随着制度创新进入"深水区"，制度创新也进入了"瓶颈期"。对于连云港片区而言，如何在深化投资领域改革和支持实体经济发展上进行制度创新，从而助推连云港实现新时代的后发先至显得尤为重要。

3. 部分制度创新事项的政策需求不足

此类制度创新的事项主要集中在金融、投资及创新业态等领域，包括"支持依法依规设立中外合资银行、民营银行、保险、证券、公募基金、持牌资产管理机构等法人金融机构""支持依法依规开展人民币海外基金业务""允许海关接受软件报关，探索数字化贸易等新型业态通关及出口退税方式"等。

4. 优质要素大规模集聚的局面尚未真正形成

在连云港片区建设的三大定位中，建成集聚优质要素的开放门户是关键。优质要素集聚不了，亚欧交通枢纽只能发挥"过道经济"的作用；优质要素集聚不了，"一带一路"合作交流平台只能是"空平台"。连云港片区虽然出台了相关的支持和鼓励措施，但是以资本、高新技术、信息、高端人才为代表的优质要素集聚进展仍然比较缓慢。由于优质要素集聚缓慢，又导致了产业集聚和产业转型升级步伐缓慢，整体经济实力提升乏力。

（二）江苏自贸试验区连云港片区建设存在问题的原因

1. 在泛自贸区化趋势明显的背景下，竞争压力空前增大

目前，我国自贸试验区的数量达到 21 个，浙江自贸试验区面积还获得了扩容，海南自由贸易港将在 2023 年实现封关运行。因此，在泛自贸区化趋势明显的背景下，连云港片区的发展将面临巨大的竞争压力。

2. 全域自贸氛围仍然不浓，营商环境亟待优化

最好的产业政策是改善营商环境。连云港片区设立后引起了港城人的极大关注。但是，由于宣传和培训工作不够充分，绝大多数民众对自贸区"无感"，乃至部分机关干部对自贸试验区认识不清，理解不深，导致全域自贸氛围不浓，参与制度创新的部门积极性不高。由于宣传力度不够，导致片区制度创新的个别政策由于知晓度不足而无法有效落地。

3. 城市空间布局不合理,影响自贸区发挥要素集聚效应

东部城区发展相对滞后,进而使得港口支撑产业和城市发展的能力不足,开放度不够高,要素集聚能力不强。

4. 思想解放不够,冲劲和干劲不足

江苏自贸试验区设立连云港片区的初衷是借自贸试验区制度创新之势,推进全市经济社会的大发展。连云港片区只有区区 20.27 平方千米,对于连云港市整体而言应该是"窗口"、应该是"杠杆"、应该是"平台"、应该是"催化剂"。因此,必须跳出自贸"看自贸",跳出自贸"干自贸","大胆闯、大胆试、自主改",实现连云港市的跨越发展和新时代的后发先至!

二、连云港片区建设需要处理好四个关系

连云港作为"一带一路"的重要战略支点、国内循环和国际循环"双循环"的枢纽城市,地位独特,使命重大,连云港片区的创新发展必须处理好以下几个关系:

(一)要处理好连云港片区自身发展与承担国家使命之间的关系

从连云港片区的三大功能定位来看,连云港片区承担国家使命的分量要远远超过对连云港自身发展的要求。为此,连云港片区的建设和制度创新要紧紧围绕三大功能定位,但是如果连云港经济发展的能级不能实现大突破,综合实力不能实现大提升,战略支点就撑不起来,起不到"撬动"作用,就承担不起国家所赋予的使命。因此,连云港不能仅仅以片区建设为着眼点而"一叶障目",而是要站在花果山上"手搭凉棚看世界",以片区建设为契机,大胆突破,大干快上,在尽可能短的时期内实现大变样,实现新时代的后发先至。

(二)要处理好现实基础和未来产业发展之间的关系

产业的发展需要遵循产业自身发展的规律,产业的集聚绝不可能是"无源之水""无本之木",但是如果能准确把握未来产业发展的大趋势,提前谋划、提前布局,就能抢得未来产业发展的先机。因此,连云港片区产业的选择一方面要立足现有产业基础,"锻长板、补短板、填空板、强弱项",继续大力发展新医药、新材料、新能源和高端装备制造等"三新一高"产业,补足石化、化工、钢铁等临港重工业的短板,强化现代服务业发展滞后和技术创新的弱项;另一方面又要根据片区的功能定位和未来产业发展的趋势,大力发展以"一带一路"大数据中心和跨境电子商务中心为核心的大数字产业;此外,打造为"一带一路"共建国家(地区)交流合作平台服务的集运输、商务、会展、金融、旅游、教育、康养和娱乐为一体的现代服务业，从而吸引国内外优质要素的快速集聚。

（三）要处理好制度创新与经济发展之间的关系

虽然自贸试验区的核心任务是制度创新，但是制度创新的最终目的还是落在能进一步促进经济社会的发展上。连云港片区制度创新的经验已经证明，不能为了创新而创新，脱离现有产业或现实需求的制度创新意义不大。因此，连云港片区要围绕阻碍经济社会发展的"难点""堵点"和"痛点"大胆进行制度创新。

（四）要处理好片区建设短期目标和长期目标之间的关系

连云港片区只有区区 20.27 平方千米，与连云港的功能定位和承担使命相比面积显然不足。从浙江自贸试验区面积扩容以及海南岛全岛建设成自由贸易港的情形看，全国自贸试验区面积扩容和功能升级将是大趋势。连云港在最初申请设立自由贸易区就是以设立自由贸易港身份申报的。连云港具有建设自由贸易港的良好条件，因此，在规划建设连云港片区乃至连云港市全域时必须为未来自由贸易港的设立留下足够的空间。

四、连云港片区创新发展的路径和对策

连云港片区总面积仅为 20.27 平方千米，这 20.27 平方千米不仅仅是制度创新的试验田，更是连云港建设"一带一路"倡议支点的"窗口"和"杠杆"。这个"窗口"就是引领全市进行制度创新、营造一流营商环境的窗口，高水平对外开放的窗口和服务"一带一路"共建国家和地区的窗口。这个"杠杆"就是撬动连云港产业实现大发展的杠杆，带动周边地区的杠杆和撬动"一带一路"共建国家和地区发展的杠杆。连云港片区的建设面临周边自贸试验区的激烈竞争，充分发挥连云港片区的"窗口"和"杠杆"作用显得尤为重要。

（一）创新构建亚欧重要交通枢纽的对策

1. 调整港口功能空间布局，迅速改变港口形象，打造亚欧重要国际交通枢纽

现代化的海港不仅是货物陆海转运的节点，更是港城一道美丽的风景线。随着运输工具的发展，集装箱运输已经成为现代化港口的标志之一。连云港港散装货码头、杂货码头、集装箱码头与客运码头混为一体，码头的一部分还布局了大型生产性企业，严重影响了港口的形象和环境，尤其是散装货装卸时严重影响港口周边的空气质量。在江苏自贸试验区实施方案中，连云港港将成为

平行车进口口岸和国际邮轮的母港口岸，港口必须拥有足够的适合汽车滚装的岸线。港口的卫生环境和空气质量将是影响邮轮游客的重要因素。因此，尽快调整港口功能空间布局，尽快将主体港区散装货的装卸移至两翼港口，主体港区重点发展集装箱、汽车滚装和杂货的装卸业务，为打造亚欧重要国际交通枢纽创造条件。按照现代化美丽海港的要求对岸线进行高标准规划设计，尽快确定拦海大堤的功能并实施开发，将主港区打造成江苏版的"外滩"和具有国际影响力和吸引力的国际邮轮目的地。

2. 以打造国内大循环节点为目标，依托港口优势，打造立体化交通体系

第一，着力提升以连云港为核心的区域交通网络能级，按照"完善铁路、拓展公路、提升空港、打通运河"的思路，与周边地区形成通道化、枢纽化的交通网络。第二，以沿陇海线为服务对象，以上合组织出海基地和中哈（连云港）国际物流合作基地建设为核心，构建集国际运输、分拨转运、仓储配送、临港加工、交易及配套服务功能于一体的物流中心。第三，依托淮安航空货运枢纽和连云港区域性国际空港，发挥国家级综合保税区功能，打造以货为主、以客为辅的区域性国际航空货运枢纽和航空物流集散中心。第四，重点要在省级层面处理好连云港与徐州运输问题，形成东西互济、利益共享的机制。第五，加强与周边港口的合作，全面融入长三角一体化等区域建设，推进连云港港与上港集团交流合作；发展沿海捎带业务，实行离港退税政策，提升港口航班密度。第六，推进建设智能化大通关体系，积极推动通关环节提效降费，加速海关通关便利化。

3. 以打造国际大循环节点为目标着力提升陆海联运通道功能

第一，加快国际邮轮母港和平行车进口口岸相关配套设施建设。这是江苏自贸试验区建设方案中的重点项目，也是连云港市多年争取的重大利好政策，是提升港口竞争力的重大举措。第二，加快建成连云港国际邮件交换中心，充分利用和放大功能，逐步发展为综合性国际物流中心，使其成为发展跨境电商的重要载体。第三，深耕中欧班列国际物流主通道。中欧班列是擦亮连云港"一带一路"倡议强支点建设的标志品牌，要将海运网络与中欧班列紧密结合，开放连云港铁路和公路口岸，实行离站退税（即货物一装车离开口岸即被视同出口，可以申请退税）新亚欧大陆桥多式联运国际物流主通道。创新中亚欧班列集拼集运模式，提高中亚中欧班列密度和运行效率，打造精品中亚中欧班列。第四，积极完善班列集货组织，逐步在阿拉木图、塔什干、阿克套、伊斯坦布尔以及日韩地区布局办事处、海外仓或物流场站等。第五，创新货源组织，研究开发中亚与日韩、东南亚地区之间的冷链物流，以及日韩汽车平行车进口等

新业务，形成重去重回、双向对流的运输模式。第六，要加强与霍尔果斯之间的联动，继续推进"霍尔果斯—东门"经济特区无水港建设，通过共同打造一系列标杆示范项目，起到"带中间、促两边"的作用。

2017年6月8日，习近平总书记指出，将连云港—霍尔果斯串联起的新亚欧陆海联运通道打造为"一带一路"合作倡议的标杆和示范项目。因此，连云港片区致力打造区域经济融合发展的综合运输通道，使其成为国内循环的重要节点；致力打造连接"一带"与"一路"的联动通道，使其成为促进陆海内外联动、东西双向互济的国际循环的重要节点，从而使连云港成为国内循环和国际循环链接的枢纽。

(二) 创新构建集聚优质要素开放门户的对策

1. 打造现代化海滨城区，迅速提升片区高端要素集聚力

作为沿海港口城市，现代化的海滨城区是吸引高端要素集聚的最宝贵的资源。东部城区作为连云港片区实现三大功能定位的主要载体，必须是一个现代化、国际化、智能化、生态化的具有海滨城市特色的城市新中心。根据对连云港片区的功能定位，这个城区必须是区域性国际物流中心、现代化的区域性国际商务中心、现代化的区域性国际金融中心、现代化的科教和创新中心、高水平的国际合作基地、现代化的区域性国际文化交流中心、智慧化和生态化的宜居康养胜地。因此，必须以建设高水平高等教育新校区为平台和载体，吸引更多国内外科研机构、教育机构、检验机构等入驻，带动周边的快速发展和城市化，为高端人才的集聚搭建平台和载体，为高端要素的集聚创造条件。

2. 深化金融领域开放创新，吸引国内外金融资本集聚，打造区域性国际金融中心

探索建立与自贸区相适应的外汇管理体制，积极引进境内外金融机构设立外资银行和中外合资银行，建设国际跨境结算中心和金融服务中心。在有效防范风险基础上，稳妥有序发展供应链金融、航运金融、贸易融资、科技金融、海外保理等创新型金融产品和业务，吸引国内外金融资本集聚，打造区域性国际金融中心。

3. 大胆突破现有政策藩篱，迅速扭转高端人才"集聚"难困境

科学技术是第一生产力，人才，特别是高端人才是一个地区发展最宝贵的资源。连云港不仅人才集聚效应没有形成，而且还存在一定程度的人才净流失现象。招人才难是连云港最为头疼的难题之一。针对高端人才和紧缺人才，片

区应先行先试更大力度和更加积极的人才政策。尽管连云港片区已出台了人才政策，但"含金量"仍然无法与南京和苏州相比，而苏州和南京与粤港澳、上海比，政策实施和落实上也存在较大差距。目前粤港澳大湾区对补贴免征个人所得税，使得大湾区工作的境外人才实际税负水平明显降低。上海临港新片区也借鉴粤港澳大湾区吸引人才的做法。这项政策突破对大湾区和上海临港新片区广聚英才起到积极的引导和推动作用。因此，建议片区创新对高层次人才的服务管理模式，对于人才的奖励以人数为导向，对在片区工作的境外（含港澳台）高端人才和紧缺人才给予补贴，对补贴免征个人所得税。

（三）创新打造"一带一路"共建国家（地区）的合作交流平台的对策

1. 擦亮现有线下平台"招牌"，拓展线下交流平台

进一步提升中国（连云港）丝绸之路国际物流博览会展会层次；加大对新亚欧大陆桥安全走廊国际执法合作论坛（连云港论坛）的支持力度；推动完善省级层面协调机制，加快"一带一路"国际执法安全合作联合行动协调中心建设；争取召开中欧班列合作论坛；争取上合组织部长级会议、双多边各领域工作会议在连云港召开；探索开通丝绸之路经济带国际旅游客运专列；推进海上丝绸之路联合申遗，力争进入"海上丝绸之路"申遗备选城市；成立中亚留学生服务中心，实施中亚国家留学生资助教育项目，吸引中西亚国家学生来连学习交流就业，引进日韩等国知名高校发展国际合作项目或在连云港设立分校；加强友城建设，力争与更多国际城市缔结友好城市关系，为对外合作开放提供外事便利等，使得线下交流平台内容丰富，活动长年不断。

2. 借力现代信息技术，打造线上"不间断"云交流平台

建设"一带一路"连云港大数据中心、"一带一路"连云港跨境电商平台、"一带一路"国际物流线上平台、"一带一路"网上展览中心、"一带一路"线上文化交流中心等一系列线上交流云平台，不仅能提供便捷和不间断的人文交流渠道，而且还能为国际贸易和国际物流提供便利，实现互利双赢。

3. 实行协同联办机制，调动各方面积极性，各展所长，百花齐放

第一，展会、论坛和会议等实行轮流主办或展会主题方（国）轮流转换的方式，调动各方积极性，让参与方有充分展示自身的机会。第二，要推进与"一带一路"共建国家（地区）的实体化合作，实行联动机制，以"飞地"形式合作共建一批海外仓、物流园、加工园区等，以合作共赢的利益纽带连接起经久不衰的线上线下合作交流平台。

(四) 创新产业发展路径，壮大连云港产业规模和实力的对策

1. 注重优先时序，统筹分步推进连云港片区重点产业发展

连云港市在长期的产业发展中已经形成了新医药、新能源、新材料和高端装备制造为代表的主导产业。因此，连云港片区应以优先发展已有主导产业为重点，以产业链招商为重点进行制度创新，加大支持力度。目前，众多的自贸区将生物医药产业作为主攻方向，而且发展迅速，大有后来居上之势。连云港的新医药产业必须要有强烈的紧迫感和危机感。片区要加快中华药港的建设，为医药产业发展加快制度创新，当好"店小二"。新医药行业企业更要有争当产业链"链主"的勇气谋划和布局新医药产业的发展。作为海洋大省，江苏不是海洋强省，但是建设海洋强省是江苏省的历史使命和既定目标。因此，发展海洋经济，连云港必须勇于担当，不辱使命，在中船"七一六"研究所、江苏海洋大学、中国科学院汽轮机连云港研究基地的基础上，尽快启动"海"的文章，把发展海洋经济，补足江苏海洋经济发展的短板作为连云港片区创新发展的历史使命。临港石化产业将是连云港今后几年实现后发先至的"撒手锏"。连云港片区不仅要为石化产业正式投产进行有利的制度创新，提供自贸试验区应该享受的支持政策，而且还要围绕石化产业基地建设，统筹谋划油气全产业链布局，谋划和做好"油"文章。

2. 以综合保税区为"窗口"，以跨境电商为平台，大力发展"平台经济"

综合保税区是我国开放层次最高、优惠政策最多、功能最齐全、手续最简化的海关特殊监管区域，区内可以发展国际中转、配送、采购、转口贸易和出口加工等业务。发挥好综合保税区的功能，对于打造开放型平台经济十分重要。平台经济是一种基于数字技术，由数据驱动、平台支撑、网络协同的经济活动单元所构成的新经济系统。而跨境电子商务的开展离不开保税物流功能的配套。因此，要将发展跨境电商商务与综合保税区联动起来，发展平台经济才有基础。

连云港市2020年5月获批国家跨境电商综合试验区和跨境电商零售进口试点城市，这为连云港市发展以跨境电商为核心的平台经济提供了良好的机遇。连云港片区包含2.44平方千米的综合保税区，要发挥综合保税区的"窗口"作用，实行围网内外联动机制，形成区内订单、区外生产，区外服务、区内维修，区外加工、区内配送、区内展示、区外销售等多形态联动体系，以区外园、区外库等形式将综保区的海关特殊监管政策和各项优惠政策拓展至区外，与中哈（连云港）国际物流基地和上合组织（连云港）国际物流园形成保税物流"铁三角"，以连云港农业对外开放合作试验区为补充，大力发展保税物流、保税展

示、跨境电商、保税加工等业务。围绕跨境电商综合试验区建设，推进保税展示和免税店业务，推进跨境直购模式和海运快件业务、海外仓平台、企业和人才孵化培育平台、"点点通"线上综合服务平台建设，积极培育保税备货+"直播带货"等电商模式。

  跨境电子商务发挥连云港等全球供应链物流节点中的核心作用，重点面向苏北地区、上合组织国家及环太平洋地区，构建包括电子商务平台企业、进出口供应商、跨境贸易商、跨境物流、支付结算、数据处理、研发在内的跨境电子商务产业链。结合创新的优惠政策，片区将依托落户的海洋捕捞加工项目，打造"一带一路"国际远洋渔业交易平台。充分利用有色矿进口全国第一港优势，加快打造大宗商品交易和期货交割平台。加强与陆桥沿线国家地区交流合作，争取设立免税店，做优做强以日韩化妆品、欧洲红酒、中亚农副产品为特色的保税商品展示交易中心。农产品食品冷链跨境贸易以水产、肉类、蔬菜、水果、酒类等为主要贸易品类，构建东北亚地区西向拓展和中西亚地区东向出海的农产品食品加工生产和商贸物流基地。商品车跨境贸易重点抓住欧美日韩平行汽车、汽车整车进口，完善进出口代理、仓储、分拨配送、交付前监测、汽车简单加工等服务体系。

  建立超大规模数据平台，"一带一路"大数据中心，大力引进电商平台企业，支持跨境电商网购保税进口商品进入海关特殊监管区域时"先进区、后报关"作业模式。支持开展保税备货、境内交付模式的跨境电商保税展示业务。以电商为依托，吸引大型物流企业，特别是大型快递企业落户，同时建设国际邮件互换局（交换站）和国际快件监管中心，发展国际快递业务。以保税、电商和物流为主要支撑，大力发展平台经济，逐步形成跨境电子商务平台、保税展示交易平台和大宗商品交易平台，使平台经济成为连云港市"高质发展，后发先至"的引擎之一。

  3. 发挥连云港片区的营商环境优势，大力发展"总部经济"

  总部经济是指一些区域由于特有的优势资源吸引企业总部集群布局，形成总部集聚效应，并通过"总部—制造基地"功能链条辐射带动生产制造基地所在区域发展。总部经济概念虽然由研究制造业而提出，但是总部经济理论不仅适用于制造业，也适用于服务业等其他行业。自贸试验区以其优于区外的基础条件、商务设施、开放程度，特别是政府"放管服"改革，为企业的注册、运营和监管带来诸多便利，无疑会对各类企业的入驻产生强大吸引力，但是由于面积的限制，自贸试验区无法容纳众多的生产性企业。因此，大力发展总部经济应该是自贸试验区的必然选择。

第一，在产业选择上，连云港片区应结合自身产业的优势，大力引进新医药、新材料、新能源、高端装备制造企业在片区设立运营总部或研发总部。特别是围绕"中华药港"建设，深入推进生物医药产业全链条政策研究，破解药品企业政策障碍。围绕石化产业基地建设，统筹谋划油气全产业链布局，做好"油"文章。海洋经济已经成为我省经济发展的主要引擎之一，连云港市应依托片区的优势，争取更多的涉海企业和涉海科研机构入驻片区。不仅要引进制造业企业总部入驻，更要引进研发机构和服务企业的总部入驻。第二，在税收上要探索并处理好注册地、营业地和生产地税收分成问题，消除人为障碍，为总部经济的集聚提供不竭动力。第三，要进一步完善总部经济促进政策，在区内推进企业跨境财务结算中心集聚发展；开展跨国公司总部外汇资金集中运营管理；跨境财务结算中心经批准可以进入境内银行间外汇市场交易；支持符合条件的跨国企业集团设立跨境人民币资金池，集中管理集团内人民币资金等。大力招引贸易类、物流类综合性服务企业，打造区域性总部经济和互联网结算中心。努力形成辐射"一带一路"的、具有连云港特色的平台经济集聚区。

4. 以打造亚欧重要国际交通枢纽为契机，大力发展"枢纽经济"

连云港市经济发展滞后的主要原因之一是一方面连云港从未形成真正意义上的以港口为核心的国际交通枢纽，另一方面没有形成以临港经济为核心的枢纽经济。连云港要借片区设立之机，尽快打造亚欧重要国际交通枢纽，与此同时还要大力发展枢纽经济。枢纽经济是借助经济要素资源聚集平台（交通枢纽、物流枢纽、物流服务平台、金融平台等）对商流、物流、资金流、信息流、客流等进行集聚、扩散、疏导，通过集聚具有区域辐射能力的经济要素，主要是具有"流"的特征的经济要素，实现城市经济总量扩张、产业层次跃升、发展地位提升。发展枢纽经济需要交通硬件、交通软件、集散能力和枢纽产业的共同作用，其中交通条件是基础，集散能力是关键，发展产业是目标。

连云港通过构建海陆空河立体的综合交通体系，提升陆海联运能级，强化物流节点建设等提升交通硬件水平。通过在连云区片区内建立多式联运中心，探索建立以"一单制"为核心的便捷多式联运体系，搭建新亚欧大陆桥陆海联运电子数据交换通道，建设"一带一路"大数据中心等提升交通软件水平。通过建设大宗商品集散中心，海产品综合性交易市场，提升贸易便利化水平，改善营商环境等措施提升要素的集散能力。在此基础上，充分发挥连云港临港产业用地充裕的优势，大力发展以石化、化工、钢铁、海工制造、海洋风电为核心的现代临港产业；同时借助片区的政策优势，发展以加工贸易为主的临铁经济和临空经济；利用游轮母港的优势大力发展滨海旅游产业等。

5. 大力发展"在岸人"享受"离岸服务"业务，推动现代"服务经济"集聚发展

随着我国人民生活水平的提高，人们对健康、医疗、教育和文化消费的要求越来越高。近年来，到国（境）外进行美容、康养、旅游和留学的人数急剧增加，说明我国在高端医疗、康养、教育和文化服务等领域存在短板，不能满足人们业已提高的消费需求。大力发展"在岸人"享受"离岸服务"业务，使人们不出国（境）就可以享受到与国（境）外同等质量的服务应该具有的广阔市场空间。

在自贸区内，允许设立中外合资、中外合作医疗机构；在相关制度安排框架下，港澳台服务提供者按规定可以设立独资医疗机构；质子放射治疗系统、手术机器人等大型创新医疗设备和创新药物审批速度加快；允许外商独资设立经营性教育培训和职业技能培训机构；允许设立由中方控股的文艺表演团体等。

连云港东部城区本来就是疗养机构的集聚区和旅游资源富集区，完全具备打造健康服务、观光旅游和休闲娱乐发展先行区的条件。通过设立中外合作（合资）教育机构，提升东部城区整体的教育水平；通过打造国际邮轮母港，大力发展滨海旅游业；通过促进文物及文化艺术品在综合保税区存储、展示、境外艺术团体的演出等提升旅游的国际品位；通过跨境电商零售进口试点，开展保税进口商品展示和设立进口商品免税店等打造区域性消费品分拨中心；通过打造品牌化、市场化、国际化的展会平台和国际论坛，打"亮"会展经济品牌。通过大力发展"在岸人"享受"离岸服务"等国际水准的现代服务业，使东部城区成为现代"服务经济"的集聚区。

（五）找准连云港片区制度创新着眼点和发力点，贡献连云港智慧

1. 找准制度创新的着眼点，为国家推进"一带一路"建设贡献连云港智慧

作为地处"一带一路"交汇点的战略支点城市，围绕推进"一带一路"建设，立足片区的三大功能定位进行制度创新是连云港片区重要的使命。第一，围绕陆海联运便利化、规模化、经济化进行制度创新。在现有减少环节、缩短转运时间的基础上，加强与日韩、东南亚和澳新等国（地区）的衔接，以RCEP和CPTPP等规则为标杆，减少以制度性障碍为中心进行制度创新，使连云港成为这些国家（地区）链接中国市场的节点。第二，围绕服务"新丝绸之路"经济带和中欧（亚）班列运行进行制度创新。在打造海外仓、合作共赢的"飞地"经济上进行制度创新；在实现中欧（亚）班列的品牌化、规模化和集约化运营上进行制度创新；在拓展中欧（亚）班列线路和与欧亚国家经贸合作

模式上进行制度创新。第三，在"联动"发展，实现苏北区域经济一体化上进行制度创新。如苏北共同利用连云港建设游轮母港的机遇，实现苏北旅游一体化；利用连云港平行车进口口岸的机遇，共同打造苏北的汽车产业产供销一体化发展模式；利用连云港的保税园区的优势，共同构建海陆空一体化的国际综合物流体系等。

2. 找准制度创新的发力点，聚焦产业发展和内在需求推进制度创新

制度创新的最终目的是促进经济社会的发展。连云港产业基础薄弱，经济实力不强，迅速壮大经济实力是当务之急。在片区推出的制度创新举措中，一部分由于市场经济主体数量不足，实力不够而需求不足。瞄准制约连云港产业发展的堵点、痛点和难点进行制度创新，如在促进医药产业发展、大宗商品（石化）全产业链投资贸易自由化、大宗商品交易、跨境电商发展、汽车平行进口、国际邮轮服务、医疗和康养服务等进行精准创新，让制度创新迅速转化为生产力，并以此为重点推进集成性制度创新。

（六）营造"全域自贸"氛围，打造一流营商环境

1. 转变思想观念，将连云港片区尽快打造成制度创新的试验田

我国的对外开放已经进入以制度性开放为主的新阶段，这需要我们转变以往主要通过政策优惠来吸引投资的传统观念，而要在制度创新上费真心思，下真功夫，动真格！以营造一流的营商环境来吸引高端要素的集聚。因此，连云港片区要持之以恒抓制度创新，持之以恒抓营商环境改善，跑赢持久制度创新的"马拉松"。

（1）尽快复制和实施现有成功的制度创新成果，跑出制度创新的"加速度"。对于每一个自贸试验区而言，在自己的自贸试验区内没有实施过的制度就是创新的制度。因此，尽快复制和实施其他自贸试验区成功的制度创新成果，对于连云港片区而言是发挥自身作用的最快捷、最直接和最有效的途径之一。

片区要在前3年制度创新的基础上开展差别化探索，向上，要结合国家战略需求找准切入点；向下，要结合地方发展实际找准切入点；向内，要在地方事权范围内找准切入点；向外，要对标国际高标准规则找准切入点，开展功能设计、制度设计，探索出适合连云港、有利于连云港发展的建设路径。

（2）发挥企业和个人的主观能动性，跑赢持久制度创新的"马拉松"。制度创新永无止境，是一场持久的"马拉松"。因此，制度创新必须要有不竭的动力源泉。制度创新的动力源泉主要来自两个方面，一个方面是自上而下的，另一方面是自下而上的。自上而下是我要改，是政府的自我革命。这种创新（或

称之为改革）往往动力不足，也不知急需创新的方向。而自下而上是要我改，是政府回应社会大众，特别是企业的强烈要求，被动的革命。这种创新不仅具有针对性，而且具有不竭的动力源泉。因此，自贸试验区的制度创新不仅需要专家智库的顶层设计、专业指导，更需要发挥社会大众的聪明才智，集思广益，定期或不定期地举行座谈会或进行实地调研，倾听企业和个人的呼声，能改则改，能快则快，持之以恒，只有这样才能跑赢制度创新的"马拉松"。要改变"我不要你觉得，我要我觉得"观念，制度创新不是坐在办公室闭门造车，制度创新最根本的出发点是企业需求。要多到基层走一走、多去企业问一问、多向先进地区学一学，加快建立企业需求征集平台和办理信息反馈制度，真正做到围绕企业需求开展制度设计。

2. 以片区"放管服"改革为引领，营造全域自贸氛围，带动全市营商环境的大改善

未来全球竞争的趋势是逐步转向制度竞争、公共服务的竞争和营商环境的竞争。以资本为纽带的生产要素流向哪里很大程度上受到营商环境的影响。产业和产品价值链中的高端生产环节的区位配置、高端生产要素的跨境流动，对营商环境的要求越来越高。因此，营造市场化、法治化、国际化的营商环境，是最重要的"基础设施"建设。自贸试验区建设的主要任务是在加快政府职能转变、探索机制体制创新、促进投资贸易便利化等方面先行先试，探索新途径、积累新经验，进一步激发市场主体蕴藏的巨大活力，提升发展软实力。

连云港片区只有区区 20.27 平方千米，片区的各项制度创新需要市委、市政府各个部门的通力配合，营商环境的改善不仅取决于片区的小环境，更取决于全市范围的大气候。自贸试验区是制度创新的试验田，从这个意义上来讲，自贸试验区没有严格的地理界限，处处可以创新，人人可以创新。因此，要以设立连云港片区为契机，树立"全域自贸"的观念，积极发动，大力宣传，推进全市上下的放管服改革，举全市之力改善营商环境，以一流的营商环境吸引优质要素快速集聚。营商环境没有最好，只有更好。

（七）打造中日韩自贸区先行先试的载体，提前谋划连云港自由贸易港

1. 注重发挥区位优势，提前谋划，打造中日韩自贸区先行先试的载体

连云港东临日韩，向西联通欧亚大陆，沟通南北，横贯东西，但是由于东亚区域经济一体化的进程缓慢和日韩关系的起伏变化，连云港"一带一路"倡议支点的撬动作用没有充分发挥。随着《区域全面经济伙伴关系协定》

（*Regional Comprehensive Economic Partnership*，简称 RCEP）于 2022 年 1 月 1 日起正式生效，中日韩自贸区协定签订在即，中国已正式宣布要加入《全面与进步跨太平洋伙伴关系协定》（*Comprehensive and Progressive Agreement for Trans-Pacific Partnership*，简称 CPTPP），东亚区域经济一体化进程明显加速，中国加入更高水平自贸协定的可能性明显上升。我国自贸试验区战略的部分意图是对标国际最新高标准经贸规则进行先行先试，连云港片区应及早谋划，加强与日韩两国的联系，以对标 RCEP 和 CPTPP 规则为基准，与日韩两国先行建设地方合作园区，将国家东中西区域合作示范区打造成东亚—中国—中西亚乃至欧洲的国际合作示范区，为我国加入 CPTTP 发挥"探路"作用。连云港中日韩自由贸易区先行区的打造将使连云港在东北亚区域经济合作中占有一席之地，为设立连云港自由贸易港创造条件。

2. 以海南自由贸易港的相关政策为基础，对标国际自由贸易港政策，为连云港自由贸易港设立进行制度储备

连云港片区具有江苏自贸试验区其他两个片区所不具有的建设自由贸易港的特质，是江苏省在我国下一轮增设自由贸易港的不二选择，当初连云港第一次申请时就是以自由贸易港的名义申请设立的。因此，连云港片区要紧密跟踪海南自由贸易港的建设和发展动态，在相关领域积极开展合作，及时借鉴海南自由贸易港建设的经验，为连云港自由贸易港的设立进行制度创新的储备。

五、保障机制

（一）建立省领导项目直接"联系机制"，加大对连云港片区的精准支持力度

连云港片区在江苏三大片区中地位独特，承载着连云港建设"一带一路"强支点的战略使命，但是由于连云港整体上底子薄、实力弱，面临着周边自贸试验区的激烈竞争，因此需要省委省政府强有力的支持。建议采用行之有效的省领导对重大项目的直接"联系机制"，指定一名省领导直接负责连云港片区的建设，协助片区向中央和各部委争取政策，统筹调度和协调省内资源支持连云港片区建设，向下为连云港市委、市政府建设连云港片区提供指导。

（二）建立对连云港片区建设的"倾斜机制"，增强连云港片区的发展动能

连云港作为江苏的欠发达区域，要在江苏自贸试验区建设中不拖后腿，有

所作为，就必须要增强连云港高质量发展的动能，省委省政府必须给予一定的倾斜政策。比如，省财政为连云港片区人才引进，特别是高端医药人才或团队提供专门资金；为了扩大连云港临港产业规模，提升连云港产业发展能级，建议提高连云港能耗总量控制指标和排放指标，重大项目采取省级点供或直供，确保项目落地需求达标；为连云港本地高校提升办学水平和层次，鼓励高校和科研院所来连云港设立分支机构提供专门的财政补贴；为了连云港建设"一带一路"共建国家（地区）交流合作平台，对相关国际展会和论坛继续提供资金支持等。

（三）发挥政府与市场之间的"互补机制"，加大政府对连云港片区的统一协调力度

自贸试验区虽然需要大力推进政府的"放管服"改革，减少政府的微观管理，但是并不等于政府无需作为。政府作为自贸试验区制度创新的探索者、制定者和推广者，更需要积极主动和有效的作为，发挥政府这只"看得见的手"的作用。由于连云港片区的三个区块分别属于连云港港口集团、连云区政府和连云港经济技术开发区，建立强有力的领导机构，片区内实行统一领导、统一规划、分工协作和优势互补显得十分重要。因此，对于连云港片区来说，发挥政府"有形的手"的作用尤为重要。

（四）建立"容错"机制，让干部"放心闯，放心试，放心改"

改革开放的总设计师邓小平同志关于改革有两句有名的话：一是"不管白猫黑猫，抓住老鼠就是好猫"，二是改革"是摸着石头过河"。这两句话为当时全国上下解放思想、放下包袱、锐意改革创造了良好的舆论氛围，解决了干部的后顾之忧。事实证明，这两句话在当时是十分及时和有效的。自贸试验区制度创新要求"大胆闯、大胆试、自主改"，同样面临水深水浅还不是很清楚，要走一步看一步，走错了收回来重走的问题。连云港市全域自贸氛围不浓，制度创新动力不足，营商环境改善不理想等与建立"容错"机制有一定的关系。因此，要在全市上下同时引入容错机制，加快建立容错的正面清单与纠错的对策清单，让广大干部放下包袱，"放心闯、放心试、放心改"！

（五）建立鼓励敢于向国家部委要政策的"激励机制"，争取相关制度创新早日落地

国家虽然赋予了自贸试验区"大胆闯、大胆试、自主改"的使命，但是一些制度的创新需要与相关部委咨询协商，最终落地仍然需要相关部委的认可或批准。自贸区建设的一项重要内容是倒逼政府职能改革，涉及地方事权改革能

很快落地，中央事权则需要争取国家支持。连云港片区到目前为止一些事项进展缓慢，与向国家部委"要政策"的力度有一定关系。因此，连云港片区必须做好与国家相关部委及时和有效的沟通和衔接，让好的制度创新早日落地、早日实施、早日成熟、早日推广。

（课题组负责人：宣昌勇，江苏海洋大学教授；课题组成员：刘江船、孙巨传、张磊、王贵彬、何兵）

02

产业发展篇

连云港市建设国内领先的新能源、新材料产业基地路径选择

张 涛

经过"十三五"期间的大力发展,新能源、新材料产业已经成为连云港市经济发展主导产业。新材料产业发展迅猛,已形成了以高性能纤维及复合材料、硅材料、化工新材料等为代表的产业体系。新能源方面,风电、核电和光伏是连云港重点发展的产业。

双循环发展格局及双碳背景下,为了进一步提升新能源、新材料产业综合实力和可持续发展能力,实现新能源、新材料产业高质量发展,连云港市"十四五"新材料产业发展规划、战略性新兴产业发展规划、社会发展及国民经济远景目标纲要都把建设国内领先的新能源、新材料产业基地作为了发展目标。连云港市"十四五"新材料产业发展规划提出,到2025年,连云港市新材料产业综合实力和可持续发展能力显著增强,建设成国内领先的新材料产业基地,为建设"强富美高"现代化新港城提供战略支撑。连云港市"十四五"规划和二〇三五年远景目标纲要提出,做大做强新能源产业,推进新能源综合利用,优化能源消费结构,优先发展风能、太阳能、生物质能、海洋能等重点领域。

与京津冀、长三角、珠三角等先进地区和国内领先区域相比,连云港市新能源、新材料产业仍然存在诸多问题与短板。如新材料产业体量偏小,产业链不完善,供应链分散,产业结构不够平衡,产业核心竞争力不强,产业层次不高、附加值低、规模较小,产业布局不够集中,产业内多数企业之间关联度不高,产业配套服务不够丰富等问题。

连云港市"十四五"期间要建成国内领先的新能源、新材料产业基地,必须主动迎接产业转型的挑战,充分发挥连云港市新能源新材料产业优势,以增强产业核心竞争力为导向,以加快产业集聚、完善产业链、提升价值链为突破,以市场机制为基础,以制度要素为推手,立足连云港、辐射沿海、融入"一带

一路"和长三角产业发展体系，融合产业发展，打破区域空间，建设具有国内领先的高端特色新能源新材料产业基地，实现连云港市新能源新材料产业的高质量发展。

一、连云港市发展新能源、新材料产业基地的基础

连云港市现已建成的新能源新材料产业基地的现状与问题，从产业链、产业集群、基地规划、市场及制度等方面找出连云港市建设国内领先新能源新材料产业基地的短板与问题。

（一）连云港市新材料新能源产业基础厚实

1. 新材料产业

近几年里连云港市新材料产业风生水起，成效显著。全市新材料产业规模呈现逐年增长态势，2020年新材料工业总产值达到274亿元，其中先进石化材料占比64.6%，是全市新材料产业的重要增长极。形成了以先进石化材料为支柱，先进无机非金属材料、高性能纤维及复合材料配套发展的三大重点产业。全市新材料产业初步形成了集群化、特色化、错位化发展格局。

连云港新材料产业特色化明显。在先进纤维领域中，中复神鹰突破干喷湿纺原丝的产业化连续制备技术，实现千吨级T800碳化线投产并连续稳定运行，打破了国外垄断，荣获2017年度国家科技进步奖一等奖。江苏奥神全球首次提出适用于PI纤维干法纺丝成形的"反应纺丝"新方法，建成国际上首条干法纺PI纤维1000 t/a级生产线，打破国外垄断，荣获2016年度国家科技进步二等奖。在硅材料领域，江苏太平洋石英是国内唯一自主研发并实现规模化生产高纯石英砂的企业，也是国内唯一具备从原矿提纯到生产高纯石英产品的完整产业链的企业，高纯石英产品市场占有率稳居国内第一，国际前三。在电子信息材料领域，江苏联瑞新材料研发的火焰法制备电子级球形硅微粉的工艺技术及成套装备与应用技术，打破了国外技术垄断与封锁，成为国内规模最大的硅微粉生产企业。

企业东方盛虹产品发展走打造芳烃、烯烃"双链"并延发展的新模式，主营业务包括了化纤、石化、热电等，目前拥有230万吨/年涤纶长丝产能，390万吨/年PTA产能。企业拟建50万吨超仿真功能性纤维继续加码长丝主业，同时并购国内高端EVA光伏料龙头斯尔邦。随着东方盛虹炼化一体化总投资约677亿元的项目顺利投料开车，将成为公司打造新能源、新材料、电子化学、绿色环保等多元化产业链条"1+N"新格局的"强大基础原材料保障平台"。

表1　连云港市新材料主要类型

材料类型	名称
功能性材料	无机非金属材料、有机高分子材料、先进复合材料
无机非金属材料	硅资源深加工
复合材料、有机高分子材料	碳纤维、芳纶等高性能纤维
先进复合材料	玻纤增强复合材料

2. 新能源产业

连云港市可再生能源发展"十四五"规划的新能源涵盖风能、太阳能、生物质能、地热能、抽水及其他蓄能、海洋能等多个重点领域。近年来，连云港将新能源产业作为战略性新兴产业重点培育，新能源产业发展取得长足进步，实现了跨越性突破，产业规模不断壮大，产业链不断完善，产业门类齐全，部分品牌优势突出，产业竞争力不断增强。全市新能源产业以核电、风电、生物质发电和光伏、风电装备制造为主，其中核电、风电装备、光伏装备制造业具有先发优势，发展前景广阔。

新能源产业已成长为连云港市百亿支柱产业。2020年连云港市新能源制造业实现产值109.01亿元，增长39.6%，增速居高新技术行业首位，行业发展全年保持高位增长。海州区新能源企业7家，实现产值68.23亿元，增长13.3%。新能源产业主要集中在核电、风力发电、生物质发电、光伏发电和风电装备制造等领域，其中核电、风电装备制造业和光伏装备制造业占主导地位。江苏省的核电装备产业最具代表性的便是连云港的田湾核电站。田湾核电站共规划建设八台百万千瓦级核电机组，装机容量超过八百万千瓦，年发电量超过六百亿千瓦时。2021年1月—9月，连云港全市新能源发电量为384.95亿千瓦时，同比增长45.9%，占全省新能源发电量比重达49.9%，在全省各设区市中排名第一。其中，核能发电量占新能源发电量比重达94.6%，风力、太阳能、垃圾焚烧发电量分别为13.85亿、3.47亿、1.76亿千瓦时，同比分别增长95.9%、14.6%和44.7%。

连云港市积极发展风电设备产业。目前，连云港市已形成以叶片、塔架为主，电机控制系统到整机制造的较为完整的风电装备研发和制造产业链。已建成华能灌云海上风电场（300MW）工程，风场布置46台单机容量6.45MW、2台单机容量3.3MW的风机组，项目建成运行后年上网电量74273.1万千瓦时。拥有亚洲最大的风电装备基地、国家火炬连云港装备制造特色产业基地，集聚了中复连众、重山风力、天顺国际、国电联合动力等国内大型风电设备制造企业。连云港市新能源产业已建成国内叶片全尺寸实验能力最强的海上风电叶片重点实验室，5台百万千瓦核电机组投入商业运行，打造出风电设备完整产业链。中复连众生产的兆瓦级风机叶片规模目前位列全球前三、亚洲第一，具备年产万只兆瓦级风力机叶片的能力，产品批量出口阿根廷、英国、日本等国家和地区。

表2 连云港市新能源骨干企业情况表

序号	企业名称	产业类型	区县
1	江苏核电有限公司	核电	连云区
2	江苏太阳雨太阳能有限公司	太阳能	海州区
3	连云港神舟新能源有限公司	光伏	赣榆区
4	国电联合动力技术（连云港）有限公司	风电	开发区
5	中复连众风电科技有限公司	风电	开发区
6	天顺（连云港）金属制品有限公司	风电	开发区
7	重山风力设备（连云港）有限公司	风电	开发区
8	连云港正道新能源有限公司	新能源汽车	开发区
9	连云港中材光伏电力有限公司	光伏	连云区
10	江苏顺阳新能源产业园发展有限公司	太阳能	赣榆区

（二）连云港市新能源新材料产业基地分布情况

1. 新材料产业基地

连云港一直是国家重点布局的原材料基地之一。连云港市2008年就成为由国家发展改革委批复成立的7家新材料产业国家高技术产业基地之一。基地围绕信息、生物、航空航天、新能源和重大装备等产业发展的需求，重点发展电子信息材料、航空航天材料、新能源材料、环保节能材料等热点领域。7家新材料产业国家高技术产业基地为综合性基地，但发展方向也各有侧重。连云港市的新材料国家基地主打高性能纤维及复合材料高新技术产业化。在我国各地新材料产业快速发展的同时，新材料产业园区逐渐形成明显的区域特征。东部地区新材料产业园主要依靠市场、技术与人才等要素，其中华东地区综合实力最强、研发实力领先，东北地区以重工业引领需求，而中西部地区主要依托矿产资源和人力成本优势。

从区域分布看，连云港市形成了以东海国家硅材料基地为主体发展硅材料、开发区新材料产业国家高技术产业基地为主体发展碳纤维及复合材料、徐圩新区石化产业基地为主体发展石化材料的总体布局。东海已成为国内最大的石英玻璃管生产基地，也是唯一提供石英玻璃管生产原料的基地；开发区是国内最大的碳纤维生产基地、国内最大的聚酰亚胺生产基地；以徐圩新区为中心的石化新材料基地，是国家七大石化产业基地之一。

连云港市在载体建设上也不断发力。已建设的产业基地有国家火炬计划东海县硅材料产业基地、连云港市新材料产业国家高技术产业基地、国家高性能纤维及复合材料高新技术产业化基地、江苏沿海地区新能源基地等。建成省级以上高性能纤维相关产业基地园区 5 个，其中国家级 2 个；省级以上公共服务平台 2 个；省级以上企业研发机构 14 家。建有江苏省高性能纤维产品质量监督检验中心，是国内唯一具备碳纤维、超高分子量聚乙烯纤维、芳纶纤维三大高性能纤维全项目质量检测能力的检验机构。国家"工业强基"项目"碳纤维复合材料试验公共服务平台"建设任务全面完成，具备提供碳纤维复合材料生产试制、检测、评价一体化技术服务能力。

开发区是新材料国家高新技术产业基地、国家高性能纤维和复合材料高新技术产业化基地，区内规模以上先进材料企业 30 余家，集聚了中复神鹰、中复连众、奥神新材、杜仲氨纶等一批高性能纤维生产企业和汉高华威、华海诚科等一批电子封装材料生产企业。区内拥有国家级碳纤维复合材料试验公共服务平台、国家级新材料博士后工作站、江苏省高性能纤维产品质量监督检验中心等科技创新和公共服务平台。重点发展高性能纤维及复合材料、高性能膜和电子信息材料三个方向的国内先进材料研发、生产和下游应用。其中，高性能纤维优先发展碳纤维、聚酰亚胺纤维、高强高模聚乙烯纤维。已形成了以聚酰亚胺纤维、碳纤维、超高分子量聚乙烯纤维、氨纶纤维等高新技术纤维为主导的化纤产业格局。

徐圩新区拟携手卫星石化投资 150 亿元建设绿色化学新材料产业园项目，建设内容主要包括年产 20 万吨乙醇胺、年产 80 万吨聚苯乙烯、年产 10 万吨 α-烯烃与配套 POE、年产 75 万吨碳酸酯系列生产装置及相关配套工程。项目计划于 2022 年 3 月 30 日前开工建设，三期项目于 2027 年 12 月全部建成投产。项目分三期进行分步实施：一期项目计划建设内容包括 2 套 15 万吨/年碳酸酯及电解液添加剂装置，2 套 10 万吨/年乙醇胺装置，2 套 20 万吨/年聚苯乙烯装置及配套公辅工程；二期项目计划建设内容包括年产 10 万吨 α-烯烃及 POE 装置，年产 15 万吨/年碳酸酯系列装置；三期项目计划建设内容包括年产 40 万吨聚苯乙烯装置，年产 30 万吨碳酸酯系列装置等。项目建成后卫星石化公司将成为国内产业链最完整、产品最齐全、工艺最清洁的电解液溶剂生产企业之一。

东海高新技术产业开发区以硅材料产业为特色战略产业，形成了以高端石英玻璃制品、电子级高纯硅微粉、高档石英粉体及陶瓷、新型节能电光源及太阳能光伏材料为主体的产业模式，已成为全国重要的硅材料产业基地。拥有国家硅材料深加工产品质量监督检验中心，硅产业有关科技平台4个，企业研发机构36个，研究院4家。目前，园区已形成光伏多晶硅、硅微粉、石英陶瓷、新型玻璃制品、电子元器件、新型电光源等六大硅产品集群。园区先后获批为"国家火炬计划产业基地""国家级新材料高技术产业基地""国家半导体（硅材料）产业集聚标准化示范区""江苏省东海硅材料科技产业园"。

表3 连云港市三大新材料产业集聚区发展概况

集聚区	主攻方向	路径	发展目标
开发区	以高性能纤维及复合材料、功能膜材料、电子信息材料和生物医用材料为主	强化上下游协同配合	打造国内领先的新材料产业高地
徐圩新区	以炼油、乙烯、芳烃一体化为基础，重点围绕烯烃、芳烃拉长增粗石化产业链	立足连云港石化产业基地，依托石油炼化，发挥石化基础材料平台优势	打造具有国际竞争力的世界级石化产业基地
东海县	硅材料、新能源、新一代电子信息技术	加强技术攻关，推进技术改造，推进硅材料产品迭代升级，延伸和拓展产业链条	打造国际一流水平的硅材料制造基地、世界石英加工中心，构建连云港产业转型升级的新典范

2. 新能源产业基地

（1）连云港清洁能源创新产业园

连云港清洁能源创新产业园是首批江苏省十大创新园区之一，园区着力建立健全新能源优势产业技术创新体系，重点发展清洁能源、风电装备、光伏产品及装备、高效电池及储能电池、新能源汽车等新能源产业，加快培育生物质能和核电装备制造产业。现全面形成以核能、风能、太阳能和生物质能利用稳步推进的产业发展格局，光伏、光热利用产业集群快速发展，风力发电产业已初步形成从发电机、风叶、塔架到控制系统的完整制造产业链，产业基础较好。

清洁能源创新产业园分为研发核心区、产业育成区、成果转化示范区和生活配套区四个功能分区。研发核心区即中国科学院能源动力研究中心，原规划面积600亩。中心首期占地194亩，总建筑面积3.9万平方米，由办公区和实验区两部分组成。产业育成区位于研发核心区东侧，规划面积约1970亩。依托能动中心的技术、人才优势，通过市场化运作，进行成果转化和产业育成，就地培育创新型企业，努力建设战略性新兴产业孵化和育成区。成果转化示范区规划布局于徐圩新区，规划面积约20平方千米，规划建设IGCC、联产及二氧化碳减排科技示范工程，使石化、钢铁等基础产业实现闭合式循环，打造循环经济示范区。生活配套区紧靠城市主轴花果山大道，规划面积约100亩，建设高层次人才公寓，打造低碳生活示范社区。

连云港清洁能源创新产业园加快建设为国际国内有重要地位和较强核心竞争力的新能源产业研发、设计、制造、应用与服务基地。

（2）开发区新能源和高端装备制造产业园

开发区新能源和高端装备制造产业园依托园区临港区位、设施齐备、物流便捷和贴近市场等方面的独特优势，以聚集效应吸引新能源和高端装备制造企业。目前，园区集聚了中复连众、国电联合动力等一批风电装备生产企业，形成了涵盖风机叶片、发电机组、塔筒、齿轮箱、控制系统等部件的完整产业链；同时，东方国际集装箱、杰瑞自动化、启创轮毂、中远海运压力容器、深冷特种装备等一批临港装备制造企业快速发展。

二、连云港市建设国内领先的新能源新材料产业基地的定位

（一）着力突破高端，建设国内领先的高端新材料产业基地

根据国家统计局印发的《战略性新兴产业分类》，新材料产业可以细分为先进钢铁材料、先进有色金属材料、先进石化化工新材料、先进无机非金属材料、高性能纤维及制品和复合材料、前沿新材料、新材料相关服务。

2017年1月《新材料产业发展指南》正式发布，这是落实《中国制造2025》的重要文件，是"十三五"期间指导我国新材料产业发展的顶层设计，也是"十四五"期间我国新材料产业的发展方向。其中，《新材料产业发展指南》提出了三大重点方向，即先进基础材料、关键战略材料、前沿新材料，同时也提出了九大重点任务。

根据《中华人民共和国国民经济和社会发展第十四个五年规划和2035年远景目标纲要（草案）》，"十四五"期间，我国新材料产业将重点发展高端新材

料，例如高端稀土功能材料、高温合金、高性能纤维及其复合材料等。

鉴于连云港市在高端新材料产业方面已形成的产业基础、先发优势及核心技术，连云港市应继续发展高端新材料产业，大力推动高性能纤维及复合材料产业集聚，加快硅产业向高端跃升，积极发展海洋新材料产业，力争新材料产业规模和竞争力优势位居国际国内前列，形成多个高端新材料产业集群，打造全国领先的高端新材料产业基地。

（二）集聚特色发展，建设国内领先的特色新能源产业基地

我国沿海拥有丰富的海上风电资源，适合大规模开发建设海上风电，海上风电开发是能源改革的主要方向之一。作为全国经济引领的长三角区域重要成员之一的江苏省，拥有丰富的海上风能资源和优良的海上风电产业基础，江苏是全国较早开发海上风电的省份。目前我国已有8省投产海上风电，江苏开发最早，规模居首，装机容量连续多年领跑全国第一，海上风电并网容量也居全国第一。在全国海上风电领域处于引领地位。"十四五"规划江苏海上风电增量12.12GW，仍然保持全国首位。

鉴于连云港市海上风电发展具有独特的地理区位优势，结合我省沿海发展规划，体现向海发展，依托连云港市赣榆、灌南的海洋风能资源禀赋和已形成的一定的产业基础和生产能力，集合我省在海上风电领域对企业、资金、技术、人力等资源的高度聚合优势，将风电产业作为连云港市新能源产业的后起之秀与特色产业，具有极大的发展潜力。

三、连云港市建设国内领先的新能源新材料产业基地的路径

鉴于资源、技术、企业是产业成长和发展的基础要素，连云港市建设国内领先的新能源新材料产业基地，可以遵循优势产业链拓展、特色资源转化、核心技术突破的发展路径。

（一）新材料优势产业链集聚路径

高新技术的发展，使得新材料与信息、能源、医疗卫生、交通、建筑等产业的结合越来越紧密。作为多个产业链的上游环节，新材料产业的发展受到下游应用场景的极大制约，研发成果也难以快速投入大规模使用。同时，新材料产业也蕴含着极大的能量，一旦集聚将能引领市场巨变。因此，连云港市要通过产业基地充分发挥出产业链的集聚效应、关联效应和扩散效应，促进新材料产业集聚发展。

1. 发挥碳纤维的集聚效应

碳纤维因其"轻而强"和"轻而硬"的特性，超50%的碳纤维材料应用在工业领域，我国碳纤维在风电叶片、航空航天、体育休闲及汽车工业领域的应用超过70%。碳纤维需求总体呈现出供不应求状态，当前碳纤维供应主要还是依靠日韩美进口，国产供应量约占总需求比例1/3。国产替代的发展前景巨大。

连云港市在碳纤维材料方面已形成产业优势，近几年以中复神鹰为代表的龙头企业在国际产能拥有一席之地。连云港市高性能纤维及复合材料基地是国内最大的碳纤维、聚酰亚胺纤维产业化基地，已成为国内品种较为齐全、产业特色鲜明的高性能纤维产业基地。集聚了近百家新材料企业，其中国家技术创新示范企业1家、国家高新技术企业11家，获批新材料产业国家高技术产业基地、国家高性能纤维及复合材料高新技术产业化基地。

以连云港市已有的新材料优势企业群及优势龙头企业为核心，发挥碳纤维优势产业链的集聚效应，选择好发展重点，以碳纤维为核心进行高性能纤维及复合材料产业的整合重组，以优势产业的横向扩散（配套发展，实行专业化分工协作）和产业链的垂直扩散（产业链上、中、下游产品扩展，特别是碳纤维材料的应用拓展，拉长产业链），强化新材料产业链的建链、补链、强链、延链，抢占下游高端新材料产品市场，发展下游航空航天、纺织服饰、军用设备等高端产品，形成一个龙头企业带动一个产业领域、一批骨干企业支撑集群发展、一条产业链集聚产业集群的多层次发展格局，形成国内领先的高端新材料产业基地。

2. 发挥光伏硅材料的扩散效应

在光伏材料方面，连云港市以东海县为核心的硅材料基地建成国内最大的生产基地，硅微粉、石英玻璃管、石英玻璃原料产量占全国80%以上，压电石英晶体产量占全国60%以上，并延伸发展为国内市场占有率近50%的环氧模塑料生产基地。在硅材料产业方面，目前拥有各类硅工业企业500余家，年产值超200亿元，在国内占有重要地位。涌现出光伏光热领域的日出东方、晶海洋等一批企业领跑国内行业。

在光伏硅材料领域，发挥光伏硅材料优势产业链的扩散效应，连云港市需要着力做大做强石英玻璃制品、新型电光源、高纯硅微粉、高纯压电晶体、高纯晶体硅等产业，促使企业加快研发更高效、更低成本晶体硅电池和薄膜产业化相关技术、工艺及设备，推动探索新一代新型高效太阳能电池产业化应用，形成完善的光伏太阳能热电产业链，推动光伏硅材料企业加快发展，以打造全国硅材料产业新高地。

3. 发挥石化新材料的关联效应

连云港市以徐圩新区为核心的化工新材料园区，是苏北地区唯一的省级化工园区，也是我国七大石化产业基地之一。园区利用炼化一体化和多元化原料加工项目提供的各类有机原料，通过大力发展石化深加工产业，向下游发展化工新材料和精细化工产品，形成若干具有影响力的多元化烯烃高端产品集群，致力打造以化工新材料和精细化工为特色的大型炼化一体化基地。化工园区新建连云港石化有限公司绿色化学新材料产业园项目（一期）、连云港石化50万吨/年超塑新材料项目、连云港石化有限公司的年产135万吨PE、219万吨EOE和26万吨轻烃综合加工利用装置等项目。

承接连云港市建设国际一流石化产业集群的契机，发挥石化新材料产业链的关联效应，发展延伸连云港市化工新材料产业链条，利用炼化一体化和多元化原料加工项目提供的各类有机原料，围绕石化合成化工新材料及基础化工材料、功能高分子新材料重点领域，以重大项目为抓手，大力发展石化深加工产业，以培育产业链龙头企业为引领，推进化工新材料产业链补链、强链、延链，充分发挥临港产业基地的区位优势，形成若干具有关联的多元化烯烃高端产品集群，打造国家重要的以石化合成化工新材料为主导的石化新材料产业基地。

（二）高端新材料核心技术突破路径

顺应新材料高性能化、多功能化、绿色化发展趋势，连云港市高端新材料以新兴产业、海洋产业和重大装备、重大工程建设需求为导向，强化协同创新，突破重点领域关键材料制备技术。

1. 高性能复合纤维核心应用技术突破

连云港市碳纤维的研发与应用已达国际先进水平。中复神鹰已成长为国内碳纤维行业的领导企业，系统掌握了T700级、T800级碳纤维千吨规模生产技术以及T1000级的中试技术，在国内率先实现了干喷湿纺的关键技术突破和核心装备自主化，率先建成了千吨级干喷湿纺碳纤维产业化生产线。《干喷湿纺千吨级高强/百吨级中模碳纤维产业化关键技术及应用项目》荣获2017年度国家科学技术进步奖一等奖，这也是我国碳纤维行业所获得的最高奖项。聚酰亚胺纤维产业已成功突破了纤维着色等关键技术，迅速打开了应用市场，销售呈现翻番增长态势。目前，该产业正加快突破特种功能性服装、高温除尘布袋、阻燃隔离材料、电子级薄膜等下游产业。

中复连众自主研发的风力发电机叶片，特别是自主创新的模具和翻转设备已达到国际领先水平。企业拥有5个创新平台，先后承担了10项国家级项目、

24项省级项目，形成了兆瓦级风电叶片原材料国产化、碳纤维复合材料大型叶片关键技术等成果。

基于此，连云港市碳纤维技术重点发展高强高模型聚酰亚胺纤维、聚酰亚胺纸、氨纶弹性纤维聚合体、高强度碳纤维和高模石墨纤维、新型超高分子量聚乙烯纤维等制备技术，重点突破纤维增强聚合物力学性能关键技术、快速制备纤维聚合物复合材料技术，开发成套绿色生产工艺及装备制造关键技术等，以新材料产业国家高技术产业基地为主体发展碳纤维及复合材料，加快建设万吨级碳纤维生产基地。

2. 石化新材料关键工艺研发

连云港市石化新材料技术以芳烃技术为基础，引进了全球领先的工艺和技术，弥补了国内在轻烃综合加工领域的技术空白，带动石化基地其他高附加值产业链发展，加大航空航天、纺织服饰、军用设备等领域关键工艺、关键产品的研发，并进一步深入布局和研发高端新材料、高效催化剂以及氢能综合利用等领域，为高端新材料生产基地夯实技术基础。

3. 硅材料核心技术突破

硅材料技术方面，基于连云港市企业已取得的成绩，一方面，从源头攻克原材料生产技术和关键环节，提高原材料石英砂提纯工艺，是提升连云港市石英砂、硅微粉产品层次，打造高附加值硅产品的技术路径；另一方面，研发突破大直径硅片是助力连云港市硅材料产业高端发展的关键技术。应加大科技投入，进一步加强前瞻性基础研究，建立光伏发电领域科技创新平台，大力鼓励硅片企业开展8英寸及以上单晶和多晶硅片生产技术研发，加强硅片制造过程中的质量、成本和环保控制，努力提高硅片生产企业的竞争力，推进在大直径硅片关键技术、高端产品开发上取得突破，推动大直径硅片技术的产业化应用，实现新材料产业转型升级。

（三）新能源产业特色规模发展路径

江苏海上风电发展的主战场是盐城，"十三五"规划和"十四五"规划累计装机量都占江苏一半以上，且比重越来越大，"十四五"期间规划累计装机量达2023万千瓦，占江苏的66%。南通是江苏海上风电产业发展的生力军，南通市"十四五"期间预计达到800万千瓦，规划占比也不断提高。相对而言，连云港市海上风电产业在全省的比重较低，十三五及十四五海上风电的规划数及占比约占到全省的1/4。但连云港市具有风速大、风力均匀、海底地势平坦、岩岸基质的优势，发展海上风电得天独厚。

连云港市应继续以风力发电产业链为主线，以风电装备、太阳能光热等产业链的龙头企业为支撑，构建风电及相关装备制造业产业链，通过引入培育产业链环节国内领先企业，配合国内外配套和专精特新中小企业打造后发竞逐，在与盐城、南通错位前提下，形成特色产业基地的重要产业链节点，打造新能源产业先进制造业集群，在技术上推动 12MW 风机全功率试验台、8MW+海上风电叶片研发与应用，建设集研发、设计、制造、应用与服务于一体的特色新能源产业基地。

同时，以风电产业链为纽带，大力发展"风电+海洋牧场、风电+储能，风电+制氢"，吸引、带动"风电+"产业链企业的集聚与发展，形成多产业链融合发展，是连云港市建设国内领先的特色新能源产业基地的主要抓手。

（四）新材料新能源产业共生互生生态化发展路径

加快新能源新材料产业的共生互生生态化，跨区域合作建设国内领先的新能源新材料产业基地。

1. 跨产业跨区域共生共建生态化发展路径

碳纤维材料是多种应用型材料的上游供应链，被广泛应用于航空航天、风电、船舶、汽车、电缆导线、建筑建材、储气瓶等领域。充分利用连云港市在高性能纤维和复合材料方面的新材料产业基础，以碳纤维材料及 PET、PVC 等各类高性能结构芯材为风电复合材料行业的上游供应链，进一步完善风电产业的三大主材产业链，建立一个安全可靠的风电叶片产业链，促进碳纤维在叶片行业的低成本应用，实现新材料产业与风电产业共生互生。

完整光伏产业链的上游就是多晶硅与硅片，多晶硅环节技术门槛高，具有一定的垄断性；硅片技术含量不高，属于资本密集型，我国在全球硅片产业具有绝对优势。依托连云港市多晶硅、单晶硅等产业基础，借助连云港市硅产业发展优势，整合硅材料、铸锭、多晶硅切片等现有资源，积极发展上下游配套产业，着力提升光伏产业链各环节技术水平和生产效率，实现硅产业和光伏产业的共生互生，推动新能源新材料产业的生态化发展，打造光伏全产业链制造基地。

连云港市石化产业链的完善为新材料新能源产业的跨域互生共生提供了基础。随着东方盛虹炼化一体化总投资约 677 亿元的项目顺利投料开车，将成为公司打造新能源、新材料、电子化学、绿色环保等多元化产业链条"1+N"新格局的"强大基础原材料保障平台"，项目丰富的产品、优质的产能为"延链"发展新能源材料提供丰富的"化工原料库"，可与下游产业构成一个内部产业链完善、市场竞争力强、技术先进的新能源新材料产业集群，将助力东方盛虹贯通"炼化+聚酯+新材料"的全产业链布局，是连云港市打造世界级新能源新材料产业集群的关键核心项目。

2. 促进新能源、新材料产业跨区域合作共建发展

目前，连云港市已建设的新能源新材料产业基地有国家火炬计划东海县硅材料产业基地，连云港市新材料产业国家高技术产业基地，江苏沿海地区新能源基地等。省级以上高性能纤维相关产业基地园区5个，国家级产业园区2个。连云港市新能源新材料产业园区与基地分布区域分散，各产业园区与基地的所属行政区划不同，产业政策区别较大，力度不一。因此，应以大力打破行政隶属、行政边界，推动跨行政区域产业资源共享、产业优势互补为手段，推动建设国内领先的新能源新材料产业基地，构建产业集群发展核心载体。

一方面，按照产业功能区和行政区协调发展、集约利用资源的原则，以"一主多辅"格局整合各新能源新材料产业园区及基地，逐步形成新能源新材料产业布局主辅相存、分工明确、合作共赢、龙头引领、专精特新的产业空间新格局，理顺产业政策，大力开展产业基地的信息、创新、融合等基础设施建设，构建打造涵盖平台承载、研发支撑、基金支持与特色服务融合发展的基地生态体系，完善产业基地创新生态环境，实现连云港市新能源新材料产业的化蝶蜕变。

另一方面，把握苏南苏北合作共建及长三角一体化发展时机，拓展与南京、苏州、无锡、南通等省内城市联系，承接苏南与上海新能源新材料产业的转移与转型，形成错位发展，创造条件融入长三角新能源新材料产业发展体系。特别是连云港市新接对子的苏南城市无锡，一直将新材料作为各类高新技术产业发展的基础和先导，在多项战略规划中均将其列为无锡重点发展的高新技术产业之一。无锡新材料产业以江阴、宜兴、锡山、惠山四个国家级产业基地为载体，重点发展光电子材料、新型显示材料、高性能纤维复合材料、新型化工材料、新能源材料等八类重点，目前已在金属材料、纺织材料、化工材料等传统材料产业方面形成了较好的产业基础，新型电子信息材料、新能源材料、高性能纤维复合材料、功能陶瓷材料和纳米材料等新材料产业迅猛发展。"十三五"以来，无锡新材料产业更加注重优势主导产品的研发和量产，在碳纤维、纳米材料、石墨烯三大重点前沿领域中，至少在其中两个方面都占有全国领先地位。利用无锡在新材料产业发展上的优势，结合连云港市新材料产业的发展需求，可将合作共建连云港无锡新材料产业基地作为连云港市打造国内领先的新材料新能源产业基地的一个重要抓手。

四、连云港市建设国内领先的新能源新材料产业基地的措施

（一）构建"1+N"政策体系支持基地建设

为推进新材料产业基地高起点、高标准、高质量建设，连云港市应构建"1+N"政策体系。其中，"1"是《关于推进新材料产业基地高质量发展的若干措施》提出支持产业基地建设的总体政策；"N"包括三大产业基地具体扶持政策以及基金、土地、人才、考评、管理等专项配套政策。制定出台新材料新能源产业专项扶持政策，组建新材料产业新能源发展专项基金，建立涵盖初创、成长、发展等阶段的政策扶持体系，打造开放开明的产业生态系统。

（二）优化发展环境

连云港市应从产业发展的需求侧入手，进一步加大投入和引导力度，努力打造一流的发展环境。要充分利用现有各类工业园区的资源，进行整合、优化，不断提高投资强度和土地集约化程度，促进产业集聚和升级；要加强新材料产业园区的基础设施建设，重点加快交通、通信、仓储、供电、文化娱乐等设施建设，创造安全舒适的工作和生活环境；围绕高性能纤维将重点打造三大公共服务平台，即江苏省高性能纤维产品质量监督检验中心、碳纤维复合材料试验公共服务平台和江苏省高性能纤维及先进复合材料创新中心，为新材料产业发展夯实基础。

（三）推进产业链招商

应该加以利用连云港市新材料新能源产业设施齐备、物流便捷和贴近市场等方面的独特优势，针对基地发展方向与重点打造政策高地，重点突破风电叶片、新能源汽车、商用飞机"三大领域"的轻量化应用，推进产业链招商，对标国内先进城市及其他同体量城市相关政策，确保创新力度、奖补标准在全国同领域中具有招商引资竞争力。

（本课题系全市应用研究资助项目重大课题研究成果；课题组负责人：张涛，江苏海洋大学博士、副教授；课题组成员：蒋永俊、李刚、高玲、骆阳、樊旭佳、李阳、祁玉洁）

关于加快我省碳纤维产业创新发展的若干建议

杨 龙

一、碳纤维产业发展概况

（一）国际碳纤维产业发展

航天飞行器每减少 1kg，可使运载火箭减轻 500kg。20 世纪 50 年代，为寻找更耐高温烧蚀、轻量化的材料制造航天飞机等战略武器，美国率先研制出粘胶基碳纤维，20 世纪 60 年代，日本先后发明了 PAN 基碳纤维、沥青基碳纤维，20 世纪 70 年代以后，高强、高模等各类碳纤维制备技术被攻破，产品逐步应用于航空航天、体育用品、汽车等领域。2020 年，全球碳纤维运行总产能为 17.17 万吨，主要被日本、美国和德国占据。在应用端，近 10 年全球碳纤维市场用量保持年均 9.4% 的增长，2020 年，市场用量为 10.69 万吨。

（二）国内碳纤维产业发展

1963 年，中科院长春应化所李人元先生最早开始 PAN 基碳纤维研制，20 世纪 70 年代初，我国利用硝酸法制备出碳纤维，受技术装备条件影响，发展较慢，逐渐被国际拉开差距。2001 年，国内碳纤维发展提速，DMSO 一步法技术被攻破，产能持续扩大，在很多领域实现进口替代。2020 年，全国碳纤维运行产能 3.62 万吨，销量 1.85 万吨，位居全球第二位。在应用端，近年来我国碳纤维用量平均增速达 20%，2020 年总用量为 4.89 万吨，其中进口碳纤维 3.04 万吨，占比 62%，国产碳纤维 1.85 万吨，占比 38%。

（三）我省碳纤维产业发展

2020 年，江苏碳纤维运行产能规模达 1.53 万吨，占全国 42%，重点碳纤维企业有中复神鹰、江苏恒神及中简科技等，均建成了原丝与碳纤维配套的完整产业链，产品等级涵盖 T300、T700、T800、T1000、M30、M35、M40 等，已成功应用于航空航天、体育休闲、压力容器、汽车及建筑等领域。在下游应用端，2020年全省碳纤维使用量达1.87万吨，占全国38%，代表企业有江苏澳盛、宏发纵横、宜兴天鸟、中复碳芯及神鹰碳塑等。

二、我省碳纤维产业的优势与问题所在

（一）产业优势

1. 工业实力强，为产业发展构筑了深厚的物质基础。我省工业门类齐全，形成了包括航空航天、新能源、新电子信息、新兴化工等领域的新材料产业集群。2020年，我省实现地区生产总值10.27万亿元，根据赛迪顾问智能装备产业研究中心发布的《先进制造业百强园区（2021）》，江苏独占23个席位。

2. 产业配套全，为产业发展创造了突出的先发优势。江苏拥有研发、生产、应用、检测评价等完备的碳纤维产业链，产品种类全面，产能及应用规模位居全国首位，既有航空航天高端材料研发制造单位，也有高铁、汽车、风电等复合材料制造企业，且省内交通运输条件优越，具有独特的江海河联运体系和完善的铁公水立体交通格局。

3. 研发基础良，为产业发展积累了必要的技术储备。我省建立国家功能纤维创新中心、国家碳纤维试验公共服务平台及中材科技南玻院等研发机构，系统掌握了湿纺、干喷湿纺原丝及高温碳化技术。行业重点企业均建立工程技术中心，中复神鹰率先在国内突破干喷湿纺技术，荣获国家科技进步一等奖；江苏恒神是国内产品组合最齐全的企业。

（二）存在问题

1. 关键技术装备待突破，高端领域应用受限。在原丝制备技术上，当前DMSO干喷湿纺技术原料、工艺单一，产品同质化严重；在碳丝制备技术上，国外先进碳化设备限制对我国出口，国产设备难以满足大尺寸碳化要求；在纤维表面处理技术上，没有建立与各型号碳纤维相匹配的油剂及上浆剂体系，缺乏快速固化成型的耐高温与韧性树脂。

2. 碳纤维供给结构失衡，产能利用效率偏低。国内企业由于过度追求高端碳纤维开发，在质量控制研究上缺少耐心，产品离散系数高，导致低端产品供给过剩、高端产品供应不足，我省面临同样问题。2020年，国内企业产销比为51%，落后于全球水平（65%—85%），国内下游应用碳纤维国产化率仅为38%。

3. 产业链协同创新不足，下游应用开发滞后。碳纤维企业、研发机构、高校分散各地，相互协同不足，在共性关键技术研发上力度不足，碳纤维质量鉴定标准评价体系不健全,同规格产品性能差别大。高端领域碳纤维应用深度不够,民用领域应用范围不广。

4. 高层次专业人才缺乏,制约产业创新发展。我省碳纤维产业在高分子材料、材料工程及复合材料设计等方面人才储备不足,缺乏从小试研究、中试放大到产业化全流程历练的工程人员,缺乏既懂材料、又懂应用的复合型人才。同时,我省高校尚未设立关键的复合材料结构设计与制造专业。

三、加快我省碳纤维产业创新发展的对策建议

1. 加大政策扶持力度,助力产业做大做强。一是设立省级产业发展引导基金。政府部门联合金融机构设立多类型、专业化产业引导基金,重点对碳纤维及其复合材料项目进行引导。二是协调科技创新基金设立。协调国有资本、社会资本设立碳纤维产业科创基金,并给予政策引导和支持。三是推进产融结合发展。对新建项目在授信、融资、担保方面给予适度"照顾",对企业上市开辟绿色通道。四是加大对行业研发机构扶持力度,在平台建设、创新研发及成果孵化等方面给予资金支持。

2. 加快技术创新步伐,构建产品竞争优势。一是强化技术攻关。优化原丝及碳化工艺,开发 T1100、M55J、M60J 等高等级碳纤维品种,完善产品体系,拓展航空航天、国防军工及高端民用等市场。二是稳定生产工艺。提升原丝、碳化等设备性能,保障生产及产品质量连续稳定,消除下游应用后顾之忧。三是开发低成本碳纤维。探索大丝束、沥青基及粘胶基碳纤维量产技术,促进在民用领域大规模应用。四是加强知识产权保护,吸取国外长期技术封锁及市场打压的教训。

3. 坚持协调共享原则,加快共性技术研发。一是合作共建研究院所。省内碳纤维企业、高校及科研院所进行合作共建,共同承担科技项目。二是加强生产协同。碳纤维企业间强化沟通交流,在产品及市场定位上"求同存异"。三是加强上下游协同。碳纤维企业与下游应用单位联合开发复合材料制品,与徐圩新区石化企业联合开发上浆剂、油剂及高端树脂。"十四五"期间,重点突破高等级 PAN 基碳纤维,低成本大丝束、粘胶及沥青碳纤维制备技术,以及高低温碳化炉等关键技术。

4. 推动产业开放合作,融入"双循环"格局。一是联合建立评价体系。参与全国标准化技术委员会建设,推进建立符合我国碳纤维技术、产品特点的标准评价体系,完善数据库、设计与评价准则及国家标准。二是促进军民融合发展。开展航空质量管理体系、国家军用标准质量管理体系等认证,与军工单位

合作技术研发，推进碳纤维在军工领域深层次应用。三是加强市场对外开放。抢抓"一带一路"合作机遇，开拓碳纤维海外市场，培育新的经济增长极。

5. 贯彻绿色发展理念，提升安全环保水平。一是注重环境保护。优化完善碳纤维生产工艺及设备，采用先进环保处理设备，降低能耗及碳排放。二是抓好安全生产。碳纤维生产存在一定安全风险，必须建立符合生产特点的规章制度和操作规程，配备完善的安全设备设施，确保生产安全。三是强化职业健康管理。改进生产工艺，采用健康原料，加强生产区域溶剂、粉尘及噪声控制，推广智能工厂建设，实现危险区域无人作业。

6. 强化人才体系建设，增强产业创新活力。一是加强专业技术人才培养。省内高校加强纺织、材料等学科建设，适度向碳纤维倾斜，开设复合材料结构设计专业，碳纤维企业要与下游应用单位加强复合型人才培养。二是注重企业家队伍建设。优化营商环境，对企业家创新创业给予物质支持与精神奖励，并加强对企业家教育与培训。三是批量培养专业技能人才。省内高职院校开设与碳纤维及复合材料相关技能专业，生产企业着力产业化、专家型技能人才实践培养。

（杨龙，连云港市工投集团党委书记、董事长）

新时代"后发先至"构建重大产业引领支撑的战略思考及建议

张 源

"产业是发展的根基。"产业兴则经济兴,产业强则经济强。近年来,我市石化、新医药、新材料等主导产业发展势头良好,徐圩新区国家级石化产业基地、市开发区"中华药港"等重大载体建设取得突破,重点产业亮点突出、持续壮大,已经成长为全省沿海地区产业高质量发展的排头兵和主力军。从总体情况来看,我市产业特色明显但质效不高、产业结构优化但总体偏重、产业创新突破但面上不足、部分产业链初步成链但集聚效应不强。近年来,受疫情、药品集采、市场波动等因素影响,我市新医药产业、新材料等优势产业增速放缓,经济发展不确定不稳定因素明显增多。当前阶段,如何抢抓数字经济和"智改数转"发展契机,不断壮大我市特色优势产业规模,走强创新、数字化、高质量发展道路,发挥重大产业引领支撑的战略地位成为我市实现工业经济"后发先至"的重点和难点。

一、我市产业整体发展现状

(一) 产业发展基础良好

近年来,市委、市政府高度重视工业经济发展,始终坚持"工业立市、产业强市"战略,在政策引导、产业规划、项目招引、资金扶持等方面持续发力、久久为功。从地理优势来看,我市拥有独特的沿海地缘优势,位于万里海疆的中部,江苏省东北端,是新亚欧大陆桥东方桥头堡、国家首批沿海开放城市。从政策聚焦来看,我市承载着"一带一路"倡议支点、长三角一体化、沿海大开发、自贸区等国家战略。便利的交通条件、既有的产业基础和广阔的腹地空间,为全市特色优势产业链培育提供了便利条件和基本保障。从产业布局上看,围绕"一纵一横"T型双轴,纵向依托沿海高速、沿海铁路,重点布局战略性新兴产业和临港基础性重点产业，沿海产业带不断发展壮大；横向依托东陇海铁路、连霍高速，重点布局都市型产业，陇海线产业带实现提档升级。市开发区、徐圩板桥、南翼两灌、北翼赣榆、东陇海线五大产业片区发展互为支撑、彰显特色。截至2021年共有国家级特色产业基地5个、各级特色产业园区27个。六大主导产业园区集聚度达85%以上，产值占比超过80%。

（二）规模特色不断彰显

我市产业基础较为牢固，产业规模不断扩大，已初步形成了以石化、钢铁、新医药、新材料、新能源、装备制造等为代表的主导产业，培育了恒瑞医药、新海石化、中复神鹰、镔鑫钢铁等一批国际知名、国内驰名、具有核心竞争力的企业和产品。其中，新医药、新材料、石化等产业竞争力位居全国前列，冶金、装备制造等产业发展势头良好，形成了石化、生物医药、高性能纤维及复合材料、钢铁合金、新能源、化工新材料、高端装备、硅材料、绿色食品、信息产业等10条重点产业链。2021年我市工业应税销售收入首次进入4000亿元俱乐部，应税销售超百亿企业达10家，工业增加值同比增长4.5%，增速全省位列第六，工业用电增长10.8%，增速全省位列第六。

（三）创新动能显著增强

以企业为主导的工业创新体系更加完善，工业企业自主创新能力不断提升。至2021年底，规模以上工业战略性新兴产业实现产值1523.04亿元，增长25.7%，占全部规模以上工业总产值比重为41.9%。全社会R&D投入占比达2.24%，科技进步贡献率达58.3%。大中型工业企业与规上高新技术企业研发机构建有率达90%，有研发活动的规上工业企业数占比达60.7%。成功获评国家产业技术创新型城市，累计荣获国家科学技术奖11项、省科学技术奖52项。建成省原创化学药创新中心、硅材料产业科技创新中心等平台。医药创新力稳居全国前列，累计获批上市一类新药16个，占全国七分之一，位居地级市首位。四大药企全部入选中国医药研发产品线最佳工业企业十强。恒瑞医药和正大天晴进入全球制药企业50强，成为首次上榜的中国企业。累计获批国家级企业技术中心6家、省级企业技术中心57家、国家技术示范企业5家，苏北第一。获批省首台套重大装备认定产品18个，专精特新企业及产品168个，工业企业创新实力大幅提升，创新动能显著增强。

（四）绿色发展成效明显

我市积极淘汰落后产能，对安全环保不达标、风险隐患突出的企业坚决整改，为重大项目、优势产业腾出发展空间。持续开展化工企业环保安全整治和

"散乱污"企业整治行动，主动淘汰一批污染大、效益差、技术含量低的企业。共完成关停取缔与整合搬迁散乱污企业426家，关闭化工生产企业238家，淘汰小型冶金企业14家，重组整合化工企业51家，化解船舶产能50万载重吨。累计引导60多亿元用于园区封闭化管理、智慧监管平台、特勤消防站等建设，超期贮存危废和废盐实现"双清零"。在钢铁、电力、石化等重点行业实施绿色发展类项目77个、节约标煤35万吨。成功创建国家级绿色工厂7家、绿色供应链1条、绿色产品2个、省级绿色工厂6家。扎实推进化工、民爆、船舶修造等重点行业专项整治，落实一表清、一网控、一体防"三个一"工作机制，企业本质安全水平不断提升，安全生产形势保持稳定，绿色发展底色更加彰显。

二、各主导产业发展情况

（一）石化产业

全市最具发展潜力的主导产业。产品分布上，目前已形成以石油炼化为基础、多元化原料加工为补充的产品布局，统筹规划化工新材料和专用化学品等产业项目。空间布局上，以国家七大石化基地之一——连云港石化产业基地为核心区，以灌云县临港产业区、连云港化工产业园区为拓展区，以柘汪临港产业区为协同发展区，带动连云经济开发区化工产业转型升级，构建园区分工明确、链条紧密衔接、产业联动支撑、区域协同共进的石化产业发展新格局。以盛虹炼化一体化项目为龙头的徐圩新区世界级石化产业基地正在加速形成，获批国家石化行业智慧化工园区、绿色化工园区。

（二）新医药产业

全市工业发展的一张亮丽名片，建成抗肿瘤药物、抗肝炎药物、麻醉手术用药、新型中成药、新型药用包装材料、医用消毒灭菌设备六大研发生产基地，形成化学药品原料药、化学药品制剂、中成药、生物药、卫生材料和医药用品、医疗器械、药用包装材料、中药饮片加工等八大产品群，是全国最大的抗肿瘤药物、抗肝炎药物生产基地及重要的现代中药生产基地。拥有"恒瑞""康缘""天晴"等著名商标和产品。医药创新能力全国领先，涌现出了以恒瑞医药、正大天晴、豪森药业和康缘药业四大药企为首的一批行业领军企业，入选中国医药研发产品线最佳工业企业榜单。恒瑞医药、正大天晴分别将两款抑制剂和治疗肝炎的创新药品转让给三家美国公司。康缘药业的桂枝茯苓胶囊已在美国完成Ⅱ期临床试验，实现了从领跑全国到参与全球竞争的飞跃式发展。创新能力持续增强，共有国家级技术创新载体17家，16个1类新药获批上市，占全省

45.7%，占全国14.3%，领跑全国医药城市，形成了"中国医药创新看江苏，江苏医药创新看连云港"的国内医药界共识。

（三）新材料产业

是我市重点发展的新兴产业之一，形成了高性能纤维及复合材料、新型无机非金属材料、化工新材料等三大产业体系，是国内最大的碳纤维、聚酰亚胺生产基地。中复神鹰碳纤维获得国家科技进步奖一等奖。拥有国家碳纤维复合材料试验公共服务平台、省高性能纤维产品质量监督检验中心等多个创新平台。连云港经济技术开发区是新材料产业国家高技术产业基地，已成为国内品种较为齐全、产业特色鲜明的高性能纤维和复合材料产业化基地，集聚了一批行业百强企业。中复神鹰率先建成国内首条基于干喷湿纺工艺的碳纤维生产线，获国家科技进步一等奖，完全自主研发的百吨级T1000碳纤维生产线实现投产且运行平稳。奥神新材料是国内最大的聚酰亚胺纤维生产企业，获国家科技进步二等奖。神特新材料生产的高强高模聚乙烯纤维是我国重点攻关发展的高新技术纤维之一，千吨级高强高模聚乙烯纤维项目列入国家高性能纤维发展专项计划。

（四）新能源产业

我市重点发展的新兴产业之一。已基本形成风电、核电、光伏、太阳能光热利用等产业形态，涵盖装备制造、技术研发、检测认证、配套服务的完整产业链，形成了东海、赣榆、开发区等一批产业集聚区，拥有中复连众、国电联合动力、江苏核电、日出东方、神舟新能源、双菱风电、思派新能源等一批骨干企业。拥有亚洲最大的风电装备基地，国内最大的核电基地。成功研制百米级大功率叶片、6MW海上风电机组、太阳能热水器等一批填补国内空白的成套装备。双菱风电风叶模具的产量占国内市场25%，思派新能源锂电池电解液溶剂产量占国内储能产业35%，太阳雨是全国最大的热水器供应企业。

（五）冶金产业

是我市重点发展的临港产业之一，主要分布在连云区板桥工业园、赣榆区柘汪临港产业区和灌南县临港产业区三个钢铁生产基地，拥有镔鑫、兴鑫、亚新、华乐四大钢企，钢铁总产能1260万吨，占全省钢铁产能的十分之一。主要产品包括建筑用材、工业用材、不锈钢等，形成了钢铁、不锈钢、镍合金等共同发展的格局，另外还布局了一批钢铁下游紧固件制造、金属制品加工等企业。其中，马氏体不锈钢国内市场占有率接近40%。四家企业全部上榜中国民营企业500强榜单，在全省率先建立了全流程清洁生产标准体系，提前完成超低排放改造。

（六）装备制造产业

我市传统产业之一，目前已建成专用装备、新型电力装备、农用机械装备等3个省级特色产业基地，形成了风电装备、矿山机械专用装备、智能纺织专用装备、汽车零部件等主导产业体系，具有门类相对齐全、比较优势明显、竞争力较强的产业特色。已经形成了天明装备、鹰游纺机、东方集装箱等一批拥有相当生产规模和研发能力的重点骨干企业。其中天明集团研制的"8.8米大采高工作面智能刮板输送机成套设备"填补国际行业空白；鹰游集团在全国纺织后整理设备行业排名第一，纺织专用设备国内市场占有率达80%，出口量全国第一；高性能碳纤维原丝纺丝设备打破了国外垄断与进口限制；远洋流体、杰瑞自动化研制的流体装卸设备国内市场占有率达到70%。

三、各产业发展面临的瓶颈制约

（一）石化产业方面

国家政策收紧，遏制钢铁、石化等"两高"项目盲目发展，炼化二期等新建项目难度加大。卫星石化、中化循环经济产业园、新海石化丙烷综合利用等项目能耗指标难以平衡解决。下游产业链以石化产业基地乙烯、芳烃为原料的面向终端消费品市场的新材料项目缺乏。

（二）新医药产业方面

存在人才流失严重、高层次人才引进难度大、实用技能型人才紧缺等问题。产业扶持以政策资金引导为主，资本市场活跃度偏低，缺乏专门的医药产业发展基金。临床试验机构、第三方检测机构、高水平的高校科研院所等创新载体偏少，缺乏创新联合体。

（三）新材料产业方面

以中复神鹰、奥神新材料为代表的高性能纤维企业处于技术领先水平，但是企业规模偏小，年应税销售收入不足8亿元。高性能纤维产业链条还未形成，多数企业之间关联度不高，材料应用和后续加工少，导致产品附加值低。

（四）新能源产业方面

产业链条发展不完善，上下游企业关联性较弱。光伏制造产业链组件和切片制造企业产能低，缺乏产群带动效应，缺少逆变器等部件生产企业。风电产业链缺少中游发电机、轮毂、轴承、控制系统等企业。储能产业涉及化工产品如锌镍液流电池、锂离子电池、氢燃料电池全部被列入化工产品行列，产业链不完整。

（五）钢铁产业方面

按照现行钢铁行业发展政策，置换引进新的钢铁产能难度较大且存在一定的不确定性，现有骨干企业需要转型发展，优化产品结构，推动企业由普碳钢向优特钢发展转型。

（六）装备制造产业方面

总体规模优势偏小，产值仅占规上企业的10%左右。自主创新能力不强，装备产业核心技术对外依存度偏高，实验验证技术开发、关键共性技术研究等产业基础技术研究滞后。专业铸造、热处理、表面处理等区域协作配套体系不健全。

四、苏州近年来产业发展经验及启示

2021年以来，苏州市连续两年以新年第一会的形式聚焦数字经济时代产业创新集群发展，在全省率先出台《关于推进制造业智能化改造数字化转型的若干措施》，全力推进创新集群建设，推进产业智能化改造、数字化转型，争当全省"智改数转"先行军，争创国家智能制造先行区。目前，苏州市国家级工业互联网双跨平台数量位列全国第一，国家级智能制造试点示范工厂、工信部工业互联网平台创新领航应用案例等指标位列全省第一，省级星级上云企业占全省1/3，智能工厂占全省1/4。主要有四个重点举措：一是坚持项目统领，构建协同推进格局。明确年度5000个"智改数转"项目目标，建立完善工作推进机制，细化类别和要求，高质量推动项目建设。二是落实扶持政策，引导企业加大投入。推动贴息奖励、有效投入奖补、免费诊断服务等各项政策出台和落地，提升企业"智改数转"意愿和投入力度。共41家银行参与"智能制造贷"合作，授信总额248.6亿元。三是加强示范带动，加快"智改数转"步伐。鼓励龙头企业通过身先实践，消除观望企业"不愿转、不敢转"顾虑，带动"智改数转"由"点上示范"向"面上推广"转变，评选首批30家市级智能化改造和数字化转型标杆企业。四是打牢基础保障，完善服务支撑体系。强化5G网络和工业互联网标识解析应用，提升"县域工业互联网发展指数"，壮大数字产业，完善生态体系。

苏州市产业发展有两个重要方面值得我们借鉴学习：一是体现了苏州市委、市政府对"智改数转"工作的高度重视和抢抓发展机遇的敏锐意识，以新年第一会的方式,明确全年乃至今后几年"智改数转"的主基调,列入市委主要领导重点督办事项,列为市人大"一号议案"和市政协主席会议督办一体,形成了聚焦聚力"智改数转"的工作导向和浓厚氛围。二是及时出台政策支持。率先出台《关于推进制造业智能化改造数字化转型的若干措施》,明确5个维度、22项支持政策,新推出智能化改造专项贷款贴息政策,缓解企业资金压力。发布《苏州市推进制造业智能化改造数字化转型工作方案》,针对企业实施"智改数转"成本高、人才少、缺方案等问题,开展诊断引领、示范带动、技术输出、服务体系、创新突破、顾问支撑、网络保障等8项举措,加速推动制造业企业改造升级。各县级市(区)纷纷响应,相继出台"智改数转"配套支持政策。同时,积极引导各类社会资金向智能制造领域倾斜,形成了多层次、宽领域的资金保障体系,年度支持智能化改造和数字化转型各级各类财政资金累计超过20亿元。

五、对我市主导产业发展的战略思考

(一)石化产业

重点是完成战略布局,快速壮大规模,尽快完成上下游产业链延链、补链工作,加快建成世界一流的国家级石化产业基地。加快重大项目建设。推动盛虹炼化一体化项目及早建成投产达效。加快卫星石化轻烃综合利用项目一期全面建成投产。新海石化丙烷综合利用项目力争下半年启动主体建设。开工建设盛虹石化新材料产业园、卫星化学高性能新材料等项目。组团联动发展。高标准推进石化基地总体发展规划(修编)落地,推进《连云港市临港石化产业规划布局方案》落实,尽快实现规划一体化、管理一体化、产业一体化,打造规模、质量、效益协调发展的高端石化产业集群,带动拓展区产业结构调整和转型升级。大力招商引资。延伸石化产业链条,谋划石化下游高端新材料等产业布局,加快推动盛虹高新化工材料产业园及芳纶产业园、恒力(连云港)产业园落地落实。

(二)新医药产业

重点是加快制造业创新中心等载体建设,推进中华药港产业园、润众生物药基地等重点项目,完善产业发展生态,未来五年打造具有全球竞争力的"中华药港"。一是强化规划引领。高标准编制新港城几何中心总体空间概念规划、中华药港核心区城市设计、中华药港核心区重点区域详细规划,统筹考虑城市总体规划要求及资源配置条件,建设国内一流、世界知名中华药港。二是推动智改数转。以骨干企业、龙头企业为重点，推动生物技术和信息技术深度融合，促进云计算、大数据、人工智能、区块链、工业互联网在医药领域的应用，研究开发基于过程控制的智能化系统，建设一批智能车间、智能制造示范工厂。加强企业资源计划、生产过程执行系统、产品生命周期管理等业务信息系统集成，实现医药制造工艺仿真化、状态信息实施监测、反馈和自适应控制、原料采购运输生产销售全程可追溯，保障产品质量均一性和可控性。三是强化政策支持。贯彻落实市委、市政府支持重点产业加快发展若干政策意见、花果山英才计划若干政策意见，组织医药产业投资、做大做强、创新创优、人才项目申报评审，支持企业创新研发、扩量升级、人才集聚，推动产业加快转型升级、产业规模不断壮大、产业质效不断提升。

（三）新材料产业

要加快建设市开发区新材料产业园，推进实施 OLED 光学材料、高频超薄柔性覆铜板等重点项目，着力打造全国重要的硅材料生产基地、国内先进的高性能纤维及复合材料创新基地和国内领先的化工新材料产业季度。一是打造产业基地。以重点项目为关键抓手，汇聚优质资源，构建优质生态，加快形成辐射带动效应。主动跟进中复神鹰航空航天高性能碳纤维及原丝试验线、斯尔邦二期丙烷产业链、中复连众复合材料产业园等在建重点项目进度，做好协调服务，力争明年建成投产，培育我市高性能纤维产业新的增长极。重点推进中复神鹰 5 万吨碳纤维项目建设，积极协调解决能耗环保指标等困难问题，保障项目按序时推进。推进连云区以该项目为依托，提前谋划布局下游产业，不断延伸、壮大产业链条，努力打造成国内领先的碳纤维产业基地。二是加强技术攻关。巩固提升我市在高性能纤维产业技术领先优势，围绕碳纤维、聚酰亚胺纤维、超高分子量聚乙烯纤维等领域，加强与东华大学、北京化工大学的校企合作，联合突破关键核心技术，减轻或摆脱对国际供应链的依赖，鼓励龙头企业加快与应用单位联合开发各种高性能纤维复合材料、零部件及成品，加快培育和扩大应用市场，打造全国领先的高性能纤维及复合材料产业集群。三是集聚创新资源。积极落实《连云港市"产才融合、双链驱动"实施方案》《连云港市新材料产业高端人才引进实施办法》相关政策，认真梳理高性能纤维及复合材料领域人才需求，着力招引一批行业高端人才。完善国家碳纤维复合材料试验公共服务平台创新研发、设计与检测评价、产业孵化三大功能，强化政策支持，推进完成 CNAS 认证，积极融入国家级技术创新中心建设，提升平台开放服务水平，为全省碳纤维产业发展提供平台支撑。

(四) 新能源产业

积极培育以核能及其他新能源关联产业为特色的产业集群，全力打造国家重要的新能源基地。一是加快低碳能源产业发展。立足我市新能源资源丰富、港区优势突出、产业基础扎实等发展优势，依托丰富的海风资源及光伏资源，构建完善的新能源产业体系，打造具备核心竞争力的新能源产业基地。加快可再生能源发展，致力打造水、风、光、核等多种能源示范效果显著的新能源创新示范城市。二是聚力新能源产业强链补链。我市光伏、风电相关产业链均基本成链，但均缺少核心装备部件的制造环节，比如风电方面加快完善风力叶片、风电机组、控制系统、塔架完整产业链，强化风电装备研发制造、风场开发、安装维护等上下游产业链配套水平。核电方面吸引集聚核电配套装备制造、核能制氢新能源、核电余热利用、核废料处理、核电设备运行维保等产业发展。光伏方面积极整合硅材料、多晶硅片、电池组件、发电应用等现有资源，着力提升晶体硅和非晶硅太阳能电池的产业化。太阳能利用方面发展太阳能热水器、太阳能集热器、空气源热泵等，加快建设增长型太阳能产业，加大光热产业集群发展，打造具有国际影响力的光热装备可再生能源制造产业集群。新能源动力电池方面依托临港化工产业优势，发展动力电池正极材料、负极材料、电芯、前驱体、动力电池设备、动力电池回收等项目，不断壮大产业规模。三是培优扶强新能源龙头产业。重点支持中复连众、国电联合动力等风电龙头企业加快技术创新、新产品研制和标准赶超，培育形成涵盖研发生产、运营服务等产业链关键环节的生态主导型企业，建设一批国际一流的"链主"式企业、具有全球市场影响力的领先企业。支持全国光热领军企业日出东方向光伏板块倾斜，支持我市本土新能源制造企业参与整县分布式光伏试点工作。

(五) 冶金产业

重点是打造高性能建材钢和特种钢，推进钢材深加工，加大不锈钢生产和加工企业招引力度，不断优化产品结构，丰富产品种类，延伸下游产业链。一是优化产业布局。力争到2025年，以板桥、赣榆和灌南为主体的"一体两翼"三个钢铁基地的布局得到全面优化，产业竞争力和产品结构调整实现提高，按国际先进技术及环保安全标准建设，力争建成"大型化、绿色化、智能化、循环化、高端化"的花园式、示范型的优质钢铁产业基地。二是打造优势产品。按照"补链、延链、壮链"的发展思路，积极发展特种钢等高性能产品，延伸后道产业链，提升产品附加值，打造一批优势产品。加快高速棒材轧钢延展金属、H钢等项目建设，改造提升轧钢、转炉及配套连铸坯生产线，实现从粗钢向金属精加工的产业链延伸，推动产业链向金属制品及高强度紧固件、五金件、机械关键基础零部件制造等转型发展，增加高附加值和深加工产品的比重，不断增强企业和产品的市场核心竞争力。三是培育创新载体。坚持智能化、绿色化、高端化导向，不断提升钢铁企业安全环保和质量标准水平。支持钢铁企业实施智能技改工程，推动制造过程、关键装备、产品生产智能化升级，加强智能装备集成应用，建设一批示范智能工厂。实施企业研发机构建设推进行动，鼓励钢铁行业相关企业建立重点实验室、工程技术研究中心、企业技术中心等研发机构。密切跟踪国内外新产品、新工艺的发展趋势，加大技术合资合作力度。

（六）高端装备产业

以绿色化、智能化、高端化为导向，重点提升高端装备制造工艺、关键零部件的研发与配套水平，重点发展智能装备、工程机械、纺织机械、节能环保、海工装备等产业链条。一是强化协作配套。基础零部件要重点发展能满足重大技术装备主机的高端轴承、高压大流量智能化液压元件及系统、气动密封件、齿轮变速箱、高强度紧固件、高端阀门、伺服机构、超硬刀具等。基础材料要重点发展与基础零部件产品发展密切相关的关键材料，如特种钢材、优质铸锻件、高温耐热合金材料、高档绝缘材料及成型件、高性能密封材料（如橡胶件）、特殊功能材料等。基础工艺要重点发展和引进与装备制造业密切相关的专业工艺企业，特别是专业铸造、热处理、表面处理、先进焊接等，彻底改变市内协作配套水平不高的困局。二是主攻高端制造。瞄准国家重大战略需求、紧跟国内外同行业先进企业，大力发展智能制造。依托天明机械的智能化采煤机器人、杰瑞自动化的金属浇铸机器人等机械人生产线，建成省内知名的机器人生产基地。依托鹰游纺机等企业，重点开发新一代智能纺织机械等，通过示范企业带动，打造一批智能车间和智能工厂，提升装备制造业的总体发展水平。推动传统产品向精品升级，继续保持工程机械纺织机械等优势特色产业领域在行业内的领先地位，带动上下游产业发展。三是推进智能制造。全面提升研发、生产、管理和服务的智能化水平。一方面要加快发展智能制造装备，提升装备产品智能化水平。抓住相关行业转型升级对装备升级改造的市场需求机遇，研发智能制造装备及智能化生产线。另一方面要大力推进智能制造示范，提升装备制造过程总体水平。围绕流程型制造和离散型制造等不同工艺过程，推进制造过程智能化。重点选择石油化工、工程机械、食品药品等领域应用工业机器人等智能化装备建立智能化车间和智能化工厂。

六、新时代"后发先至"构建重大产业引领支撑的保障措施

（一）优化顶层设计，打造产业协同发展新格局

完善产业规划布局。以产业发展园区为载体，进一步完善产业链整体规划，提升产业链集聚化、网络化、协同化发展，加快形成国内外领先的制造业产业集群。市开发区、高新区充分发挥国家级园区的综合优势，突出发展生物医药、高端装备制造、新材料、新一代信息技术等特色产业，打造新兴高端产业示范区和具有国际竞争力的高水平园区；徐圩新区等临港开发区依托区域资源优势，重点发展石化、临港装备、冶金、进口资源加工、海洋渔业及加工等产业，建设世界级石化产业基地和以海洋经济为主的特色产业园区；东海县依托省级东海高新技术产业开发区新型无机非金属材料基地，重点打造硅材料产业链；其他园区重点发展都市型工业和现代服务业，向主导产业明确、产业链条完备、综合配套完备的方向发展，带动区域经济结构优化升级。在确定产业链发展整体规划布局的基础上，进一步梳理出台我市重点发展的优势产业扶持政策，在上下游协同、区域融合发展、市场拓展、技术创新、产业人才等方面提供有力支持。融入区域一体化发展。紧抓长三角一体化等国家区域协调发展战略的实施契机，牢固树立"一体化"发展思维，构建"一盘棋"的发展格局，鼓励我市龙头企业积极加入长三角生物医药、集成电路、人工智能和新能源汽车四大产业链联盟，促进重点产业链加快融入长三角区域一体化发展。发挥联盟成员优势，借助联盟中集聚的资本、技术、人才等各类要素资源，推进我市各产业链与长三角区域产业链间的功能整合，提高企业在技术、资本和市场的互通频率，结合我市重点产业链发展特点，选择适合长远发展的要素保障，打造核心要素流动、产业链融合畅通的区域协同发展局面。发挥我市独特的区位优势，利用生物医药、临港产业等主导产业优势，积极承接上海、苏南等发达地区石化等产业转移项目，依托原料药基地，为长三角地区医药产业提供基础支撑，对接科技创新资源，促进产业结构优化升级，形成产业互补、要素互融、成果共享的协作关系。

（二）聚焦产业瓶颈困难，构建产业畅通发展新路径

以协调化解产业链上下游矛盾和困难为目标，密切关注我市重点产业链相应环节的市场需求及技术供给，梳理"卡脖子"问题，解决难点，打通堵点，推进产业链畅通发展。坚持需求导向发展。结合现有产业基础，依托我市10条重点产业链上的链主企业，以链上骨干企业的发展需求、核心配套企业的投资

需求为导向，不断拓展产业链上下游，建立年度重点项目库、季度重点招引名录、月度重点工作推进表，形成强链专班工作推进简报，精准施策，支持重点企业加大品牌培育、新品开发、技术改造和转型升级，通过搭建产业推介、企业沙龙、专业论坛等平台为产业链上下游、产业供需双方提供需求表达等沟通交流渠道。聚焦产业强链补链。以医药大会、新材料论坛、连博会等活动为载体，围绕我市重点产业链实施产业链精准招商，梳理上下游脉络，明确产业链发展图谱，坚持建强、补齐产业链，做好链条稳固和延伸，着力引进一批产业链缺失环节企业、战略性新兴产业项目，吸引上下游、产供销、大中小企业靠拢，推进产业集聚发展。推进我市生物医药、高端医疗器械等主导产业"补链"，集成电路、新型显示、工业软件等信息产业加快"建链"，推进高端装备等产业"强链"。立足产业梯队培育。构建畅通发展的产业链体系离不开持续不断的企业培育，以企业发展需求和问题为指挥棒，围绕"顶天立地"的领航型大企业和"铺天盖地"的配套型中小企业，坚持培育生生不息的企业梯队。坚持分类指导，构建完整的企业培育体系，鼓励强优企业围绕产业链关键环节和核心技术，通过兼并重组等方式加快形成一批本土领军型企业，引导"链主型企业"发起组建细分行业产业联盟，组织推动上下游企业间扩大合作、协同提升。鼓励大企业利用工业互联网、云计算、大数据等，将配套中小企业纳入创新链、信息链、服务链，搭建创新协同、产能共享、供应链互通的创新生态。

（三）加快智改数转投入，增添产业高质量发展新动能

强化组织领导，注重联动协同。建议成立全市"智改数转"工作专班，形成月度跟踪、季度调度、半年考核机制，市委、市政府主要领导定期听取工作汇报，分管领导牵头召开季度调度会和半年总结会。工信系统以年度一号工程形式开展重点工作，建立企业"智改数转"项目数据库，成系统成章法推进工作开展。结合县域经济发展大会要求，各县区主要负责人要亲自部署推进，迅速出台支持配套政策，引导企业积极配合，第三方机构全面参与，形成政府、机构、企业协同推进的良好局面，构建起横向到边、纵向到底的工作格局。聚焦优势领域，加大项目建设。围绕新医药、新材料、石化、高端装备等优势行业，梳理形成任务清单、项目清单和责任清单，做到快速推进、快速见效。组织开展产业链企业"走出去"学习、"请进来"指导、同行业同类型企业相互学习，重点支持强优企业、科技小巨人企业等优势企业从生产制造向设计研发、物流仓储、营销管理等全流程智能化发展，鼓励中小企业加快数字化改造，提升基础制造能力，掀起"智改数转"热潮。聚合各类资源，强化政策支持。制

定出台市级支持制造业智能化改造和数字化转型扶持政策，利用好省级"智改数转"专项资金激励效应，不断提升企业"智改数转"意愿，有效降低企业"智改数转"成本。积极引导和鼓励各大银行金融支持力度，开展"智改数转贷"特色产品打造、贷款贴息、免费诊断等惠企服务。各县区要结合县域经济特色，提供针对性强、企业最急需的个性化服务，激发企业转型本能，放大政策撬动效应。聚力服务支撑，发挥平台作用。面向发达地区加快引进和培育一批智能化改造和数字化转型优秀服务商，强化平台载体赋能，提供先进转型经验，通过购买服务、诊断补助等方式帮助企业开展个性化诊断服务，制定个性化智改数转方案，全力推动企业转型。加快建设"一带一路"大数据产业园，充分发挥国际互联网专用通道、洋井石化二级节点等平台作用，强化工业大数据产品及服务供给，着力构建工业互联网标识解析体系，提升重点企业工业互联网平台普及率。

（本课题系全市应用研究资助项目青年项目课题研究成果；课题组负责人：张源，连云港市工信局二级主任科员；课题组成员：刘浩、徐志、安向锐、张东梅、李静）

浅析全球变局背景下我市产业链发展面临的问题和发展路径

席世战

产业链是各个产业部门之间基于一定的技术经济关联，并依据特定的逻辑关系和时空布局关系而客观形成的链条式关联关系形态，其实质是不同产业的企业间供给与需求的关系。打造重点产业链是推动区域间企业上下游链式协同发展，提高工业经济发展质量的有效途径，也是推动制造业良性生态体系建成的关键。

一、产业链发展形势

近年来，单边主义、保护主义等逆全球化势头对世界经济复苏带来更多不确定性因素，市场信心受挫，全球产业链供应链受阻，经济全球化进程受到严重干扰。当前，我国一些制造业产业链主要集中在下游的加工组装环节和中低端制造领域，在上游的关键材料、核心零部件、核心技术设备、主要软件等方面受制于人，核心技术层面多个领域存在"卡脖子"风险，我国制造业产业链供应链稳定性受到挑战，原有的劳动力竞争优势逐渐减弱，新的产业链竞争力尚未形成。全球产业链格局调整促使我国不断提高产业链供应链稳定性和竞争力，增强产业链自主可控能力、稳固提升产业链发展水平，已成为我国工业经济发展的重点任务。

二、我市产业链发展现状

（一）产业链培育基础良好

我市拥有独特的沿海地缘优势，"一带一路"倡议支点、长三角一体化、沿海大开发的战略和区位优势、便利的交通条件、广阔的腹地经济和市场需求空间，为全市产业链培育提供了便利条件和基本保障。国际分工格局的重塑，为我市在更高水平的东亚开放合作提供了重要条件；长三角一体化进程的加快，为我市全面接轨上海、积极融入长三角世界级城市群、推动产业链深度合作提供了重要机遇；向海发展战略和美丽江苏建设，为突出海洋经济特色、放大海河联动优势提供了战略支撑。我市一直以来坚持"工业立市、产业强市"发展战略，工业发展基础较为坚实。目前，我市已初步形成了以生物医药、石化、新材料、钢铁、装备制造等为代表的重点产业链，培育了一批在国际市场具有一定竞争力的企业和产品，在利用国际国内"两个市场、两种资源"方面已经打下良好基础。

（二）产业链发展体系初步形成

我市产业基础较为牢固，产业规模不断扩大，生物医药、新材料、石化等产业竞争力位居全国前列，冶金、装备制造等产业发展势头良好，形成了石化、生物医药、高性能纤维及复合材料、钢铁合金、新能源、化工新材料、高端装备、硅材料、绿色食品、信息产业等10条重点产业链。2020年我市工业应税销售收入迈上新台阶，突破3000亿元，应税销售超百亿企业达7家，强优企业应税销售同比增长8%，科技小巨人企业应税销售同比大幅增长35.4%，全年工业增加值同比增长4.5%，工业用电增幅始终保持全省前列。

（三）重点产业链发展势头强劲

生物医药、新材料、石化及装备制造等行业是我市重点发展的主导产业，在关键领域有一定影响力，重点企业发展持续向好，部分企业在行业内处于技术领先地位，不断推进我市经济高质量发展进程，2020年，我市主导产业实现销售收入2486亿元，占全市工业应税销售收入的81.7%。生物医药产业形成了化学药品原料药、化学药品制剂、中成药、生物药、卫生材料和医药用品、医疗器械、药用包装材料、中药饮片加工等八大产品群，医药创新能力全国领先，涌现出了一批领军企业，实现了从领跑全国到参与全球竞争的飞跃式发展。新材料产业基本形成了高性能纤维及复合材料、新型无机非金属材料、化工新材料等"三大产业体系"，中复神鹰碳纤维获得国家科技进步奖一等奖。石化产业基础进一步夯实，徐圩新区获批成为国家七大石化产业基地之一，以石油炼化为基础，多元化原料加工为补充的石化产业链快速布局，化工新材料和专用化学品等产业项目统筹规划，以盛虹炼化一体化为龙头的世界级石化产业基地正在加速形成，石化产业将成为全市最具发展潜力的主导产业。装备制造产业已形成了风电装备、工程机械、纺织机械、电力设备、汽车零部件、紧固件及标准件制造等一批特色产业基地。与此同时，我市紧抓发展机遇，不断培育大数据+、车联网、集成电路、工业软件、5G 等新兴产业发展。

三、我市产业链发展面临的问题

（一）产业链条较短，产业发展协同性不强

我市产业链发展存在链条较短、产业关联度不高等问题，如高性能纤维及复合材料产业链中的纤维制造生产企业规模普遍较小，产业链条还未完全形成，多数上下游企业关联度不高，材料应用和后续加工少，产品附加值较低，也并未形成产业配套，产业链整合度和资源匹配度不高，产业链上下游联动发展后劲不足。石化产业存在产业结构和产品结构不够丰富等问题，核心产业链远未形成，存在一些链上断点，上下游一体化程度不够高，下游产业链相对薄弱，缺少直接面向终端用户的高附加值产品。生物医药产业虽已具规模，且在业内有一定影响力，但是仍然存在企业间配套协作不紧密等问题，产业链上下游协同性稍显欠缺。

（二）产业布局分散，产业集聚发展程度低

多数产业链暂未形成产业集群集聚发展态势，如化学纤维产业链上游相关企业主要位于徐圩新区石化产业基地，中游和下游相关企业主要位于市经济技术开发区，整体产业布局上缺乏统筹规划，也并未规划建设纤维材料或新材料产业园区，在产业发展规划、产业管理及扶持政策出台上缺乏推进力度。产业布局不完整也导致了我市产业链发展的基础配套能力不足，如我市装备制造产业的区域协作配套体系不健全，专业铸造、热处理、表面处理等直接影响装备产品质量的工艺协作服务能力不足，装备产品本地配套率不高。

（三）企业间互动不足，产业链生态尚未形成

我市产业链要素间融合不足，关键环节的协调性欠缺，良好的产业链生态体系暂未形成。一方面，产业链条比较松散。企业普遍存在单打独斗现象，在主要产品、核心技术等方面的关联性欠缺；相互间专业化分工协作不够密切；全力聚焦提升核心能力、瞄准全球产业链发展趋势和科技创新动态的意识不强。另一方面，产业发展环境有待改善。部分产业尚未建成行之有效的产学研一体化联盟、产业技术孵化基地等发展载体，基础研究、技术应用、产业转化的科技创新链条尚未畅通，有利于产业链、供应链、创新链三链融合发展的产业发展体系和环境尚未构建。资本、人才、科技等关键要素在区域内动态循环不足，导致一些产业的核心控制能力较弱，产品附加值较低，还需在创新技术、做优品牌和拓宽市场上持续发力。

四、我市产业链发展路径

(一) 优化产业链顶层设计,打造产业协同发展新格局

1. 建立健全工作机制。实施市领导挂钩联系 10 条重点产业链工作机制,每位市领导聚焦 1 条重点产业链,完善产业链顶层设计。建立"八个一"工作机制,即明确一个产业链"十四五"发展规划,制定一批产业链发展扶持政策,梳理一批产业链链主、骨干企业和重点项目,培育一批产业链发展创新平台,确定一批产业链专业化智库专家,提出一批产业链招商目录和方向,建立一张产业链关键核心技术攻关动态表,建设一批产业链发展园区载体。

2. 完善产业规划布局。以产业发展园区为载体,进一步完善产业链整体规划,提升产业链集聚化、网络化、协同化发展,加快形成国内外领先的制造业产业集群。市开发区、高新区充分发挥国家级园区的综合优势,突出发展生物医药、高端装备制造、新材料、新一代信息技术等特色产业,打造新兴高端产业示范区和具有国际竞争力的高水平园区;徐圩新区等临港开发区依托区域资源优势,重点发展石化、临港装备、冶金、进口资源加工、海洋渔业及加工等产业,建设世界级石化产业基地和以海洋经济为主的特色产业园区;东海县依托省级东海高新技术产业开发区新型无机非金属材料基地,重点打造硅材料产业链;其他园区重点发展都市型工业和现代服务业,向主导产业明确、产业链条完备、综合配套完备的方向发展,带动区域经济结构优化升级。在确定产业链发展整体规划布局的基础上,进一步梳理出台我市重点发展的优势产业扶持政策,在上下游协同、区域融合发展、市场拓展、技术创新、产业人才等方面提供有力支持。

3. 融入区域一体化发展。紧抓长三角一体化等国家区域协调发展战略的实施契机,牢固树立"一体化"发展思维,构建"一盘棋"的发展格局,鼓励我市龙头企业积极加入长三角生物医药、集成电路、人工智能和新能源汽车四大产业链联盟,促进重点产业链加快融入长三角区域一体化发展。发挥联盟成员优势,借助联盟中集聚的资本、技术、人才等各类要素资源,推进我市各产业链与长三角区域产业链间的功能整合,提高企业在技术、资本和市场的互通频率,结合我市重点产业链发展特点,选择适合长远发展的要素保障,打造核心要素流动、产业链融合畅通的区域协同发展局面。发挥我市独特的区位优势,利用生物医药、临港产业等主导产业优势,积极承接上海、苏南等发达地区石化等产业转移项目,依托原料药基地,为长三角地区医药产业提供基础支撑,对接科技创新资源,促进产业结构优化升级,形成交通互联、产业互补、要素互融、成果共享的协作关系。

(二)聚焦产业链瓶颈困难,构建产业畅通发展新路径

1. 坚持需求导向发展。结合现有产业基础,依托我市10条重点产业链上的链主企业,以链上骨干企业的发展需求、核心配套企业的投资需求为导向,不断拓展产业链上下游,建立年度重点项目库、季度重点招引名录、月度重点工作推进表,形成强链专班工作推进简报,精准施策,支持重点企业加大品牌培育、新品开发、技术改造和转型升级,通过搭建产业推介、企业沙龙、专业论坛等平台为产业链上下游、产业供需双方提供需求表达等沟通交流渠道。

2. 聚焦产业强链补链。以医药大会、新材料论坛、连博会等活动为载体,围绕我市重点产业链实施产业链精准招商,梳理上下游脉络,明确产业链发展图谱,坚持建强、补齐产业链,做好链条稳固和延伸,着力引进一批产业链缺失环节企业、战略性新兴产业项目,吸引上下游、产供销、大中小企业靠拢,推进产业集聚发展。推进我市生物医药、高端医疗器械等主导产业"补链",集成电路、新型显示、工业软件等信息产业加快"建链",推进高端装备等产业"强链"。

3. 立足产业梯队培育。构建畅通发展的产业链体系离不开持续不断的企业培育,以企业发展需求和问题为指挥棒,围绕"顶天立地"的领航型大企业和"铺天盖地"的配套型中小企业,坚持培育生生不息的企业梯队。坚持分类指导,构建完整的企业培育体系,鼓励强优企业围绕产业链关键环节和核心技术,通过兼并重组等方式加快形成一批本土领军型企业,引导"链主型企业"发起组建细分行业产业联盟,组织推动上下游企业间扩大合作、协同提升。鼓励大企业利用工业互联网、云计算、大数据等,将配套中小企业纳入创新链、信息链、服务链,搭建创新协同、产能共享、供应链互通的创新生态。

(三)加大产业链创新投入,增添产业高质发展新动能

1. 完善产业创新体系。鼓励企业持续加大研发创新投入,以产业链科技攻关为产业发展赋能,通过建立产学研一体化联盟、产业技术孵化基地等,构建并畅通我市重点产业链基础研究、技术应用、产业转化的科技创新平台,推动创新成果涌现、产业化应用;着力打造制造业创新中心,依托省原创化学药创新中心打造国家医药高端制剂与绿色制剂创新中心,充分发挥科技创新平台作用,打造石化、新材料、高端装备等重点产业创新平台,推进共性技术平台建立,高效集聚专业技术力量和产业创新资源,以平台为依托完善创新体系建设,

促进创新成果工程化和产业化。

2. 加快数字化转型。夯实数字经济发展基础，加快推进市开发区算力中心建设，全面提升数据获取和分析应用能力。以我市车联网测试示范项目建设为抓手，开展物联网技术研发和应用示范，形成产业带动，推进产业集聚发展。加快人工智能、5G等新一代信息技术在制造业的创新应用，提升制造业数字化控制和管理水平。加强数字技术应用，促进数字赋能产业发展，支持企业加大软件、检测、智能化集成、研发外包服务等投入，加快农机装备制造、医药制造、农产品加工等制造领域装备数字化、智能化转型。

3. 提升绿色发展水平。按照"碳达峰，碳中和"3060目标要求，强化能耗、水耗、环保、安全和技术等标准约束，优化产业结构和能源结构，推动重点产业链低碳绿色发展。推进绿色制造体系建设，加大对能效提升、智慧能源管理、资源综合利用、数据中心绿色化改造等项目的扶持力度，完善环保基础设施建设。推进传统产业绿色改造和节能减排，引导企业提升装备技术水平，积极创建生态工业示范园区。

4. 打造特色企业家队伍。高素质企业家是推动新旧动能转换和高质量发展的宝贵资源，建设新时代中国特色企业家队伍是推进我市产业链高质量发展的有效手段。一方面，深入挖掘企业家价值，将产业转型与企业家转型相融合，激发企业家创新创业热情，构建政企交流、企业家交流平台，探讨产业发展思路举措；另一方面，大力支持企业家担当作为，营造关爱企业家的浓厚氛围，增强主动服务意识，把政策和服务精准推送到企业，实打实帮助企业解决问题，解开企业家心结，推进特色企业家队伍建设，助推重点产业链发展。

（作者简介：席世战，连云港市工信局副局长、党组成员、二级调研员）

东海水晶产业链发展调研报告

薛 剑

东海水晶起步于 20 世纪 80 年代，至今已有 40 多年，经过发展，水晶产业实现了从小到大、由弱到强的转变，已成为东海的地标产业、富民产业，形成拥有水晶从业人员 30 万人、年水晶交易额 300 亿元的产业规模。目前，东海已初步形成较为完备的水晶产业链，其中产业链包括原石进口、生产加工、人才建设、市场销售等。

一、发展现状

一是产业平台高效赋能。打造了"一城一馆两园"高端产业平台，投资 32 亿元、建设 45 万平方米的全球最大水晶交易市场——东海水晶城，投资 3 亿元、建设 2.9 万平方米的全国唯一地质水晶博物馆，投资 6 亿元、建设占地 1000 亩的水晶文化创意产业园，投资 10 亿元、建设占地 1500 亩的中捷水晶产业合作园。目前，正在打造投资 130 亿元、规划面积 3.07 平方千米、建设用地 1.4 平方千米的东海水晶小镇，着力推动水晶产业规模化、国际化发展。

二是大力发展电子商务。抢抓电商经济增长点，打造占地 0.7 平方千米的东海直播电商产业园，配套 2000 平方米的水晶跨境电商交易中心、5 万平方米的水晶电商双创基地、4000 平方米的抖音直播基地（BIC 一体化中心）等板块。建成 4000 平方米的水晶跨境电商交易中心，形成"水晶+跨境直播"的发展模式。同时，建成运营 4.4 万平方米的水晶小镇保税仓库，实现货物总周转量 1000 余吨。

三是品牌亮点逐步凸显。坚持"以水晶为媒介，让世界了解东海；以水晶为桥梁，让东海走向世界"的理念，自 1991 年以来已连续举办十五届中国·东海国际水晶节。东海水晶节荣获长三角最具影响力会展节庆品牌、2018 中国最负盛名十大节庆、中国节庆品牌 100 强等荣誉。"东海水晶"荣获国家地理标志保护产品、国家证明商标，入选"江苏符号"。2016 年 9 月，东海被世界手工艺理事会授予"世界水晶之都"称号。2021年5月,"东海水晶雕刻"入选第五批国家级非物质文化遗产代表性项目名录。

四是人才建设持续发力。出台《东海县水晶产业人才培养工作方案》,单列2000万元用于水晶产业人才预算经费,张玉成、吴建敏、曹志涛等30余名国家级、省级工艺美术大师,在东海设立大师工作室、水晶名人工作室。连续举办三届水晶雕刻大赛,培育水晶创意雕刻人才1500余人。制定《水晶雕刻人才技能等级评定管理办法》,填补水晶雕刻行业人才评价标准空白。公派首批19名师生赴捷克开展为期一年的水晶制作工艺学习。目前,正积极申请筹建江苏省水晶工艺美术职业技术学院,为水晶产业高质量发展提供人才支撑。

五是市场管理措施有力。积极构建水晶线上诚信体系,在全县水晶电商企业和商户中,推行实施水晶电商"五统一、两规范"要求,以此保障水晶线上市场健康发展。开展水晶标准化建设工作,"白水晶手链""白水晶牌""白水晶球"三项团体标准已通过江苏省标准化协会批准,在全国团体标准信息平台上发布。下一步将推出更多的水晶产品类标准,助推水晶行业批量化、标准化生产,提高东海水晶在珠宝行业中的话语权。

二、存在的问题

(一)原石进口方面

1. 基本情况。截至2022年10月,东海从事进口水晶原石的企业、个体户1200余家,从业人员近1.5万人。主要分布在巴西、马达加斯加、乌拉圭等10多个国家水晶产地,从事水晶原石贸易,年进口水晶原石总量约1000个标准集装箱,超2.5万吨,年进口原石价值超30亿元。

2. 存在问题。一是进口水晶原石税率偏高。如果从国外进口价格100万元的水晶原料,通过连云港海关进入东海需缴纳40%的关税(含17%的增值税及其他税收),致使进口水晶原料的实际价格为140万元,对于资金不雄厚的企业来说,压力较大。二是进口水晶原石不规范。目前水晶原石的采购模式,基本上是通过一些非正规渠道实现进口和发货,整个过程充满风险。三是进口水晶企业难以做大做强。水晶原石采购、进口和交易等产业源头上的不规范不公开,造成企业缺乏进项税,导致后端抵扣;并且在后续的设计、生产、销售等环节,企业的财务难以规范化;同时企业获得金融支持的难度较大,从而导致企业很难做大做强。

(二)生产加工方面

1. 基本情况。据统计,2021年全县水晶生产加工类企业3000余家,年生产水晶产品总量 5000 万件，产品包括水晶球、手链、项链、牌子等等。

2. 存在问题。一是加工企业规模普遍较小。我县水晶生产加工企业仍以家庭作坊为主，管理粗放、盈利能力弱，难以形成规模化、批量化生产，且加工层次低，产品附加值不高。可以说，水晶生产加工仍处于发展起步阶段。二是加工企业处于缩减状态。受国内电商经济的冲击，一半以上的水晶生产加工企业看到从事电商来的钱比较快，纷纷效仿转型做电商，导致生产加工企业占比越来越少，不愿意在长周期的研发上投入更多的资金，这就造成了产品创新能力弱、同质化严重、恶意竞争的现象。三是缺少龙头型水晶品牌企业。我县水晶企业"小而散"的局面长期存在，整体水平较低，限制了企业规模化发展，水晶企业重资金但融资困难，这些因素导致水晶产业升级和扩张困难重重，从而在短期内难以培育出类似"施华洛世奇""周大福"这样的国内外大品牌。

（三）人才建设方面

1. 基本情况。目前，全县有国家级大师 4 人，省级工艺美术师、美术名人 34 人，高级工艺美术师 7 人、工艺美术师 28 人，助理工艺美术师及技术员达 6000 人。

2. 存在问题。一是水晶高层次人才稀缺。从我县现有的人才数量看，工艺美术大师、水晶创意设计、市场营销管理等各类高层次人才数量还是很少，与整个水晶产业规模不相匹配。二是本土大师和雕刻技能人才匮乏。当前，我县大师更多的是引进外省的大师，称得上大师的本土人才还不足 5 人，而且除大师以外的本土水晶雕刻技能水平远不及福建、广东。三是人才培育平台较少。这些年，我县虽然搞了一些人才培训基地，举办了水晶雕刻大师"名师带高徒"、水晶雕刻大赛等活动，但人才培养的数量和质量，还是远远不及水晶产业发展的速度。四是水晶雕刻教材缺失。目前，水晶雕刻技艺的传承大多以口传面授形式展开，缺少系统的水晶雕刻理论实践教材。比如水晶阳雕、内雕工具的选择和使用、水晶牌制作工艺流程等等。

（四）市场销售方面

1. 基本情况。目前，我县已形成线上、线下水晶市场营销体系，据统计数据，2021 年水晶交易额 300 亿元，其中电商交易额 198 亿元，跨境电商交易额 30 亿元。

2. 存在问题。一是线上水晶销售不规范。近几年，电商行业发展迅猛，带动水晶行业销售总额的快速增长，诸如快手、抖音等火爆平台的崛起，以及电商从业者不断增多，导致水晶线上市场竞争越发激烈，一些售卖假水晶、虚夸水晶产品的商户依然存在,给东海水晶产业带来了不小的负面影响。二是缺少水晶产品标准化。由于专业的水晶分级评价标准缺失,天然水晶形态各异,水晶产品基本由商家自行定价,弹性空间较大,没有统一的标准去衡量产品价格,比如白水晶手链的等级如何划分,价格如何定,都应该有个标准。所以说,水晶产品类标准制定迫在眉睫。三是知识产权保护乏力。水晶企业、商户的知识产权保护意识普遍薄弱,比如一些水晶企业、商户原创的精巧产品在珠宝市场上受到追捧后,短期内被广泛模仿,由于没有版权保护,造成一定的经济损失,打击了企业研发的积极性,不利于品牌的培育。四是线下实体销售下滑严重。目前,我县水晶实体销售额仅占34%,而电商占到了66%,可见电商带给实体店铺的冲击。纵观国外首饰品牌施华洛世奇、潘多拉,还有国内品牌通灵、老凤祥,线上销售只是作为宣传和引流,且仅占总销售额的十分之一左右。水晶产业想要有新的突破,终归还是要培育出可连锁加盟的线下实体品牌店,让顾客在真实体验中感受到水晶的美好。

三、推动水晶产业链升级的对策建议

水晶原石进口、生产加工、人才建设、市场销售等产业链环节,始终关乎着东海水晶产业高质量发展、行业企业做大做强。下面,就如何解决以上存在的问题,结合产业实际,提出以下意见:

(一)采取多种措施,解决原石进口问题

一是协调海关降低税收。水晶原石在矿产资源中,处于普通矿石和珠宝玉石之间,从国内珠宝市场需求来看,在进口总量、销售价格、实用价值上,水晶工艺品与其他珠宝玉石类相比,各项等级相去甚远,建议协调南京海关降低税收,满足东海水晶市场需求,维护水晶产业长远发展。二是成立进口水晶原石公司。利用水晶小镇保税物流仓平台,与国内外在珠宝玉石原料进出口贸易上具有丰富实战经验的公司合作,联合注册成立具备进出口业务的水晶原石贸易公司,为整个水晶产业进出口贸易提供服务,推动水晶产业快速发展。比如县水晶集团牵头成立了江苏新航线矿产资源有限公司,目的就是规范原石进出口流程。三是制定进口水晶原石补贴政策。从缓解进口水晶企业资金压力和水晶产业可持续发展考虑,建议制定进口水晶原石补贴政策,减轻原石进口上下游链条的实际成本,推动进口水晶企业做大做强。

(二)支持加工企业,厚植水晶发展根基

一是推进加工园区建设。尽快启动水晶加工产业园建设,对水晶生产加工

散户进行统一入园、集中管理，同时招引一批国内外技术先进的珠宝加工企业入驻，提升水晶加工技能水平，完善水晶加工产业链。二是出台扶持政策。水晶生产加工业是东海水晶产业快速发展的"命脉"，建议出台相应优惠政策，支持生产加工企业做大做强，比如对有研发投入的企业在税收上予以相应补贴。三是推行工业化生产。设立水晶加工企业技术改造资金，重点引导和鼓励企业启用自动化生产，推动水晶产业规模化、工业化发展。比如智能制造、3D打印、立体雕刻等先进技术在水晶珠宝行业中的应用和推广。四是塑造水晶产业品牌。以东海水晶城、水晶文化创意产业园为载体，争创全国版权示范园区、国家级文化产业示范园区等国字号荣誉；设立水晶企业争创品牌专项资金，用于支持县内有实力的水晶企业，争创国家级、省级品牌，提升水晶企业在珠宝市场的竞争力。

（三）加大人才建设，提供产业发展支撑

一是筹建高等院校。要利用东海中等专业学校、东海开放大学、东海教师进修学校等院校资源，加快推进江苏省水晶工艺美术职业技术学院建设，为东海水晶产业发展输送各类人才。二是提高从业者学历。进一步加强与苏州工艺美术职业技术学院、中国矿业大学、中宝协等现有资源的合作，在高校、机构总部联合举办珠宝检测、珠宝文化、市场营销等各类进修班，通过颁发结业证书，提高水晶从业者的专业素质水平。三是广培水晶雕刻人才。利用好东海水晶工艺大师工作室联盟，开设本土大师培训班，每年培育出一批本土水晶雕刻技能高手，同时可以设立本土大师培育专项资金，凡是能够带领本土雕刻人才在全国珠宝类赛事活动中获奖的大师和参赛选手，可以给予奖励。高水平编写系统性的水晶雕刻教材，服务东海水晶雕刻人才。四是开展高规格赛事。利用水晶行业协会资源，加强与轻工业联合会对接联系，将天然水晶雕刻列入中国首饰玉器"百花奖"单项奖（国家一级赛事），提高东海水晶办赛规格和水晶雕刻人才创作水平。选拔水晶雕刻优秀人才，参加全国工业设计职业技能大赛。

（四）加强市场管理，扩大实体营销空间

一是打造水晶电商园区。加快建设总投资10亿元、占地面积74亩、建筑面积10万平方米的东海水晶电商直播产业园，整合县内水晶电商资源，推进水晶电商企业规范发展，培育孵化电商规上企业。二是规范网络平台行为。在全县水晶电商行业中，全面推行"五统一、两规范"机制，即统一培训、统一持证上岗、统一检测、统一包装、统一运输，规范跨境网络专线、规范跨境结算渠道，以此维护线上水晶市场经营秩序。三是推进水晶标准建设。利用江苏省水晶标准化技术委员会资源优势，成立水晶标准化建设工作班组，有计划编制并推出一批水晶产品标准，比如白水晶球、白水晶牌、白水晶手链三项团体标准已正式对外发布。只有通过产品等级划分和价格认定，才能规范水晶市场营销行为。四是做好知识产权工作。优化升级东海水晶城知识产权工作站功能，设立著作权（版权）、专利、商标申报服务点和法律咨询点，及时为水晶企业、商户提供知识产权服务；县知识产权局在县内各大水晶专业市场，定期举办知识产权宣传活动，开展专项整治活动，提高水晶行业知识产权保护意识和能力。五是用好"东海水晶"商标。集中力量打造"诚信水晶"线上线下营销综合大平台，通过设置商家产品准入、使用"东海水晶"商标，提升东海水晶市场价值；利用"东海水晶"商标，在重点旅游景区开设水晶文创旅游产品体验店，在北京、上海等大城市主流商场打造东海水晶品牌加盟店，推广销售东海水晶。

（薛剑，东海县政府副县长）

03

| 海洋强市篇 |

连云港市加快构建"一带一路"东方大港的思考及建议

古龙高

连云港市第十三次党代会提出"构建'一带一路'东方大港",并明确提出到"十四五"末,实现年吞吐量3.5亿吨、集装箱运量千万标箱,加快迈向亚欧重要国际交通枢纽和长三角港口群北翼强港的发展目标。

本研究从国家战略视域对东方大港建设进行梳理,对连云港市如何加快构建"一带一路"东方大港提出对策建议。本文所谓国家战略视域,主要指近三年来涉及连云港港口建设发展的国家级文件,主要有2021年中共中央 国务院《国家综合立体交通网规划纲要》、国务院《"十四五"现代综合交通运输体系发展规划》、2021年国务院《江苏沿海地区发展规划(2021—2025年)》、2019年《中国(江苏)自由贸易试验区总体方案》。

一、东方大港的理论考量

(一) 东方大港的演绎过程

1. 东方大港的提出、建设与发展

东方大港的提出。东方大港这个概念是孙中山先生1919年在其主持制定的《建国方略》中首次提出。中山先生在《建国方略》之《实业计划》中指出:"海州位于中国中部平原东陲,此平原者,世界中最广大肥沃之地区之一也。海州以为海港,则刚在北方大港与东方大港二大世界港之间,今已定为东西横贯中国中部大干线陇海铁路之终点。海州又有内地水运交通之便利,如使改良大运河其他水路系统已毕,则将北通黄河流域,南通两江流域,中通扬子江流域。海州之通海深水路,可称较善。在沿江北境二百五十英里海岸之中,只此一点,可以容航洋巨舶逼近岸边数英里而已。"港虽未建,中山先生已将其与陇海铁路相联系,并赋予其战略地位。正因为如此,此处港口必将是"东方大港"。

近代港口建设。连云港东方大港 1933 年开工、1936 年竣工，自 1919 年提出至竣工，经过了 17 年的时间，在此之前，连云港的出海口位于临洪河口的大浦，连云港港的建设使连云港的港口实现了从一个河口港到海湾港的战略转移。但东方大港生不逢时，1937 年 7 月 7 日起日本军国主义侵华，给中华民族带来了空前的灾难，连云港港口码头被炸毁，船舶被沉，港口被封，变成一片废墟，1939 年恢复营运，1941 年吞吐量达到 140 万吨。1948 年 11 月连云港市解放，连云港港获得了新生，1959 年 10 月成立连云港港务局，连云港港成为一个具有独立主体地位的沿海大港。

当代港口发展。1973 年，周恩来总理发出"三年改变港口面貌"的号召，这是中国港口发展史上的转折点，也是连云港港口建设的里程碑，连云港因优越的地理位置和广袤的经济腹地，被国家列为重点建设项目之一，连云港掀起新中国成立以来最大的建港高潮。1974 年 12 月 19 日，万吨级煤炭泊位建成，标志着连云港跳出了 20 世纪 30 年代开辟的老港区，揭开了全面建设南岸港区的新篇章。改革开放以来，连云港港口发展经历了四个重要阶段，实现快速崛起。第一阶段：1978—1983 年，港口开始大规模基础建设阶段。在此期间，港口完成投资 3.36 亿元，是前 25 年总和的 1.91 倍，同期连云港市基本建设投资为 7.24 亿元，港口投资占连云港市基本建设投资的 46.6%，这个阶段为连云港的大发展奠定了基础。第二阶段：1984—1994 年，港口生产、建设稳定发展阶段。1984 年 4 月中共中央、国务院确定开放包括连云港在内的 14 个沿海港口城市，连云港港口生产建设开始了新的一页。港口建设方面，老港区三突堤码头东侧北端万吨级杂货泊位简易投产、老港区新建的三突堤 5 个深水杂货泊位的码头工程竣工验收、庙岭新港区二期建设工程中的 2 个专用深水木材泊位简易投产、1992 年建成年吞吐能力 24 万标箱的第二代集装箱码头。航线航道方面，1988 年 7 月、1989 年 4 月，相继开通日本神户港的第一条集装箱航线，至日本名古屋的集装箱班轮航线。1988 年连云港吞吐量首次突破 1000 万吨大关，1994 年达 1588.8 万吨。第三阶段：1995—2000 年，是连云港港偿还日元贷款进入还贷高峰期，是港口在困难中奋进的重要时期。第四阶段：2001 年至今，连云港港口进入科学规划、跨越发展阶段。目前，"一体两翼"组合大港框架已经拉开，"一港四区"格局形成。

2. 东方大港的发展定位

从发展过程看，连云港港口发展已经实现三大历史性转变：

一是在港口功能上，从服务中西部腹地的区域战略到多层面的国家战略转变。正如温家宝同志所说："连云港港处在中国东部沿海中部，是中国沟通南北、横贯东西的枢纽港。连云港南连长三角,北接渤海湾,隔海东临东北亚,又通过陇海铁路西连中西部地区以至中亚,是连接东西南北的纽带,在中国区域经济协调发展中具有重要战略地位。连云港港,小而言之是带动苏北发展的龙头;大而言之可以带动全省的发展;再大一点,在全国区域范围可以带动经济协调发展。"

二是在港口性质上,由国内港向国际性海港转变。新亚欧大陆桥的开通和"一带一路"倡议的提出,使连云港成为国家确定的"新亚欧大陆桥东方桥头堡、'一带一路'重要支点"。习近平在2009年视察连云港时提出:"孙悟空的故事,如果说有现实版的写照,应该就是我们连云港在新的世纪后发先至,构建新亚欧大陆桥,完成我们新时代的'西游记'。"我们要"将连云港—霍尔果斯串联起的新亚欧陆海联运通道打造为'一带一路'合作倡议的标杆和示范项目"。

三是实现从国际性海港向国际性枢纽海港的转变,这是中共中央 国务院2021年在《国家综合立体交通网规划纲要》中基于国家整体战略层面对连云港港的发展做的定位,在全国27个主要沿海港口中,连云港被确定为全国11个国际性综合交通枢纽海港(即国际枢纽港)之一。确定"东方大港"的定位,强化国际性,认清楚自己所处的位置,明白自己的发展方向,彰显开放优势,提升枢纽功能,形成"一带一路"高端资源要素配置高地,对于加快东方大港建设意义重大。

(二)东方大港与"一带一路"倡议

1. 东方大港与大陆桥紧密相连

如前所述,东方大港从构想之日起,就与大陆桥紧密相连,因为这两个概念都源于孙中山先生的《建国方略》。在《建国方略》中,一方面,中山先生将海州港与陇海铁路相联系:"海州以为海港,则刚在北方大港与东方大港二大世界港之间,今已定为东西横贯中国中部大干线陇海铁路之终点。"另一方面,在提出建设连云港(海州)东方大港的同时又提出陇海铁路西进新疆,并在塔里木盆地周围规划西部铁路,陇海铁路连接西北铁路,在塔城西出俄国,联通欧洲的国际铁路设想。陇海铁路西进,就是今天举世闻名的"新亚欧大陆桥"的雏形。中山先生认为"此不仅有利于中国,且有利世界商业无穷也"。

2. 东方桥头堡和"一带一路"重要支点的特殊地位决定东方大港的定性

在专业语境上,我们现在提倡的建设"东方大港"即建设"国际枢纽海港"。连云港港之所以能在全国沿海港口的激烈竞争中被确定为国际枢纽港,不是因为现在建的比别的港好，而是由大陆桥东方桥头堡和"一带一路"重要支点的特殊地位决定的：在"由主轴、走廊、通道组成的国家综合立体交通网主骨架"中，构建7条走廊，大陆桥经济走廊位列其中；在全国"陆海内外联动、东西双向互济"的开放格局中，重点打造7条陆路国际运输通道，新亚欧大陆桥被列为首位通道。连云港是上述大陆桥走廊、新亚欧大陆桥国际运输通道的东方桥头堡。另外，在国家《推动共建丝绸之路经济带和21世纪海上丝绸之路的愿景与行动》中，丝绸之路经济带确定的重点是"畅通中国经中亚、俄罗斯至欧洲（波罗的海）；中国经中亚、西亚至波斯湾、地中海；中国至东南亚、南亚、印度洋"。上述通道中，"中国经中亚、俄罗斯至欧洲（波罗的海）；中国经中亚、西亚至波斯湾、地中海"通道就是陆桥通道的中线通道和南线通道，在运行线路上与新亚欧大陆桥陆上运输线路高度重合。

以新亚欧大陆桥为依托的海陆通道，也是传统的海陆丝绸之路。连云港东方大港与新亚欧大陆桥、"一带一路"的关系，是"新亚欧大陆桥东方桥头堡、'一带一路'重要支点"。连云港参与"一带一路"建设的重要任务，应该是"依托新亚欧大陆桥东方桥头堡""加快建设'一带一路'重要支点"。

3. 加快东方大港建设的意义

加快构建"东方大港"的战略意义对于全局而言，是服务"一带一路"倡议的需要。国家明确提出将连云港建设成"亚欧重要国际交通枢纽、集聚优质要素的开放门户、'一带一路'共建国家（地区）交流合作平台"，习近平总书记还特别提出"将连云港—霍尔果斯串联起的新亚欧陆海联运通道打造为'一带一路'合作倡议的标杆和示范项目"。上述定位与要求都聚焦一个核心载体：港口。东方大港的建设事关"一带一路"交汇点建设大局，对"加快建设我国承南启北、沟通东西通道枢纽，将进一步加强我国与欧洲、中亚、东亚国家之间的联系，扩大东西双向开放"具有重要意义。

加快构建"东方大港"的战略意义对于江苏而言，是优化江苏港口空间布局的需要。正因为新亚欧大陆桥是一条"江苏沿海地区沟通内陆腹地、面向欧亚的铁路通道"，所以在江苏沿海港口群中，存在"国际枢纽港、国家沿海主要港口、区域性重要港口"三个不同层级的定位区分，据此优化江苏港口空间布局，无论对于实施"个性特色、错位发展"战略，形成结构合理、分工协作的"港口链"，还是加快连云港国际枢纽港建设，都具有重要意义。

加快构建"东方大港"的战略意义对于连云港而言，是加快连云港强支点建设的需要。连云港港具有"南连长三角，北接渤海湾，隔海东临东北亚，又通过陇海铁路西连中西部地区以至中亚"的特殊区位，是陇海兰新沿线中西部地区最便捷出海通道、连接亚欧的新亚欧大陆桥东方桥头堡、连接海陆丝绸之路的战略支点，又被确定为全国 11 个国际枢纽海港之一，而国际枢纽港建设对于自身发展有重要作用，一方面通过大力建设发展可以停泊超大型船舶的港口设施，为港口成为区域性枢纽港乃至世界性枢纽港提供良好的平台；另一方面，在枢纽港发展的同时，带动城市相关行业发展，最终促进整个区域的繁荣。因此，要以国际枢纽港建设的率先突破，引领连云港在更高层级上的开发开放。

（三）东方大港建设现状分析

1. 发展优势

经过近 80 年的发展积淀，连云港港口已经建成包括集装箱、铁矿石、氧化铝、散化肥、粮食、煤炭、液体化工等专业化泊位在内的万吨级以上泊位 71 个，设计能力 1.6 亿吨；拥有国际国内航线 73 条，海河联运航线达 13 条，成为"海洋联盟"国内八大干线港之一，20 万吨级集装箱码头、30 万吨级航道、40 万吨级码头使连云港港已跻身世界深水大港行列。

第一，连云港港在基础设施建设、集疏运体系建设等方面已经具备建立国际航运中心的基础条件。在基础设施方面。"一体两翼"组合大港框架已经拉开，"一港四区"格局形成。港口建成包括集装箱、汽车滚装船码头、邮轮码头、LNG 码头、大型矿石码头及氧化铝、散化肥、粮食、煤炭、液体化工等专业化泊位在内的万吨级以上泊位 71 个，设计能力 1.6 亿吨，成为"海洋联盟"国内八大干线港之一，20 万吨级集装箱码头、30 万吨级航道、40 万吨级码头使连云港港已跻身世界深水大港行列。在集疏运条件方面。建立独具特色的陆桥集装箱铁水联运体系，实现陇海铁路直达港区；形成以 G15、G25、G30 为主骨架的"两纵一横"公路布局；以疏港航道、盐河航道为主的干线航道网实现千吨级船舶直通京杭大运河，连宿航道前期工作加快推进，内河航线基本实现苏鲁豫皖内河港口全覆盖；花果山国际机场主体完成；东海通用机场前期工作加快推进。在口岸软件系统和物流体系建设方面。在江苏率先施行"信息互换、监管互认、执法互助"和关检"一次申报、一次查验、一次放行"的便利化改革，新亚欧大陆桥检验检疫合作机制和"直通放行"模式走在全国前列，船舶"单一窗口"建设国内领先；实现了全国通关一体化；搭建陆海联运数据交换通道，建立独具特色的陆桥集装箱铁水联运体系；在大陆桥沿线节点城市合作建设物流场站；搭建起以中哈物流基地、上合物流园、霍尔果斯东门无水港为重要节点的物流链式发展格局。

2. 发展劣势

毋庸置疑，对标东方大港建设，连云港港口建设仍然存在短板和问题：

一是基础设施能力仍需提升。大型化、专业化基础设施短板较为突出，支撑国际枢纽港发展的能力不足。二是东西双向开放服务后劲不足。集装箱航线增长乏力；国际班列开行数量增长缓慢。三是智慧港口建设相对滞后。码头操作信息系统需要进一步完善；码头设施设备自动化程度需要进一步提升；集装箱智能理货系统距全面推广有较大差距。港口经营管理智能化水平不足，信息沟通及服务效率仍需提高；综合物流信息系统功能不够完善，全程物流信息服务功能欠缺；大宗商品交易中心功能平台的支撑作用未能体现。四是物流与航运服务发展层次不高，航运业发展滞后。物流服务功能不完善，上合物流园与港口联动发展水平不高，港口通过上合物流园开展多式联运、仓储堆存、保税加工等物流业务的货量较少；增值物流服务功能有待拓展，尚未形成高效的区域供应链一体化服务体系。航运服务功能仍需拓展，船货代理、船舶供应、维修、保养等航运基础服务业比较薄弱，港口信息服务、金融保险、航运交易等高端服务大部分尚未起步。总体上看，航运业发展滞后是连云港港发展的一大短板，也是东方大港建设中的最大瓶颈。

(四) 发展要求

鉴于连云港的特殊区位，国家战略对东方大港服务"一带一路"提出了具体诉求，重点是要强化功能建设，具体要求为建设"亚欧重要国际交通枢纽、集聚优质要素的开放门户、'一带一路'共建国家（地区）交流合作平台"。用最简洁的语言表述，可以归结为三个关键词：枢纽、门户、平台。

1. 枢纽功能：建设"陆海通道战略枢纽"

连云港港枢纽功能包括两层含义：

一是综合交通枢纽。国家层面提出要建设"陆海通道战略枢纽"，陆海通道枢纽建设这个命题几乎涉及所有海港，与其他港口不同，连云港港连接的陆上通道——新亚欧大陆桥，是一条我国承南启北、沟通东西的通道，一条连接亚欧的洲际通道，即"亚欧重要国际交通枢纽"。国家要求"完善沿东陇海线陆海大通道，增强向西贯通和辐射带动功能"。而加快建设我国这条承南启北、沟通东西通道枢纽，"将进一步加强我国与欧洲、中亚、东亚国家之间的沟通联系，扩大东西双向开放"。在长江三角洲，国家规划了七个国家级综合运输枢纽，连云港位列其中（其他为：上海、南京、杭州、宁波、温州、徐州），这是辐射国内、沟通国际的内外贸货物运输和国际、省际人员流动的集散中枢，是提高长江三角洲国际竞争能力、参与经济全球化的重要基础设施，在长江中上游省区对外开放中发挥重要的支撑和带动作用。在江苏，省委省政府在《交通强国江苏方案》中提出："着力打造无锡、连云港、徐州全国性综合交通枢纽。"强化综合交通枢纽功能对连云港国际枢纽港建设意义重大。

二是国际物流枢纽。在国家物流枢纽布局和建设规划中，连云港被确定为"港口型国家物流枢纽承载城市"。这是"十四五"首批国家物流枢纽建设名单，也是2021年度江苏省唯一入选的城市。《江苏沿海地区发展规划（2021—2025年）》中特别提出"支持连云港建设国家物流枢纽"。目前规划布局港口核心区、保税物流区、多式联运区、公路物流区、供应链物流区、智慧商务区"六大功能区"的国际物流枢纽正在有条不紊推进，届时，连云港将建设成货物集散、存储、分拨、转运等多种功能的物流活动组织中心，形成"一带一路"沿线重点国家和地区全覆盖的国际物流体系。

2. 门户功能：集聚优质要素的开放门户

国家明确提出将连云港"打造服务中西部地区对外开放的重要门户""建成服务中西部地区对外开放的重要门户"。门户功能是交通枢纽功能的必然延伸，"提升国际性综合交通枢纽的全球联通水平和资源要素配置能力，增强部分枢纽国际门户功能"。

国家对作为东方桥头堡和"一带一路"重要支点的连云港如何强化门户功能的途径提出具体要求：一是"加强与陇海沿线地区的协同""深化与中西部地区联动协作，加强与'一带一路'共建国家交流合作，打造我国中西部地区便捷出海通道"。二是"提升连云港港口能级"，为此，国家战略在航道、码头、集疏运体系方面已经做了规划布局，其中，推进连云港连云矿石码头工程、徐圩原油码头工程、20万吨级及以上航道建设都列入国家《"十四五"现代综合交通运输体系发展规划》，《江苏沿海地区发展规划》对港口基础设施、集疏运体系建设的重大项目更是做了具体规划，按此布局，连云港将形成集装箱码头、散杂货码头、矿石码头、LNG码头、汽车滚装码头、邮轮码头等专业化码头"234"格局，进入世界一流大港行列。三是强化口岸功能。在《中国（江苏）自由贸易试验区总体方案》中提出支持自贸试验区的汽车整车进口口岸建设；支持依法依规建设首次进口药品和生物制品口岸；推动与旅游相关的邮轮、游艇等旅游运输工具出行的便利化。

3. 平台功能

连云港港平台功能包括三个层面：

一是口岸功能平台。实现两翼口岸正式开放，建成国际贸易"单一窗口"、集装箱多式联运示范工程、班列作业协同平台、港口大数据应用系统，扩充汽车进口、冷链物流等口岸资质，启用全港客户服务中心、财务共享中心、集中采购中心，推动航运中心、保险经纪人、大型船公司、邮轮公司落户港口，构筑起国际中转、国际配送、国际采购等国际贸易服务模式。

二是物流平台。核心是服务"一带一路"的中哈、上合园区。2018年省委办公厅省政府办公厅关于支持连云港加快"一带一路"倡议支点建设有关事项的复函：积极帮助争取将"上合组织（连云港）物流园"纳入上合组织合作框架，打造以连云港为中心的上合组织国家新亚欧陆海联运货物中转分拨基地。

三是交易平台。自贸区总体方案提出"建设大宗商品集散中心"要求，为此，应加快建设大宗商品集散中心及交易平台和现货交易所，重点建设油品、化工产品、粮食、煤炭、铁矿石等区域性大宗商品交易市场，设立铁矿石、铜矿砂、小麦等大宗商品集散中心及现货交易所和交易平台，开展现货交易，实现由运输集散中心到贸易中心的转型升级；建设保税燃料油交易中心，以保税燃料油供应为突破口，在扩大现货交易基础上，稳步推进期货交易，探索保税燃料油业务的海关监管等配套的政策创新；与上海期货交易所等合作，设立大宗商品期货保税交割库，开展期货保税交割和仓单质押融资等金融业务（优先发展铜矿期货交易），提高对大宗商品的定价能力。形成集大宗商品运输、仓储、贸易、金融等于一体的业务集群。争取扩大保税混矿范围。

二、东方大港建设的基本构架

连云港"东方大港"建设的目标，是对标其他国际枢纽海港，建设高层次的国际枢纽港。国际枢纽港建设涉及的要素很多，归纳起来主要有四方面：一是港口的基础设施和集疏运体系建设；二是港口的航线网络建设；三是港口的物流体系建设；四是港口的航运服务业、航运市场建设。据此对标连云港建设的现状，提出以下建设构架。

（一）继续加强基础设施建设，完善集疏运体系

港口建设取得突破，深水港、深水航道是建设国际航运中心必备的硬条件。由于现代航运业的发展的基本特点之一是船舶的大型化、集装箱化趋势，在这一趋势下，港口航道的水深条件成为其能否成为国际航运中心的具有决定意义的硬条件。提高集装箱运输和集装箱化水平成为世界主要港口竞争国际航运中心的主要手段，为此，建设深水港码头、开通深水通道，成为当今世界国际航运中心建设的重要内容。

1. 国家规划的重点项目

为了"以建设'一带一路'国际枢纽海港为重点""提升连云港港口能级",如前所述,国家规划了连云港港基础设施、集疏运体系建设的重点项目,具体见下表:

国家关于连云港港基础设施、集疏运体系建设重点项目一览表

类别	项目	文件依据
航道	继续推进连云港港30万吨级航道二期工程	江苏沿海地区发展规划（2021—2025年）
	加快推进连云港港徐圩港区30万吨级航道延伸段工程	
	加快推进赣榆港区15万吨级航道、赣榆港区10万吨级航道南延伸段工程	
	加快推进赣榆港区南防波堤工程	
	继续推进灌河港区5万吨级航道工程等项目建设	
码头	加快推进连云港港连云港区20万吨级集装箱码头、旗台作业区20万吨级矿石装船泊位、庙岭作业区29#和30#集装箱泊位15万吨级改造	
	推进连云港港40万吨级铁矿石泊位改扩建	
	推进赣榆港区LNG接收站工程建设	
交通集疏运设施	推进连云港港徐圩港区疏港铁路专用线建设	
	推进宿连航道、连申线等内河航道建设	
	建设沿海铁路网,打造江苏沿海地区沟通内陆腹地、面向欧亚的铁路通道	
	建设货运铁路	
	完善沿海公路交通网络,推进长深高速公路连云港至淮安段等瓶颈路段扩容	
	推进实施连云港站铁路枢纽市政配套提升工程	
	加快推进连云港机场迁建工程建设,基本通达东北亚、东南亚重点城市;加快开辟向西联通新亚欧大陆桥节点城市的空中通道	
物流设施	支持上海合作组织（连云港）国际物流园在遵守相关政策的前提下,建设国际大宗商品交易中心和资源配置平台,立足现货开展全款实货交易	
	支持连云港建设国家物流枢纽,加快海港、陆港与空港一体建设	
	建设连云港国际枢纽海港铁路集装箱中心站	

143

上述规划项目几乎包括了连云港自身对港口建设主要项目的诉求，我们现在的任务，是千方百计加快推进上述已经规划项目的落地和实施。

2. 省级层面规划的重点项目

在国家规划布局的基础上，省级层面对连云港东方大港建设在项目方面也做了具体布局，见下表：

省关于连云港港基础设施、集疏运体系建设重点项目一览表

类别		项目	文件依据
航道		新增徐宿连通道，将京杭运河—宿连航道—徐圩港区疏港航道作为新的"横一"；提升"横二"淮河通道，将淮河出海航道京杭运河至燕尾港段规划为二级，实现淮河二级通海	江苏省干线航道网规划（2017—2035年）
		将徐圩港区、滨海港区、射阳港区、通州湾港区、洋口港区、吕四港区东灶港作业区疏港航道等6条疏港航道纳入省干线	
		加快推进宿连航道整治工程，深化研究并稳定徐圩港区疏港航道建设方案，推进连云港区河海直达水运通道方案研究	
交通集疏运设施	铁路	积极加快连临高铁、连宿蚌铁路规划研究，争取纳入国家有关规划并加快开工建设	省交通厅给许省长的汇报
		推进国家东中西区域合作示范区（徐圩新区）产业区、徐圩港区、赣榆港区等铁路专用线建设	
	公路	加快建成连云港北疏港高速公路二期工程（大港路高架）； 加快推进连宿高速公路建设； 加快推进233国道海州南段、233国道灌云北段、402省道南环段、311国道连云港东段等项目改造和建设	
	管道	赣榆港区重点建成疏港道路、皮带机廊道、管廊架延伸段等项目，建设铁路支线及专用线一期工程	
		徐圩港区重点建设公共管廊二期工程、铁路支线及专用线、疏港航道等设施	
		建设连云港—仪征原油管道、连云港—徐州成品油管道	

续表

类别	项目	文件依据
物流设施	加快建设连接"一带一路"的综合交通枢纽和物流中心； 支持连云港建成面向"一带一路"共建国家的区域性国际物流枢纽	省委办公厅省政府办公厅2018关于支持连云港加快"一带一路"倡议支点建设有关事项的复函
	支持连云港港在"一带一路"内陆地区设立"无水港"和内陆货运网点	省政府2017关于深化沿江沿海港口一体化改革的意见
	上合组织（连云港）国际物流园建设成为中亚—环太平洋的商贸物流集散中心、服务上合组织成员国的国际物流合作基地、现代物流业创新发展的试验示范园区	省政府办公厅2016关于支持上合组织（连云港）国际物流园和中哈物流合作基地建设发展的意见
	增强上合物流园区服务功能。强化园区物流组织管理能力和跨区域中转集散能力，加快拓展国际中转集拼、分拨转口贸易、跨境拼箱邮包等业务。加快推进园区冷链物流中心、物流交易市场建设，支持园区国际大宗商品交易中心和资源配置平台建设，支持园区申报大宗商品交易所，开展期货保税交割试点，拓展仓单质押融资等功能	
	支持园区整车进口物流中转基地建设，积极争取汽车整车进口口岸资质，开展汽车平行进口试点	
	支持园区加快发展甩挂运输业务，鼓励开展公路对流运输	
	园区物流企业实行扶持性电价政策，执行大工业用电价格电度电价，用水、用气价格参照工业园区相关政策执行，报建费、配套费可按重点工程项目减免政策的规定收取	
	支持建设连云港东中西合作物流园区； 推进共建冷链物流、保税混配矿、集装箱等专业场站； 推进共建汽车、化肥、化工品等专业化仓储设施； 重点推进上合组织（连云港）国际物流园、徐圩新区多式联运中心等多式联运货运枢纽场站项目建设	省交通厅给许省长的汇报

3. 市本级确定的重点项目

市本级在上述基础上还确定了一批重大项目，具体见下表：

市本级确定的连云港港基础设施、集疏运体系建设重点项目一览表

类别		项目	文件依据
码头		连云港区专业滚装作业码头工程	连云港"十四五""一带一路"强支点建设规划
		连云港港盛虹炼化一体化配套港储项目码头工程	
		徐圩港区四港池46#、47#液体散货泊位工程	
		徐圩港区海河联运区码头工程	
交通集疏运设施	铁路	尽快开通连盐铁路货运功能，实现陆桥沿线地区与长三角核心区的有效联动；规划研究连临铁路及新荷兖日铁路联络线建设，打通晋煤南运入海通道	市委、市政府关于高质量推进"千万标箱、东方大港"建设发展实施方案
		连云港大陆桥铁路多式联运中心、赣榆港区铁路专用线一期、国家东中西区域合作示范区（徐圩新区）产业区专用铁路、连云港经济技术开发区加工装配工业园区铁路专用线	连云港"十四五""一带一路"强支点建设规划
		徐圩港区铁路专用线一期工程、盛虹炼化一体化配套项目铁路专用线	
		连云港至临沂普速铁路、灌河港区铁路专用线、赣榆港区往新荷兖日铁路联络线、赣榆港区铁路专用线二期工程	
		研究连宿蚌铁路	
	公路	加快建设连云港北疏港高速公路二期工程（大港路高架），开工建设连宿高速公路、长深高速公路连云港至淮安段扩建工程、245省道柘汪至黑林段、赣榆疏港通道、507省道等公路，实现港口与主干道、各类枢纽间的快速连接	市委、市政府关于高质量推进"千万标箱、东方大港"建设发展实施方案
		沈海高速公路城南枢纽至灌云北枢纽扩建	连云港"十四五""一带一路"强支点建设规划
		连云港北疏港高速公路二期、沈海高速赣榆至灌云段扩建	

续表

类别	项目	文件依据
物流设施	加快建设区域混矿中心，开展保税混矿业务，将混矿品种从铁矿砂拓展到铜、锌、铅等有色金属矿	市委、市政府关于高质量推进"千万标箱、东方大港"建设发展实施方案
	打造大宗商品交易中心，形成能源、工业原材料、大宗农产品等商品交易平台和现货期货交易市场	
	设立大宗商品期货保税交割库，开展期货保税交割、仓单质押融资等业务	
	探索开展进口煤炭保税堆存、保税物流中心分类监管等业务	
	用好进境肉类、水产品、粮食、水果、木材等口岸资质，推动特色物流国际业务发展	
	建成中外运物流中心、新加坡丰树物流园等产业项目	
	统筹加快徐圩多式联运中心二期建设、徐圩化工品供应链一体化服务基地、赣榆海铁联运中心、赣榆保税物流中心等建设	
	加快矿产、粮食、冷鲜、海洋资源、汽车零配件等专业化物流设施建设	
	推动"一带一路"供应链基地（连云港）项目建设	连云港"十四五""一带一路"强支点建设规划
	空港保税物流中心和冷链物流基地	
	"一带一路"智慧物流中心	
	"一带一路"连云港—里海供应链基地	
	"霍尔果斯—东门"经济特区无水港	
	推动"霍尔果斯—东门"经济特区建设。确保无水港集装箱换装量超过20万标箱	
	连云港港冷链物流中心一期工程	
	连云港现代煤炭供应链服务示范基地	

（二）加快航线网络建设

1. 加强与国内外知名船公司合作力度，拓展航线网络密度

加强与中远、中海、马士基、法国达飞、地中海、中国台湾长荣等大型航商合作，结成战略伙伴关系，努力增加外贸集装箱班轮航线。远洋航线积极拓展海向腹地，加密通达世界各大港口的货运航线，重点突破欧洲等空白航线，开发地中海、印巴、美东等远洋干线，促进与海上丝绸之路沿线国家和地区港口的合作对接；近洋航线重点推进船公司新开、加密日本关东、关西、九州航线，韩国釜山、平泽、仁川航线，东南亚泰越、印尼、新加坡等航线，重点提高日韩市场占有率。

内贸航线大力发展至天津、京唐、温州、钦州等港口直航线，推动内贸航线实现国内主要港口直达航线全覆盖，重点打造内贸区域中转中心，做大南北沿海"两港一航"模式业务，与上海港在长三角一体化战略框架下加强港口集装箱航线及业务合作。

内河航线加密徐州、淮安等流向航线，实现苏鲁豫皖集装箱海河联运航线网络全覆盖。

吸引国内外知名船公司在连设立区域总部或分公司，拓展货源和航线；找到众多的船公司将港口作为大型船的挂靠港，是成为高层次枢纽港的（前提）基础条件。挂靠的航线越多，港口的规模也就越大，不仅港口的效益好，而且对城市经济的发展贡献也就越大，特别在物流服务发展成独立产业后，效果更加显著。

吸引国内外主要班轮公司投资参与连云港集装箱码头建设经营，建立与知名船公司的利益共同体。全面加强与上海港及周边其他干线港的战略合作，积极拓展干线班轮航线，以线引船，以船引货，加快进入集装箱干线港行列。深化与省内港口企业、班轮公司合作，共同发展江海联运、海河联运及水水中转业务。支持做强自有班轮公司运营实力，增强在集装箱上量中的战略性作用。

2. 省级层面加大对船公司运营远洋干线的支持力度

对来连设立区域分公司的船公司给予相应政策扶持；通过设立省级层面专项补贴资金、省级财政转移支付等方式，统筹用于支持连云港远洋航线、集装箱各项业务发展，将已实施的航线补贴政策延续到2025年，并逐年提高补贴的力度，千方百计提高远洋航线数量、航线密度和覆盖面，实现远洋干线的快速突破。

3. 探索设立连云港航运产业发展基金

航运与金融与生俱来有着密不可分的关系，连云港自贸片区的设立，使连云港航运金融的发展获得了可行的空间。航运产业基金是为船舶制造业、航运业的发展进步、产业升级搭建的专业金融资本服务平台，建议依托连云港自贸片区的开放环境，由江苏或连云港国有资本作为主发起人，联合若干家从事航运业务（或对该产业有兴趣的多种经济主体企业），发起设立以连云港为主题航运产业发展基金。通过航运产业基金汇集社会资本，引导银行债权资金、国际金融资本为船舶制造、航运及相关产业发展提供有效支持，为破局连云港航运金融发展提供帮助。

（三）大力发展现代航运物流

如前所述，连云港已经被国家确立为"港口型国家物流枢纽承载城市"，连云港应该旗帜鲜明地提出大力发展现代航运物流，建设国际物流中心。

1. 国家支持连云港发展现代航运物流的具体政策框架

第一，支持在海关特殊监管区域和保税监管场所设立大宗商品期货保税交割库，开展期货保税交割、仓单质押融资等业务；建设大宗商品集散中心；允许海关接受软件报关。

第二，强化连云港港功能，加强与内陆无水港和物流场站合作，提升国际海运能力；促进国际运输便利化，加快海外物流基地建设；支持上海合作组织（连云港）国际物流园在遵守相关政策的前提下，建设国际大宗商品交易中心和资源配置平台，立足现货开展全款实货交易。强化中哈物流合作基地和上合组织（连云港）国际物流园建设。

第三，支持在自贸试验区内建立多式联运中心，探索建立以"一单制"为核心的便捷多式联运体系；授予自贸试验区铁路对外开放口岸资质。

第四，"建设连云港国际枢纽海港铁路集装箱中心站。""支持规划建设铁路集装箱中心站。"要从战略高度推进铁路集装箱中心站建设步伐，设立过境运输拆拼箱中心，打造以连云港为中心的新亚欧陆海联运货物中转分拨基地、我国大区域集装箱集散中心、国际物流中心。

2. 大力发展现代航运物流的基本思路

一要强化国际物流枢纽功能。一是加强与"一带一路"共建国家、陆桥沿线省区互联互通，整合海陆空铁水物流资源，提供海陆双向国际物流联运组织服务及多式联运、区域通关、金融保险、跨境电商等综合服务，构建和完善大陆桥国际航运物流枢纽。二是依托连云港自贸片区、综保区等海关特殊监管区，加快建设保税物流基地、保税期货交割基地、出口采购配送基地和保税离岸货物基地，形成与国际市场接轨的保税物流网络体系。三是依托自贸片区政策优势和港口区位优势，建设连云港跨境电子商务服务试点园区，逐步在海关特殊监管区内形成跨境电子商务集聚区，以电子交易为核心、金融服务为支撑，推广现代交易方式，形成展示、贸易、物流配送相结合的集散中心。

二要发展集装箱物流。依托连云港区大型集装箱专业化泊位、集装箱中心站，建立"港口作业区+临港物流园区（集装箱处理中心）+喂给港"的集装箱物流网络发展模式，开展集装箱分拨、转运、拼拆箱以及仓储、堆存、配送、加工及物流信息等服务，同时提供相关的口岸、交易、结算、金融、保险等配套业务，实现集装箱物流功能的"一站式"服务，构建与国际接轨的专业化、规模化、信息化的集装箱物流。

三要发展冷链物流。建设服务"一带一路"共建国家、陆桥沿线省区冷链物流基地，提供水产品拍卖交易、冷链物流、加工配送、信息服务等；引进国际先进冷链技术，加快建设一批高标准的现代化冷链物流基础设施，建立集口岸查验监管功能的冷链分拨中心；积极引进专业冷链物流企业，建设专业化冷链配送基地。

四要发展商品汽车物流。加快自贸片区的汽车整车进口口岸政策落地，做大做强整车进口和保税转口业务，积极开展平行进口汽车业务；依托汽车口岸建设连云港国际汽车物流产业园，打造集汽车整车滚装、零部件、仓储配送、检测、改装、贸易、展示的汽车增值服务产业和商品汽车集散物流基地，使连云港港成为新亚欧大陆桥沿线国家地区商品汽车滚装运输和进出口基地。

五要发展粮食物流。依托庙岭作业区，发挥连云港哈国小麦过境中国唯一离境口岸的功能，以"粮油专业码头+粮油加工+粮油物流中心"模式，拓展和提升粮油交易、运输、仓储、加工等港口粮食物流功能，并逐步实现粮食供应链管理，形成服务"一带一路"共建国家地区和"东中西合作"陇海兰新沿线重要粮食仓储中转基地区，使连云港在国际粮食供应链中发挥重要作用。

六要发展大宗生产资料物流。以发展原油、铁矿石、煤炭等大宗散货仓储、运输、交易等物流服务为重点，形成大宗散货集散交易中心和重要能源储运中心。发展电商物流、物流配送、物流技术孵化、金融担保、交易展示等，构建商贸物流区域集散地、电商及跨境电商物流中转基地。

七要强化临港产业开发功能，通过园区对临港区域物流资源的整合，形成区港联动发展格局；通过对临港经济区物流资源的整合和物流系统运行环境的改善，形成联动发展格局，促进临港各产业的加速聚集和发展。

3. 加快现代航运物流的重点项目

加快东方大港现代航运物流建设，已经成为国家、省、市的共识，并且做了具体的项目安排，见下表：

国家、省、市关于物流中心建设重点项目

项目等级	项目名称	文件依据
国家	支持连云港建设国家物流枢纽	江苏沿海地区发展规划（2021—2025年）
	建设连云港国际枢纽海港铁路集装箱中心站	
	支持上海合作组织（连云港）国际物流园在遵守相关政策的前提下，建设国际大宗商品交易中心和资源配置平台，立足现货开展全款实货交易	
省级	加快建设连接"一带一路"的综合交通枢纽和物流中心； 支持连云港建成面向"一带一路"共建国家的区域性国际物流枢纽	省委办公厅省政府办公厅关于支持连云港加快"一带一路"倡议支点建设有关事项的复函
	争取在省有关部门支持下，使连云港口岸开展汽车整车进口业务早日获得国家批复	
	园区物流企业实行扶持性电价政策，执行大工业用电价格电度电价，用水、用气价格参照工业园区相关政策执行，报建费、配套费可按重点工程项目减免政策的规定收取	省政府办公厅关于支持上合组织（连云港）国际物流园和中哈物流合作基地建设发展的意见
	上合组织（连云港）国际物流园建设成中亚—环太平洋的商贸物流集散中心、服务上合组织成员国的国际物流合作基地、现代物流业创新发展的试验示范园区	
	增强上合物流园区服务功能。强化园区物流组织管理能力和跨区域中转集散能力，加快拓展国际中转集拼、分拨转口贸易、跨境拼箱邮包等业务； 加快推进园区冷链物流中心、物流交易市场建设，支持园区国际大宗商品交易中心和资源配置平台建设，支持园区申报大宗商品交易所，开展期货保税交割试点，拓展仓单质押融资等功能	
	促进航运物流业集聚发展； 强化港口与物流园区联动发展	省政府2017关于深化沿江沿海港口一体化改革的意见
	积极推进连云港中欧班列发展； 支持连云港港在"一带一路"内陆地区设立"无水港"和内陆货运网点	

续表

项目等级	项目名称	文件依据
省级	支持园区整车进口物流中转基地建设，积极争取汽车整车进口口岸资质，开展汽车平行进口试点	省政府办公厅关于支持上合组织（连云港）国际物流园和中哈物流合作基地建设发展的意见
省级	支持园区加快发展甩挂运输业务，鼓励开展公路对流运输。	省政府办公厅关于支持上合组织（连云港）国际物流园和中哈物流合作基地建设发展的意见
省级	支持打造中西部集装箱海铁联运中转中心	省交通厅给许省长的汇报
省级	打造物流资源交易平台，完善上合物流园大宗散货交易中心信息平台金融、商贸等相关功能；加快货物多式联运信息化建设，提供跨方式、跨区域的全程物流信息服务；建设航运资源交易平台，构建航运市场交易线上平台	省交通厅给许省长的汇报
省级	支持建设连云港东中西合作物流园区；推进共建冷链物流、保税混配矿、集装箱等专业场站，以及汽车、化肥、化工品等专业化仓储设施	省交通厅给许省长的汇报
省级	重点推进上合组织（连云港）国际物流园、徐圩新区多式联运中心等多式联运货运枢纽场站项目建设	
市级	尽快落地汽车整车进口口岸资质，同步争取整车进口保税展示、维修、平行进口等功能，培育汽车产业后市场	市委、市政府关于高质量推进"千万标箱、东方大港"建设发展实施方案
市级	加快建设区域混矿中心，开展保税混矿业务，将混矿品种从铁矿砂拓展到铜、锌、铅等有色金属矿	市委、市政府关于高质量推进"千万标箱、东方大港"建设发展实施方案
市级	打造大宗商品交易中心，形成能源、工业原材料、大宗农产品等商品交易平台和现货期货交易市场	市委、市政府关于高质量推进"千万标箱、东方大港"建设发展实施方案
市级	设立大宗商品期货保税交割库，开展期货保税交割、仓单质押融资等业务	市委、市政府关于高质量推进"千万标箱、东方大港"建设发展实施方案
市级	用好进境肉类、水产品、粮食、水果、木材等口岸资质，推动特色物流国际业务发展	市委、市政府关于高质量推进"千万标箱、东方大港"建设发展实施方案
市级	建成中外运物流中心、新加坡丰树物流园等产业项目	市委、市政府关于高质量推进"千万标箱、东方大港"建设发展实施方案
市级	统筹加快徐圩多式联运中心二期建设、徐圩化工品供应链一体化服务基地、赣榆海铁联运中心、赣榆保税物流中心等建设	市委、市政府关于高质量推进"千万标箱、东方大港"建设发展实施方案
市级	加快矿产、粮食、冷鲜、海洋资源、汽车零配件等专业化物流设施建设	市委、市政府关于高质量推进"千万标箱、东方大港"建设发展实施方案
市级	推进上合物流园高起点发展。重点发展工业配送、粮食加工、冷链物流等专业物流项目	连云港市"一带一路"强支点建设2021年工作要点
市级	加快中哈物流基地拆拼箱专用仓库建设	连云港市"一带一路"强支点建设2021年工作要点

另外，市有关规划对空港保税物流中心和冷链物流基地、"一带一路"智慧物流中心、"一带一路"连云港—里海供应链基地、"霍尔果斯—东门"经济特区无水港、连云港港冷链物流中心一期工程、连云港现代煤炭供应链服务示范基地等项目做了规划。加快推进规划项目的实施和完成，是东方大港建设的重要工作。

（四）建设大陆桥国际航运中心

1. 建设国际航运中心具有必要性

首先，建设国际航运中心是落实习近平总书记重要指示的重要举措。习近平在2009年视察连云港时提出："孙悟空的故事，如果说有现实版的写照，应该就是我们连云港在新的世纪后发先至，构建新亚欧大陆桥，完成我们新时代的'西游记'。"2017年又提出"将连云港—霍尔果斯串联起的新亚欧陆海联运通道打造为'一带一路'合作倡议的标杆和示范项目"。国际航运中心理论上是"新亚欧大陆桥东方桥头堡""新亚欧陆海联运通道"不可分割的组成部分，实践中是连云港打造"'一带一路'合作倡议的标杆和示范项目"应有的题中之义，更是坚决贯彻落实总书记重要指示精神、服务国家"一带一路"建设大局的重要举措。

其次，国际航运中心是连云港对接"一带一路"的核心载体。国家对连云港对接"一带一路"提出的"枢纽""门户""平台"要求，都对国际航运中心提出诉求，只有建设好国际航运中心这个重要的枢纽工程，才能更好地实现城市、港口发展战略与"一带一路"倡议的有效对接。

最后，建设国际航运中心不仅带动现代服务业、先进制造业等产业实现乘数效应，还将提高对国际惯例和国际准则的把握和运用，将极大地促进作为新亚欧大陆桥东方桥头堡和"一带一路"重要支点的连云港经济与"一带一路"经济的深度融合，是连云港加快开放创新、转型发展的关键抓手。

2. 建设航运中心具有可行性

第一，港口是国际航运中心赖以生存的重要基础和前提条件，国际化大型港口是建设国际航运中心的重要战略核心资源，国家对连云港港"国际枢纽海港"的定位，是建设连云港国际航运中心的前提。目前全国11个国际枢纽海港中（极个别港口除外），大多在加快国际航运中心建设，建设国际航运中心应是连云港的不二选择。

第二，在国家规划中，没有明确提出"航运中心"这个概念，但已经明确提出建设航运中心的相关任务。一是国际运输方面，提出深度参与海上国际运输通道建设，发展中欧（亚）直达班列，积极开展中亚与日韩、东南亚双向国际中转业务，加强主要港口与陆海新通道、中欧陆海快线、北极航道等有效衔接。二是航运服务方面，提出加快发展国际航运与船舶交易、船舶经纪和管理等现代航运服务业，吸引跨国航运公司区域性总部落户；设立整合贸易、物流等功能的运营中心，协同建立长三角统一的航运交易市场，探索建设国际邮轮旅游岸上配送中心，构建多层次多元化海洋运输服务体系。"支持中国（江苏）自由贸易试验区连云港片区开展金融、人才、航运、国际贸易、营商环境等重点领域改革创新"，推动将中欧班列（连云港）纳入中欧安全智能贸易航线试点计划；将外资经营国际船舶管理业务备案下放至江苏省。江苏省委、省政府早在2009年就提出把连云港港建设成"长三角北翼国际航运中心"。连云港具有建设航运中心的可行性。因此，要旗帜鲜明地提出加快建设大陆桥国际航运中心，突破东方大港建设瓶颈。

三、加快东方大港建设的路径选择

（一）以思想解放为先导

以思想解放为先导，就要树立全球眼光和战略视野，精准对接需求，做强国际枢纽海港，建好"一带一路"标杆示范。什么是"全球眼光和战略视野"？中央政治局原委员、国务院原副总理回良玉同志任省委书记第一次到连云港考察时也说："要从世界和全国发展的大势、全省发展的大局去考虑连云港的问题。"

首先，要主动服务中西部做足陇海线文章，可采取"港口飞地"建设运营模式，深化共建共享。要加强连云港港与陆桥沿线省市合作对接，精准对接中西部和中亚地区出海需求，深化货源需求研究，积极搭建陆海联运信息数据交换平台，依托与陇海沿线城市在无水港等方面的合作，抢占信息服务高地，以信息化为纽带促进与陆桥沿线的深度合作，打造中西部最经济、最便捷内外贸中转中心，打造中西部集装箱海铁联运中转中心，打造大陆桥物流服务中心。要强化港腹联盟，积极对接甘肃、宁夏、陕西、山西、河南等省交通运输部门，形成联动发展会商机制，提高连云港港服务中西部地区能级；推动与上海、郑州、西安、乌鲁木齐等铁路局深化合作，争取建立陇海兰新铁路运输协调机制，优化海铁联运班列线路及运力配置。

其次，要主动融入长三角，深化战略合作，做强向东出海通道。要建立与上海港的长效联系机制、人才交流培养机制，组织互访学习活动，借鉴应用关港联动、自贸试验区政策制度、"智慧港口"赋能、资本市场运作等经验做法，提升港口运营管理水平和综合效益。强化联动协作机制。要积极推进长三角一体化发展措施落地，持续提升贸易便利化水平。全力支持港区重点企业液体化工泊位对外开放。服务保障港口整车及装备机械出口，协调推进整车进口口岸资质早日获批。简化长三角区域港口移泊船员出入境查验手续，推进边检相关许可"一地办证、区域通用"。优化人员查验流程。支持建设长三角船员换班中心。对持24小时内自上海、宁波空港口岸联程客票换班离境的外籍船员，签发24小时过境临时入境许可，免办停留证件。

再次，要探索与上海港港港联盟路径，加快港口发展步伐。近年来，我国港口联盟发展趋于明显，以资本为纽带、跨行政区域的港口资源整合步伐加快。如浙江省成功将宁波、舟山两港资源整合，组建宁波舟山港集团；河北省将秦皇岛港、唐山曹妃甸港、沧州黄骅港三港整合，组建河北港口集团；大连港集团整合了锦州港、丹东港等。各大港口通过港港联盟，不仅实现了优势互补，而且有利于避免恶性竞争，形成分工明确、协作有序的港口群，提高对外竞争能力。要加强与上港集团港口业务合作，围绕"业务+股权"多元合作，推进智慧港航、数字化转型、绿色港口、集装箱航线、国际邮轮、现代物流、资本运作、人员交流等多个领域合作，结合5G、大数据等新技术，加快自动化集装箱码头建设，争取集装箱装卸效率达到国际一流港口水平。加强与上港集团市场开发合作，围绕产业链与供应链，推进与上海港以股权为纽带，组建股权多元化合资公司，开辟货源和航线；共同开拓粤港澳、东南亚、日韩等市场，加大货源组织力度，做强向东出海通道。扩大与上港集团业务合作成果，一是稳固现有航线班期，打造上海港、连云港港两港之间的海运快线，继续加密中转支线，推动航班实现"天天班"，力争中转量2022年完成20万标箱；二是发挥连云港陆海联运通道区位优势及政策优惠优势，联合上海港共用大陆桥服务中西部的能力和作用，开发郑州（西安）—连云港—上海港的铁海快线，借助上海港强大的航线网络优势，提升"一带一路"陆海联运在全国的影响力；三是与上海港建立长效联系机制、人才交流培养机制，组织互访学习活动，借鉴应用关港联动、自贸试验区政策制度、"智慧港口"赋能、资本市场运作等经验做法，提升港口运营管理水平和综合效益。

最后，要探索港航、港货合作的新路径。一要建立港航联盟。目前，绝大多数的大型班轮公司都参与了港口集装箱码头的投资与经营。包括连云港在内的国内主要沿海港口（上海、深圳、宁波、青岛、天津、广州、大连、厦门）的集装箱码头均实现了对外合资合作。许多大型船公司还通过建立码头公司，逐步向码头及物流经营人转化。二要建立港货联盟。近年来，各大港口纷纷加快与货主的联盟与合作，如曹妃甸港积极与首钢、巴西淡水河谷进行合作；青岛港也成功实现了与中石化、济钢、莱钢的大货主的战略合作。港口与货主之间的战略联盟，为港口的持续发展奠定了坚实的基础，是我国港口今后的竞合趋势之一，连云港要顺应潮流，走出有特色的新路。

（二）以智能港口建设为引领

作为国际物流和供应链的必经节点，智慧港口是全球所有港口面临的转型升级与创新的必然趋势，国际枢纽港建设更不例外。港口业核心竞争力已从主要依赖硬件设施投入发展转向以信息化为引擎的综合软实力的提升。持续低迷的全球航运市场和新航运时代形势对港口服务的精细化、便捷化、智能化提出了更高的要求。智慧港口的要义在于全面感知、智能决策、自助自动、全程参与和持续创新。其中，物联网技术支持的货物电子标签等应用、云化的港口业务系统、移动互联网的移动智能终端应用、大数据辅助的创新应用与科学决策、人工智能支撑的智能计划与调度，都是智慧港口实现落地的重要途径。

从现状看，从信息港到数字港再到现在的智慧港口建设，我国港口已进入关键的数字化转型时期。在国务院《"十四五"现代综合交通运输体系发展规划》中，关于智慧港口建设，全国11个国际枢纽港有10个都提及，唯独没有提及连云港，对此应引起我们的高度重视。要从战略上看待连云港智慧港口建设问题，对标国内外先进港口，编制智慧港口建设实施方案，积极应用新一代信息技术推进智慧港口建设，运用物联网、大数据等新技术，推动港口从传统装卸模式走向物流、商流、信息流、资金流四流融合的产业链高端，加快实现连云港港生产自动化、管理智能化、物流综合信息一体化；实现港口运营智能化、港口物流链服务协同化、港口数据应用服务社会化、港口国际贸易便利化、港口业务模式创新开放化、港口生态圈构建和谐化，加快打造特色智慧港口。

要着力丰富"蓝宝星球"基于数据挖掘的全程物流供应链形态，打造多式联运综合服务平台，搭建陆海联运电子数据交换通道，探索建立以"一单制"为核心的便捷多式联运体系，争取成为国家多式联运综合服务示范。要提升连云港港运营管理数字化、港航生产智能化、物流服务便利化发展水平，打造国内领先的智能化港口网络体系，打造精准管理系统。要推进港口生产的自动化和智能化。立足规范化生产和运营管理，加快推进装卸、运输、仓储等环节的设备技术改造升级，提高自动化、无人化、节能化水平，推动2023年完成庙岭作业区24#~27#集装箱泊位智能化改造。推动墟沟作业区55#~56#泊位智能化集装箱码头改造，争取列为交通运输部基建重点工程，打造全省等级最高、自动化程度最高的集装箱码头，建设20万吨级新一代自动化集装箱码头。要推广基于5G、北斗等新技术的堆场自动化作业应用，推进物流作业的自动化和智能化；打造物流资源交易平台，完善上合物流园大宗散货交易中心信息平台金融、商贸等相关功能，加快货物多式联运信息化建设，提供跨方式、跨区域的全程物流信息服务；建设航运资源交易平台，构建航运市场交易线上平台。要提高"电子口岸"开放门户能级，拓展国际贸易"单一窗口"、多式联运"一单制"、物流服务"一站式"、通道数据交换等功能，增强互联互通能力。要完善"港口大脑"数据集成体系，开发基于智能算法的生产商务系统，提升生产智能化、商务结算一体化水平；依靠信息化手段，建立车、船、货（箱）、堆场等监控预警及跟踪处理系统；运用数字化技术，促进管理服务创新和业务变革。完善港口云数据中心功能，提升系统应用、数据存储、数据挖掘分析等服务能力，增强感知与智能化设备覆盖率、信息安全防范灾备等能力，构建智慧港口云服务体系。要推动省级层面支持跨关区、跨路局的数据交换和信息共享，促进本地"单一窗口"与国标版"单一窗口"的直联对接，安排市级财政给予项目投资、运维补贴等政策。

（三）以千万标箱集装箱大港为抓手

现代航运业发展的基本特点之一是集装箱化趋势，千万标箱集装箱大港是东方大港建设量的基本要求，也是标志性考量指标。但连云港港口集装箱发展的现状不容乐观，特别是集装箱运量出现了连续10年的徘徊，这在国内沿海的重要港口极为罕见。2011年，连云港港口完成集装箱吞吐量485.19万标箱，在全国港口排名第9位，同期日照港完成139.95万标箱，连云港港口完成的箱量是日照港的3.46倍；到了2020年，连云港港口完成集装箱吞吐量480.00万标箱，在全国港口排名由第9位降为第13位，而同期日照港完成486万标箱，一举反超连云港港6万箱量。10年间，日照港从全国沿海默默无名的集装箱小港排名一跃超过连云港，为全国第12位。10年间发展情况见下表：

2011—2021年连云港、日照港口集装箱吞吐量一览表

项目 年份	连云港港			日照港		
	总量 （万标箱）	国内排名	增速 （%）	总量 （万标箱）	国内排名	增速 （%）
2011	485.19	9	25.32	139.95	——	——
2012	502	9	3.46	171		22.18

续表

项目 年份	连云港港 总量（万标箱）	连云港港 国内排名	连云港港 增速（%）	日照港 总量（万标箱）	日照港 国内排名	日照港 增速（%）
2013	548.8	9	9.32	202.66	15	15.86
2014	500.54	10	-8.79	242	15	19.39
2015	500.9	10	0.08	——		
2016	469	11	-6.5	301	15	——
2017	472	12	0.2	323.77	14	7.6
2018	474.4	11	0.5	415	12	24
2019	478	11	0.7	450	12	12.1
2020	480	13	0.5	486	12	8.0
2021	503	12	4.8	517	11	6.4

特别需要注意的是，名不见经传的广西北部湾港的集装箱运量，2013年刚突破100万标箱（100.33万标箱），仅为连云港港同期集装箱运量的18.28%。但近几年每年保持两位数增长，2015年突破200万标箱，2019年还是415.71万标箱，2020年就突破500万标箱大关，达538万标箱，同比增长29.50%，大步跨过连云港，为全国第11位。到了2021年，突破600万标箱，排名为全国第9位。因此，在东方大港建设中，加快千万标箱集装箱大港刻不容缓。

以千万标箱集装箱大港为抓手，是因为千万标箱集装箱大港不是孤立的概念，而是高层次港口功能的集成。第一，千万标箱集装箱大港对港口基础设施建设提出相应要求，需要加快集装箱码头、场站改扩建和智能化自动化技术改造，加强港口口岸协同，深化港航路贸合作，推进深水大港、班轮航线、铁路班列、物流场站无缝对接，提高运输和通关便利化、一体化水平，放大"两基地、一班列"示范带动效应，做强"海河江、铁公水"多式联运品牌，构建形成向东连接环太平洋、向西贯通亚欧内陆、沿海串联南北港口、内河通达苏鲁豫皖的物流大通道。第二，千万标箱集装箱大港能够达到一定规模的双向或单向交通流，是一个强大的交通流，为了承担此强大交通流必然要建设与之相适应的交通运输线路，如铁路、高速公路货运通道等，形成综合运输通道。第三，千万标箱集装箱大港也是一个强大的物流，需要有与该物流配套服务和洗箱、修箱条件和进出口报关、报验等口岸综合功能的铁路集装箱中心站。在服务"一带一路"的千万标箱集装箱大港建设集与之相对应的国际物流中心中，建设铁路集装箱中心站成为关键环节。

如何将连云港建设成千万标箱集装箱大港，应突出两个层面：一要深耕日韩、中亚、中西部，构建千万标箱集装箱大港腹地支撑空间。发挥已经形成的"连云港—东门"国际物流双枢纽、"连云港—里海"国际物流供应链优势，加强与日韩、中亚、欧洲等国家港口开展国际联运业务的大客户、铁路、船货代理公司的交流、合作，支持境内外企业在陆桥沿线共建海外仓、物流中转基地和产业园区，加快形成和完善国际物流供应链、产业链、价值链。二要加快建设国际物流中心，拓展千万标箱集装箱大港的物流承载空间（参阅本研究报告相关内容）；争取建设国际航运试验区（参见以下相关内容），提升千万标箱集装箱大港的政策支撑空间。

（四）以国际航运发展综合试验区为突破

建议借鉴上海国际航运中心建设中的做法，争取设立"连云港国际航运发展综合试验区"，创新发展，迅速破解国际航运中心建设中的关键掣肘。

1. 创新发展航运服务业

一要创新发展航运代理业。扩大船舶代理业对外开放，培育船舶代理、客货代理品牌企业，放宽外资股比限制，吸引相关企业在自贸片区登记注册，从事公共国际船舶代理业务，提升国际化水平。二要发展航运经纪业务。建立与国际接轨的航运经纪规则，支持连云港自贸片区发展专业航运经纪公司；支持在连云港自贸片区内从事国际航运服务的经纪公司开设外汇账户，在外汇管理局授权限额范围内自由支付；引进航运经纪协会，建立航运经纪人佣金制度；吸引国际著名的航运经纪人机构到连云港开展业务。

2. 创新发展船舶管理业

一要吸引知名船舶管理公司在连云港设立区域总部或分支机构；支持外商在自贸片区独资经营国际船舶管理业务，开展航行国际航线的五星旗船舶管理。二要放开船供企业注册地发展限制，开放、培育船舶供应市场。三要争取在连云港自贸片区设立保税船舶登记机构，开展保税船舶注册业务，简化注册程序，吸引外资船检机构入驻连云港；争取中资国际航运船舶特案免税登记政策。四要争取第二船籍港制度试点，允许加挂五星红旗的中资方便旗船在连云港经营中国沿海内支线及内外贸同船运输业务。

3. 创新发展航运金融保险业

一要争取开展航运金融市场准入和外汇政策等航运金融服务政策试点，支持在自贸片区发展离岸金融业务。二要创新航运金融服务产品。培育航运金融服务市场，争取设立连云港航运交易所，探索开展航运交易、港航资产交易、航运保险交易、船舶融资租赁资产（产权）交易等业务。三要争取开展船舶融资租赁业务。吸引鼓励国内外企业在自贸片区设立船舶融资租赁公司，进行融资租赁业务创新试点，促进金融交易市场的发展。四要开展航运保险业务。在自贸片区探索开展航运保险创新业务试点，支持和吸引国内外保险机构、企业在区内设立区域性航运保险中心、分支机构或公司，发展船舶保险、海上货运险、保赔保险等业务，在区内开展航运保险、海损理算等业务。

4. 争取航运税制改革创新试点

一要争取营业税优惠。对注册在连云港自贸片区内的航运企业从事国际航运业务取得的收入免征营业税；对注册在片区内的仓储、物流等服务企业从事货物运输、仓储、装卸搬运业务取得的收入免征营业税。二要争取以连云港自贸片区为离境港的启运港退税政策。对适用启运港退税出口企业，提供便捷的结汇、退税手续，吸引外贸货物从连云港港区出口。并进一步移植到内陆场站，只要货物经由自贸试验区口岸出口，一旦在内陆场站装运至运输工具，即可享受出口退税政策。三要优化沿海捎带业务监管模式，提高中资方便旗船沿海捎带业务通关效率。四要实行航运企业、个人税收优惠。争取借鉴深圳前海深港现代服务业合作区开发开放的有关政策，对符合条件的企业减按15%的税率征收企业所得税；借鉴国际经验，对境外运输营业税、船舶及其配件进口关税与增值税、船舶资产出售增值税、对外租箱和租船支付租金营业税和所得税予以逐步优惠与免征。航运个人税制方面，探索海员个人税收优惠或免征政策。五要争取探索航运"吨税制"试点。目前"吨税制"已经成为国际船舶运输税制的一个标准，可在连云港率先研究实施符合中国国情的航运企业"吨税制"，为吸引方便旗船回国登记、扩大国轮船队的规模、提高国家对国际海运船队的实际控制力探路。

（五）以海铁多式联运和中欧国际集装箱班列为特色

以海铁多式联运和中欧国际集装箱班列为载体，强力推进中欧（亚）国际班列发展，提高发展效能，建好标杆示范。

优化班列线路铺划。利用港口"海上快船+陆上快线"优势加快新增欧洲线路，开拓连云港至德国杜伊斯堡、格鲁吉亚、波兰通道，着力优化连云港至中亚五国、中蒙、中吉乌、中土（跨里海）等班列线路，固定运行连云港经二连口岸的"日中蒙"通道，年内增加连云港—二连浩特—乌兰巴托、连云港—霍尔果斯—土耳其和波兰的图定班列线路。力争2025年国际班列规模达到2000

列，实现过境运量占比达到60%，成为名副其实的新亚欧大陆桥东方桥头堡。

提升班列运行质效，充分发挥中哈物流基地、上合园区优势，进一步完善通道和线路布局，加强资源整合，重点打造日韩、东南亚与中亚、蒙古地区的双向过境班列品牌线路。强化沟通协作机制，利用省班列公司平台作用，完善上海局集团、中铁集、省交通运输厅、省班列公司四方协调工作机制，加强与园内外铁路公司协作联动。

争取省班列公司按照国家和省补助政策相关规定，优化调整班列补贴额度，适度提高对连云港班列的补助范围和力度。会同省班列公司制定出台中欧班列高质量发展实施意见。

着眼新亚欧大陆桥境内段与境外段的特点特征，开展相关专项研究，深度挖掘物流需求，提出国际合作项目以及政策配套方案，推动国际班列发展。

参考文献：

[1] 习近平.在哈萨克斯坦纳扎尔巴耶夫大学作重要演讲［N］.人民日报，2013-09-08（3）.

[2] 中共中央国务院.国家综合立体交通网规划纲要［EB/OL］.人民网，2021-02-25.

[3] 国务院."十四五"现代综合交通运输体系发展规划［EB/OL］.人民网，2022-01-19.

[4] 国务院.江苏沿海地区发展规划（2021—2025年）［EB/OL］.国家发展和改革委员会，2022-12-27.

[5] 国务院.中国（江苏）自由贸易试验区总体方案［EB/OL］.中国一带一路网，2019-08-26.

[6] 国家发展改革委、交通运输部关于印发《国家物流枢纽布局和建设规划》的通知（发改经贸〔2018〕1886号） ［EB/OL］.中国政府网，2018-12-25.

[7] ［美］芮乐伟·韩森.丝绸之路新史［M］.北京.北京联合出版社，2015.

[8] 孙中山.建国方略［M］.北京：中华书局，2011.

[9] 王义桅."一带一路"机遇与挑战［M］.北京：人民出版社，2015.

[10] 王义桅.世界是通的："一带一路"的逻辑［M］.北京：商务印书馆，2016.

[11] 冯并."一带一路"全球发展的中国逻辑［M］.北京：中国民主法制

出版社，2015.

[12] 林锋. 国际航运中心建设与上海城市发展 [M]. 上海：学林出版社，2008.

[13] 古龙高. 新亚欧大陆桥经济方略 [M]. 上海：东南大学出版社，1998.

[14] 古龙高，赵巍，古璇. 加快建设连云港国家经济枢纽研究 [M]. 长春：吉林人民出版社，2010.

[15] 古璇，古龙高，赵巍. 东方桥头堡理论构架与路径安排 [M]. 长春：吉林人民出版社，2013.

[16] 古璇，古龙高，赵巍. "一带一路"倡议与区域开发开放：基于江苏实践的研究 [M]. 长春：吉林人民出版社，2016.

[17] 古璇，古龙高，赵巍. 新亚欧大陆桥：从国际运输通道到经济走廊，吉林人民出版社 [M]. 长春：2018.

[18] 古璇，赵巍，古龙高. 连云港自贸区差别化探索 [M]. 长春：吉林人民出版社，2021.

（本课题系全市应用研究资助项目重大课题研究成果；课题组负责人：古龙高，江苏省社科院沿海沿桥研究中心副主任；课题组成员：孙中华、赵巍、古璇、何庆武）

连云港市高水平构建国家海洋经济发展示范区的路径研究

张宏远

一、连云港市国家海洋经济发展示范区的基本情况

（一）功能定位

由国家发展改革委、自然资源部联合印发的《关于建设海洋经济发展示范区的通知》（发改地区〔2018〕1712号）确定了14个海洋经济发展示范区，旨在依托区位优势与经济特征，推动14个建设发展良好的海洋经济发展示范区，引领区域内海洋产业高效发展，形成一批可复制、可推广的经验。其中，连云港市的主要任务是推动国际海陆物流一体化模式创新，开展蓝色海湾综合整治。

（二）发展条件

1. 具有独特的区位优势

连云港地处江苏东北部，南连长三角，北接渤海湾，东与日韩隔海，西连中西部至中亚地区，是沟通东西、连接南北的重要枢纽，处于环渤海经济圈、长三角经济圈、亚太经济圈与亚欧大陆桥经济走廊的"十"字节点位置。作为新亚欧大陆桥东方桥头堡、"一带一路"重要支点、中西部最便捷出海口岸，连云港具有优势突出的区位特点，在经济发展中具有战略性关键作用。

2. 具有丰富的海洋资源

连云港海岸类型齐全、面积广阔。大陆标准岸线204.82千米，其中40.2千米的深水基岩海岸和30千米的砂质海岸为江苏省独有；可开发浅海水域27万公顷，是江苏唯一适合投放人工鱼礁的近海海区；拥有江苏省境内大多数海岛，其中东西连岛为江苏第一大基岩岛。沿岸有数条河流入海，为海域带来丰富的营养物质。拥有全国八大渔场之一的海州湾渔场，全国四大海盐产区之一的淮北盐场，全国最大的紫菜养殖加工基地、河蟹育苗基地和对虾养殖基地，江苏

省唯一的海珍品基地，中国最大的硅产业基地。

3. 具有健全的综合交通体系

连云港陆海联运通道建设良好，综合交通枢纽地位稳步提升。以港口为核心的综合交通枢纽，对接中西部铁路枢纽和内陆港口的海铁联运、海河联运能力不断提升。港航运输网络日益完善，已开通中东、美西南、非洲等3条远洋干线在内的集装箱航线近80条，形成覆盖"海上丝路"主要国家或地区的高密度运输网。铁路国际班列运输稳步增长，运量位居全省首位、全国前列，成为全国中欧班列最具特色的运输品牌。通道沿线物流园区逐步形成规模，搭建起以中哈物流合作基地、上合组织国际物流园、霍尔果斯东门无水港为重要节点的物流链式发展格局。国家级铁路枢纽及高速公路网、4D级空港、覆盖苏鲁豫皖内河网络等海陆空兼备的全国性综合交通枢纽全面构建。

4. 具有友好的海洋生态环境

连云港所辖海域、海岛、岸线、滨海湿地等环境友好，监督执法严格，出台了全国首部海洋牧场管理领域地方性法规和全国首部滨海湿地管理领域地方性法规，在全国率先开展"湾长制"试点，建立了海洋生态红线制度和陆海联动管理机制。同时还大力开展沿海生态环境综合整治、生态修复、幸福河湖建设等工程，滨海湿地新城生态修复项目获得"中国人居环境范例奖"。

（三）当前面临的主要形势

随着国内外环境变化及区域竞争压力增强，海洋经济发展的外部环境和内部条件都发生着复杂深刻的变化，机遇与挑战并存。

1. 多重战略机遇赋能升级示范区高水平建设

多重战略叠加，为连云港海洋经济发展注入强劲动力。近年来，"一带一路"建设、长江经济带发展、长三角一体化发展、淮河生态经济带、国家创新型城市试点、江苏自由贸易试验区建设、国家东中西区域合作示范区建设等多重战略在连云港叠加，为连云港海洋经济转型升级、提升能级提供强大战略支撑。

2. 产业变革迭代加快推动示范区高水平建设

连云港传统海洋产业结构持续优化，新兴海洋产业发展势头良好。连云港依托海洋资源优势，以海洋渔业、滨海旅游业、港口物流业、临港工业为支柱，以海洋生物产业、海洋装备制造业、海水综合利用业、海洋文化产业和现代海洋商务服务业为方向的现代海洋产业发展格局。随着新一代信息技术的不断涌现，海洋产业面临着新一轮科技革命与产业变革，对海洋经济比较优势、要素供给形成重大影响。传统产业数字化、智能化的同时，海洋装备制造、海洋生物利用、海洋能源、海洋电子等新兴海洋产业不断涌现，为海洋经济发展提供新动力。

3. 生态文明纵深推进要求示范区高水平建设

保护生态环境、实现可持续发展成为各国共识，且加速渗透到全球社会经济发展当中，产业绿色转型升级越发迫切。近年来，我国生态文明建设迈向新台阶，成为全球生态文明建设的重要参与者、贡献者、引领者。生态文明建设纵深发展，碳达峰、碳中和目标都对全市正确处理海洋生态保护与发展的关系、因地制宜选择海洋发展产业、开发蓝色碳汇等提出更高要求。

4. 沿海城市海洋竞争激烈要求示范区高水平建设

当前，我国沿海城市海洋经济发展势头强劲，已有深圳、上海、天津、大连、青岛、宁波、舟山等多个城市提出建设全球海洋中心城市，厦门提出建设国际特色海洋中心城市，以主要海洋城市为引领的城市群虹吸海洋高端要素与资源，积极抢占海洋科技和人才战略高地。目前，连云港市发展梯度与中心城市仍有落差，城市吸引力有待提升，随着高铁建设，高端产业、人才、资本同时面临发展机遇和虹吸风险。

（四）存在的主要问题

1. 海洋经济发展规模偏小制约了示范区更高水平发展

连云港海洋资源未得到充分利用，存在未转化为产业优势的海洋资源优势，海洋经济总量小是关键问题，海洋经济实力有较大发展空间。连云港在江苏沿海三市中，虽然海洋经济占经济总量比重最高，但海洋经济规模最小。2020年连云港海洋产业生产总值855.5亿元，不到盐城的3/4，仅是南通的40.6%。

2. 海洋产业层级偏低阻碍了示范区高水平发展

海洋产业发展不够协调，传统产业占主导地位，特别是对港口能够发挥支撑作用的临港型产业尚未形成气候。主要表现在重大项目支撑不足，千亿元、百亿元企业偏少，海洋特色产业、新兴产业处于起步阶段，优势产业亟待集群化、高级化发展。海洋新兴产业尚未形成规模效应，占比较低，对经济的拉动作用不强。海滨旅游业缺乏对优势海岛海域资源的深度整合开发，需要大力拓展旅游新业态，创新旅游投资运营体制机制。海洋服务业整体上发展水平不够高，尤其是对以信息化为核心的新技术利用不足，对发展新业态的支持力度不够，传统产业结构急需转型升级。

3. 港产城联动不够顺畅阻滞了示范区高水平发展

连云港市港产城在空间布局、岸线资源等方面还需进一步优化调整，示范区内部还存在港城交通矛盾、港区临港产业集聚不足等问题。港区面临较大的散杂货运输功能向两翼港区转移的压力，在带动两翼临港产业集聚的同时，运输需求的增长对码头、堆场、道路等基础设施配套服务水平提出了更高的要求。此外，港口物流的竞争力需要提高，随着全球物流业正处于转型升级的关键时期，建设上合组织出海口，构建"一带一路"海陆物流枢纽，需要加快畅通重要战略性运输大通道，搭建更高的国际物流发展合作平台，大力培育供应链金融、保险、交易流通等服务业。同时，要迅速抢占"互联网+物流"新高地，通过建设国际及区域物流信息云平台、大数据应用中心等相关信息服务平台，提高港口物流的整体服务效率，增强港口物流竞争力，集聚港口物流要素。

二、他山之石

我国确立了14个海洋经济发展示范区，经过3年的示范区建设，其他国家海洋经济发展示范区也结合自身功能定位取得了一定的积极成效。本章通过对其他示范区建设经验的总结和分析，旨在为连云港市高水平建设示范区提供思路借鉴。

（一）山东威海海洋经济发展示范区

山东威海海洋经济发展示范区以海洋供给侧结构性改革为主线，大力发展远洋渔业和海洋牧场，推动传统海洋渔业转型升级，成为我国重要的远洋渔业基地。

1. 发展综合性远洋渔业和融合式海洋牧场

首先通过远洋渔船更新改造的补助资金，推动渔船现代化改造，以提升远洋捕捞船队的专业化、现代化水平，实现远洋渔业升级转型。同时还不断扩大发展空间，在国内外建设远洋渔业基地。在建设海洋牧场方面，"资源修复+生态养殖+高质高效"融合协同发展，投放生态型人工鱼礁，建设现代水产种业园区，注重良种引进与养殖。

2. 推动传统渔业转型升级

持续推动示范区建设与新旧动能转换相结合，推动产业高效能发展。首先，加强南极磷虾等高端生物开发产业园建设，深化海洋新旧动能转化程度。同时，挖掘传统海洋文化内涵，创新建设民俗游、海草房等文化融合产品，以海洋传统产业为基础，结合餐饮、娱乐、文化特色、旅游等产业，推动渔业转型升级。

另外，加大渔业与电商对接力度，与阿里巴巴、京东生鲜等平台达成合作关系。

3. 补链壮大海洋生物医药产业

以区域优势产品为基础，如海带海藻等基础渔业产品，建设海洋化工、海洋生物等生产线。注重产业科技水平提升与创新成果转化，以"领军人才+产业项目+涉海企业"模式引进高层次人才团队。打造专业化海洋生物科技产业园区，运行海洋生物资源大数据服务平台，助力企业高效能创新发展。

（二）山东日照海洋经济发展示范区

山东日照海洋经济发展示范区依托日照经济技术开发区，与日照港联动一体发展，加快推动国际物流与航运服务创新，开展海洋生态文明建设示范。

1. 打造智慧港口、绿色港口

一方面提升港口智慧能级。建成国内首个规模化、平行岸线布置的双悬臂自动化堆场，集装箱实现"远控自动化岸桥+无人集卡+自动化轨道吊"的改造，木材智能识别和自动理货系统、无人机跑垛系统、港口矿石输送系统、无人化巡检系统等，打造出集装箱卡车无人驾驶、港机远程操控等多个5G应用智能化场景，建设便利化日照港物流区块链平台。另一方面，将运输方式绿色化。推动"散货改集装箱"的运输改革；实施港口工业岸线整治修复生态岸线项目，将脏乱差的港口煤炭作业区进行生态友好化改造，打造成亲海旅游景区，实现"退港还海、还景于民"。

2. 提升港口航运枢纽功能

一是完善港口集疏运体系。推进疏港铁路、公路、油气管廊等配套建设，构建"一工程一枢纽四通道"集疏运布局；推出铁路敞顶箱"一箱到底"多式联运物流新模式，扩大运输站点范围。二是增强港口辐射带动作用。持续扩张集装箱内外贸航线与班列，综保区开展"一带一路——海铁联运+国际保税班列"业务，连接日韩与中亚、欧洲市场。三是集聚发展港口物流产业。"四港联动"发展，海港、空港、铁路港、公路港共同发力，建成中远海运物流等港口物流综合服务平台，培育一批本地物流骨干企业。

3. 持续优化海洋生态环境

一是加强岸线生态保护。提高海洋生态保护制度严格等级，并根据自身情况制定实施合理的海岸线保护条例，建设国家湿地公园。二是高质量推进实施海湾整治。推进河流和海域环境综合整治等专项行动，实施石海陆一体化治理；建立"流域—河口—海湾"污染防治联动机制，加大对港口船舶污染治理和浒苔等海洋垃圾清理力度。三是开展循环低碳示范。构建多条循环产业链，形成酿酒企业、海藻加工企业和造纸企业间废水处理后循环利用以及废渣制造生物肥料等循环模式，打造园区循环化示范样板。

4. 推动现代海洋产业发展

一是促进科技产量高的产业项目合作签约，加快发展海上智能制造、游艇帆船等产业。二是打造海洋生物重点实验室及成果转化基地，推进生物医药产业项目建设。三是加快海洋牧场、海上粮仓建设，依托研究院推进海产珍品育苗技术开发，构建鱼虾蟹贝多品种生态养殖模式。

（三）浙江宁波海洋经济发展示范区

浙江宁波海洋经济发展示范区的主线任务是：提升海洋科技研发与产业化水平和创新海洋产业绿色发展模式。实现了海洋研发平台数量的大幅增长，海洋生态绿色协调发展水平大幅提升。

1. 引进培育，增强产业综合竞争力

一是加大政策和项目支持力度。编制海洋经济示范区投资合作手册，吸引优秀涉海项目和企业到示范区投资发展；在航运物流、海洋生物等领域出台针对性政策措施，为航运企业提供航运保险财政补助资金。二是集聚壮大海洋优势产业。聚集发展高端船舶及海洋工程装备，提升港航物流服务能力，引进国际物流中心，与高端企业供应链物流链达成合作。三是引进培育海洋新兴产业。促进海洋生物医药产业规模扩大，成立海洋生物药物联合研发中心；发展海洋新能源及新材料相关产业，建设国内最大的风电铸件生产基地。四是创新升级海洋传统产业。纵深拓展海洋文化旅游产业链，海岛民宿酒店、沙滩运动竞技、影视文化产业等蓬勃发展；海洋渔业转型升级，开发海鲜实时交易平台，打造"海上阿里巴巴"。

2. 科技支撑，补强产业创新发展力

一是搭建海洋创新研发新平台新载体。与多所高校建设海洋新兴学科研究院，促进海洋技术创新与研发。二是增强海洋科技成果转化能力。推进海洋领域"创新型初创企业—高新技术苗子企业—高新技术企业—创新型领军企业"梯队建设，提高企业自主研发及应用能力。三是提升创新人才集聚度。推动高校海洋研究院建设，引进海洋智能装备、智能制造等一批优秀科研团队。

3. 绿色发展，提升产业可持续发展力

一是建立严格的产业准入门槛。制定一系列产业政策，如节能环保产业集群发展专项规划、绿色制造体系建设实施方案等，明确示范区节能环保产业发展的总体目标、重点任务和发展路径。二是有序推进陆源污染物治理。建设完善入海河流和海洋环境监测网络，实现重要海洋功能区和生态敏感海域水质状况的连续、自动监测与动态评价。三是加大海洋资源修复养护力度。开展海岸带整治修复和海岛保护，建设海洋保护区和水产种质资源保护区；推进蓝色海湾整治行动综合治理工程和修复项目，建设国家级海洋渔文化生态保护区与海洋文化馆。

4. 区域合作，持续提升示范区开放功能

一是提升跨境贸易便利化水平。开展口岸全部作业现场试点"两步申报""两轮驱动"改革，实施"两段准入"附条件提离，实施进口"船边直提"和出口"抵港直装"物流新模式；推进"无接触""不见面"监管，推行各类国际贸易申报、审批和支付业务数字化转型，积极推进动态进箱以及全程物流可视化工作。二是加强区域海洋合作与交流。与周边城市启动政务服务通办、公共交通一体化、渔业资源联合保护、旅游合作及精品旅游路线推荐、教育发展联盟等一批跨区域合作机制和行动。三是增强国际贸易发展态势。开放梅山港区，积极扩展国际航线。

（四）浙江温州海洋经济发展示范区

浙江温州海洋经济发展示范区紧紧围绕"探索民营经济参与海洋经济发展新模式，开展海岛生态文明建设示范"的示范任务，依托聚集产业区，搭项目、建平台，港口物流实现突破性发展，民间投资增长显著。

1. 强化招商引资，提升海洋经济发展活力

增强文旅项目招引投资力度，推动产业聚集发展，引进安全产业园、生物科技产业园等项目，加强产业辐射带动作用。

2. 创新参与模式，鼓励社会力量支持海洋经济发展

一是探索民营经济参与海洋经济发展新模式，制定民营经济参与海洋经济创新工作方案。二是推动产业融合发展，建设现代化紫菜产业园，打造集"育苗养殖、加工销售、休闲娱乐"于一体的海上田园综合体，海洋生态牧场也融合休闲渔业、岛礁观光等功能联动发展。三是在海洋生态修复方面，出台社会资本参与建设管理办法，按照"谁修复、谁受益"原则，通过特许经营等方式，赋予参与生态的企业一定期限的自然资源资产使用权。

3. 坚持绿色发展，努力打造海洋生态文明样板

一是实施蓝色海湾整治，加大渔港清淤疏浚、沙滩修复力度。二是整治无居民海岛，根据岛群功能定位实施保护措施，通过"小岛迁、大岛建"实现"退人换岛"。三是建立岛屿海洋特别保护区、海洋生物增殖放流区、海洋生态

廊道。提升城市绿色化程度，建设花园村庄、花园庭院、花园公路等。

4. 发挥优势特色，构建绿色低碳现代海洋产业体系

依托渔业优势养殖规模，推进渔业健康养殖示范区建设；培育海洋生物医药企业集群，建设生物科技产业园；搭建研究院等校地合作平台，构建海洋产业全链条式成果转化模式；积极创新发展文旅融合业态，利用"渔、港、景、能"等资源发展全域化旅游新模式。

（五）广东深圳海洋经济发展示范区

广东深圳海洋经济发展示范区海洋新兴产业科技创新能力明显提升，医药产业集聚效应显著，示范任务为加大海洋科技创新力度，引领海洋高技术产业和服务业发展。

1. 提升海洋科技能级

一是促进海工装备产业智能化和高端化。建设智能海洋工程制造业创新中心，形成海工装备领域共性技术研发、转化和商业化应用新载体；向打造世界一流的海洋工程行业龙头的目标迈进，推动组建中国海工集团；建设海工装备检测服务平台，促进市场推广和应用。二是推进电子信息产业向海发展。提升海洋电子信息产业创新能力，推动海洋信息采集立体化、传输一体化、处理与呈现智能化、管控全过程可视化，推动高端海洋电子装备国产化。

2. 提升海洋高端领域与新兴产业科研水平

提升海洋科研与开发创新能力，组建海洋优势特色学科院校。同时规划建设海洋科技创新走廊，重点发展海洋高端装备、海洋电子信息、海洋生物、海洋现代服务业，促进海洋新能源、海洋新材料等领域的技术突破。

（六）福建厦门海洋经济发展示范区

福建厦门海洋经济发展示范区建设各项任务进展顺利，示范任务为：推动海洋新兴产业链延伸和产业配套能力提升，创新海洋环境治理与生态保护模式。海洋新兴产业链得到进一步延伸，产业配套能力大幅提升，海洋环境治理和生态保护取得了阶段性成效。

1. 注重企业培优扶强，实现产业发展新突破

一是加强政策扶持引导。加大财政支持力度，出台海洋经济惠企政策，编制现代海洋产业发展工作方案和实施路线图，支持海洋战略性新兴经济发展。二是提升服务供给水平。提升海洋产业招商队伍专业化程度与政务办理便利度，为企业提供高效率高质量服务。三是完善金融支持体系。鼓励支持产业基金和股权投资基金向海洋产业分流，推动银行、保险、信托与股权投资、担保等机

构合作，成立投贷联盟，为海洋企业快速发展提供充沛的资金支持。四是召开海洋发展大会。增强招商引资力度，推动海洋产业项目签约落地。

2. 促进产业孵化集聚，开辟产业发展新阵地

一是优化产业布局，促进产业聚集发展。构建产业带和发展园区，联合产业创新基地与研究中心，实现海洋创新孵化作用，打造"众创+实验+中试+生产"的孵化生态。二是增强生物产业创新孵化力度。推进海洋生物产业社区建设，建立"政府+园区+平台+基金+专家委员会"的创新运行机制，采取"企业自主评价+行业专业评价+市场发展评价"的评价模式，提升产业服务能力，努力将产业社区打造成闽西南地区海洋生物产业发展集聚地。

3. 加快平台开放共享，探索产业服务新模式

搭建海洋产业公共服务平台研发载体。依托厦门大学、集美大学及自然资源部第三海洋研究所等知名高校和科研院所，调动企业积极性，推动海洋生物医药、海洋信息化、海洋装备、海洋高技术服务等领域创新发展；建成厦门南方海洋研究中心海洋产业公共服务平台，通过平台开放共享工作机制，降低企业研发成本。

4. 实施科技创新驱动，打造产业发展新引擎

一是深化校企、院企合作，推进以企业为创新主体联合发展。二是提升国内外科技创新人才创新创业的吸引度，建设多个海洋原始工作站。三是坚持创新驱动，提升产业创新生态高度。鼓励企业建设实验室与研究中心，加快技术创新与研发；聚焦产业链前端，加大投资力度，鼓励社会资本投入。

5. 坚持绿色发展战略，生态建设迈上新台阶

一是开展海洋生态修复工作，进行海洋空间管控、海陆污染联合治理，提升海洋生态环境保护标准。二是创新建立海漂垃圾治理机制，提升制度化、常态化、系统化、信息化程度。三是开发海漂垃圾监测预警预报系统，实现溪流入海垃圾轨迹和分布区域每日预测预报，提高保洁效率，实现垃圾海上收集、陆上处置。

6. 加强区域合作交流，拓展协同发展新空间

一是贯彻实施大海洋概念，构建多层次海洋发展友好关系圈。主动参与到"一带一路"建设中，坚持以发展海洋经济为主体，加强与海上丝绸之路国家和地区的海洋交流与合作，推进与东盟国家科技、产业等领域的交流合作，建设中国—东盟海洋合作中心。二是提高在国际社会与学术领域的影响力与知名度，举办国家交流会、博览会、成果转化洽谈会等活动，建设厦门国际海洋周和东亚海岸带可持续发展地方网络（PNLG）秘书处，打造服务"海上丝绸之路"

相关国家和地区的专业化、便利化平台。

(七) 福建福州海洋经济发展示范区

福建福州海洋经济发展示范区推进海洋资源要素市场化配置，开展涉海金融服务模式创新，营商环境得到明显提升。

1. 优化海洋资源要素市场配置

通过建立以海洋资源为核心内容的自然资源资产负债表编制及其价值实现机制，实现海洋资源要素市场配置方面的创新；建立"政府+企业+金融+渔民"多元协同运作机制，促进海洋生态产品的价值实现。

2. 全方位创新涉海金融服务模式

建立"海洋银行"新模式，增强对海洋新兴产业的资金支撑力度。与中国农业发展银行、国家开发银行等银行合作，引导金融机构成立海洋产业专门服务部门；完善海洋信贷服务机制，针对海洋产业的特点与需求，为企业、渔民量身打造特色金融产品，推出"鲍鱼贷""惠渔贷"和船舶资产抵押贷款等产品，提高海洋企业与养殖户融资便利水平。

3. 加大政策支持力度

出台对海洋产业金融支持的相关政策，鼓励金融机构开发惠民便利的融资产品，增加涉海企业直接融资比重，推动符合条件的涉海企业上市挂牌融资。同时构建金融对接平台，促进银行机构与海洋渔业行业协会合作。

(八) 广西北海海洋经济发展示范区

广西北海海洋经济发展示范区主要任务为加大海洋经济对外开放合作力度，开展海洋生态文明建设示范。示范区开放合作平台与经济体制得到了进一步完善，金融、科研、旅游、贸易等领域交流合作取得显著成效。

1. 完善向海通道，建设一体化陆海空交通体

推进向海高速大能力铁路、公路建设，打通通江达海关键节点，加快民用机场建设，形成陆海空一体交通网，造西部陆海新通道北部湾国际门户港。

2. 深化海洋开放与合作

一是加强国际合作。充分利用海外资源和市场，拓展与"一带一路"共建国家和地区的经贸往来与交流合作；加强供应链国际合作，鼓励企业建立海外原料供保基地；申报国家级进口创新示范区，推进境外合作园区提质升级；举办国际海洋经济论坛，开展国际海洋交流。二是深化海洋开发地区间合作。以对接发展本地产业链为主攻方向，加强与邻近省市地区交流合作，牵动外地企业聚集向海发展；建设辐射周边省份与东盟国家的商贸物流中心，建设产业园，

促进国际科技合作。三是建设海洋开放合作平台。发展国际合作产业园、制造基地等，提升跨境产业链自由便利程度。

3. 加大海洋企业招商力度

一是提升企业入驻投资吸引度。绘制涉海企业资本、技术、人才分布与流动图，瞄准行业领军企业，精准对接引进一批涉海龙头企业；制定针对性的产业政策、优惠政策，增强对涉海企业投资落户的吸引力。二是持续优化营商环境。推进政务服务便利化改革，优化办事流程，提升服务效率；降低企业税费、生产要素成本、口岸经营服务性收费等；加快国际贸易"单一窗口"建设，优化贸易流程，降低贸易成本。

4. 实施碧海蓝湾保护行动

统筹海域污染防治、流域环境治理与保护，开展海洋典型生态系统、渔业资源的保护和修复工作，推进"蓝色海湾"整治行动、海岸带保护修复工程，打造北部湾蓝色海湾。

连云港国家海洋经济发展示范区处于海州湾内，上述湾区内示范区发展的部分经验值得借鉴，具体发展举措如下：

三大湾区	海洋经济发展示范区	主要任务	主要措施	下一步工作思路
环杭州湾大湾区	浙江宁波	提升海洋科技研发与产业化水平，创新海洋产业绿色发展模式	1. 引进培育，增强产业综合竞争力 2. 科技支撑，补强产业创新发展力 3. 绿色发展，提升产业可持续发展力 4. 区域合作，持续提升示范区开放功能	1. 高质量构建现代海洋产业体系 2. 高起点谋划建设海洋科技研发中心 3. 强化要素保障解决海洋经济发展瓶颈
	浙江温州	探索民营经济参与海洋经济发展新模式，开展海岛生态文明建设示范	1. 强化招商引资，提升海洋经济发展活力 2. 创新参与模式，鼓励社会力量支持海洋经济发展 3. 坚持绿色发展，努力打造海洋生态文明样板 4. 发挥优势特色，构建绿色低碳现代海洋产业体系	1. 打造高能级平台和新产业平台 2. 建设沿海产业带和生态海岸带 3. 深化海洋经济体制机制改革

续表

三大湾区	海洋经济发展示范区	主要任务	主要措施	下一步工作思路
环渤海大湾区	山东威海	发展远洋渔业和海洋牧场，推动传统海洋渔业转型升级和海洋生物医药创新发展	1. 发展综合性远洋渔业和融合式海洋牧场 2. 推动传统渔业转型升级 3. 补链壮大海洋生物医药产业	1. 建设全链条现代渔业产业体系 2. 打造功能齐备的海洋牧场技术体系 3. 构建全面发展的远洋渔业产业体系
环渤海大湾区	山东日照	推动国际物流与航运服务创新发展，开展海洋生态文明建设示范	1. 打造智慧港口、绿色港口 2. 提升港口航运枢纽功能 3. 持续优化海洋生态环境 4. 推动现代海洋产业发展	1. 加快建设现代化港口 2. 打造蓝色生态海岸 3. 大力发展现代海洋产业
粤港澳大湾区	广东深圳	加大海洋科技创新力度，引领海洋高技术产业和服务业发展	1. 推动组建中国海工集团 2. 组建海洋大学设立科研机构 3. 规划建设海洋科技创新走廊	1. 提升海洋经济发展能级 2. 增强海洋科技创新能力 3. 建设高品质滨海亲水空间
粤港澳大湾区	福建厦门	推动海洋新兴产业链延伸和产业配套能力提升，创新海洋环境治理与生态保护模式	1. 注重企业培优扶强，实现产业发展新突破 2. 促进产业孵化集聚，开辟产业发展新阵地 3. 加快平台开放共享，探索产业服务新模式 4. 实施科技创新驱动，打造产业发展新引擎 5. 坚持绿色发展战略，生态建设迈上新台阶 6. 加强区域合作交流，拓展协同发展新空间	1. 构建现代化海洋产业体系 2. 加快推进海洋高新产业园区建设步伐 3. 打造新型海洋科研创新高地 4. 拓展开放的海洋合作空间 5. 加快提升沿海生态绿带共建
粤港澳大湾区	福建福州	推进海洋资源要素市场化配置，开展涉海金融服务模式创新	1. 海洋资源要素市场配置模式创新 2. 全方位创新涉海金融服务模式 3. 对涉海金融服务模式的政策支持	1. 建设海上牧场 2. 推进临海产业现代化 3. 强化金融支持
粤港澳大湾区	广西北海	加大海洋经济对外开放合作力度，开展海洋生态文明建设示范	1. 向海通道建设行动 2. 向海开放合作行动 3. 海企入桂招商行动 4. 碧海蓝湾保护行动 5. 向海科技创新行动	1. 加快向海开放国际合作 2. 加快向海开放地区间合作 3. 加快向海开放合作平台建设 4. 加强陆海统筹污染防控 5. 推进陆海统筹整治修复

三、连云港市高水平构建国家海洋经济发展示范区的路径建议

（一）重点发挥港口龙头纽带作用

连云港市高水平构建国家海洋经济发展示范区的关键是要突出沿海港口在海洋产业发展中的核心作用。一是促进"物流金三角"联动，提升连云港港口能级，完善沿东陇海线陆海大通道，提升陆海通达程度，打造陆海统筹、内外联通、标杆示范的战略通道。二是利用好"一带一路"强支点和自贸区建设契机，大力发展港口综合物流和贸易，加快推进连云港区40万吨航道、40万吨矿石码头、30万吨原油码头、20万吨集装箱码头等深海港建设和上合组织出海基地、中哈物流中转基地建设，积极打造区域性国际枢纽海港、集装箱干线港和现代化产业集聚港。三是深度参与海上国际运输通道建设，推动中欧班列提质增效，大力发展中欧（亚）直达班列，争取更多中亚与日韩、东南亚双向国际中转，加快建设连云港港中亚、中欧班列海港集结中心和国际枢纽海港铁路集装箱中心站，构建海洋交通运输业"大枢纽"格局。三是以申报国家物流枢纽为契机，加深与"一带一路"共建国家涉海产业方面合作，逐步将涉海产业链向中西部地区延伸，打造国际性物流集散中心。四是充分发挥徐圩港区对涉海产业的支撑作用，以建设临港工业为基础，强化高新技术产业发展，以海洋工程装备、新材料、新能源为重点，建成临港工业集聚区和高新技术产业集聚区。五是建设智能化港口，将大数据、云计算、人工智能等数字信息技术融入物流的各个环节中，推进集装箱智能化改造、仓库数字化升级，打造自动理货系统、无人化巡检系统、无人机跑垛系统等，提升港口智能化能级，建设便利化物流服务信息平台，打造智慧物流园区、智慧港口。六是提升港航枢纽能级，积极拓展运输线路与站点，推进新亚欧大陆桥集装箱多式联运国家级示范工程，积极与上海、西安、乌鲁木齐等国内外铁路公司合作。推进物流干线的拓展，增加远洋干线的数量，开拓至欧洲远洋干线。完善铁路网络，打造陆海空多层次运输体系。打通沿海重要交通节点，实现多种交通方式的便利化衔接，推动多式联运发展。

（二）集聚发展现代海洋服务业

一是发挥新亚欧大陆桥东方桥头堡作用，以建设中国（江苏）自由贸易试验区连云港片区、"一带一路"国际枢纽海港和国家东中西区域合作示范区为重点，加快发展临港产业、海洋新兴产业和现代物流业。二是以高端化、服务化、绿色化、智能化为方向，以培育优势产业、骨干企业、特色品牌产品为重点，

培育壮大海洋新兴产业，加快提升海洋现代服务业质量，促进海洋服务业集群化发展。三是大力推动海洋新兴产业壮大与传统产业提升互动并进，服务业与制造业协同发展，重点提升海洋休闲服务业，优先发展滨海旅游业，强化一二三产融合，积极鼓励海洋休闲旅游、渔事体验、海鲜美食、渔村度假、渔家文化、教育科普、主题公园、渔业购物等多元复合业态的探索发展。四是重点打造渔业新业态融合发展模式，依托渔业养殖园建设集餐饮、娱乐、住宿等功能为一体的休闲渔村。建设电商产业园，打造集水产品加工、冷藏仓储、冷链物流、电商营销、直播带货等功能为一体的水产品产业园。五是突出建设海洋旅游特色城市，依托云台山、连岛、海州湾等旅游资源，融合西游记、徐福东渡等海洋文化底蕴，发展海洋特色旅游，打造港城独特旅游品牌。举办西游记文化节、丝路音乐节等文旅活动，打造连云港海洋旅游名片。提升海洋旅游吸引力，开发多种海洋娱乐项目，如海上观光、海底观景、海上垂钓、海上游艇等。六是建立健全智慧海洋信息化管理体系，建立面向经济发展、管理决策、社会公众的"智慧海洋"应用系统，形成覆盖全部涉海企业以及县区海洋主管部门的海洋信息综合管理系统。七是增强对海洋新兴产业发展支撑度，推动数字经济与海洋经济融合发展，建设海洋经济信息线上服务平台，提升海洋信息服务便利度。提升资金支持力度，鼓励银行、保险等金融机构开发独立海洋产业服务部门，根据海洋新兴产业特点与资金需求，打造特色金融产品，提升融资便利水平，为海洋新兴产业快速发展提供有利的资金支持。

（三）全面推进海洋绿色低碳转型

坚持生态优先、绿色发展，加强山、川、海、岛统筹，扎实推动海洋产业发展绿色转型。积极推进海上风电、光伏等清洁能源产业，推动绿色港口建设；转变近海养殖方式，支持深远海养殖，发展高效生态健康养殖。加快推进海洋产品废弃物循环利用，鼓励涉海企业开展"三废"循环利用与无害化处理技术应用。创建"近零碳"园区和工厂，探索"零碳""绿岛"发展模式，推进碳排放权交易，增强碳汇能力，研究建立蓝色碳汇生态功能区。研究可再生能源消纳权重考核制度、绿证交易制度、"湿地银行"、蓝碳交易等实现机制，开展具有海洋特色的生态产品价值实现机制试点。积极实施"海洋生态保护修复工程"，加大海洋生态修复财政资金投入力度，以自然保护地为重要抓手，加强海洋核心生态功能区建设，大力实施海洋动植物、地貌湿地等海洋生态保护，围绕岸线综合整治、滨海湿地恢复、生态海堤建设、生态景观打造、沿海防护林建设等，积极推进蓝湾百里建设。

（四）建设多层次海洋创新体系

一是利用全省科研院所先发优势，主动融入沿海科技走廊建设，在加快建设自然资源部滨海盐沼湿地生态与资源重点实验室、海洋药物活性分子筛选重点实验室、海洋生物产业技术协同创新中心的同时，积极争取海洋领域国家、省级技术创新中心、产业创新中心、重大科技基础设施及其分中心落户连云港市，围绕连云港市海洋主导新兴产业布局建设一批技术创新中心、涉海产业联盟、创新创业孵化平台等。二是凝练连云港市海洋产业发展的关键技术需求，发挥市场导向作用，围绕产业链协同创新、产业孵化集聚创新，重点突破海洋工程装备、海洋可再生能源、海洋新材料和海洋生物医药等一批核心装备和关键技术的科技研发，强化科技成果的产权保护意识、集成创新和转化意识，形成产业集群优势。三是促进海洋产业链与创新链深度融合，大幅提高科技供给质量和效率，塑造基于链主企业为核心的开放式创新网络的"前端控制"机制，要求在连云港市临海石化冶金、海洋交通运输、海洋渔业和滩涂农业、海工装备制造等优势产业中对重点企业在构建研发网络的初期阶段，就对技术主导范式进行明确，选择合适的企业、高校或科研院所作为合作伙伴，着力深化海洋科技领域产学研合作。进一步营造良好创新生态，增强企业自主创新能力，支持行业龙头企业牵头组建创新联合体，量质并举壮大海洋产业高新技术企业集群。

（五）探索示范区建设保障协调机制

一是认真落实全省沿海发展座谈会精神，按照"全市都是沿海、沿海更要向海"要求，坚持以新发展理念为引领推进连云港市海洋产业高质量发展。在注重扩大海洋经济规模的同时更加关注产业发展质量，不能以牺牲安全、破坏环境为代价，把创新作为第一动力、把协调作为内生特点、把绿色作为普遍形态、把开放作为必由之路、把共享作为根本目的，全面构建更加符合现代产业新理念的空间格局、产业结构、生产方式。二是推动建立连云港市海洋产业发展基金或贷款风险补偿资金，发挥政策性金融的主导作用，缓释涉海企业贷款风险，加大对重点海洋产业企业的信贷支持。三是健全海域海岛滩涂资源产权制度，探索海域使用权立体分层设权，完善配套的海洋空间管理制度。针对已取得海域使用权但未利用的围填海项目，推动与海洋经济、重大基础设施等发展导向相契合，探索使用权流转、用途变更处置途径。四是研究制定连云港市集聚海洋产业高端人才专项行动计划，围绕海洋产业发展重点领域，明确海洋高端人才引进举措。五是推进海洋信息平台建设，鼓励大数据企业开展海洋产业与经济各方面的数据收集、分析工作，在物流服务、环境保护、产业发展、资源开发等领域搭建数据便利化平台，推动数字技术与产业经济的结合。

（张宏远，江苏海洋大学副教授）

关于建设连云港区域性国际农产品贸易中心的思考

平浩生

近年来,连云港市贯彻落实习近平总书记视察江苏"争当前列、争做示范、走在前列"重要指示和"后发先至"殷殷嘱托,全力打造"一带一路"强支点和国内国际双循环战略链接,推进国际枢纽港口、自贸试验片区、跨境电商试验区、农业对外开放合作试验区等平台载体建设,农业产业化、国际化水平大幅度提升,农产品国际贸易在全省居于前列。与此同时,连云港农产品国际贸易还存在规模不大、质量不高,贸易商品地域局限大、国际化程度不高,国际国内影响力小、市场地位不高等问题与不足,还远远没有达到连云港农产品国际贸易应该能够达到的能级,需要通过顶层设计、系统谋划,以建设连云港区域性国际农产品贸易中心(以下简称农产品贸易中心)为引领,推动连云港市农产品国际贸易高质量发展,成为"一带一路"强支点建设的重要内容。

一、以全球视野和全新理念看待连云港区域性国际农产品贸易中心

近年来,全球化遭遇逆流,但各国发挥比较优势扩大国际贸易的趋势没有改变,我国与世界主要经济体的贸易规模持续提高,其中农产品国际贸易占重要份额。随着我国经济社会稳定发展、乡村振兴战略实施、农业现代化进程加快、农业产业结构不断优化等,国内农产品品种、数量和质量全面提高,生活水平大幅提升激发了国民对进口优质农产品的需求,我国农产品国际贸易将继续呈现较快增长势头。连云港是亚欧陆海联运枢纽,既有贯通亚欧陆路物流通道,也有覆盖全球的海运网络,同时拥有内陆陇海兰新沿线至中亚和欧洲、海外日韩及东南亚乃至各大洲的庞大人口和市场,充分挖掘贸易潜力、扩大贸易交往,大力发展农产品国际贸易前景广阔。特别是 RCER 协议即将生效,连云港农产品国际贸易将迎来更多机会。我们应拓宽视野,把建设贸易中心放在服务国际、国内两个市场,强化两个市场战略链接作用发挥上,使之成为农产国际贸易和国内贸易的重要节点。

　　与此同时，我们要树立"买卖全球"理念，切实改变过去重本地产品对外销售和外地产品本地销售的局限束缚，充分发挥连云港市区位、交通和开放平台优势，利用国际国内丰富的优质农产品资源和相互错位的消费需求，把服务国际国内两个市场的需求作为对农产品贸易中心建设的目标导向，实现农产品贸易的"买世界、卖世界"，扩大新亚欧大陆桥沿线地区和国家农产品与中国（沿海地区为主）与印太地区（RCEP协定、东盟等地区和国家为主）以及国内沿海与陇海兰新沿线省区的农产品双向贸易，大力提升农产品贸易层次和能级。

　　基于全球视野和"买卖全球"理念，农产品贸易中心建设应有更广阔眼光和思路理念，其服务范围应从本地区产品扩展到从连云港进出的国际国内农产品上；服务方式应从传统线下交易扩展到以线下市场交易和线上平台交易相互支撑、相互促进；服务功能上应更加注重为农产品贸易提供综合性服务。

二、充分认识建设连云港区域性国际农产品交易中心的必要性、现实可行性，客观理性认识制约因素

　　（一）从必要性看，将对连云港市加快后发先至、全面开创新局、建设现代化新港城具有积极意义，并至少在以下四个方面发挥重要作用。一是促进"一带一路"强支点建设。贸易带动物流、物流强化支点，是打造强支点的重要路径。打造区域性国际农产品贸易中心，可以充分发挥"一带一路"交汇点和"两基地一班列"以及连云港市农业产业化国际化良好基础等优势，推动海内外农产品在连云港汇聚交流，成为农产品国际国内循环的重要交汇点，促进"一带一路"强支点建设。二是促进农业对外开放合作试验区建设。2017年连云港市被认定为全国首批农业对外开放合作试验区建设试点之一，成为新时期我国推进农业对外开放合作的先行区。连云港应发挥独特的区位优势，担当国际国内农产品中转贸易的角色，形成连云港及周边省市、中亚乃至欧洲、RCEP等各国优质农产品的集聚、展示、交易和物流运输，创新性地拓展农业对外开放合作试验区建设内容，以贸易中心建设促进农业对外开放合作试验区的建设。三是促进自贸片区高质量建设。农业领域的对外开放是连云港自由贸易试验片区建设的重点内容之一。通过打造农产品贸易中心，连云港市农业领域可以复制和推广自贸试验区创新成果，强化体制机制创新，打造一批示范工程、建成一批试验项目、实施一批创新政策，努力建设"一带一路"农业贸易物流集聚区、中西部农产品出口引领区、全国农业对外开放合作样板区，促进自贸试验片区在农业领域的创新发展。四是促进国际化海港中心城市建设。农产品贸易中心

180

的建设，将极大地汇聚全球农产品商流、物流、资金流、信息流和人流，强化连云港的国际化功能，促进国际化海港城市建设。

（二）从可行性看，连云港已基本具备建设农产品贸易中心的基础条件。这体现在：一是具有通商口岸的综合交通枢纽条件。连云港拥有较为完备的港口物流基础设施体系，是国际枢纽海港、港口型物流枢纽城市、全国公路枢纽城市之一。物流体系发达，海铁联运、海河联运、海公水联运、航空运输等设施完备，国际国内航线较为密集，中欧中亚班列畅通，口岸查验等综合服务功能齐全，都为农产品国际国内贸易提供了良好的物流基础条件。连云港正逐渐成为东亚、东北亚和中亚乃至环太平洋和欧洲地区农产品沟通重要枢纽，成为农产品贸易中心建设的重要保障。二是具有较发达的产业基础条件。连云港农业产业发展基础雄厚，已经形成一系列特色农业产业，农业产业化水平稳步提高，现代农业园区居全省领先水平，企业集群集聚发展态势良好，外向型农业保持全省领先，"十三五"以79.5亿美元农产品进出口额居全省前列，农业品电商等新型业态培育良好，农产品龙头企业数量及规模良好，农产品质量标准正逐步与国际接轨。这些都为农产品贸易中心建设提供了良好土壤和基础能力。三是具有腹地广、能级大的市场潜力。连云港地处"一带一路"海陆交汇点，直接腹地和海陆物流所辐射区域范围十分广阔，沿线连接从东南亚、东北亚、中亚直至欧洲广大地区的64个国家，国内辐射范围涵盖11个省区，人口基数巨大超过32亿、约占全球43%，农产品供给十分丰富、品类繁多、互补性消费潜力巨大。近年来，我国与"一带一路"共建国家农产品贸易额增速持续提高，2020年超过866亿美元。随着RCEP协定生效，农产品作为区域贸易重头商品将迎来更大增长。巨大的供给和消费能级，赋予了农产品贸易中心坚实的市场条件。四是具有良好的农业对外合作载体平台。近年来，连云港市自贸试验片区、跨境电商综试区、农业对外合作试验区相继获批建设，成立"一带一路"农业国际合作产业联盟，与中国农产品美国和加拿大展示中心签署合作协议，"一带一路"连云港农业综合信息服务平台正式启用，连云港跨境电子商务公共服务平台、江苏首家保税商品展示交易中心投入运营，成立东海花卉进口交易中心，赣榆海鲜交易市场活跃，"连天下""5·18电商购物节""网上农洽会"等品牌不断成长，成功举办七届中国（连云港）丝绸之路国际物流博览会、九届江苏农业国际合作洽谈会、中国食用菌行业大会等大型展会，对推动连云港市农产品贸易起到了积极作用，为建设农产品贸易中心提供了良好的载体平台。五是具有提供贸易便利化的综合环境条件。连云港港是经国家市场监督管理总局认定的进口种苗、粮食、肉类、食用水生动物及水果6类产品指定口岸、哈国过境中国粮食唯一离境口岸、江苏唯一进口澳大利亚屠宰牛港,农产品进出口的通关条件基础好。建设具有陆桥特色的电子口岸,打造集电子口岸、电子政务、电子商务于一体的港口综合服务平台;市政府与海关总署和南京海关签署共同促进连云港农业对外开放合作协议,口岸与陆桥沿线十三市建立"食品安全大通道"检验检疫合作机制,市农委与国税、人民银行、海关等部门联合成立农业对外开放合作服务联盟,成功复制上海自贸区"跨境电子商务进出口新型海关监管模式"等10项制度等,连云港市在农产品贸易相关的产业准入、项目审批、工商年检、金融服务、风险补偿、知识产权保护、资产评估交易、公平市场环境营造等软硬件环境更加完备。

（三）从制约因素看,我们应理性客观认识:一是物流综合能力有待提高。2020年,连云港市物流业总收入（310.43亿元）占全市GDP比重不足10%,相比于物流效率较高和一体化水平较好的发达地区差距较大。从基础设施和布局来看,主要集中于港口区域,其他地区物流布局分散、规模化程度低、运行成本高。本市和周边区域缺乏能满足集中采购、低温处理、冷技术跨区域配送的大型冷链中心和分拨配送体系,容易导致生鲜农产品冷链物流发生"断链"情况。尚无用于国内外集中展示的冷藏设施,尤其缺乏农产品低温冷藏设施,对全球农产品汇聚展示、国内外客商看样采购非常不利。此外,尚无中央厨房等新型农产品加工配送中心。二是观念理念有待提升。连云港及腹地经济发展相对滞后,经营观念比较弱,开放意识不强,商业行为缺乏全球意识,不能很好地适应贸易全球化、经营国际化趋势。同时,"买卖全球"的大贸易思维意识不强,对通过构建国际化贸易平台、开展贸易资源全球化配置的经济活动缺乏足够认识和信心,将在很大程度上制约连云港市农产品区域性国际贸易中心的建设。三是营商环境仍需大力优化。连云港在国际化、法治化、市场化的营商环境等方面和国际一流城市甚至省内先进城市都还存在较大差距。从政策政务层面来看,公平竞争环境仍有很大的改善空间。从法治维度层面来看,政策支持力度、政府优化服务等方面依然存在巨大的挖掘潜力。四是品牌管理和质量标准有待完善。目前,连云港市及周边区域外贸龙头企业少、出口知名品牌少,缺乏统一地域农产品品牌,现有的地域品牌知名度和竞争力也不强。同时,连云港市农产品的品质标准体系存在体系不完善、质量认证和检测标准不一致等问题;国际化农商对接程度较低,国际农商互联标准体系尚未建立;农产品品牌营销与农产品本身品质管理也存在不足,都在不同程度上制约农产品贸易中心的建设。五是合作交流渠道不多。缺乏"论坛+联盟"模式的政策沟通平台,与"一带一路"共建国家和重点省区、城市的农产品贸易合作不多,国际农产品贸易交流机制不完善、合作平台较少，国际农业合作信息化平台层级较低、信息化支撑力不强等，也制约了农产品贸易中心建设。六是人才供给难以满足需求。如缺乏电子商务环境下冷链物流复合型高端人才，冷链产业专业技能不高、人才严重不足，缺乏会展策划、营销和运营管理的专业会展人才，等等。

三、把握定位功能、突出关键重点，推进区域性国际农产品贸易中心建设

（一）把握农产品贸易中心定位与功能

立足于连云港"一带一路"交汇支点、国内国际双循环战略链接、东西双向开放门户和优质资源汇聚的特点，农产品贸易中心应成为"一带一路"重要的农产品交易集聚区。一方面，发挥物流枢纽作用，汇聚国际国内优质农产品，通过打造特色明显、主题突出的农产品交易平台，建设农产品交易中心，并拓展加工、信息、金融、法律、商务等配套服务，促进"一带一路"沿线范围内农业领域的商流、物流、金流、人才流和信息流等充分流通，使连云港成为"一带一路"农产品要素集聚区。

基于上述定位，应突出农产品贸易中心的五大功能：一是高效的市场交易功能。在连云港市一定区域范围内形成若干特色明显、主题突出的农产品交易功能区，具备商务效率较高、商务机会多、商务成本低的特征。二是强大的信息枢纽功能。建设农产品贸易交易及物流等综合信息服务平台，汇聚区域乃至全球范围内农产品贸易交易相关信息，成为区域性国际农产品贸易的信息枢纽。三是先进的展示交流功能。一方面通过建设满足各类农产品集中展示交易场所，吸引全球农产品供应商在连展示商品、采购商在连洽谈采购商品，成为国内外供需订单的集中发生地；另一方面，通过组织各类农产品展会、举办论坛、开展信息发布和技术交流活动等，成为国内外农产品贸易交流中心。四是完备的商品流通功能。形成完备的供应链管理、高效的通关流程、发达的区域农产品贸易市场、便捷的腹地批发网络以及现代的流通体系，形成高效的区域农产品商品流通网络。五是齐全的综合服务功能。围绕农产品贸易活动，完善国际金融、保险、法律、税务、保税、商务、人才等综合服务功能，支撑农产品贸易中心建设，成为"一带一路"农产品贸易综合服务集聚区。

（二）狠抓关键，全力打造两个平台

一是农产品线下交易平台。结合连云港市农产品交易市场现状，在农业开发合作试验区规划基础上，按照因地制宜原则，分类建设水产品、果蔬产品、粮食（含杂粮）产品、加工产品等专业交易市场，建设农产品展示与采购交流

集聚区、农产品综合服务功能集聚区、农产品深加工集聚区,完善农产品物流分拨配送体系,打造农产品实体贸易中心。二是农产品线上交易平台。与线下实体交易市场相衔接,建设农产品线上交易平台,为农产品供需双方搭建产品展示、线上交易撮合与线上签约、资金结算、信息咨询与发布以及通关、物流、品牌营销、融资、法律等综合性服务,成为功能强大的一体化线上交易服务平台。线上交易平台应统一设计、统一建设、统一运行、分类分步推进,并由市国有企业集团联合国内外有实力的贸易商等开发运行。

(三) 突出重点,推进实体交易市场建设

线下交易市场是农产品贸易中心建设的基础,应加快形成三大交易市场。一是果蔬及制品交易市场。以海州为中心,建设以食用蔬菜、根及块茎、食用水果及坚果、咖啡、茶、调味香料等果蔬及其制品为交易对象的线下交易市场。二是肉类及水产品交易市场。以东海和赣榆为中心,建设以肉类及食用杂碎、鱼、甲壳动物、软体动物及其他水生无脊椎动物、乳品、蛋品、天然蜂蜜、其他食用动物产品等肉类和水产品及其制品为交易对象的线下交易市场。三是粮食(含杂粮)交易市场。以连云区、开发区为中心,建设以小麦、大豆、玉米、水稻、高粱以及各种杂粮等大宗粮食产品及其制品为交易对象的线下交易市场。

上合园区应联合港口控股集团、农发集团等国有企业发挥独特而重要的作用,建设以展示交易服务为核心的冷链物流中心和综合服务功能集聚区,成为全球农产品集中展示区、线上线下交易达成区、国际农产品物流集散区。

四、努力探索连云港区域性国际农产品贸易中心的建设路径。

要立足本地资源禀赋,充分发掘和利用国际国内适宜的资源和市场,创新思维,大胆开拓,努力探索连云港区域性国际农产品贸易中心的高效高质建设路径。

(一) 大力提升农产品贸易便利化水平

推进电子口岸建设,完善农产品进出口服务内容,建立农产品通关便利化机制,设置农产品进出口专用窗口,优先办理通关手续,实施"门对门"监管,鲜活农产品在装运现场实施查验。为企业特别是高资信企业建立从存放、装卸、运输到进出境环节的"农产品绿色快捷通道"。依托国际贸易"单一窗口",合力推进通关作业"一次申报、一次查验、一次放行",努力为企业提供进出口"一站式"服务。结合农产品贸易特点,探索拓展RCEP项下贸易便利化措施的适用范围。对粮食等大宗农产品货物、易腐农产品、快运农产品等分类施策,简化查验程序、放行单证和征税手续。推动大陆桥沿线城市在海关、检验检疫等方面开展跨区域口岸合作，落实"属地申报口岸验放"模式；在大陆桥沿线节点城市合作建设物流场站，大力发展海铁、海陆等多式联运业务。

（二）着力推进冷链物流体系和物流中心建设

加强与周边城市和陇海兰新沿线省区在冷链基础设施和冷链运输领域的协作，形成合理布局和运输配送体系，实现农产品冷链各环节的高效协同。依托连云港主体港区、上合组织（连云港）国际物流园、北翼的赣榆港区建设冷链物流项目，包括配套冷库以及封闭式装卸码头等基础设施，推广高温冷藏、超低温冷冻等各类保鲜新技术，打造完备的农产品冷链物流体系。建设农副产品国际冷链物流交易结算中心，设立国际冷链物流外汇结算平台，形成集保税仓储、冷链物流、信息发布、电子交易、货币结算于一体的国际交易市场和金融结算中心。培育冷链物流企业，引进并扶持培育一批经济实力雄厚、经营理念先进、核心竞争力强的第三方冷链物流企业。加快建设一批适应现代农产品流通和消费需求的冷冻、冷藏和保鲜仓库。

（三）加快农产品贸易转型，大力发展贸易新业态

大力发展农产品深加工业。一方面立足连云港及周边优质农产品，大力发展农产品产地深加工，建设粮食烘储加工中心、果蔬加工中心、海洋食品加工中心等，不断挖掘农产品加工潜力、提升增值空间；另一方面，大力发展过境农产品精深加工等增值服务，建设区域性国际农产品深加工中心，提升区域性国际农产品贸易中心的业务范围和产业层次。大力发展农产品贸易新业态。发挥跨境电商综试区和跨境电商零售进口试点城市政策先行优势，推进跨境电商公共服务平台、大陆桥跨境电商产业园升级转型。借助RCEP生效后政策外溢效应，围绕本地和区域特色农产品，制定和完善适应跨境电商的农产品质量和检验检疫标准，推动跨境电商农产品贸易持续规范发展。支持企业在主要农产品贸易伙伴国建设一批海外仓，将零散的国际运输转化为大宗运输，降低农业企业的物流成本，缩短订单周期，完善境外农产品贸易、仓储、配送和售后等配套服务。探索在海关特殊监管区内设立农产品等保税展示交易平台，探索农产品跨境电商转口贸易模式。

（四）加快引进和培育农产品跨国企业，提升农产品品牌效应

要大力引进和培育出一大批具有国际化理念且在经营和管理方式上与国际接轨的跨国农业企业，大力吸引国内外农产品生产性企业和贸易型企业、农产品物流、全球连锁经营者以及提供技术标准、产品研发、信息、金融、法律等

服务的服务类企业，逐步形成共生性的国际商务生态和农产品贸易总部型企业集群。大力提升农产品品牌效应。鼓励既有地方特色优质农产品创建品牌，扩大"连天下"公用品牌授权，支持企业打造农产品区域公用品牌，推动农业品牌营销内容、技术、模式、业态和场景创新。加强农产品标准化建设，要加强对主要农产品贸易伙伴国特别是 RCEP 成员国的标准研究，建立由政府牵头、相关组织协同的标准研究、制定和认定机制，利用各种渠道做好标准的国际推广，提高农产品品牌的知名度。

（五）扩大国际交流合作

争取国际贸易投资促进机构、国际农产品行业组织、区域农产品行业组织、相关国家政府或农产品行业机构等来连建立地区总部或办事机构。开展农产品、农业科技信息、技术、政策、投资及人才等方面的国际国内交流与合作。

（六）大力发展农产品国际化展会业

一方面要提升农洽会国际化专业化水平，另一方面要着力开发特色农产品展会，加强国际国内推广，打造连云港农产品国际会展之都。推动展会线上线下联动发展，扩大"网上农洽会"产品覆盖面和影响力，培育农产品线上展会新平台。

（七）加大农产品国际贸易制度创新

以自贸试验区、农业对外开放合作试验区、国家东中西区域合作示范区、综合保税区等为载体，推进高水平制度型开放。着力强化东西双向开放窗口、"一带一路"强支点的门户联通功能，推进规则、规制、管理、标准等高水平制度型开放。加快建设更具国际市场影响力和竞争力的区域性国际农产品贸易特殊经济功能区，努力推动投资自由、贸易自由、资金自由、运输自由、人员从业自由、数据跨境流动安全有序，持续释放制度创新集成效应。建立与国际高标准规则相一致的跨境服务贸易制度，大力发展专业服务、商贸物流、旅游、会展等跨境服务。建设高水平的综合保税区，推进农产品国际物流、中转集拼、大宗商品期货交割等优势业态发展，拓展保税研发、保税加工等新业态。

（八）优化营商环境，放大制度创新效应

从区域性国际农产品贸易中心建设的角度出发，重点优化跨境贸易营商环境、口岸服务营商环境和农业领域营商环境。在跨境贸易营商环境优化方面，应从深化跨境贸易降费提速改革、进一步削减进出口验核单证、深化国际贸易"单一窗口"建设、探索建立进出口企业信用评价体系、不断完善相关地方法规制度体系、健全知识产权海外维权网络体系等方面加大力度；在优化口岸营商环境方面,要从优化口岸"通关+物流"流程、推进口岸单证精简及无纸化、优化出口退税单证备案制度、降低企业进出口合规成本、提升口岸监管能力和服务水平、强化口岸作业公开透明可预期等方面发力;在优化农业领域营商环境方面,需推进农业领域"放管服"改革、完善陆桥沿线检疫和原料基地互认合作机制、引导农业企业利用有关国际规则等工作。

(平浩生,连云港市贸促会主任、党组书记)

大手笔打造新港城几何中心的路径与思考

卢士兵

一、背景意义

（一）研究背景

连云港经济技术开发区是 1984 年 12 月经国务院批准设立的首批国家级开发区，位于连云港市区的地理中心，从中心城区总体格局来看，连云港经济技术开发区正好处于海州、连云、赣榆、徐圩等多组团几何中心。连云港经济技术开发区作为新港城几何中心，因其重要区位和良好发展态势，已经成为全市战略发展中心。市十三次党代会指出，连云港市经济技术开发区要按照苏北最高水平、沿海一流水平的要求，大手笔打造现代化新港城几何中心，更大力度集聚高端人才、高端企业，着力建设高层次商务开放区、高水平科技研发区、高品质生活居住区。如何"按照苏北最高水平、沿海一流水平的要求，大手笔打造现代化新港城几何中心"，是连云港市经济技术开发区面临的重大发展课题，也是重要发展机遇。

（二）研究意义

连云港经济技术开发区作为城市几何中心，是实现海州城区到连云新城（城市新中心）过渡发展的强力跳板，对于整个市区发展格局完善和塑造，肩负着重要历史使命和重任。以习近平新时代中国特色社会主义思想为指导，全面贯彻落实党的十九大和党的十九届二中、三中、四中、五中全会精神，深入贯彻市十三次党代会会议精神，连云港经济技术开发区应抓住用好战略机遇，积极推进新港城几何中心建设，立足新发展阶段，贯彻新发展理念，全力打造"高层次商务开放区""高水平科技研发区"和"高品质生活居住区"。

因此，急需研究如何大手笔打造新港城几何中心，将市开发区地理区位优势转变为现实发展优势，使其联系海州、连云、赣榆、徐圩等组团乃至周边区域更加便捷，成为人流、物流、信息流及商贸转换的枢纽地带。欲实现市开发区从几何中心到城市中心的蝶变，需要进行系统谋划规划，制定面向未来的可实施发展路径，以科学引导几何中心发展建设，支撑连云港"一带一路"强支点建设，书写新时代的"西游记"。

（三）研究内涵

所谓"几何中心"，是指具有一定对称性的物体最中心的位置，如圆心、球心、平行四边形两对角线的交点等。具有几何中心的物体，再进行能够重合自身的对称性变化时，其旋转轴、对称轴、旋转基点等必过几何中心。

所谓"城市几何中心"，是整个城市地理层面的中心位置。城市几何中心只是空间层面的中心，而不一定是城市发展建设的中心区域。从连云港市中心城区所含的海州、连云、赣榆、徐圩等多组团的发展空间格局来说，市开发区正好处于连云港中心城区的规划几何中心位置；然而目前，市开发区除产业外，人口、经济、交通、配套等情况还不足以承担城市中心的发展重任，如何从几何中心转变为发展中心正是本文研究的核心目的。

有学者对地方理论导向下的城市区位进行研究，认为"区位论是城乡空间规划领域当中的一个重要性的理论，关于区位论可为城市相关要素的布局提供发展思考，早期的区位论过多注重对区位的物质属性、经济属性的关注，但是自20世纪60年代以后，西方发达国家的城市规划理论当中区位的社会文化属性逐渐成为现代空间要素布局的主要关注因素……通过区位的地方性和地方感的塑造，力图扭转传统的区位物质经济观，走向融合物质、经济、社会、行为、文化为一体的综合区位观"，本文研究的内涵是在城市几何中心区位基础上进行综合性研究，以更高层次、更广维度、更大视野下整合"一带一路"倡议和自贸区政策优势，整合交通区位、产业基础、生态本底资源，深入探索城市几何中心向发展中心转变的目标定位、发展思路和实施路径。

二、新港城几何中心现状分析

（一）现状概况

连云港经济技术开发区行政管辖面积193平方千米，人口约20万人，下辖朝阳、中云、猴嘴三个街道。

连云港经济技术开发区位于海州区、连云区、赣榆区的三区交汇中心位置，处于海州城区向连云新城城市新中心过渡发展区域，在城市东西融合发展进程中起着关键链接作用。市开发区作为全市产业创新高地，拥有"3+N"主导产业，即新医药、新材料、高端装备制造及总部经济、数字经济、高端商务配套、研发中心等，已成为全国最强医药创新基地，全国最大的抗肿瘤药物、抗肝炎药物、精神类药物、医用包装材料生产基地，全国重要的现代中药生产基地，全国最大的碳纤维生产基地，亚洲最大的风电装备生产基地。

连云港经济技术开发区高新技术产业产值占规模以上工业总产值的比重达77.7%，先后获批国家生态工业示范园区、国家知识产权试点园区，在2020年商务部公布的全国218家国家级开发区综合评价中位列第28位、营商环境指数位列第29位。2021年，市开发区地区生产总值增长8.2%，实际利用外资2.3亿美元，工业应税销售收入增长8.9%，规上工业总产值增长5.4%。

（二）发展优势

连云港经济技术开发区经过了近40年的发展，已经成为连云港市外向型经济的重要载体和建设国际性海滨城市的核心区域，是连云港市优质资源最为集中的区域，拥有一系列战略机遇和发展优势，为新港城几何中心发展提供了良好基础。

1. 三区叠加战略机遇。连云港经济技术开发区发展一直受到中央和省、市层面高度重视，被赋予了一系列国家战略和先试先行任务。1984年12月，获批首批国家级经济技术开发区；2018年5月，经国务院批复成立综合保税区；2019年8月，国务院同意设立中国（江苏）自由贸易试验区，中国（江苏）自由贸易试验区连云港片区正式挂牌。国家级开发区、自贸试验区、综合保税区"三区叠加"效应持续释放，市开发区加快构筑改革开放新格局正在迈入腾飞发展的新时代新阶段。

2. "三新一高"产业优势。经过多年的产业发展和积淀，目前，市开发区搭建了以"新医药、新材料、新业态、高端装备制造（三新一高）"为主导的产业体系，建成全国最强医药创新基地、全国最大碳纤维生产基地、亚洲最大风电装备生产基地，形成了"三峰并立"的产业优势，尤其是新医药产业领跑全国。市开发区贡献了全市1/5的税收，1/5的规上工业总产值，1/3的研发投入，1/3的进出口总额，3/5的高新技术产业产值。"三新一高"产业的发展，为几何中心建设奠定了产业基础，通过产业带动就业，吸引人口集聚。

3. 多元综合交通体系。青盐铁路、连淮高铁、连徐高铁相继开通，打通青岛、南京、徐州、上海四向高铁通道，开启连云港高铁新时代；花果山国际机场投入使用，空港能级进一步提升；港口功能提升，布局优化工作稳步推进；

长深高速连淮段开工在即，高速公路通行瓶颈将被解除；省内首条市郊铁路开通运行，迈出多层次轨道网络发展第一步。随着多元综合交通体系的逐步完善，连云港对外交通联系更加便捷，与周边城市时空距离进一步缩小，处于几何中心位置的开发区将融入连云港城市综合交通体系，建设海港、空港、陆港"三港合一"的国家级综合交通枢纽、绿色生态连云港。

4. 丰富充裕土地资源。开发区范围内滩涂、低产盐田等土地资源丰富，不涉及农用地转为建设用地，可直接依据相关用地规划进行开发建设，为城市几何中心产业发展及城市建设提供了充足的土地保障。

5. 公共配套不断提升。在推进产业发展的同时，开发区也在持续推进产业配套建设，港逸花园、金辉优步花园、冠豪名苑、恒大御峰等一系列居住小区建成，为开发区不断集聚人气；现有华杰实验学校、国际双语学校、连云港高中、猴嘴中学、台北盐场小学等10余所学校，满足开发区教育需求；拟建开发区医院、中医院分院等，进一步提高开发区医疗服务水平；工业展览中心、金融大厦、大数据中心、中华药港研发中心、国际医药创新中心、邻里中心等产业配套服务项目的建设，进一步助力"三新一高"产业发展。各项配套设施的不断完善，推进了城市几何中心产城融合发展。

6. 城市发展重心演进。多年来，连云港城市发展逐步实现"城市东进，拥抱大海"的发展愿景，城市发展重心不断演变。从海州城区到新海新区，再到以后的连云新城，最终实现滨海发展。在城市发展重心逐步转移的过程中，从海州跨越到连云新城必然经由开发区城市几何中心这一重要节点。目前，海州区基本建设完成，城市建设不断向开发区猴嘴街道蔓延，城市重心将首先从海州城区转移到城市几何中心，随着城市几何中心开发建设成熟后再转移到连云新城，城市几何中心承担着海州城区到连云新城过渡的重要使命。

（三）问题不足

为了高水平建设城市几何中心，我们既要看到现状发展的条件，也要看到发展的差距。目前，开发区发展主要存在以下几方面问题：

1. 产业有待壮大。人气不足是开发区目前发展的瓶颈，想要把人口吸引到开发区，主要依靠产业的拉动，通过产业的发展壮大，创造更多的就业岗位，吸引人就近工作、就近生活，才能为开发区集聚人气。目前，开发区产业规模依然有限，带动就业不足，需要进一步围绕"三新一高"主导产业，以龙头企业为引领，促进产业集聚壮大，发挥集聚规模效应，创造更多的就业岗位为开发区吸引和留住人才。

2. 交通有待加强。作为城市几何中心，开发区要保持并加强交通优势，做好与海州、连云、赣榆三区的交通联系，通过快速路能够快连三区；同时，几何中心要能够快速到达市政府、连云港高铁站、花果山国际机场等重要城市节点，更好地服务在几何中心工作和生活的人。因此，快速路的建设、组团间联系通道的建设、内部路网的优化完善等是亟待解决的问题，要构建几何中心高效便捷的综合交通体系。

3. 配套有待完善。通过产业发展吸引人才到开发区工作，想留住人才还需要有完善的公共配套服务。在现有的学校、医院、农贸市场等公共设施的基础上，还需进一步完善公共配套，加快建设一批公办学校，提升优质的教育资源；加快推进开发区医院、中医院开发区分院建设，提升医疗服务水平；建设六馆一体（文化馆、图书馆、体育馆、体育场、剧场、美术馆）的区级文体中心，满足群众日常生活需求；完善农贸市场、公园等其他各项生活配套服务设施，提升服务能级，为开发区居民提供便捷的生活环境。

4. 特色有待塑造。市开发区有着丰富的历史文化资源，猴嘴的盐坨特色空间及盐文化是独具特色的文化记忆，朝阳的大社文化、桃文化、西游文化等形成了别具风格的时代文化魅力，中云藤花落遗址所代表的龙山文化见证了人类的发展历程，多样的文化元素在城市几何中心汇聚，是有待开发的宝贵资源。如何挖掘并打造出精品和亮点，是城市几何中心建设的关键问题之一，通过文化特色的塑造，丰富几何中心城市内涵，提升城市魅力和城市吸引力，成为城市发展不竭的动力。

5. 土地效率有待提高。城市几何中心范围内现状存在一定量的用地效率较低的土地，目前开发区已经开展了土地"双清"（闲置土地清理、涉地税费清缴）工作，腾出约1400亩土地资源，可用于城市几何中心的近期开发建设。对于其他现状土地效率较低的土地，仍需通过增容技改等方式对工业用地进行提质增效，进而逐步提高土地效率；待开发的土地，需要提高准入门槛，保障土地高效开发建设。

三、新港城几何中心目标定位

（一）总体定位

大手笔建设现代化新港城几何中心，打造"高层次商务开放区、高水平科技研发区、高品质生活居住区"，首先必须制定新港城几何中心总体定位。立足市开发区区位优势和禀赋特点，现从宏观、中观、微观三个发展层次格局上进行综合性、战略性分析：

一是从区域宏观发展格局来看。连云港地处我国万里海疆中部，位于中国沿海经济带和陇海新产业带的接合部，具有沟通东西连接南北的重要战略位置，是新亚欧大陆桥东桥头堡，是江苏省推进"一带一路"交汇点建设的核心区和先导区，也是中国（江苏）自由贸易试验区重要组成片区。2021年12月，国务院批复了《江苏沿海地区发展规划（2021—2025年）》，提出：加快陆海统筹发展，推进沿海地区加速隆起为全省高质量发展的新增长极；着力推动江苏沿海地区经济高质量发展，着力塑造滨海城乡特色风貌；形成沿江沿海沿河沿湖优势互补、高质量发展的区域经济新格局；着力培育双向开放新优势，不断提高区域综合实力、竞争力和带动力，积极融入共建"一带一路"和长江经济带发展，在长三角一体化进程中拓展新空间、展现新作为；重点提升连云港港国际枢纽海港功能。从沿海发展层面看，连云港具有东向发展、对接日韩多重优势，也是江苏沿海真正意义上的唯一海滨城市，在江苏省沿海地区发展中应起到龙头作用；从长三角一体化层面看，随着高铁时代的来临，在高铁加持下，连云港与长三角城市群的关系更加密切。

随着以国内大循环为主体、国内国际双循环相互促进新发展格局的加快构建，新港城几何中心应该提高站位，进行高阶定位高水平谋划，以适应关键时期连云港进入跨越发展需要，坚定不移推动高质量发展，以不懈奋斗精神书写好新时代"西游记"。

二是从市域中观发展格局来看。从全市一体化发展来看，海州区、连云区、赣榆区三区融合发展，一直是摆在连云港面前不得不面对的一个问题，市开发区位于大市区发展格局中的城市几何中心，是实现三区融合发展的枢纽区域；从全市产业发展来看，市开发区处于沿海产业发展带与东陇海产业发展带交汇处，是全市产业发展的重心和产业高地，"三新一高"产业优势突出，是实现产业强市的关键区域；从全市交通体系来看，2021年3月，连云港港被确定为国际枢纽海港，要发挥枢纽海港的"乘数效应"，则必须建设现代化高质量综合立体交通网，以支撑现代化经济体系和社会主义现代化建设，城市几何中心也往往是交通联系的枢纽，对于高质量综合立体交通网整体构建十分重要；从全市政策高地来看，市开发区是中国（江苏）自由贸易试验区连云港片区主要组成区域，是实现"亚欧重要国际交通枢纽、集聚优质要素的开放门户、'一带一路'沿线国家（地区）交流合作平台"功能定位的重要支撑。

三是从几何中心微观发展格局来看。金俊等在城市中心区空间形态发展规律研究中，指出城市中心区空间拓展主要有"核心—边缘"模式、"沿轴渐进"

模式和"增长极"模式,空间发展因素又包括产业经济、区位交通、社会心理、政策管制等因素。崔功豪、武进在研究对南京等城市边缘区土地利用结构中发现,影响边缘区发展变化的社会、经济、文化因素以及内在机制。在连云港"城市东进、拥抱大海"的城市化进程中,城市的发展一直遵循着"沿轴渐进"模式,从海州区到市政府片区、新海新区、市开发区沿花果山大道城市发展轴线向海延伸,成熟一片,递进一片。连云新城大规模填海工程自2006年启动,已经16年,因离中心城区太远,虽被规划为城市核心区,但至今无法实现飞地跨越发展,这是由连云港城市化空间发展因素决定的。从城市东进的发展进程来看,随着海州城区建设逐渐饱和,城市功能向东拓展,市开发区是城市东进的必经节点,也是海州城区与连云新中心的过渡和衔接区域,在城市发展格局中占据重要位置。

目前,市开发区已经进入大开发、大发展前奏,具有承接城市发展重心转移基础,是实现海州城区到连云新城过渡发展的强力跳板,肩负历史重任。市开发区未来应该与连云新城实现一体化发展,共同打造成连云港城市新中心,突出产城融合发展特色,重点推动产业服务功能以及产业创新平台的建设。

市委、市政府已经明确了新港城几何中心要按照"苏北最高、沿海一流"标准进行建设,新港城几何中心总体定位要以此为目标,统筹考虑各级资源配置条件,结合上述宏观、中观、微观三个层面分析,建议新港城几何中心总体定位为一带一路合作共建引领区、港产城人融合发展新标杆、东部沿海产业创新新高地。

(二) 目标愿景

面向未来,实现新港城几何中心总体定位,必须坚定几何中心高质量发展的建设目标,深入剖析和遵循高质量发展的内在逻辑和基本内涵,立足于城市建设高颜值、产业体系高端化、人民生活高宜居、文化印记高品位、综合交通高效率的"五高"方向,建设连云港高质量城市建设示范引领区。

1. 打造颜值高气质佳城市中心。回顾连云港市城市发展历程,连云港市中心城区在城市发展方向重心上几度调整和摇摆。从"一市双城"到"一心三极"的战略框架,再到"一老三新"的多组团发展,城市发展重心从新海城区到东部滨海地区,再到新海城区。城市缺少中心,产生不了集聚效应,形成不了现代化的大都市形象,更承担不了历史所赋予的战略定位。新港城几何中心未来发展首要任务就是将几何中心转变为城市发展中心(作为连云新城城市新中心重要组成),成为颜值高、气质佳、魅力大的现代化城市中心,打造具有国际风范的城市新中心，汇聚城市的经济、科技和文化力量，彰显魅力，提升能级，集聚信心，以明跨越发展之决心。

2. 培育产业发展高地创新中心。依托现状产业基础，按照"产业结构优、科技含量高、资源消耗少、环境影响小、质量效益好、发展可持续"的要求，加快推进产业创新发展。促进产业集群发展，形成若干先进制造业集群和战略性新兴产业集群；用好自贸区政策优势，创新产业及服务内容、业态和商业模式，打造高水平服务业集聚区；大力推进科创和产业融合发展，在现有中华药港、国际医药创新中心等基础上进一步完善创新平台建设，提高科技创新能力，建设区域科技创新中心，辐射带动一带一路科创和产业融合发展。

3. 建设美丽宜居示范公园城市。新港城几何中心应按照新的发展模式进行营建，系统解决和避免城市发展空间的野蛮生长、要素资源的低效利用、公共服务的供给不足、风貌形态的千城一面、永续发展的难以为继等热点问题。新港城几何中心应按照公园城市理念，践行以人民为中心、以生态文明为引领、人城境业高度和谐统一等新发展理念，推动几何中心高质量发展。公园城市，是在新时代下为世界城市可持续发展提供"中国方案"，是指以人民为中心、以生态文明为引领，将公园形态与城市空间有机融合，生产生活生态空间相宜、自然经济社会人文相融、人城境业高度和谐统一的现代化城市，是开辟未来城市发展新境界、全面体现新发展理念的城市发展高级形态和新时代可持续发展城市建设的新模式。

新港城几何中心应率先建设全市美丽宜居公园城市示范片区，践行公园城市发展理念，应突出以人民为中心的价值观、以生态文明引领的发展观、以山水林田湖为生命共同体的生态观，塑造人城境业高度和谐统一的大美城市形态，从"产城人"转向遵循"人城产"逻辑，打造宜居环境，营造产业生态、创新生态、生活生态和政策生态，吸引高素质人才和新经济、新业态聚集。在公共设施服务方面，建议完善优质义务教育资源，推进医疗卫生设施建设，加大文体中心、体育公园、城市绿道建设，并为居民提供农贸市场等基层配套服务设施；在基础设施完善方面，建议优化几何中心综合交通体系，推进快速路网建设，提升慢行交通环境，提升基础设施水平，推进基于信息化、数字化、智能化的新型城市基础设施建设和改造；在绿色低碳建设方面，贯彻绿色、低碳、环保发展理念，将"绿色城市建设"这一特色主题融入园区发展，按照碳达峰碳中和工作要求，推动重点领域绿色低碳发展，保护生态环境，加快建设生态优先绿色发展示范区，展示出几何中心超高的"颜值"和极佳的"气质"。

4. 塑造彰显文化品位城市记忆。随着城市现代化进程不断深入，城市规划和建设日新月异，城市的"失忆"现象也日渐突出。城市记忆是城市发展、变迁过程中留下的印记，是人们对一所城市最直观的印象表达。市开发区拥有丰富的历史文化资源和优越的自然资源禀赋，在历史文化方面，拥有海洋文化、西游文化、盐文化、山海文化、大社文化等特色文化资源，分布着藤花落遗址、朝阳遗址、猴嘴盐坨等特色空间；在自然资源禀赋方面，拥有着优越的山水资源和山海资源，朝阳、中云及青口盐场生态得天独厚，各具特色，然而在近40年市开发区建设历史中，并未留下地标性城市记忆和印记。

城市记忆规划是一种新的规划理念，在传统空间形态规划的基础上，加入时间和主体认知维度，它基于环境认知和城市有机生长理论，研究记忆的主体和客体在时间中的作用过程，为古城风貌保护、旧城更新改造、记忆活化解说提供新思路[6]。不同的城市有自己不同的印象，城市需要沿着记忆的长绳，去拾掇、发掘属于自己的特有元素符号，这样才能塑造出属于自己的独一无二，同时使其发挥社会功能，为城市带来文化价值和经济价值。以城市文化记忆重塑市开发区地标，充分挖掘历史、自然、人文景观风貌资源，传承和延续自然地理与历史文化特色，重点打造重要轴线、节点、地标的风貌特色，提升城市魅力和城市吸引力，成为城市发展不竭的动力。

5. 构建现代高效交通枢纽中心。交通是连接城市的重要纽带，也是为城市发展运送人流、物流的重要通道。作为城市发展的主要动力，交通对生产要素的流动、城镇体系的发展有着决定性的影响。城市的发展、区域的繁荣，永远都离不开便捷的交通。市开发区位居城市几何中心，与海州区、连云区、赣榆区联系通畅，但不便捷，缺少快速通道支撑，是目前市开发区发展中存在的重要瓶颈。

市开发区建设新港城几何中心，先导性、基础性任务就是要构建匹配几何中心重要地位的现代高效交通枢纽中心。在充分调研现状交通体系的基础上，瞄准问题，进一步完善连通内外的主要交通廊道及其衔接体系，高效、安全组织各类交通，减少货运交通及疏港交通对城市交通的干扰；加强几何中心与周边区域的交通联系，打造完善快速的交通体系；坚持绿色交通理念，综合布局各类城市交通设施，打造多式衔接、安全智能的交通体系；秉承公交及慢行交通优先发展理念，打造绿色、集约的交通组织衔接体系，利用道路、河道、绿地等空间，构建健步、慢跑、自行车运动一体的慢行系统。

四、新港城几何中心发展思路

新港城几何中心要实现"一带一路合作共建引领区、港产城人融合发展新标杆、东部沿海产业创新新高地"的总体定位，建设"高颜值、高端化、高宜居、高品位、高效率"的城市中心，需要在区域统筹、产业创新、交通建设、功能提升、空间布局、特色塑造等方面谋划具有全局性、前瞻性、创新性发展思路。

（一）区域统筹，融合连云新城发展

从"城市东进，拥抱大海"的发展进程来看，随着海州城区建设逐渐饱和，城市功能沿花果山大道城市发展主轴进行轴向拓展势在必行。市开发区是城市东进的必经节点，也是海州城区与连云新城的过渡和衔接区域，承担重要的历史使命。新港城几何中心是一定历史阶段的历史必然和历史使命，但不是新港城发展的终极中心。连云港市在2008版城市总体规划中确定了"一心三极，一体两翼"的空间发展战略，"一心"即连云新城，是港城都市核心区和中心区，其建设成效虽不及预期，但发展地位一直未变。新港城中心建设不能抛开连云新城，需要与连云新城有机融合，作为连云新城发展前奏和过渡，共同打造成连云港城市新中心，疏解海州城区人口和功能，彰显山海城市特色，建设面向未来的城市新中心。

（二）开拓创新，推动产业转型升级

产业是市开发区城市几何中心发展的基石，市开发区仍需持续锚定产业发展高地，做大做强主导产业，在现有产业基础上壮大产业集群，促进产业转型升级，通过产业发展创造更多的就业岗位，吸引人口就地工作、就近居住，促进人口在此集聚。同时，用好自贸区政策优势，创新产业用地供给，可以引入新型产业用地，适应传统工业向新技术、总部经济、协同生产空间等新的产业转型升级需要，进一步提升自贸区以及周边产业片区土地使用弹性，促进工业研发、商务贸易、金融服务等复合业态土地开发利用，提高土地利用质量效益。

（三）交通引领，打造区域交通枢纽

强化几何中心对外交通及内部交通联系，从地理中心向交通枢纽转变。依托大港路、港城大道、临洪大道、汇晶路和新光路"两横三纵"的快速路体系实现与海州、连云、赣榆、徐圩的快速联系，从几何中心能快速到达高铁站、机场、市政府等城市重要节点。同时，强调周边区域向心发展，启动花果山大道北延及节点改造、汇晶路南北延伸，打通振华路—云桥路、霞辉路—大浦路等多条通道，进一步加强与海州、连云新城交通联系。预控城市轻轨建设空间，串联海州主城、市开发区和连云新城，带动人流物流，促进城市几何中心向城市交通枢纽的转变。

（四）功能提升，丰富城市功能体系

从城市几何中心融入城市新中心发展，市开发区亟须做好城市功能的完善提升，结合独特区位交通条件及现状资源禀赋、发展基础，重点构建"1+6+N"功能体系，拉长补短多维度丰富城市功能，营造公园城市，彰显城市气质品质。

1. "1"即1个核心区，28.6平方千米，集聚产业配套与生活配套的重要城市功能区，产业配套以商务、金融、办公、研发、保险、咨询、中介等功能为主，生活配套以学校、医院、文体、商业、公园等设施为主。

2. "6"即高端商务区、科技创新区、特色商业区、现代物流区、市场集散区和生态文旅区6个重点功能区。高端商务区依托创智街区打造区域性商务中心，包括集团办公、总部经济、商业金融、会议酒店等；科技创新区在中华药港、国际医药创新中心等基础上，吸引集聚创新研发机构，提升区域科技创新能力；特色商业区依托盐坨特色空间建设奥特莱斯等特色商业街区，打造总部经济、研发中心，塑造猴嘴门户形象；现代物流区依托"一带一路"国际物流园，形成辐射一带一路共建国家周边的物流集散、分拨、配送中心；市场集散区在华东城、德兰、光伸等基础上，构建面向生产资料和生活用品的专业市场群，提供电子商务、物流配送等综合服务；生态文旅区结合中云的藤花落遗址、云龙涧、康缘和朝阳的张学瀚故居、朝阳遗址、大社文化等打造特色生态休闲文旅组团。

3. "N"即外围的N个宜居生活组团，建设环境优美、配套完善、品质一流、生活宜居的未来社区，通过高品质的居住生活环境，留住高端人才，提升城市活力和人气。

（五）优化布局，推进组团协同发展

市开发区几何中心在空间布局上要融入公园城市理念，突出资源禀赋特征，"让城市融入大自然，让居民望得见山、看得见水"，"突出公园城市特点，把生态价值考虑进去"，"一个城市的预期就是整个城市是一个大公园，老百姓走出来就像在自己家里的花园一样"。建议市开发区几何中心大力推进生态廊道建设，营造美丽宜居公园城市生态本底，以生态廊道包围、隔离重要发展组团，并沿着花果山大道和黄海大道构建发展轴，总体上可形成"两轴四廊多组团"的空间结构，"两轴"即花果山大道城市发展轴和黄海大道产城发展轴，"四廊"即临洪河、入海水道、排淡河、昌圩城市走廊四条生态廊道，"多组团"即城市几何中心核心区、中华药港、新材料产业园、高端装备制造产业园、现代物流区、综合保税区、市场集散区、生态文旅区等多个功能组团，与核心区错位并协同发展，共同支撑几何中心功能提升，实现产城深度融合。

（六）塑造特色，彰显城市文化内涵

市开发区文化资源丰富、文化底蕴深厚，要深入挖掘几何中心丰富而独特的历史文化并打造出精品和亮点，在创新中发展，既体现市开发区的文化厚重感，又展现市开发区的现代感，从而赋予文化旺盛的生命力，最终升华为城市的灵魂和支撑，使城市内涵由抽象变为具体，由零散变为聚集，通过塑造具有市开发区特色的文化空间，丰富几何中心城市内涵，提升城市魅力和城市吸引力，成为城市发展不竭的动力。

五、新港城几何中心实施路径

新港城几何中心既要重视发展战略研究，又要重视实施策略构建，"路虽远行则将至，事虽难做则必成"，科学合理实施路径将是新港城几何中心建设成功的关键措施。

（一）锚定产业发展，壮大产业发展集群

产业发展是市开发区建设新港城几何中心的基石，筑牢产业根基的关键是培植企业竞争力。坚持高点定位、特色发展，强化要素集聚、政策集成，突出企业重点领域的核心能力，加大骨干企业培育和引进，打造以百亿企业为龙头、十亿企业为主体的企业集群。建议锚定新医药、新材料、高端装备制造产业，构建"3+N"主导产业体系，坚持高端化、智能化、绿色化发展方向，加快培育壮大特色鲜明、优势突出的现代产业集群，形成支撑城市几何中心发展的现代产业格局。

1. 全力提升新医药产业。立足"中华药港"高端建设定位，以高质量发展为根本要求，以满足新医药全产业链构建为目标，推动新医药产业智能化、服务化、生态化、高端化、集聚化、国际化发展，全面构建具有国际竞争力和区域带动力的生物医药现代产业体系。加快构建优良的医药产业生态，以新医药研发创新为引领，以提品质、增品种、创品牌为目标，将"中华药港"建成全国一流、世界知名的国际化高端生物医药园区。发挥恒瑞、豪森、康缘、润众四大药企的龙头引领作用，进一步完善涵盖新药设计、特色原料、高端辅料包材、危废科学处置等生物医药研发全产业链，重点构建"4+X"产业体系，即发展壮大化学药、生物药、现代中药、医疗器械四大核心产业，积极培育药用辅料、药用包材、制药装备、特医食品、医药服务、冷链物流、医养健康等产业。规划布局"一区两园"，其中核心区重点布局商务办公、展示交易、研发孵化、技术与服务外包、生产制造、精准医疗、物流配送、生活配套等功能，聚焦高端化学药、生物药、现代中药、高端医疗器械、特医食品以及医药服务；西园重点发展生物药、化学药（含原料药）、医疗器械、特医食品、药用辅料和制药装备产业；东园重点发展化学制剂、中成药、中药饮片、医用包装材料产业。同时，做足平台载体支撑，加快建设中华药港、江苏省原创化学药创新中心、自贸区高端医疗器械产业园、花果山医学科学中心等重要产业平台。

2. 加快壮大新材料产业。紧扣"建设国内领先材料产业基地"的目标定位，依托市开发区现有新材料产业基础，实施一批产业化重大项目，引育一批龙头企业，加快推进新材料集群式发展、规模化应用，将新材料产业培育成全区经济发展的新增长极，将市开发区打造成国际知名、全国领先的"中华材料港"。遵循"高起点谋划、高标准建设、高质量推动"基本要求，利用资源禀赋优势，把握国际发展趋势，通过明确发展重点、强化创新驱动、推进军民融合、完善公共服务，形成以高性能纤维及其复合材料、电子信息材料、功能膜材料、医用材料为主导，海洋新材料、生态环境材料、智能材料等新兴材料为特色的"4+X"新材料产业体系，并带动下游产品发展。以优化新材料产业发展空间为重点，以南园、北园协调共建为主线，结合现有产业基础和新增产业空间布局，构建"两园三基地"的新材料产业发展格局。"两园"为中华材料港南园、北园，是市开发区新材料产业集聚发展和对外招商引资的核心平台。"三基地"为高性能纤维及其复合材料基地、电子信息与功能膜材料基地和医用材料基地，以具有发展前景的优势新材料为主题，形成布局合理、特色鲜明、创新显著、产业关联度高的特色基地。同时，建设以企业为主体的企业研究院、研发中心等创新载体，积极鼓励与东华大学、西北工业大学、江苏省产业技术研究院、国家碳纤维工程技术研究中心等新材料领域高校科研院所开展产学研合作和技术成果转化，高标准建设孵化器、加速器等功能载体。

3. 聚力发展高端装备制造业。推动装备制造业高端化、智能化、绿色化、服务化转型升级，加大关键领域重大装备技术攻关和研制，加强军民融合，依托高端装备制造产业园，大力发展风电装备、物流装备、汽车零部件、专用工程机械装备等特色产业，健全工艺、能耗、环保、安全等行业规范和准入管理，坚决淘汰落后产能。紧抓"碳达峰、碳中和"催生新能源发展新机遇，做强风电装备产业。依托省级新能源装备制造基地等载体，发挥中复连众龙头带动作用，借助国电联合动力省级风力发电技术重点实验室、风电设备工程技术研究中心等科研平台，加快完善从风力叶片、塔架到风电机组、控制系统的完整产业链，推动企业向科技研发、检验检测、运维服务等高附加值环节攀升。做大物流装备产业，围绕港口集疏运体系，依托东方国际集装箱等骨干企业，重点完善集装箱产品结构，扩大标准箱生产，拓展集装箱再制造领域。壮大汽车关键零部件，依托启创铝制品、北方变速器、万创车载电子等重点企业，积极引进和培育汽车发动机、变速器、转动制动总成系统、汽车电子、新能源汽车动力电池等汽车关键零部件产业，加快提升市开发区汽车关键零部件产品档次、技术装备水平、研究开发能力和成果转化能力，零部件普遍推行国际标准认证，争取更多零部件企业进入国内外知名整车企业配套体系。加快推进专用工程机械装备和海工智能装备，积极推进装备与智能制造产业扩规模、上台阶、提质量，以前沿重工、路友装备等企业为依托，重点发展履带、塔式等起重机械，以及大吨位装载机、高端挖掘机械、混凝土机械、路面机械、桩工机械、环卫机械等。重点建设江苏省大型风机叶片工程研究中心、中复连众国家级博士后科研工作站、智能物流装备云平台等产业发展平台。

4. 积极培育"N"个新业态产业。充分释放自贸区最高平台效应，围绕专业服务、新金融、跨境电商、物流与供应链、总部经济、都市工业旅游等，积极发展新业态、新模式、新经济，推动数字技术赋能实体经济，打造成市开发区主导产业的新极点。提升"互联网+服务业"融合发展水平，促进平台经济、共享经济等新型服务业态有序发展。加快商务商贸行业中数字技术的运用，重点推动以产业融合为主线的数字化、网络化、智能化、融合化商务发展模式。围绕奥特莱斯商业综合体等重点商贸区域，鼓励线上线下融合互动，重点发展非接触经济、体验经济、首发经济等。发挥自贸试验区国际交流服务中心效用，增强总部企业服务弹性，支持发展本土和现有总部企业，设立总部经济区，积极引进市外总部企业。立足我区医药优势，促进生物医药和旅游融合，打造居住型养生、调补养生、生态养生以及抗衰老服务和健康养老等一系列高端治疗康复疗养旅游产品。依托康缘药业、神鹰碳纤维等企业，充分挖掘已有的生产要素和产业资源，积极推动现代工业企业与文化旅游产业融合发展。强化数字产业化功能，加强物流、健康医疗、大宗产品交易等领域的数据采集、数据存储、数据加工、数据交易等，同时注重数字化技术赋能医药制造、装备制造等。新业态产业发展重要支撑平台包括"一带一路"供应链基地、综保区跨境电商服务平台、雨润直播基地等。

（二）构筑自贸高地，提升中心区首位度

新港城几何中心是自贸试验区连云港片区的重要支撑，紧紧围绕自贸试验区三大功能定位，对标国际国内先进经验，完善开放型经济环境，提升自贸试验区市开发区区块"首位度"。依托自贸试验区开放平台，深度融入"一带一路"建设，深化与共建国家在生物医药、新材料、高端装备制造、现代物流等领域合作，实现产业协同、优势互补。

1. 构建双向开放新格局。全面启动自贸试验区市开发区区块建设，禀赋"内外两层，东西双向"发展思路，"对内"着力提升区域交通网络能级，"对外"向"东西"辐射，向西加快由连云港到中亚等国家的沿线交流合作，向东以我国沿海、日本、韩国、中国台湾以及东南亚为重点。发挥"大小黄金三角"优势，促进综保区高水平开放功能，积极推进以农产品、水产品、食品为特色的保税仓储分拨加工，以"一带一路"共建国家资源为基础的出口制造，跨境电商，保税加工、保税物流、保税研发检测等保税服务，以及国际中转、进口商品展示展销、国际采购分销配送等，打造跨境电商保税展示交易中心。

2. 融入"一带一路"强支点建设。全面融入"一带一路"建设大格局，发挥综保区开放优势，积极对接新亚欧陆海联运通道标杆示范项目打造和中欧班列"江苏号"连云港标杆建设，加快服务双循环新发展格局。依托"中华药港"，以生命健康产业为先导，深化与国外科研机构、跨国企业的合作，大力发展"互联网+医疗"等新业态，广泛拓展国际新市场。以"一带一路"供应链基地、交易中心、国际交流服务中心建设为龙头，打造中亚粮食和肉类，日韩食品、化妆品和日用消费品等大宗商品集散、分拨中心，积极发展农产品食品冷链、电子商务、商品车和二手车三大跨境贸易，把"过路"经济转化为"供应链"走廊，打造多层次的国际资源集聚中心。全力构建辐射"一带一路"、面向全球的更高层次开放载体，不断扩大东西双向境内境外合作互动，用好国际医药技术大会、连博会等重大活动载体，向东深化与日韩等区域互动，向西拓展"内陆、中亚、欧洲"三个市场。围绕国际营商环境评级体系，在企业开办、信贷融资、跨境贸易等方面实现流程再造，扩大服务业领域对"一带一路"共建国家的开放度，实现货物、资金、数据等进出自由。

3. 推动国际经贸合作高水平发展。加快"走出去"步伐，推动恒瑞、康缘、中复连众、中复神鹰等区内重点企业国际化高质量发展，加强与跨国公司开展多种形式合作，积极开拓国际市场。以推动桂枝茯苓胶囊在美国国际化为契机，鼓励中药企业与国外龙头研究机构和企业开展合作，为中药"走出去"创造条件。鼓励天马网络等电商企业发展跨境电商，探索外贸新业态。优化服务贸易结构，鼓励开展中医医疗、保健服务等中医药服务贸易，培育以数字商务为标志的新型服务贸易业态，提高新兴技术服务出口占比。加快推动吸引外资从总量规模增长向质量、集约发展转变，围绕我区主导产业强链补链，强化引进生产性服务业，着力提高外资并购、境外设备租赁、融资租赁等利用方式占比，重点招引跨国公司的先进制造环节、工业设计和研发机构、维修中心、检测中心、分拨配送中心等功能性机构。对标国际贸易通行规则，从服务配置、服务供给、服务运行管理到服务优化各个环节，提升贸易便利化水平。

4. 扩大多元创新与多方合作。推进自贸试验区试点经验集成创新，加快口岸药品检验平台等载体建设。深化金融领域开放创新，积极引进境内外金融机构设立外资银行和中外合资银行，建设国际跨境结算中心和金融服务中心。深化国际教育、科技和安全交流合作，加强与日韩文化交流，推进国际安全合作，加强与"一带一路"共建国家在产业领域的科技合作。推动自贸试验区与区内、市内产业功能区优势叠加，深化与淮海经济区、霍尔果斯等地区协同发展，在班列运输、多式联运、口岸通关等方面开展实质性合作。

（三）瞄准三区发展，提高城市颜值活力

贯彻落实市第十三次党代会精神，紧扣"苏北最高、沿海一流，大手笔建设现代化新港城几何中心"的目标定位，全力推进高层次商务开放区、高水平科技研发区、高品质生活居住区建设，高水平建设城市几何中心，完善城市功能体系。

1. 打造高层次商务开放区。围绕现代产业经济发展需求，集聚一批高能级贸易主体和功能型平台，全力打造服务区域发展、辐射"一带一路"的国际商务中心，加快推动几何中心成为商务资源集聚、贸易平台功能凸显、带动区域经济高质量发展的重要引擎，各类总部企业活跃的经济增长极。加快商务发展平台建设，构建总部经济承载区；加快商务配套载体建设，包括中华药港生活配套区、创智大厦二期工程、大浦工业邻里中心等，精心打造现代服务业集聚区。

2. 构建高水平科技研发区。紧紧围绕科技创新与产业融合发展，在现有中华药港等研发平台的基础上，建设科技研发、创新创业新载体，推动高端创新创业人才集聚，加快产业转型升级以及新兴产业集聚集群发展，提升几何中心创新辐射能力和示范引领效应。重点推进医药创新产业园、高端化学制剂产业园、"一带一路"供应链基地等特色产业园建设，搭建新型产业聚集优质平台；加快推进奥萨大健康产业研发中心、中国科学院燃气轮机实验平台等创新研发平台建设，搭建科技成果转化创新载体。

3. 建设高品质生活居住区。突出以人为本的核心理念，以高端化、国际化为导向，高标准推进商业、教育、文化、体育、医疗等配套设施建设，构建美丽宜居生活圈。增加苍梧小学市开发区分校、新海实验中学市开发区分校、绿地中小学等优质义务教育资源，增加第一人民医院市开发区分院、社区卫生服务中心、市开发区养老服务中心等高水平医养服务供给；加快奥特莱斯街区、云邸特色商业街、绿地综合体、未来城星级酒店华东城商务酒店等特色商圈建设，加快昌圩湖体育公园、藤花落遗址公园、盐文化展示馆等文化、休闲设施建设，建成一批高品质居住小区，提升几何中心宜居品质。

（四）推动产城深度融合，实现高质量发展

加快推进城市几何中心建设，提升市开发区城市服务能级，推动产业与城市并进，以产城深度融合发展为目标，保持战略定力，立足长远，高标准规划建设产城融合示范区，以产兴城、以城带产，完善市开发区产业服务功能以及生活服务功能，打造产城融合发展新标杆。

优化产城融合总体空间布局。突出市开发区几何中心区位优势，全面落实产城融合发展理念，按照生产空间集约高效、生活空间宜居适度、生态空间山清水秀的原则，进一步优化园区国土空间布局，加速园区"组团发展、功能融合、品质提升、特色彰显"步伐，推动园区紧凑发展、集聚发展、集约发展。统筹考虑经济、产业、土地、自贸区等多方面因素，构建"一轴六组团多节点"的产城融合发展主框架，具体以花果山大道为主轴，联动中华药港、中华材料港、自贸试验区核心区、"一带一路"物流园、"一带一路"民族风情街、猴嘴现代服务业核心区等六大组团和综合保税区、中云、朝阳等多节点建设，打造集高端技术服务、高品质生活服务、高标准公共服务于一体的城市功能体系，实现产业培育、城市建设和人口集聚融合发展。

按照产城深度融合要求，着力打造"1+6+N"城市功能体系，贯彻绿色、低碳、环保发展理念，坚定不移走生态优先绿色发展之路，推动重点领域绿色低碳发展，保护生态环境，发展循环经济，提高人居环境质量，促进经济社会发展全面绿色转型，加快建设生态优先绿色发展示范区。

（五）实践公园城市，建设美丽宜居典范

2018年2月11日，习近平总书记视察成都天府新区，首次提出"公园城市"理念，践行以人民为中心、以生态文明为引领、人城境业高度和谐统一等新发展理念，推动城市高质量发展，满足人民日益增长的美好生活需要。公园城市坚持人民主体地位，并突出"公"字，旨在做到共商、共建、共治、共享、共融，引导城市发展从经济逻辑回归人本逻辑、从生产导向转向生活导向，在高质量发展中创造高品质生活，让市民在共建、共享发展中有更多获得感。

新港城几何中心作为未来市区发展重点和核心区域，应按照新发展理念、新发展模式打造新时代高质量发展示范片区，须率先在全市建设美丽宜居公园城市示范片区，以更美丽、更宜居、更品质吸引更多市民来此生活就业。建议尽快启动新港城几何中心公园城市示范区规划、设计和建设，通过公园城市示范区建设，体现新港城几何中心特色，探索出新时代城市发展的新模式，实现园中建城、城中有园、推窗见绿、出门见园的公园城市形态充分彰显，生态空间与生产生活空间衔接融合，生态产品价值实现机制全面建立，绿色低碳循环的生产生活方式和城市建设运营模式全面形成，现代化城市治理体系成熟定型，人民普遍享有安居乐业的幸福美好生活。

（六）以城市设计进行精细化管理，打造记忆地标

目前，市开发区正在开展《连云港市新港城几何中心总体空间概念规划及核心区城市设计》国际方案征集，深圳市城市规划设计研究院有限公司 & 艾奕康环境规划设计（上海）有限公司（联合体），中规院（北京）规划设计有限公司，东南大学建筑设计研究院有限公司 & 江苏中大建筑工程设计有限公司（联合体）等国内外知名规划建筑设计公司入围竞赛，预期在 2022 年 6 月底召开竞赛方案评选。新港城几何中心国际方案征集对于市开发区乃至全市都是城市发展史上的大事件。

新港城几何中心要以此为契机，将各家设计成果整合深化优化，形成面向实施的城市设计成果，以城市设计多维度实现城市空间精细化管理，以城市记忆为文化元素符号，塑造城市特色，提升城市环境品质，打造城市地标。同时，创新管理制度，从制度上保障落实城市设计、指导建筑设计、塑造城市特色的目标，并积极探索技术方法，鼓励使用新技术和信息化手段，保证城市设计科学合理、好用适用。

通过城市设计，传承好历史文化，精细化管理城市各类空间，延续城市文脉，提高城市规划建设管理精细化水平，把城市建设做靓做美、做精做细。通过城市设计，打造一批精品道路、生态廊道、魅力组团和城市地标，凸显城市文化，彰显城市魅力，最终打造颜值更高、气质更佳、魅力更强的现代化新港城几何中心。

（卢士兵，连云港市城乡规划设计咨询有限公司高级工程师）

04

社会民生篇

大力推进我市乡村振兴的思考及建议

孙巨传

近年来，我市深入贯彻落实国家和省乡村振兴战略规划，出台一系列重要举措，乡村振兴取得了明显成效。2021年，农村居民人均可支配收入为21373元，同比增长11.1%，全省排第4位；城乡居民人均可支配收入比为1.87∶1，全省居第8位，城乡收入差距进一步缩小。"十三五"以来，全市累计改善农房4.93万户，超额完成省下达3年4.5万户农房改善任务，累计建成美丽宜居乡村1078个，建成率为64.8%；累计脱贫建档立卡低收入人口34.35万人，农村低保标准由580元/月提高到630元/月；粮食常年种植面积超750万亩，总产量连续10年超70亿斤；形成优质稻麦、绿色蔬菜、规模畜禽、海淡水产、特色林果、食用菌菇等六大百亿主导产业。在看到成绩的同时，也要清醒认识到，我市乡村振兴进展与国家和省的期待还有不小差距，主要表现在农业稳产面临较大挑战、县域经济总体偏弱、乡村产业结构优化还需加强、产业富民效果仍显不足、乡村人才外流相对较重、农民素质有待提升、乡村建设力度有待增强等。因此，进一步推进我市乡村振兴，还需要在思路上再创新，措施上再发力。

一、我市乡村振兴取得的成效

（一）现代农业迈出新步伐

一是推动农业基础设施现代化发展。2021年，全市建成高标准农田项目53个，新增高标准农田40万亩，高效节水灌溉3.9万亩；创建高标准农田示范村10个，高标准农田全覆盖镇、村分别达46个、882个；市农业卫星遥感监测入选全国数字农业农村优秀案例，市农业大数据中心入选数字江苏建设优秀实践成果。二是推动农业产业化发展。坚持龙头企业带动战略，做大做响六大主导产业集群，银丰食用菌获批第七批农业产业化国家重点龙头企业，连云区入选第三批国家农村产业融合发展示范园创建名单，朝阳街道获批省级农村一二三产业融合发展先导区，东海入选"全国农村电商十强典型县"，桃林镇北芹村、高公岛街道黄窝村等6个村进入全国乡村特色产业十亿元镇亿元村名单，海头海前村、曲阳薛埠村入选全国"一村一品"示范村镇。三是推动农业生态化发展。2021年，全市绿色优质农产品比重占比提高到64%，新增建设期江苏省绿色优质农产品基地42个。宿城街道留云岭村获批中国美丽休闲乡村，云之宿梯田生态茶创意园等21家企业入选省乡村休闲旅游农业"一园两基地"名单。全市累计登记国家地理标志农产品5个，绿色食品获证产品300多个，黄川草莓等12个品牌进入江苏农业品牌目录名单。

（二）村容村貌实现新提升

一是大力开展农村人居环境整治。2021年，全市完成乡村户厕摸排90.66万户，完成整改13.17万户。启动五年整治提升行动，开展"治三乱促三化"、片区农村人居环境提升月、爱国卫生月等活动，实施全省首例违反《乡村清洁条例》行政处罚。二是抓好"四好农村路"建设。2021年，全市双车道四级公路覆盖率、自然村公路通达率均达100%。完成农村生态河道建设199条，长1091千米。启动农村公共基础设施管护体制改革，出台管护机制，推进改革试点，安排2.03亿元资金用于管护支出。三是扎实推进农民住房条件改善。全市累计改善农房4.97万户，超额完成省下达我市3年4.5万户农房改善任务。累计建成美丽宜居乡村1193个，建成率为71.7%。按照自然美、林草美、田园美"三美"叠加建设思路，建成省级绿美村庄50个。

（三）乡风文明焕发新气象

一是文明创建引领作用持续增强。累计创成全国文明村镇16个，省级文明村镇69个，市级文明村镇210个，县（区）级以上文明村镇1139个，县级以上文明乡镇、文明村占比分别达86%和72%；累计建成新时代文明实践中心7个、实践所90个、实践站1695个，实现新时代文明实践中心（所、站）县乡村三级全覆盖。二是公共文化服务触角持续延伸。完善综合文化站、基层综合性文化服务中心功能，实现全市乡镇（街道）、行政村（社区）综合文化站（中心）全覆盖，构建"农村10里文化圈"。组织"海莲籽"青少年艺术成长营地、"书乡少年·中华传统文化进村小"、"满天星"爱心读书队、"连图·童阅会"等文化志愿服务团队深入基层，变"送"文化为"种"文化。

（四）增收致富取得新进展

一是持续巩固脱贫攻坚成果与乡村振兴有效衔接。安排各类帮促资金3.89亿元，实施帮促项目200余个，发放脱贫人口小额贷款4.3亿元，启动石梁河水库片区乡村振兴规划编制工作。149个省级重点帮促村、51个市级重点帮促村实现稳定增收，20个乡村振兴样板村建设取得阶段性成效，10个乡村振兴产业示范园发展势头强劲。二是深入实施"五项监管"提升工程。组织低收入村制定"一村一策"增收三年达标计划，累计消除经营性收入低于30万元的村240个。开展"银村直联"试点。农村产权线上交易实现乡镇全覆盖，交易总额达24亿元、项目1.3万个。三是着力推动以改革促振兴。东海县以产权交易市场建设引领农村产权制度改革和赣榆区加强农村集体"三资"管理助推乡村振兴发展入选全省农村改革试验典型案例；构建小农户和现代农业发展有机衔接长效机制作为省农村改革试验区和试验任务顺利推进。家庭农场发展机制创新纳入省农村改革试验任务拓展内容，累计建成市级以上示范家庭农场285家、示范合作社291家。

（五）农业农村投入达到新高度

一是优先保障"三农"资金投入。2021年市区农林水支出预算数为9.06亿元，高于2020年的8.1亿元，市区农林水支出占一般公共预算支出比例为4.1%，高于2020年的3.78%。2021年我市共发行地方政府新增债券29.4亿元，其中安排"三农"领域达5.8亿元，占比达19.8%。二是切实加大重点项目投入。建立年度农业农村重大项目库，在项目的储、招、建、运、管等环节全面实现质效提升。报省监测的在建项目107个，实际完成投资113亿元，项目个数和年度投资均超上年度。在东海县成功举办全省重大项目开工仪式。三是积极创新金融支农举措。推动银农对接，2021年，全市涉农贷款余额为1635.21亿元，比年初增加226.09亿元，重点为符合条件的综合金融服务平台内企业融资提供增信服务，信保基金已上线运营。平台内农、林、牧、渔业上线企业4562家，累计解决融资需求19.7亿元。做好"万企联万村 共走振兴路"工作，全市联建项目300个，总投资30亿元。

二、我市乡村振兴存在的问题及原因

（一）存在的问题

一是乡村建设历史欠账较多。乡村的村组道路、污水管网、粪污处理等配套设施还存在较多短板，建成的公共服务设施缺乏必要的维护，重建轻管现象较为突出，导致生活污水处理设施到村覆盖率和使用率普遍不高，自然河道水系连通不畅，黑臭水体重复整治。

二是乡村振兴推进机制有待加强。全面实施乡村振兴战略，面广量大，涉及部门多，如农村厕所革命、农村人居环境整治提升等具体业务工作涉及面广、专业性强，市县两级需要建立联席会议制度，统筹推进。乡村两级无专职机构和固定工作人员，在巩固拓展脱贫攻坚成果接续推进乡村振兴的政策执行过程中还存在一些不适应不合拍的掣肘现象。

三是乡村振兴产业基础还比较薄弱。目前我市农业产业化水平不高，农产品加工企业数量偏少、规模偏小、带动能力弱，制约农业大市向农业强市转变；高标准农田比例还不高，建设标准低；起点高、带动强、品牌亮的大型龙头企业较少，各种形式的农业适度规模经营比重较低，40%以上的小农户属于"自给型、生存型"。依赖高复种指数、高单产水平、高化肥农药投入的生产路径尚未根本性转变；农业生态环境压力大，种养业结合、生态循环、绿色发展模式滞后。

四是乡风建设存在不利因素。由于地域环境、历史演化等多方面原因，乡村文化观念相对保守滞后，主要表现在思想观念、生活方式、文化教育、管理手段等方面，如乡风文明建设重视不够、农村文化阵地建设有待完善、农村陈旧落后的思想观念有待转变等。在个别地方，还存在"等、靠、要"依赖思想，部分群众脱贫致富的主动性降低、依赖性增强，安于现状、不求进取。

五是乡村人才不足。农村人口老龄化，60岁以上占近60%，缺少高层次的专业技能人才和新型职业农民，制约农业产业转型升级。一方面，随着农村青壮年劳动力大量涌向城市，留在乡村的大多是"一低"（受教育程度偏低）、"一高"（年龄偏高）的弱势群体，对新技术、新知识和各种资讯、信息接受掌握能力差；另一方面，由于乡村生产生活条件差、基础设施和公共服务不配套，对高层次人才缺乏吸引力，而那些通过升学、参军、务工等方式走出去的人，很少有人愿意重新回来务农。

（二）问题的原因

从根本上讲，乡村发展滞后，源自工业化城市化，是工业化过程产业分工与集聚的双重作用的结果。自工业革命以来，完成或正在推进工业化的国家和地区，都经历了农业农村发展萧条问题，原来依附于农村的手工业和服务业，逐渐转移或消失，留给农业农村的仅有无法转移的为城市发展繁荣而存在的价值链最低端的基本农产品生产，而且这种生产生活还日益孤岛化、分散化。在目前城市化率较高的背景下，经济资源要素高度集中于大城市和中心城市，甚至县城，农业农村转型升级面临着基础设施、金融支持、人才保障等现实性约束。

从实践上来讲，就连云港而言，主要是如下几个原因所致：一是乡村人口总量庞大。2021年末全市常住人口为460.20万人，其中城镇常住人口为287.07万人，城镇化率达到62.38%，农村人口近200万。未来一个时期我市农村人口依然居高不下。根据专家的估计，未来我国城镇化率每年提高约1个百分点。照此推算，到2035年（2035年，乡村振兴取得决定性进展，农业农村现代化展现现实模样），连云港城镇化率约为76.38%，按照年均0.323%的增长率，连云港约有483万人口，还会有112.53万人生活在农村。二是城乡二元体制束缚。城市经济以现代化的大工业生产为主，而农村经济以典型的小农经济为主；城市的道路、通信、卫生和教育等基础设施发达，而农村的基础设施落后；城市的人均消费水平远远高于农村。二元化结构制约了乡村的发展。三是生产要素单向流动。随着工业化、城镇化的快速发展，以城市发展为中心的城镇化政策导向，导致了乡村人才、资金、资源、信息等生产要素向城市单向集中，像无形的"抽水机"，把乡村的各类优质资源不断地抽送到城市，直接导致乡村发展严重滞后。

三、乡村振兴的实践经验借鉴

乡村发展滞后有其内在的逻辑，但是乡村必然衰败却不是铁一般的规律。发达国家的农业占GDP比重很低，农业人口在总人口中比重也很低，但其乡村仍然是一派兴旺景象。连云港正处于乡村振兴战略的实施期，所需应对的问题与其他国家和地区乡村振兴面临的矛盾具有一定的共性，要在总结江苏部分地区实践和借鉴国外经验的基础上，探寻一条江苏特色的乡村振兴之路。

（一）一些值得借鉴的做法

我省溧水的"都市田园"实践提供了以高效集约理念开发农村资产资源、以城乡统筹理念提升农村公共服务推进建设美丽都市田园的经验。韩国的"新村运动"值得我们学习，农村现代化与工业化城市化可以同步推进，调动农民的建设积极性，形成改变农村落后面貌的体制机制，加大政府对新农村建设的物资、资金和技术支持力度等做法。德国的"休闲农村"是一种比合作居住具有更为深远内涵的人类居住模式，不仅旨在建立良好的社区邻里氛围，提升社会资本，同时在人、社区与自然的关系上，更开创了崭新理念，进行整合设计，减小对环境的影响，同时提倡自足性经济，鼓励有机农用耕作，以巩固地方资源及生态性。美国的"乡村发展计划"侧重于满足当地民众生活的基本需求，最大限度地绿化、美化乡村环境，充分尊重和发扬当地民众的生活传统以及恰当地突出乡村固有的鲜明特色。英国的"自下而上"乡村政策制定模式是基于内生发展的"自下而上"的方法，谋求依托当地优势，通过提高和增加当地自然和人力资源的价值来振兴乡村经济。日本的"农村振兴运动"启示我们实施乡村振兴战略应以经济发展为中心，立足农业产业化，因地制宜发展特色农业、"一村一品"；重视农民文化素质教育和技术培训。

（二）几点启示

一是需要有系统思维。乡村振兴涉及农村生产、生活、环境、人口、文化、资本、技术等方方面面，特别是要考虑到城乡大系统中空间结构演变的影响，因此，要树立系统思维。

二是特色产业是关键。所谓特色产业，就是从分工视角，打造具有竞争力的优势产业，这种优势或者来自资源禀赋，或者来自创新推动，或者来自地域垄断，特色产业兴旺发达是加快乡村振兴的关键所在。

三是工业化城镇化是最大动力。大力推进工业化城镇化，加快人口转移，释放农村土地空间，倒逼农村生产方式创新，提高农业效率，是解决"三农"问题，实现农村振兴的根本途径。

四是城乡融合发展是保障。乡村振兴需要跳出乡村，需要将乡村融入城市，接纳城市先进技术和资本，需要以城市文明改善提升乡土风气，需要分享城市中产业集聚带来的正外部性。

五是需要政府更好发挥作用。工业化时代，由于市场力量的驱使作用，农业农村在人口和价值创造方面必然呈下降趋势，因此必须发挥好政府在乡村振兴中的积极作用，特别要在优化农业产业结构提升竞争力、构建公共基础设施改善乡村发展环境、保障农民利益提高民生福祉、丰富农民精神生活维护农民文化权益等方面，发挥好政府的主观能动性。

四、大力推进我市乡村振兴的思考

宏观上，要把乡村振兴摆在我市发展战略全局的重要位置。乡村振兴战略对于全面建设社会主义现代化国家、实现第二个百年奋斗目标具有全局性和历史性意义。我国发展最大的不平衡是城乡发展不平衡，最大的不充分是农村发展不充分。习近平总书记提出"中国要强，农业必须强，中国要美，农村必须美，中国要富，农民必须富"，不断缩小城乡差距，让农业成为有奔头的产业，让农民成为有吸引力的职业，让农村成为安居乐业的家园。乡村振兴战略，就是为了从全局和战略高度来把握和处理工农关系、城乡关系，解决"一条腿长、一条腿短"的问题。全面推进乡村振兴是一项重大政治任务，也是一项实实在在的工作，只有制定好、落实好举措，才能取得实实在在的效果。要严格执行《乡村振兴战略规划（2018—2022年）》提出的各项重点任务，贯彻落实《中华人民共和国乡村振兴促进法》，把实施乡村振兴战略摆在优先位置，坚持五级书记抓乡村振兴，让乡村振兴成为全党全社会的共同行动。各县区要始终坚持战略引领，紧密结合地方资源禀赋，突出地方特色，把地方主导产业摆上来，把比较优势抬出来，把人民群众的积极性激发出来，加快推进我市乡村振兴。

中观上，要坚持乡村振兴与"四化"同步推进。坚持走特色产业振兴之路。依托"优质稻麦、绿色蔬菜、规模畜禽、海淡水产、特色林果、食用菌菇"六大百亿主导产业，推动农产品规模化、绿色化、特色化、产业化，发展精深加工，延伸产业链，提升价值链。坚持信息化赋能，加强农村基础设施建设，将光纤、5G、物联网等新基建向农村覆盖延伸，推动实现"农户+手机+基地"联农富民模式，让更多网红成为新农民、手机成为新农具、直播成为新农活、数据成为新农资。坚持城镇化拉动，优化城镇空间布局，将县城建成县域龙头、区域副中心，将重点镇建成现代新型小城市、区域服务中心。支持农业集聚发展，建设一批现代农业产业园区、农产品加工集中区和农产品市场，提高农业现代化水平。坚持融合发展，推动农业与旅游、教育、文化、康养等产业融合，挖掘绿水青山、田园风光、乡土文化等资源禀赋优势。

微观上，要紧紧扭住"农民增收"这个牛鼻子。共同富裕是中国式现代化的内在要求，乡村振兴是乡村实现共同富裕的重要途径。如果在现代化进程中把农民落下，一边是繁荣的城市，一边是凋敝的农村，这不符合党的执政宗旨，也不符合社会主义的本质要求。目前我市农村人口老龄化程度较高，60岁以上占近60%，严重制约农业农村转型发展，严重制约农民收入增长。农村缺少高层次的专业技能人才和新型职业农民，新型农业经营主体少之又少，能够带领农民实施乡村振兴的人才更是缺乏，促进农民增收困难较大。因此，要加快推进农村重点领域和关键环节改革，激发农村资源要素活力，健全先富带后富机制，促进农民和村集体增收致富。加快发展壮大村级集体经济，力争全面消除555个经营性收入低于30万元的经济薄弱村。完善就业创业支持政策，大力鼓励农民自主创业，引导企业与农户精准对接，让更多群众家门口实现就业，推动各项强农惠农富农政策落地见效。

五、大力推进我市乡村振兴的建议

（一）精准发力，筑牢"粮食安全"

仓廪实，天下安。粮食安全是一个历久弥新、常议常新的话题，要深刻认识粮食安全这一"国之大者"。习近平总书记多次强调，中国人的饭碗任何时候都要牢牢端在自己手上，要坚决扛稳粮食安全的重大政治责任。一是提升农民粮食生产效益。加强农业支持保护力度，稳定种粮补贴政策，在实现补贴总量不减情况下完善发放具体操作办法，提高补贴的精准性和指向性，探索形成农业补贴同粮食生产挂钩机制，让多生产粮食者多得补贴。支持水稻等农产品主产区大力发展精深加工，统筹产地、集散地、销区批发市场发展，建设一批专业村镇、精深加工基地。加快农业提质增效，发展粮食适度规模经营和"粮食+"经济，推动小规模农户和现代农业发展有机衔接。通过种植规模化、生产组织化、服务社会化、营销品牌化，实现降成本、提效益。完善农业保险制度，扩大完全成本和收入保险范围，解决农民种粮后顾之忧。二是持续推进高标准农田建设。高标准农田建设是保障国家粮食安全的"压舱石"，是稳产保供、乡村振兴、畅通循环的重要基础工作。通过集中连片开展高标准农田建设，小田变大田、碎田变整田、坡地变平地、劣地变沃土，建成田成方、路成网、林成带、旱能浇、涝能排的标准化农田，彻底解决传统农业地块分散、经营成本高、生产效益低的问题。有效推动农村土地流转，提升农业规模化经营和标准化生产水平，降低生产成本，提高生产效率。三是接续打造优质稻米品牌。稻米品牌化是农业现代化的重要标志。突出抓好稻米质量标准体系、质量监督检测体系和标准化技术推广三大体系建设。支持具有知名品牌的农业龙头企业，着力扩大品牌农产品的生产规模，依托龙头企业在资金、技术、信息、市场和经营管理的优势，制定实施企业品牌发展规划，建立品牌农业基地，开发品牌产品。培育名优稻米品牌是实现产品立足港城、面向全国、走向国际市场的战略性举措。明确"连天下"公用背书品牌的政府主导地位，加快形成"市级背书品牌+区域公共品牌+企业产品品牌"的农产品三级品牌构架，促进连云港市农产品区域品牌的良性发展。

（二）精准施策，推动"产业兴旺"

民无恒产，则无恒心。乡村振兴，产业兴旺是重点。一是发挥地方优势，发展特色产业。所谓特色产业，就是从分工视角，打造具有竞争力的优势产业，这种优势或者来自资源禀赋，或者来自创新推动，或者来自地域垄断，特色产业是实施乡村振兴的关键环节。各县区因地制宜做强做优特色产业，宜农则农、宜工则工、宜商则商、宜游则游。东海发挥镇村特色，促进一二三产融合；灌云将农业与乡村旅游、生态观光等相结合，促进城乡融合；灌南培育壮大食用菌、稻田综合种养、优质葡萄、淮山药等四大主导产业；赣榆实施"新农人"创业扶持计划，打造"电商社区""农产品工场"；海州依托城区发展现代农业。二是优化产业结构，提高竞争力。立足于品种、品质、品牌和标准化生产，优化布局，打造与市场紧密相连的农业产业化链条，提升农业竞争力和效益。建设一批农业产业强镇，创建一批农村产业融合发展示范园，打造"一社一场""一村一品""一镇一园""一县一集群"发展格局，形成多主体参与、多要素聚集、多业态发展、多模式推进的融合态势。三是实施组织创新，促进业态融合。组织创新的最主要的目的是解决小生产与大市场的矛盾，要积极推进以构建利益联结机制为重点，引导农业产业化龙头企业与合作社与家庭农场及小农户开展生产经营合作。不断优化"龙头企业+合作社（家庭农场）+基地+农户""农户+合作社""农户+公司""公司+基地+大户+经纪人+农户"等多种运营模式，促进小农户与现代农业有机衔接，创新"订单收购+分红""农民入股+保底收益+按股分红"等多种利益联结方式，构建分工明确、风险共担、利益共享的命运共同体。

（三）精准谋划，布局"县域发展"

郡县治，天下无不治。一是强化县域带动功能。大力发展县域经济，改善县域消费环境，是推动我市乡村振兴重点工作的重要举措。当前，我国区域经济发展的空间结构正在发生深刻变化，中心城市和城市群正成为承载发展要素的主要空间形式。乡村振兴需要跳出乡村，需要将乡村融入城市，接纳城市先进技术和资本，需要以城市文明改善提升乡土民俗，需要分享城市中各类的正外部性福利，增强城镇对农业转移人口的吸引力和承载力。加快扭转中心城区经济社会发展好于县区、县区中心地区好于乡镇的境况。加快推进以县城为重要载体的城镇化建设，提高中小城市公共服务水平，增强城镇的产业发展、公共服务、吸纳就业、人口集聚功能。二是明确县域经济主导产业。各县区要从实际出发，结合自身优势，选定1—2个主导产业，建立产业链供应链对接平台，主动补链强链扩链，推进产业集聚发展，打造具有地方特色的产业集群。比如，赣榆的临港产业，经济总量已突破700亿元；灌云的主题服饰电商规上厂家超1000家，网络销售占全国70%，活跃网店5000多个；灌南灌云的菌菇产业，客户群体已遍布欧美国家。要在既有优势基础上培养新优势，在现有市场格局中开拓新市场，为乡村振兴打造新格局、构筑新路径。三是将县域作为统筹农村商业发展的重要切入点。充分发挥市场主体作用，支持改造提升县城商业设施，促进县乡村商业网络连锁化。支持有条件的乡镇建设购物、娱乐、休闲等业态融合的商贸中心，发挥商贸中心的辐射作用，彰显县级城市在产业布局、创业就业、生活消费等方面的区域便利性和城市集聚性，带动乡村产业发展，为实施乡村振兴战略打牢根基。四是以县域带动农业农村现代化。目前连云港人口城市化率超过60%，进入城市化第三个阶段即同城化时代。在这一时期推动乡村融入城镇化体系主要包含三个重点：推进区域间公共服务均等化；在产业发展上体现各区域的比较优势；在区域间关系上形成优势互补、良性互动的机制。因此，要主动转换发展思路，健全城乡融合发展机制，积极推动"以工补农、以城带乡"，不断促进经济社会发展的优势资源、效益成果、先进机制等从县域流向乡村，推动人才、土地、资本等要素城乡双向流动，均衡配置城乡公共资源，加快形成工农互促、城乡互补、深度融合、共同繁荣的新型工农城乡关系。

（四）精准有力，提速"乡村建设"

乡村振兴，既要塑形，也要铸魂。习近平总书记强调："要以实施乡村建设行动为抓手，改善农村人居环境，建设宜居宜业美丽乡村。"一是补齐乡村基础设施建设的短板。补齐短板不仅要立足于县域整体谋划，更要以乡镇为中心，加强乡村统一规划，科学确定村庄分类，优化村庄布局，加快建设生态宜居的美丽乡村。二是补齐乡村公共服务短板。加快乡村幼儿园、小学、中心学校、卫生院、养老院等建设，提升普惠性、兜底性和基础性民生服务水平，积极推动公共服务设施配套建设，促进城乡共享均等化政务服务。以数字技术赋能乡村公共服务，推动"互联网+政务服务"向乡村延伸覆盖。三是深化农村人居环境整治提升。深入贯彻习近平生态文明思想和"两山"理论，复苏河湖生态环境，加强天然林保护修复、草原休养生息。从农民实际需求出发推进农村厕所革命，分区分类农村污水治理，建立农村生活垃圾治理长效管护机制。鼓励农民群众通过筹资筹劳的方式参与提升村容村貌，培树农村人居环境全域整治示范村。乡村建设行动是从根本上改变乡村面貌的关键性工程。四是加快提振农民精神风貌。扎实推进社会主义核心价值观在农村落地生根。破旧习，立新风，移风易俗，树立新时代的文明乡风、良好家风和淳朴民风。保护和传承农村优秀传统文化，培育文明乡风、良好家风、淳朴民风，注重提升农民精神风貌，提高乡村社会文明程度，焕发乡村文明新气象。

(五) 精准聚焦，促进"农民增收"

习近平总书记曾指出："农业农村工作，说一千、道一万，增加农民收入是关键。"持续增加农民收入是"三农"工作的中心任务。一要接续增加农民经营性收入。紧跟市场需求，将港城山海特色、东海水晶、赣榆海产品、灌南食用菌等产业品牌化、精品化，进一步提升收益。加快推进农村一二三产业融合发展，大力发展劳动密集型产业项目，推动农业+旅游、农业+教育、农业+文化、农业+疗养等产业发展壮大。实施家庭农场"四级联创"，促进农民合作社规范提升发展，鼓励农户与新型经营主体联合与合作，让小农户分享产业链增值收益。二是千方百计增加农民工资性收入。充分挖掘园区、企业以及环境卫生等农村生活性服务业带动就业潜力，促进农村劳动力就地就近就业。加大职业技能培训力度，推动农民工充分就业。努力打造内陆商品进入海外市场的加工配送中心、海外商品进入内陆市场的转运分销中心，大量吸纳农村富余劳动力。加强农村各类创业群体的引导培育，提供跟踪服务。支持返乡农民创业，对农民返乡创业按规定给予小额贷款贴息、生产经营设施补助和经营场所租金补贴等。三是大力深化农村综合改革拓宽增收渠道。实施土地规模流转"百千万"工程，进一步盘活土地资源，解放农村剩余劳动力。加强土地流转规范化管理，让农民成为土地适度规模经营的参与者和受益者。健全村股份经济合作社运行机制，积极探索农民对集体资产股份权能的有效实现形式，不断拓宽农民增收新渠道。继续将清理农村公共空间作为促进经济薄弱村增收达标的首要措施，为促进集体增收、群众致富奠定扎实基础。四是从实抓好惠农政策落实到位。加大农业支持补贴监管力度，切实保障中央和省、市各项涉农补贴政策及时兑现。持续巩固现有脱贫成果，开展农村低收入户劳动力就业送培训、送技能和送岗位活动，落实公益性岗位补贴、企业用工税收减免等扶持政策，确保有意愿和劳动能力的建档立卡低收入人口全部就业。加快扶贫资产确权颁证和新增扶贫资金折股量化工作，推动资产收益分配到村、量化到户。进一步健全社会救助各项政策，完善低保标准动态调整机制。

(六) 精准引育，聚集"乡村人才"

乡村振兴，人才是基石。培养造就一支懂农业、爱农村、爱农民的三农工作队伍，是乡村振兴的根本保证，对乡村振兴至关重要。一是加快推动返乡人员创新创业，带领农民干。要牢固树立农业农村企业家是乡村振兴的"提速器"和乡村进步的"助推器"的观念，应进一步转变观念，快速打造并集聚一大批具有战略视野和原创精神的农业农村企业家人才。以新园区、新平台、新岗位，强力吸引游离在城镇与农村的大批农民工和各类大专技校毕业生，回乡创业就业，培强农村致富带头人。鼓励城镇工商资本带动人力、财力、物力以及先进技术、理念、管理等进入农业农村，推动农业产业发展。二是积极鼓励市民乡贤返乡参与村级事务管理，帮助农民干。吸引走出去的乡村精英"回流"，让飞出去的"凤凰"飞回来，投身新时代家乡建设。高效推进农业供给侧结构性改革打破阻碍城乡要素流动的各种"藩篱"，引导支持一批乡贤能人回乡创业，鼓励一批乡贤能人参与村级事务管理，要为乡贤返乡创造各种有利条件，鼓励村镇部门为乡贤回归提供优质服务。不断完善"创业服务直通车"配套措施。三是持续强化新型职业农民培训，自己亲自干。农民是乡村振兴战略的实施主体，新型职业农民培训是实现乡村振兴的关键因素。加快推进高素质农民培育工程，实施现代青年农场主、农村实用人才带头人、新型农业经营主体带头人轮训计划，培育高素质农民，以农民职业化和现代农业发展，稳定和提升农民队伍，用政策和制度聚人才、增人气，形成乡村振兴的合力。四是健全农村人才激励政策，保障人才队伍。将三农专业人才培养纳入全市人才计划，建立一支懂农业、爱农村、爱农民的三农专业人才梯队，逐步实现村村都有专业技术人才。对于有一技之长的土专家、田秀才、能工巧匠等农村能人，建立认定评价制度，通过对其能力上认可、经济上鼓励、社会上宣传等方式，激发他们示范带动农民的积极性。

（七）精准统筹，做好"有效衔接"

大力推进我市乡村振兴工作，需要坚持系统思维，把握"两点论"，学会"弹钢琴"。一是"过渡"衔接。巩固拓展脱贫攻坚成果是乡村振兴的基础，要认真贯彻过渡期的"四个不摘"政策，聚焦防止返贫监测和帮扶两个关键环节，狠抓村集体经济壮大和扶贫项目建设，力争将石梁河片区打造成全省巩固拓展脱贫攻坚成果同乡村振兴有效衔接的示范样板。二是"两手"衔接。推进农业现代化的过程中需要发挥好市场和政府"两只手"作用，一方面使市场在资源配置中起决定性作用，调动生产者的积极性，按照消费者的需要来进行生产调整，来进行资源配置；另一方面要更好地发挥政府的积极的能动的作用，弥补那些市场机制解决不了和解决不好的问题，如基础设施、公共服务以及应对像今年以来南涝北旱这类现象等。三是"上下"衔接。坚持落实"五级书记抓乡村振兴"，充分发挥好乡村党组织的作用，进一步优化基层党建"堡垒工程"的统领作用，着力实施"党建+产业"发展模式，做大做强当地特色产业，以支部引领推动党建工作与集体经济发展深度融合。四是"内外"衔接。乡村振兴主体在乡村、在农民，做好乡村振兴工作，要激发乡村内生动力，克服"等、靠、要"依赖思想，提振乡村振兴的积极性与主动性，不能把国家实施乡村振兴当作"天上掉馅饼"，搞"上动下不动"。同时也要加大外部扶持力度，完善各类帮扶措施和机制体制，帮助农村地区强基础、兴产业、优生态、塑品牌，帮助农民解放思想、发散思维、开阔眼界、提升能力。

参考文献：

[1] 中共中央国务院关于做好二〇二二年全面推进乡村振兴重点工作的意见［N］. 人民日报，2022-02-23（1）.

[2] 中共江苏省委江苏省人民政府关于做好2022年全面推进乡村振兴重点工作的实施意见［EB/OL］. 江苏省人民政府，2022-02-25.

[3] 江苏省国民经济和社会发展第十四个五年规划和二〇三五年远景目标纲要［EB/OL］. 江苏省人民政府，2021-02-19.

[4] 于文静，高敬，侯雪静. 推动全面推进乡村振兴取得新进展：中央农办主任、农业农村部部长唐仁健解读2022年中央一号文件［J］. 中国农垦，2022（3）.

[5] 连云港市国民经济和社会发展第十四个五年规划和二〇三五年远景目标纲要［EB/OL］. 连云港市人民政府，2021-03-16.

[6] 连云港市"十四五"新型城镇化规划［EB/OL］. 连云港市人民政府，2021-12-31.

[7] 连云港市乡村振兴战略实施规划（2018—2022年）［EB/OL］. 连云港市人民政府，2019-04-08.

[8] 关于促进乡村产业振兴推动农村一二三产业融合发展的实施意见：连政发〔2020〕32号［EB/OL］. 连云港市人民政府，2020-04-23.

[9] 李程骅. 做好苏北农房改善"后半篇文章"［J］. 唯实，2020（12）.

[10] 韩广富，叶光宇. 从脱贫攻坚到乡村振兴：乡村特色优势产业的战略思考［J］. 西南民族大学学报（人文社会科学版），2021（10）.

（本课题系全市应用研究资助项目重大课题研究成果；课题组负责人：孙巨传，连云港市社会科学院院长、党组书记；成员：刘增涛、陶小祥、刘永飞）

我市扎实推进共同富裕的问题及对策研究

易爱军

"治国之道，富民为始。"推动共同富裕目标的实现，既是中国特色社会主义的本质要求，是中国全体人民的共同期盼，也是各级政府为人民谋幸福的着力点，是各区域高质量发展的动力基础。我国全面建成小康社会取得了伟大的历史性成就，正处于全面建设社会主义现代化国家的新阶段，习近平总书记多次在不同场合强调，要扎实推进共同富裕。近年来，市委、市政府和各相关部门认真贯彻落实党和国家各项战略，积极推进共同富裕工作，区域差距和城乡差距问题都得到了明显改善，但与此同时，发展不充分不平衡方面的问题依然比较突出，城乡居民之间、不同部门和区域之间的收入差距依然较大，推动共同富裕的基础和条件还不牢固。尤其是随着新一轮科技革命和产业变革的深入，加之新冠疫情的影响，就业和收入分配领域随之也出现了一些新的问题，进一步加剧了共同富裕推进的难度，亟待应对和解决。基于此背景，本课题拟结合连云港市共同富裕的基础和条件，分析本市共同富裕推进现状及存在的问题，并就如何扎实推进共同富裕工作提出明确可行的建议，以充分激发全市人民推动发展的主动性、积极性和创造性，为高质量发展夯实动力基础，为全市人民绘就幸福生活的美好图景。

一、文献综述

（一）研究现状

自党的十九届五中全会提出到2035年"全体人民共同富裕取得更为明显的实质性进展"这一目标以来，"共同富裕"问题开始成为学界研究的热点。学者们围绕如何促进共同富裕进行了一系列研究，研究内容涉及共同富裕的内涵意义、扎实推进共同富裕过程中存在的问题、共同富裕实现的路径和对策等方面，具体综述如下：

1. 共同富裕的内涵及意义

所谓共同富裕，是指在中国特色社会主义制度保障下，在党的领导下，全体人民共同创造具有世界领先水平的生产力，并共同享受劳动成果、共同享受幸福美好生活的状态，其内涵涉及政治、经济和社会三个层面。从政治层面看，共同富裕是国强民共富的社会主义社会契约；从经济层面看，共同富裕指人民共创共享日益丰富的精神和物质财富；从社会层面看，共同富裕是指中等收入阶层数量在全社会占主体的这样一种和谐而稳定的社会结构（刘培林，钱滔，黄先海，董雪兵，2021）。推动实现共同富裕，在党领导全国人民团结奋斗的历史上，具有十分重要的里程碑意义。万建武（2020）认为，战胜贫困的成功经验和理论认识，对于新时期坚持共同富裕道路具有重要的借鉴和教育意义。姬旭辉（2020）探索了党关于收入分配的理论演进与实践历程，认为深入理解习近平新时代中国特色社会主义思想，对于进一步推进全面建设小康社会和共同富裕的进程具有重要的教育意义和现实意义。陆卫明、王子宜（2021）认真梳理了以习近平同志为核心的党中央自十八大以来有关共同富裕的系列论述，认为习近平同志关于共同富裕的重要论述体现了党性与人民性、整体性与具体性、长期性与阶段性、实践性与创新性等方面的统一，内涵丰富且富有创造性，具有重大的时代价值。

2. 推进共同富裕过程中存在的问题

共同富裕的实现需经历一个较长的过程，会面临各种问题和挑战。钟俊平、杨敏（2019）对"共同富裕"到"共享发展"理念的演进问题进行了探析，认为共同富裕的实现不可能一蹴而就，需要从共享发展入手逐步推动，而实现共享发展需要以实现共同富裕为目标。左伟（2019）结合我国社会主要矛盾的变化，提出新时期实现共同富裕面临着富裕程度低、贫困人口尚存和社会保障制度不完善的困境。孟鑫（2020）从共同富裕的本质出发，对新时代下我国实现共同富裕存在的主要困难进行了分析，即贫富差距较大问题未得到根本扭转，阶层固化趋势渐显，经济发展新常态下的挑战、效率与公平把握不准。李瑞军、董晓辉（2021）对共同富裕的科学内涵、新时期共同富裕的特点、面临的主要挑战、实现路径和对世界的贡献等五个方面的研究成果进行了综述，并对下一步的研究方向进行展望。

3. 推进共同富裕的对策建议

共同富裕战略的推进需要在深刻理解和把握共同富裕的内涵和概念的基础上，积极部署、稳妥推进。檀学文（2020）在对国内外文献进行梳理和对中共十九大、十九届四中全会精神进行研读的基础上，提出了共同富裕的解决思路，即在共同富裕的现代化框架下建立解决相对贫困的目标，制定多元的相对贫困标准体系，继续坚持发展支持战略与政策导向，对大扶贫格局进行优化，实行制度化、法制化的贫困治理研究，通过贫困治理实现共同富裕。王维国、杨婷（2020）基于合作的公共维度对分工、分配与共同富裕的关系进行了检视，进而提出了实现共同富裕的对策。魏后凯（2020）通过分析从全面小康迈向共同富裕的战略选择，提出转型过程中要以高品质生活为目标、以高质量发展为导向、以全方位创新为动力、以高效能治理为手段，继续巩固全面小康成果，切实提高全面小康水平和质量，加快从小康社会向富裕社会转型。陈建奇（2021）深入分析了共同富裕思想，认为以党的百年奋斗经验推动共同富裕，是探索中国特色共同富裕及建设中国式现代化的重要举措。为切实推进共同富裕发展，浙江还率先开展了共同富裕示范区建设，探索建立了"先富带后富"机制，以不断提高收入分配质量，不断缩小地区和城乡居民收入差距。

（二）文献评述

从现有文献中可以看出，学界对共同富裕方面的研究已取得一定进展，正呈现出蓬勃发展的态势，为我市推进共同富裕提供了有益的借鉴，也为进一步研究此方面问题提供了较为清晰的思路和方向。但现有研究仍存在如下不足：一是对推进共同富裕与高质量发展如何结合方面的研究不足。目前学界对推进共同富裕方面的研究多是脱离高质量发展大背景进行的，仍主要集中于共同富裕推进中存在的问题、对策等方面，极少有研究者将推进共同富裕放在高质量发展大背景下予以研究。二是对具体某区域推进共同富裕方面的研究较少。现有相关研究主要是从国家宏观领域展开的，对于具体到不同的区域如连云港地区如何在高质量发展背景下推进共同富裕方面的研究，目前仍很单薄，难以满足现实需求，亟待就此方面展开深入系统的研究。

二、连云港市扎实推进共同富裕的发展基础

"十三五"时期，连云港全市上下紧抓"一带一路"建设、国家东中西区域合作示范区建设、自由贸易试验区建设、江苏沿海地区发展、长三角一体化发展等重大战略机遇，围绕"高质发展、后发先至"主题主线砥砺奋进，决战脱贫攻坚、决胜全面建成小康社会取得了决定性成就，"强富美高"连云港建设成效显著，为共同富裕的推进奠定了基础。

（一）扎实推进共同富裕的经济基础

共同富裕的实现需要强大的经济基础作为保障。近年来，连云港经济发展各方面指标持续向好,为扎实推进共同富裕工作奠定了良好的经济基础。"十三五"期间,连云港实现一般公共预算收入245.2亿元,累计固定资产投资超1万亿元,完成产业投资4300亿元,制造业增加值在连云港地区生产总值中的占比达到了30%,累计外贸进出口额达到了435亿美元,利用外资实际数额达32亿美元。"十三五"末,连云港实现地区生产总值3277亿元,地区生产总值人均数突破1万美元。工业应税销售收入在"十二五"末基础上增长了50%,工业用电量增速已位列全省领先位置。全社会研发投入占比达到了2.13%。产业结构持续优化,第三产业产值在连云港地区生产总值中的占比已达46.3%,占比已超第二产业且呈逐年上升趋势;一二三产业融合发展程度日益加深,"三新一高"产业四大国家级基地建设稳步推进,盛虹炼化、卫星石化等大项目依次投产,战略性新兴产业、现代服务业呈现规模化态势;社会消费品零售总额在"十三五"期间年均增长达6.6%,居民人均可支配收入实现8.7%的年均增长,超过经济增速。一系列亮眼成绩的取得,为连云港市扎实推进共同富裕奠定了良好的经济基础。

(二)扎实推进共同富裕的分配制度基础

推进共同富裕问题,归根结底是民生问题。只有不断完善收入分配制度,促进分配公平,才能为共同富裕的实现提供制度基础。近年来,连云港按照党中央、国务院和省委、省政府关于推进收入分配制度改革的精神,针对收入分配领域存在的突出问题,不断完善收入分配制度,规范个人收入分配秩序并探索建立不同群体的收入增长机制,逐步扩大中等收入者比重,着力提高低收入者收入水平,城乡区域之间、居民收入分配之间差距扩大的趋势得到了明显缓解,有力促进了城乡居民收入增长、人民生活改善和社会和谐进步。"十三五"末,连云港居民人均可支配收入达到了2.9万元,在2015年1.9万元的基础上提高了53%,城乡收入比由2015年的2.01下降到了1.9,差距有了较明显的缩小。实施就业优先政策,帮助居民就业创业,2020年新增城镇就业32.4万人,登记失业率低于3%。

(三)扎实推进共同富裕的人文生态基础

共同富裕的实现不仅体现于物质生活层面,也体现于精神生活层面,良好的人文生态是共同富裕路径通畅的保障。"十三五"期间,连云港市持续推进社会主义核心价值观教育,生态景点、绿色小镇等层出不穷,降低消耗、保护环境的绿色发展方式日益形成,"一群好人、满城春风"的城市形象深入人心,王继才同志被国家授予"人民楷模"荣誉称号;全社会法治意识普遍增强,网格化社会治理深入拓展，信访源头治理和矛盾攻坚化解成效显著，"12345"平台获评"全国十佳热线"，"一委三会"基层社会治理模式获评省级社会治理创新成果奖。扫黑除恶专项斗争持续推进，群众安全感显著增强。持续深化诚信连云港建设，不断完善失信联合惩戒和守信联合激励体系。精神文明和生态文明建设均取得了明显成效，为推进共同富裕奠定了良好的人文生态基础。

（四）扎实推进共同富裕的公共服务基础

良好的公共服务是人人可以共享的"隐性财富"，是地区经济社会各项事业持续发展、共同富裕得以扎实推进的民生保障。长期以来，各级部门在连云港市委、市政府的领导下，持续排查解决突出民生问题，不断完善低收入人口基本医疗、住房、教育保障水平，不断深化医疗卫生、文化教育、社会保险各方面事业的协同发展力度，脱贫攻坚任务完满完成，国家卫生城市、全国文明城市成功创建，人民群众的安全感、幸福感和获得感不断提升，为扎实推进共同富裕工作提供了良好的公共服务基础。"十三五"期间，连云港高中阶段教育毛入学率超99%，九年义务教育的巩固率达到了100%，江苏海洋大学更名获批。综合性文化服务中心实现了村（社区）全覆盖。医药卫生体制改革持续深入，公立医院综合改革成效位居全省前列，社会保险制度体系更加健全，农民居住条件持续改善，城乡面貌日新月异。

三、连云港市扎实推进共同富裕过程中存在的短板

在市委、市政府的领导和全市人民的不懈努力下，连云港的绝对贫困问题得到了彻底解决，全面建成小康社会取得了历史性的成就，为共同富裕的扎实推进奠定了较坚实的基础，但发展不充分不平衡问题仍然比较突出，产业转型升级压力仍较大，科技创新能力亟待突破，资源环境约束压力日益增大，突出民生问题仍亟待解决，城乡区域发展间依然存在较大差异，居民收入分配仍存在较大差距，推进共同富裕仍存在一些亟待弥补的弱项和短板。

（一）物质基础有待夯实

做大蛋糕是共同富裕的前提条件。没有物质条件，共同富裕就会成为空中楼阁。近年来，连云港市经济发展虽有了质的飞跃，但与苏南各市以及浙江等沿海各市相比，不论是经济实力，还是科技实力，均还处于相对落后的水平。经济实力方面，2020年连云港地区生产总值为3277亿元，同期苏州为20170.5亿元，南京为14818.0亿元，无锡为12370.5亿元，分别仅为其15.6%、22.1%、26.5%，在江苏13市中位列倒数第2；与浙江宁波的12408.7亿元相比，也仅为其26.4%，制造业发达的现代化工业体系、现代高效农业体系、特色服务业体系均有待构建，县域经济多点支撑、齐头并进的态势还有待形成，经济实力还有极大提升空间。科技实力方面，2020年连云港全社会研发投入占比虽达到了2.13%，但同期全省平均值为2.85%，仍低于全省平均值0.72个百分点。科技进步贡献率虽较"十二五"末提高了3.8%，达到了55.9%，但与同期全省平均值65.1%相比，仍有较大差距。高新技术企业总数虽达到了413家，但全省高新技术企业数已超3.2万家，在全省占比仅为1.29%，创新动力还有待增强，共同富裕的经济基础还不扎实。

（二）制度基础有待优化

生产决定分配，分配又会反作用于生产。分好蛋糕关乎社会稳定和经济发展。近年来，连云港收入分配制度虽在逐年完善，但老百姓的总体收入水平仍较低，针对不同人群的工资良性增长机制还未形成，不同行业、不同群体间收入差距依然比较大。以人均可支配收入为例，近年来，连云港居民人均可支配收入虽有了较明显的增长，但仍落后于全省平均值，与苏南各市差距也较明显。2020年，连云港居民人均可支配收入为29501元，比全省平均值低13007元，与苏南各市差距更大，同期苏州为62582元，南京为60606元，无锡为57589元，连云港分别为其47.1%、48.7%、51.2%，仅相当于一半左右。与全国其他地区相比，中等及以上人群的人均可支配收入也低于全国平均数（赵霞，徐云，阎建宁，2019），说明居民总体收入水平还明显偏低，收入稳定增长机制还不健全。城乡收入分配比虽然低于全省平均水平，但在一定程度上是因为地区整体经济发展水平较低，城镇居民收入不高，城乡居民之间收入差距在经济相对落后地区依然较大。不同行业之间的收入差距也还较大，《2020年连云港市城镇单位就业人员年平均工资统计公报》资料显示，平均收入最高的行业为电力、热力、燃气及水生产和供应业，年平均工资为169396元，平均工资最低的为建筑业，只有50374元，最低和最高之间相差了119022元。此外，三次分配体系也还有待建设，鼓励企业和富豪捐赠的税收和财政相关政策还有待出台。

（三）人文生态基础有待提升

人文生态本身就是经济，塑造良好的人文生态就是保护生产力，发展生产力。近年来，连云港紧抓精神文明建设，持续推动绿色转型发展，人文生态持续向好，但与共同富裕的目标要求相比仍有较大提升空间。人文方面，政府服务、权益保护、法治服务等软环境均有待优化。政府主动服务意识明显不足，行政机关依法行政方面存在少数执法人员素质偏低、办事效率不高、滥用自由裁量权等问题；惠企政策配套与落地不到位、公共资源交易平台实施不齐备、中介机构收费随意性较大、缺乏统一行业标准等问题仍较严重。生态方面，《2020年度连云港市环境状况公报》资料显示，连云港水环境仍呈轻度污染状态，7个地表水水源地监测点位中，水质超过《地表水环境质量标准》Ⅲ类水标准的有6个，超标项目主要为五日生化需氧量、高锰酸盐指数、总磷、石油类等。黑臭河流总体仍呈中度污染状态，39个黑臭水体监测断面中仍有10个属于劣Ⅴ类断面，4座大型水库水质均有待提升，安峰水库、塔山水库、西双湖水库均处于中营养状态，石梁河水库处于轻度富营养状态。海洋环境也有待进一步改善，近海海域污染问题仍较突出，18个近岸海域监测点位中，有38.89%的海水水质属于Ⅳ类及劣Ⅳ类。

（四）公共服务体系有待健全

建立均等化的公共服务体系，推动城乡公共设施建设和公共服务资源进一步向困难群众、基层和农村等地区倾斜，是扎实推动共同富裕的应有之义。近年来，连云港公共服务体系虽日益完善，但仍属于共同富裕推进过程中的"短板"，供给不足、供给质量不高等问题依然十分明显。一是公共服务供给明显不足。新型基础设施仍存在明显短板，城市间互通、城乡间互通较不方便；养老城乡区域发展不平衡、服务组织发育不全、床位供给不足等问题较突出，仍难以满足城乡居民日益增长的养老服务需求。基础教育教师编制紧缺，中小学、幼儿园布局建设不合理，人民群众"好上学、上好学"的需求还未得到根本解决，教师队伍尤其是乡村教师队伍建设亟待加强。农村医疗资源不足，老百姓看病难问题依然突出，因病返贫问题仍是制约共同富裕实现的障碍。二是公共服务供给和需求间仍存在较大的矛盾。公共服务部门的工作方式方法仍较传统，对大数据、信息化等现代技术利用不足，专业化科学化服务水平仍不足，提供的公共服务与公众需求间仍存在矛盾，还难以提供个性化、精准化、差异化的公共服务。

四、连云港市扎实推进共同富裕的对策建议

"十四五"时期，是连云港市扎实推进共同富裕工作的关键时期，只有以"十四五"规划纲要作为行动指南，以"高质量"为基础，以"共富裕"为方向，不断做大蛋糕、分好蛋糕，不断改善人文生态环境并完善公共服务体系，并擘画战略、搭建框架、明确重点、实化举措，扎实推进共同富裕工作。

（一）擘画战略

推进共同富裕是一件长期性、复杂性、艰巨性的工作，只有做好战略谋划和长期准备，才能扎实推进此项工作。基于此，连云港市需要深刻理解并深入贯彻落实习近平总书记关于共同富裕的重要论述，从战略高度对共同富裕的使命要求、推进目标、实现路径、战略举措等进行系统审视与谋划，对扎实推进共同富裕工作进行系统部署和战略擘画，为各级部门在新的历史起点上合力推进共同富裕工作做好顶层设计，提供基本遵循。在擘画战略时，要统筹考虑如下问题：

1. 坚持党的全面领导和群众全员参与相结合

将党的全面领导贯穿于推进共同富裕的全过程，着力构建"党委全面领导、社会全员参与"的推进模式，着力完善"我为群众办实事"长效机制，充分发挥人民群众的创造性、主动性和积极性，鼓励勤劳创新致富，多渠道带动低收入家庭增收，并畅通向上流动通道，推动形成"人人参与、人人尽力、人人共享"发展环境，推动实现各展其才、各尽所能、各得其所，让高质量发展成果惠及更多人民群众，全面激发共同富裕的内生动力。

2. 坚持学习先进与把握实际相结合

要积极对标省内外先进地区，认真学习《中共中央国务院关于支持浙江高质量发展建设共同富裕示范区的意见》和《连云港市国民经济和社会发展第十四个五年规划和二〇三五年远景目标纲要》等文件精神，汲取先进地区推进共同富裕工作的做法经验，全面准确把握连云港市当前的社会经济现状并着眼满足群众对高品质民生建设的现实需求，力求战略规划确定的各项目标任务实事求是、适度超前、路径清晰且切实可行。

3. 坚持补短板与塑优势相结合

在擘画战略时，要全面理解共同富裕的内涵，要聚焦制约本市共同富裕工作推进的短板弱项，推出一批创新性的惠民利民政策举措，用心用情用力补齐教育、养老服务、医疗健康、文明宜居、就业增收等领域政策有效供给不足、优质资源要素缺乏等方面的短板，从根本上优化公共服务供给水平，在更高标准、更高水平、更高层次上扎实推进共同富裕工作。同时，注重运用市场化方式和生态思维、平台思维，实施数字赋能，不断集聚高端民生要素，提高优质公共服务资源要素配置效率，以高质量发展做大分配的蛋糕。

4. 坚持立足当前与关注长远相结合

共同富裕的行动策略要本着"尽力而为，量力而行"的原则，既要关注长远，大胆创新，以最大限度满足人们多样化的民生需求，也要立足当前，不搞噱头，注重与本市"十四五"规划和年度重大民生实际工程项目的衔接。统筹规划当前至2035年的目标、任务和工作举措，明确重点工作项目，确保提出的目标和任务科学务实。

（二）搭建框架

共同富裕是一个体系化的概念，是经济增长、人口素质、社会文明、生态环境、公共服务等各方面全面协调的高质量发展状态。只有搭建与共同富裕目标相匹配的制度框架，在统筹好公平与效率的基础上，进一步完善初次分配制度、再分配制度和三次分配制度，建立和完善各种制度性保障，推动基层保障更加精准、收入分配更加均衡，才能推动连云港市共同富裕工作取得明显的实质性进展。

1. 完善初次分配制度

要在坚持以按劳分配为主体、多种分配方式并存的社会主义分配制度的同时，加快建设统一开放的市场体系，加快推动生产要素的市场化配置，着力规范要素市场秩序，着力健全激励约束机制，着力建设法治化营商环境，着力破解损害市场竞争公平的行政性垄断壁垒，促进资源要素自由配置和流动，提高市场竞争的公平性，确保劳动者和要素所有者享有公平的市场竞争机会和竞争环境；要建立正向激励与负面清单相结合的分配激励机制，在保护合法所得、推动收入分配来源多元化的同时，坚决查处一切非法收入，推进收入的透明化和规范化。要探索建立稳定的收入增长机制，提高初次分配中劳动报酬的比重，不断增加老百姓的收入水平，加快缩小与苏南等发达地区的收入差距。

2. 完善再分配制度

要在强调公平的同时，充分发挥政府财政收支的杠杆作用，通过提升政府调节的有效性和科学性，促进再分配的整体公平。要进一步加大税收、社会保障、转移支付等方面的调节力度，积极发挥税收等杠杆在促进分配公平方面的积极作用，更科学地设置地方税的税种和税率，推动税负公平，减少分配不公。健全多层次社会保障制度，健全基本医疗、基本养老保险筹资和待遇调整机制，推进社保转移接续。加快推进政府职能改革，优化政府支出规模和结构，提高资金的使用效率，节省非必要工程项目支出，加大交通、民生、农业等基础性、兜底性、普惠性民生保障建设力度。应及时研究并消除二次分配过程中新出现的各种规则、权利、机会方面的不公平，不断完善再分配制度。

3. 探索建立三次分配制度

三次分配是初次分配、再分配的有益补充，是促进共同富裕的一种有效途径。为扎实推进共同富裕工作，应探索建立有助于捐赠、资助、募集等慈善公益活动开展的三次分配制度，逐步完善激励体系和保障制度，鼓励更多企业和高收入人群自觉自愿地对低收入群体进行帮扶,带动中低收入阶层收入增长。要进一步完善税收激励体系,加大对各类慈善活动的税收减免力度,并推动基金会组织、非营利组织等各种慈善机构的工作创新,使捐赠成本更经济、捐赠渠道更通畅。要大力弘扬"一群好人、满城春风"的连云港城市风尚,大力弘扬公益慈善文化,在全市营造浓郁的"我为人人、人人为我"的价值氛围,增强企业和高收入人群践行社会责任的自豪感和使命感。

(三) 明确重点

共同富裕工作千头万绪,要做的事情很多,只有理清头绪,抓住重点,才能把工作扎实推向前进。作为经济相对欠发达的地区,连云港当前要把推动区域经济高质量发展、推动百姓过上高品质生活作为推进共同富裕的重点工作来抓。以高质量发展助推本市生产力的提高,以多渠道增收助推百姓生活品质的提高。

1. 做大蛋糕——加快推进区域经济高质量发展

高质量发展是扎实推进共同富裕的必然路径和前提,只有加快推进高质量发展,才能进一步夯实共同富裕的物质基础。

一要深入实施创新发展战略。加快推进高质量发展,要以建设国家创新型城市为抓手,深入实施创新驱动发展战略,不断提高发展质量和效益,推动地区经济稳步实现量的增长和质的提升,着力形成动能新支撑;要充分发挥燃气轮机大科学装置、新材料产业基地、中华药港等重点科创平台和载体的作用,加速核心关键技术攻关,加速高端创新资源集聚,推动生产力的大变革和生产关系的大调整。

二要推动实施"新制造业计划"。要以"产业大脑+未来工厂"为方向的"新制造业计划"推动智慧制造、协同制造、服务型制造、全生命周期管理、个性化定制等制造新模式的应用,以抢占现代产业体系制高点,构建未来竞争新优势。要推动工业、农业、能源、建筑、交通、居民生活等领域的绿色低碳转型,使绿色发展成为连云港共同富裕的新增长点。

三要推动实现农村高质量发展。通过建设农业现代化示范区,推动农村一二三产业融合发展,大力发展智慧农业、都市农业和特色优势农业等方式,打造农村高能级产业,激活农村改革创新活力,描绘农业强、农民富、农村美的图景。

2. 分好蛋糕——加快推动百姓过上高品质生活

高品质生活既是人民对美好生活的向往,也是共同富裕的目标所在。连云港在扎实推进共同富裕建设过程中，要秉持以人民为中心的发展思想，把加快推动百姓过上高品质生活作为重点工作来抓，以经济高质量发展助推城乡居民收入持续稳定快速增长，让人民群众早日过上高品质的生活。

一是要打造高质量就业体系。通过深入实施积极就业政策，不断优化就业结构和就业生态，不断提升就业能力，创造更多就业机会，扩大就业规模，提高就业质量，推动就业向有利于共同富裕的方向转变，形成扎实推进共同富裕的高质量就业体系，持续提升居民收入增长水平。

二是要健全就业公共服务体系。要瞄准科研人员、技能人才、高素质农民、小微创业者等重点人群，出台针对性强的就业支持制度，提高重点人群的收入水平；要建立和完善多渠道灵活就业、创业带动就业等新就业促进机制，着力缓解新的经济形势下出现的各种结构性就业矛盾，推动新就业形态的发展。

三要大力保障和改善民生。加快构建多层次的社会保障体系。全面建成覆盖全民、保障适度、城乡统筹的可持续的多层次社会保障体系，实现幼有善育、学有优教、老有颐养、病有良医、住有宜居。要进一步优化城乡教育布局规划，加快推进婴幼儿照护体系建设和城乡义务教育共同体建设，解决老百姓对优质教育的诉求；要有序提高城乡居民基础养老金和退休人员基本养老金标准，加快构建医养康养相结合、居家社区相协调的养老服务体系，打造15分钟居家养老服务圈；要进一步加大医疗资源补短板力度，探索建立紧密型医联体，全面提升基层卫生院服务能级，全面推进城乡居民大病保险制度，夯实医保托底保障和共同富裕的制度基础；加大人才专项租赁住房建设，加大城市老旧小区和农村住房改造力度，切实解决住房困难群体的住房问题，提升城乡居民的居住品质。

（四）实化举措

共同富裕不仅是未来的蓝图，也是当下的实践。只有按照擘画的战略和设计的框架，围绕共同富裕的目标和重点任务，细化实化举措，才能推动各项任务落实落细，并切实取得成效。

1. 设立机构

建议成立由市委书记、市长任双组长，由市委副书记任常务副组长，由市委、市政府、发改委、宣传部、工信局、自然资源局、农业农村局、乡村振兴局、教育局、卫生局、民政局、财政局、税务局等相关部门负责人联合组成的连云港市推进共同富裕工作领导小组，以明确任务职责、强化各项保障，统筹推进共同富裕工作，领导小组下设办公室，具体工作职责由市发改委承担。

2. 出台方案

建议借鉴《浙江高质量发展建设共同富裕示范区实施方案（2021—2025年）》《金华高质量发展推进共同富裕先行示范实施方案（2021—2025年）》等方案，借鉴浙江和苏南经济发达地区初步共同富裕经验，并紧密结合连云港经济社会发展实际，出台《连云港市共同富裕实施方案》，明确共同富裕工作的目标、重点任务、保障体系等。

3. 推动试点

连云港各县区推进共同富裕的基础和条件差异较大，短时间内全面推进难度较大，故建议选取均衡性较好、富裕程度较高的县区或乡镇开展试点。首批试点名单可由各县区或乡镇人民政府自愿申报，经连云港推进共同富裕工作领导小组、相关评审专家、市政府联合审核后产生。获批后，试点区域应围绕科技创新、分配制度、公共服务、城乡区域协调发展等重点领域开展共同富裕的先行示范，为全市扎实推进共同富裕工作提供可推广可复制的普遍性经验和创新性成果。

4. 完善机制

应按照共同富裕的导向，着力破除制约区域经济高质量发展、城乡居民高品质生活实现的体制机制障碍，推动配套政策的系统性变革，尽快建立起与共同富裕目标相适应的要素市场运行机制、市域一体化发展机制、收入和财富分配机制、优质公共服务共享机制等，着力提高低收入群体的社会福利水平和增收能力，让其过上更有品质的生活。

5. 强化督促

要严格按照党的十九届六中全会关于"全面深化改革开放，促进共同富裕"的精神要求和"在高质量发展中促进共同富裕"的重大政策措施，对本市共同富裕工作的推进情况进行日常监督和检查。要建立连云港市扎实推进共同富裕工作评价体系，明确各项考核目标和工作任务，并将考核结果纳入党政领导班子综合绩效考核范围，以全力督促共同富裕各项工作的落实。

参考文献：

[1] 刘培林, 钱滔, 黄先海, 等. 共同富裕的内涵、实现路径与测度方法[J]. 管理世界, 2021, 37（8）.

[2] 万建武. 走新时代共同富裕道路的成功实践与创新发展：习近平扶贫论述的重大意义[J]. 马克思主义与现实, 2020（3）.

[3] 姬旭辉. 从"共同富裕"到"全面小康"：中国共产党关于收入分配

的理论演进与实践历程［J］．当代经济研究，2020（9）．

［4］陆卫明，王子宜．新时代习近平关于共同富裕的重要论述及其时代价值［J/OL］．北京工业大学学报（社会科学版），2022，22（3）．

［5］钟俊平，杨敏．从"共同富裕"到"共享发展"理念演进探析［J］．西北民族大学学报（哲学社会科学版），2019（5）．

［6］孟鑫．全体人民共同富裕取得更为明显的实质性进展［N］．解放军报，2020-12-04（7）．

［7］李瑞军，董晓辉．新时代共同富裕的深刻内涵和实现路径：回顾与展望［J］．晋阳学刊，2021（1）．

［8］檀学文．走向共同富裕的解决相对贫困思路研究［J］．中国农村经济，2020（6）．

［9］王维国，杨婷．把走共同富裕道路的优势更好地发挥出来：基于合作的公共性维度［J］．北京联合大学学报（人文社会科学版），2020，18（1）．

［10］魏后凯．从全面小康迈向共同富裕的战略选择［J］．经济社会体制比较，2020（6）．

［11］陈建奇．构建新发展格局的理论逻辑及战略重点［J］．理论与评论，2021（3）．

［12］左伟．新时代共同富裕的实现障碍及其路径探索［J］．理论月刊，2019（5）．

［13］杨虹，靳帅帅．中国共产党百年共同富裕道路的三重逻辑［J］．社会科学动态，2022（1）．

［14］曹海军，梁赛．赓续百年目标：共同富裕的因由寻绎、意蕴索隐和路径构想［J/OL］．云南社会科学，2022（1）．

［15］郝飞飞，任霏，刘欢．中国共产党推进共同富裕的百年历程、主要成就及基本经验［J］．华北理工大学学报，2022，22（1）．

［16］郑瑞强，郭如良．促进农民农村共同富裕：理论逻辑、障碍因子与实现途径［J/OL］．农林经济管理学报，2021，20（6）．

［17］向鑫，徐洁．农村数字化党建对共同富裕的应用机理和实践路径［J］晋中学院学报，2022，39（1）．

［18］刘荣军．马克思财富哲学视域中的共同富裕与三次分配［J/OL］．深圳大学学报（人文社会科学版），2022，39（1）．

［19］蒋海曦，蒋南平，蒋晋．新时代共同富裕的理论阐释［J/OL］．企业经济，2021（12）．

[20] 朱智捷. 在高质量发展中促进共同富裕：新时代经济高质量发展的目标导向 [J]. 商展经济, 2021 (24).

[21] 中共中央关于制定国民经济和社会发展第十四个五年规划和二〇三五年远景目标的建议 [J]. 上海建材, 2020 (6).

[22] 谭诗杰. 中国共产党共享发展思想研究 [D]. 湘潭：湘潭大学, 2018.

[23] 连云港市国民经济和社会发展第十四个五年规划和二〇三五年远景目标纲要解读 [N]. 连云港日报, 2021-04-08 (1).

[24] 贾若祥. 共同富裕的内涵特征和推进重点 [J]. 中国发展观察, 2021 (12).

（本课题系全市应用研究资助项目重大课题研究成果；课题组负责人：易爱军，江苏海洋大学教授；课题组成员：陈婕妤、沈雪玲、薛智铭、程啸林、徐清华、姜淑红）

我市推进新型农村社区治理的问题及对策研究

李秀芸　杨雪英

"一委三会"治理模式是源于海州区"三会村治"的基层治理实践创新。2008年年初，连云港市创新探索由村民议事会、村民委员会、村民监委会共同治村，建立了"三会治村"村级治理模式。在此基础上，2012年，我市结合加强党组织建设，进一步创新形成了"一委三会"社区治理模式，2018年年底，"一委三会"模式在全市全覆盖。

"一委三会"以加强党对基层工作领导为前提、以扩大基层民主协商为核心、以加强权力监督为重点、以实现村（居）善治为目标的城乡社区民主自治新机制。"一委三会"工作法强化了基层党组织的领导核心地位，发挥了党员群众的主体作用，开创了党组织领导有力、自治组织充满活力、"两委"班子齐心协力、党员群众群策群力的城乡社区民主自治新局面。但在新型农村社区实施中还存在着一些问题，面临着一系列的矛盾，有待进一步深化和拓展。

一、"一委三会"治理模式：一种独特的加强改进基层民主自治型创新

"一委三会"治理模式是基层治理实践的探索创新，其组织架构借鉴了现代企业的组织模式，在城乡社区中设立了村（社区）党委（总支、支部）、村（居）民议事会、村（居）民委员会和村（居）务监督委员会，即"一委三会"。从实践来看，为连云港市凝聚发展合力、推动发展富民加强和改进党领导下的城乡社区民主自治发挥了重要作用。

（一）具体做法

一是党建引领，总揽全局。"一委三会"是"三会治村"模式的发展升级，其最大的创新就是更加重视城乡社区党组织的领导核心作用，推行村（社区）大党委制，以党的领导为前提，充分发挥总揽全局、协调各方的作用，为基层

民主自治把关定向。在具体实践中，"一委"领导"三会"，村（社区）党委（总支、支委会）居于领导核心地位，领导和支持"三会"按照规章制度开展工作。村（社区）党委会由1名书记、2名副书记、4名专兼职委员组成。党委书记由原村（社区）书记担任。社区党委书记将兼任议事会主席一职，社区党委副书记兼任监事长一职，大党委班子成员或地方党员也极有可能成为"三会"成员；实践过程给予党员充足空间，党员有权监督"三会"的决策执行情况。村（居）民议事会是社区居民商量讨论社区事务的机构，主席由社区党委书记担任。村（居）民委员会的成员由辖区内的居民选举产生，自觉接受村（居）民党委（总支、支委会）的领导。村（居）务监督委员会是社区的监督机构，其主任主要由社区党委副书记担任，也可由社区党委委员担任。村（社区）党委（委员、支委会）进行全程领导。"一委"在日常工作中，还要负责宣传党的最新理论成果及相关政策方针，并将其与具体工作实践相结合，推动社区治理建设。

二是建章立制，规范治理。2019年，连云港市民政局在深入调研和听取专家意见的基础上，编写了农村社区"一委三会"社区治理《基本要求》《村党组织运行规范》《村民议事会运行规范》《评价规范》四个规范性文本，选择东海县三铺村、海州区杨场村作为标准化运作试点。这些规范性文件，按照地方标准，突出了权责一致、程序规范、流程清晰、评估科学等要求。一方面将党和国家最新法律法规精神和政策融合进去；另一方面针对现实需求，在评估中加入可操作性、群众评价等方面考量，使标准更具科学性和系统性。

2020年，连云港"一委三会"治理规范地方标准正式出台，明确和优化党组织与"三会"协调配合机制，进一步完善城乡社区治理体系：县区层面，把全面推行"一委三会"工作法纳入党建工作目标考核，作为党组织书记抓基层党建工作述职评议考核的重要内容；镇街层面，建立常态化督查机制，镇街有关负责人列席村（居）民议事会，确保"一委三会"工作法在村（居）得到切实推行、取得良好效果；建立自治联动制度，将大党委制、民情恳谈会、民主评议会、社区大讲堂等多样化社区治理创新方式有机结合在一起，探索村情发言人、民情顾问等特色做法。

三是协商决策，民主监督。"一委三会"工作法是在"三会村治"基础上创新发展而形成。"三会村治"是基层民主自治的典范。从其运作流程来看，由村（居）民议事会、其他"一委三会"成员、社区居民等提出议题，交由村（居）民议事会协商并进行相关的决策。先在民主集中的原则下，得出协商成果，并进行相关决策。之后决策结果提交村（居）民委员会，由其负责具体执行。如果出现决策执行困难的情况，村（居）民委员会可以将问题提交村（居）民议事会，由其重新进行协商决策。为了更好地发挥村主任监委会监督作用，设立"我的连云港"APP阳光村务，定期公布村务情况。

（二）取得的成效

自"一委三会"工作法实施以来，历时十年，治理成效显著。强化了基层党组织的领导核心地位，村民对村党组织的认同感显著提升，乡村经济社会稳固发展，村民的民主意识也得到很大的改观，逐渐形成一种民主的文化氛围。

一是党建工作呈现多元主体倾向。"一委三会"克服条块分割局限，打破原有的区域划分和党组织隶属关系，以"联合党委"取代原有"社区党建联席会议"，将规模较大的总支部升级为党委，统一管理企事业单位与"两新"组织的党组织及全体党员。大党委的组建，实现了原有松散型联合组织的真正升级，以此为平台将辖区内的各类单位党组织及时进行统一管理，以联动共建为依托切实助推基层党组织治理优势在区域内的培育。"一委三会"模式的推行，既有效强化基层党组织的领导地位，又发挥了人民群众的主体作用。灌云县杨集镇有效发挥党建的引领作用、纪委的核查作用、群众的监督作用，真正打通了服务群众的"最后一公里"。经过近十年的实践，"一委三会"党建模式一定程度上实现了基层党建从相对独立到联合互助、从单一主体参与到多元化参与、从资源闲置分散到整合利用的转变。

二是促进了乡村经济社会稳固发展。自"一委三会"标准化试点以来，通过强化党组织主导地位，规范运作流程，特别是通过议事会的广泛讨论，有效破解了制约农村经济社会发展的诸多难题，促进了经济社会快速发展。东海县三铺村这个曾经的省定经济薄弱村，2017年村集体收入仅16万元，负债230万元。然而，仅仅两年时间，三铺村打了漂亮的翻身仗，村集体收入达178万元。三铺村推进的重点建设项目——电商物流中心，一开始该村对中心建还是不建、建在哪里、土地如何流转、建成后怎么运营管理等问题始终定不下来。后来，村党总支通过入户访问、个别协商，广泛征求了村民意见，经村民议事会多次商议后，确定了项目的诸多细节问题，最终工作得以顺利开展。

三是民主决策监督增进了干群互信。"公道不公道，只有天知道。"过去，村民认为村中大事都是几个村干部决定的，对村干部不信任，很多民生事项因无法统一意见而搁置。全村软弱涣散、经济薄弱，村民和村干部间矛盾大。在"一委三会"治理模式下，村（居）民议事会成员就社区内的决策事项充分讨论，各抒己见，自由表达观点，充当了城乡事务治理的"头脑风暴"机构，增强了社区决策的科学性和民主性；村（居）民委员会的成员由辖区内的居民选举产生，自觉接受村（居）民党委（总支、支委会）的领导，执行村（居）民议事会的决议，接受村（居）务监事委员会的监督，在城乡社区治理中充当着"执行者"的角色。村（居）务监督委员会强调时刻"在线"、全程参与。通过全过程监督及时而有效地防止农村基层公共权力运行中的失范与偏差。让权力在阳光下运行、民意在决策中体现，使得各类矛盾问题得以妥善解决，干群之间少了误解、多了信任。

二、"一委三会"在新型农村社区治理中面临的重要矛盾与问题

实践表明，"一委三会"在以实现村（居）善治为目标的城乡社区民主自治方面显现出独特成效。

然而，新型农村社区不是对旧村庄的翻新，也不是简单的人口聚居，而是以提高农民幸福感为目标，在农村营造一种新的生活形态，为农民创造生态宜居、乡风文明、物质充裕、基础设施完善的生活环境。

建构新型农村社区是一个综合性工程，面临着多样复杂的事务。诸如新型组织建设、新型社会管控、新型社会服务、集体经济经营、农村"三资"管理、基层安全保障、农村文化创建、乡风文明建设、生态环境治理，以及旧村改造、违章违规查处，等等。从横向上看，农村基层事务大致可以分为管理、服务、安全三大类；从纵向上看，既有村民自治范围的村务，又有下延到村需要村级组织协助的政务。不同类型的农村基层事务既需要有适用性的决策管理方式，也要有针对性的协商、监督方式。不必讳言，"一委三会"工作法在新型农村社区治理实施中面临着一系列新问题、新矛盾、新挑战。

（一）新型农村社区治理有效性要求给基层党建创新带来的挑战

"一委三会"中的"一委"是指村（居）党组织。新型农村社区治理要求社区工作人员不再局限于过去某一项工作，而是打破界限，具备"一岗多责、一专多能"的基本素质。然而，现在大部分的社区管理从业者，整体文化素质和业务能力并不高，也缺乏对党和国家方针政策的系统学习和深入理解，在面对基层突发事件和处理棘手问题时，往往出现应对偏差。基层党建工作与新时代人民美好生活需要仍存在一定落差。新型农村社区目标要求下，基层党建面临诸多难题亟待克服和解决。

一是基层党务工作人员力量薄弱难题。"火车跑得快，全靠车头带"，新型农村社区的建设需要知村为村的基层党员干部。但因为农村生存资源的相对稀

缺，农村的青壮年人口大量外流，仅有误工补贴没有额外副业收入的非专职村干部、村党员也不得不加入外出务工的队伍，有的社区负责党务工作人员仅一名，并且身兼多职多岗，疲于应付日常事务。村民大会、村党员大会，甚至村支部会议经常无法正常召开，这也是一直以来基层党建弱化的直接原因，这在很大程度上影响了村务治理。二是基层党建经费不足难题。从党务工作人员收入来看，付出和收入不对等现象突出，工作量很大，但收入偏低，一方面不利于调动党务工作人员工作积极性，另一方面党务工作人员与其他岗位相比政治上待遇和前途也没有优势，使党务工作人员丧失了岗位本身的荣誉感、自豪感和优越感。三是党建引领社区治理难题。从理论意义上讲，基层党建工作应当引领并且能够引领社区治理工作，但是实际调查发现，基层党建与社区治理存在诸多不协调，甚至是一定程度上的矛盾和冲突。表现之一，人少事多现象严重，既要做好基层党建工作，又要做好其他岗位工作是不可能完成的，只能选择其一；表现之二，行政化党建问题。

传统党建依照属地划分与党组织纵向管理权力链条开展工作，长久以来形成较为稳固的党建工作模式。对于创新基层党建的现实情况，传统行政化党建的影响在客观和主观意义上都难以短时间消除，因而，不少基层党组织仍习惯运用行政化手段处理基层问题，基层社会关注参与党建创新的意识也较为薄弱。尽管党建工作总体表现出多元主体的趋向，但实际上党组织的外部吸引力较弱，缺乏与居（村）委会外的其他社会组织的深层次横向协作，使得居民群众、社会组织等参与基本止步于议题表达、问题反映阶段，联建共建机制尚未形成。一方面，现有评价机制大多以议题提交量、方案通过量、平台服务事项处理量以及例会开展等为直接考察标准，且对于党建创新工作结果关注不足，即追求全面系统的工作流程但忽视党建实效的科学性衡量。频繁督查、"文山会海"的压力之下，多开会议、多发文件、多做记录等形式主义风气普遍存在，政治引领的核心作用难以凸显。另一方面，过于倚重城乡社区无差别的党建创新，本质上是忽视地方个性以及居民差异性的表现，加之部分社区的"选择性执行"，个别配套机制与社区间的匹配性将受到抑制，表现出制度初衷在地方变形走样的形式主义倾向。这就需要我们去反思究竟什么样的基层党建工作是群众需要的，基层党建工作如何有效引领社区治理的各项事务而不是"嵌入式"的两张皮。

（二）新型农村社区事务复杂性给基层民主政治建设带来的挑战

自"一委三会"模式创设以来，在市委、市政府的推广督导下，全市各城乡社区协商的民主选举、民主决策、民主管理、民主监督的协商机制与协商程序已经建立起来，基层组织与基层群众的协商意识与协商能力也得到提升。但是，随着农村社区的发展，社区工作越来越具体，越来越复杂，社区民主政治建设面临许多困境。

一是社区自治组织行政化问题。农村社区自治组织主要形态即社区居民委员会。作为农村基层自治性组织，村委会有一定的自治权。《中华人民共和国村民委员会组织法（试行）》曾明确规定基层政府与村委会是"指导与被指导"的关系。因此，在新型农村社区中，由社区居民选举产生的社区居委会与政府的派出机构街道办事处之间也应该是一种指导与被指导的关系。但在落实行政事务实践中，社区居委会也把工作重心放在了完成政府安排的任务上。乡镇政府派发给辖区村级组织越来越多的行政性指令事务，被动承接和落实乡镇党委、政府部署的各项烦琐的行政事务。另外，一些乡镇推行的"办事留痕"工作方法，使得各村主任、第一书记、村级包联干部、村专职工作者耗费大量精力在参会议会和迎接检查上，以及整理汇总各类档案文字工作中，而真正用于解决农村问题上的精力少之又少。总之，在市场经济条件下，社区公民的公民意识不断加强，农村的经济、社会结构发生变化，农民迫切要求建设更合理的社会管理体制。行政化色彩较浓的社区自治管理模式在一定程度上挫败了村民自我管理、自我教育、自我服务的积极性。

二是村（居）民议事会协商意识和协商能力不强问题。随着城镇化的发展，越来越多的劳动力流向城镇，进城寻找就业机会，导致农村社区实际居住人员老龄化严重，人力资源严重缺失。有些地方社区的协商制度只是以一种上级文件的形式而存在，用来应付上级的专项巡视督查，在具体的基层自治运转中没有真正贯彻实行；有些地方特别是在农村社区，虽然协商机制初步建立，但因为村民外出务工者众多，或者当地村民组织动员能力欠缺，导致协商主体参与度不高，协商民主的广泛性与代表性不能真正展现；有些地方虽然在一些协商议题中能够广泛动员利益相关者参与协商，也有相应的协商程序运转，但协商过程流于表面，程序大于内容，最终协商结果的科学性也大打折扣；有些地方只把协商作为利益博弈的手段，协商结果并未真正施行，长此以往，组织开展协商的公信力也因之受到质疑；有些地方只把社区协商作为地方政府进行民主政治建设的政绩工程，协商治理的精神内核没有展现，治理效果更无从谈起。

三是社区监委会监督力不充分问题。农村基层监督不仅需要民主性，而且更加要求有效性。一个时期以来，在村民自治发展过程中，过于片面地强调农村基层治理的民主性，忽略有效性，带来了一些消极后果。当前农村基层监督没有取得理想效果,与农村基层监督实践中的监督主体自身局限性存在着一定关联。

社区监委会是我国在村级组织上制约和监督村委会自治权力的有效制度设计。它通过建立村务监督长效机制,监督检查党务村务公开以及各项村务管理、执行情况,督促查找村务工作存在的突出问题和薄弱环节,确保村级组织运行公开化、透明化、廉洁化。但是制度运行仍然暴露出监督力不充分、有效性不足等问题。

表现之一,村务监督人员配置不尽合理。组织干部队伍年龄结构不合理、知识储备不足问题十分突出,尤其空心村严重的地区,村民监委会成员年龄与村委会、村党支部等组织的年龄结构十分相似,都有年龄结构不合理的现象。监委会成员具备一定的知识技能政策水平和监督能力(包括依法办事能力)确实是必要的。他们有责任熟悉政策、了解实情、全面深入调查村民反映的违纪违法问题,以适应一些较复杂,特别是专业化的村务监督事务的需要,切实保障村民群众合法权益和村集体利益。

表现之二,作为基层组织"三会"之一的村监委会,其主任多由村党支部副书记、村民委员会副主任或者村委会委员兼任。他们除了履行村监委会职责外,还担负着村支部或村委会的一些其他职责,往往很难将自己的精力完全集中到监督工作中来。不仅如此,他们的日常监督行为常常会面对村党支部书记和村委会主任等"上司",以致工作起来难免畏首畏尾,执行不坚决,甚至村监委会成员本身都有一些错误认识(如"监委会是从属于村党支部或者村委会的"),因此,其监督工作不能有效地、自主地进行。

表现之三,近年来,随着城市化的迅猛发展,城乡一体化进程不断加快,涉及农村征地拆迁、工程建设、"三资"(农村集体经济中的资金、资产、资源)交易等问题日益频繁,村级组织干部的党风廉政建设日益成为群众关注的热点和焦点。但是,目前村监委会的工作多局限于财务监管,而监管手段多数是核对票据和账目以及在财务公开报表上签字确认,对村务公开的其他事项,特别是村务决策是否合理,决策上是否存在权钱交易等敏感性、关键性问题则监督不够、不力。

(三)传统村庄规则消逝、萎缩给村民的制度化参与带来的挑战

新型农村社区作为实施乡村振兴战略的一种全新社会组织形式,与其治理工作有关的理论知识、具体操作步骤已初步形成并持续发展。农村社区治理离不开农民的参与,乡村振兴战略离不开农民的支持。从目前的情况来看,新型

农村社区治理基本是政府部门作为主导,甚至成为唯一的参与主体,社区内的村民并不重视,甚至完全不参与新型农村社区的各项治理工作。

一是农村"空心化"严重,居民参与能力与参与意识不足。农村社区治理离不开农民的参与,乡村振兴战略离不开农民的支持,从调查研究的情况来看,村民参与农村社区治理的程度总体不是很高,这其实也反映了当前我国农村社区治理的普遍现象。随着城镇化的发展,现在大多数农民涌入城市,农村几乎都是一些老人、妇女和儿童在留守。而且,在新型城镇化进程中,政府虽然鼓励群众积极参与农村社区治理,并提供了相应的渠道,但是由于我国受几千年封建历史的影响,群众已经习惯了被统治的生活,所以人们在思想上就没有参与国家治理的意识,认为社会治理是党和政府的职责,和群众无关。即使有些群众想参与社会治理,但是由于信息的不对等和信息公开不透明,导致有意愿参加农村社区治理的群众失去意愿。二是村民非制度化参与现象增多。农村社会由传统向现代转型,传统村庄规则的逐渐式微,新的规则正在形成,部分村民因参与渠道不足和受教育程度低等因素的影响,常采用非制度化或非法的参与形式表达自身的利益诉求。非制度化或非法的参与形式的存在,是由于在新型农村社区自治管理行政化模式下,政府对社区公共事务的管理缺乏民主协商,群众基础不足,利益诉求渠道不畅。

三、对策思考

党的十八大以来,连云港市在推进基层民主自治政治建设中,创新和培育了"一委三会"治理模式。基层治理是党联系群众的"最后一公里",新型农村社区治理的发展既需要进一步强化基层党组织的领导核心地位,发挥党员群众的主体作用,又需要自治组织充满活力,党群之间群策群力。

(一)以基层党建创新引领社区治理创新,建构社区党建与社区治理复合体系

"一委三会"工作法的组织功能不单单在于提升基层党组织的生命力,更将基层党建与基层治理进一步融合。以基层党建引领基层治理,形成全新的公共问题处理流程。完善区域化党建格局,探索多方互联互动的有效机制,切实把党的组织优势转化为推动地区和谐发展的强大动力。

在当前全面从严治党、坚持党领导一切的背景下,以基层党建创新引领社区治理创新是把党的领导根植于基层、根植于群众,夯实党的执政基础的重要举措。从根本上讲,"基层党建工作与发展城乡社区协商具有内在的统一性。基

层党建引领城乡社区协商的政治方向，基层党组织是城乡社区协商的领导核心，也是城乡社区协商的基础保障"。突出党建创新引领，也是健全"一委三会"治理体系和推进各部门和谐党建、共同发展的重要手段。为了让广大村（居）民平等地参与到国家现代化进程中来，共同分享现代化建设的丰硕成果，主动适应农村改革发展新形势并顺应新型社区期待，坚持以基层党建创新引领社区治理创新，坚持以组织建设为关键、政府治理为主导、村民需求为导向、改革创新为动力，健全体系、整合资源、增强能力，坚持和发展农村社会治理有效方式，出实招、重创新，建设幸福美好农村新社区，打造具有地方特色的"一委三会"社区治理模式意义重大。对此，一是需要上级党组织积极协调，既要加大对党建创新的政策倾斜力度与资源投入力度，也要积极督促基层党组织从当地资源禀赋与社会经济发展实际情况出发探索适合本地发展的党建新模式。二是加强组织队伍建设，有效发挥城乡社区党组织的"领头羊"作用。入口处要求基层党组织积极鼓励、广泛吸纳，结合当地实际情况，遵守党章与法律的要求，建立健全社区治理组织机制。乡村精英、新乡贤是促进乡村发展不可多得的人才力量，农村社区基层党组织要给予重视，通过发挥乡土人情和政策支持与政策鼓励的作用，努力将农村精英阶层吸纳到基层党组织队伍中，并强化人才队伍情感治理实践能力的培训，适当结合柔性化治理手段，着力化解在推进新型农村社区发展背景下基层党组织在执行政策中遇到的难题。出口处需要基层党委建立科学细化的评价标准，并在上级党组织的全程监督下公开透明、科学民主地开展党员考核工作，加强社区干部队伍的人才储备建设，培养造就一批热爱城乡社区工作的干部队伍，推进开展基层协商治理纳入各级党政领导班子和领导干部政绩考核指标体系，并依托物质奖励与精神激励的双重引导，激发和帮助一批青年干部、优秀毕业生服务于基层、锻炼于基层、成长于基层。三是明确村党支部与村委会的职责，对村党支部与村委会的职责进行细化，做到分工明确，责任清晰，将社区的日常管理形成制度，使社区管理更加规范化，最终提升基层党建创新行动实效。四是要加强基层干部的政治能力建设，牢固树立底线思维，在城乡社区治理实践中，党组织不再包揽各项繁杂的村居事务，而是把重点放在制定规则和指引方向上，要有把握方向的能力。五是加强市、县、乡、村四级有效联动，提高社区党组织服务社区群众的能力和水平。其中，市、县一级党委和政府应把城乡社区协商工作纳入重要议事日程和目标管理，加强对城乡社区协商的组织领导、工作协调和督促检查。村（社区）一级党组织要充分发挥领导核心作用，加强对城乡社区协商的领导，及时向乡镇、街道党委和政府提出工作建议，确保协商活动依法开展、稳妥有序。六是完善社区资源整合制度。社区自身资源少,但辖区内驻区单位、社会组织、居住在社区的在职党员拥有各种资源,创新基层资源整合机制关键在于社区党组织要创新载体和机制,有效组织党员,凝聚群众,协调各方资源和力量,达成服务居民的目标。社区党组织应在加强区、镇街、社区三级党建协调委员会建设的基础上,大胆探索创新,建立起符合本社区实际的资源整合机制,使得社区内的各种资源能够充分为社区党组织所用,为社区党组织开展工作提供强大的资源支持。

(二) 健全"三会"自治组织体系,创新社区自治机制

一是深化村民自治实践,优化村民自治的组织运行体系。村民自治组织主张,村民对乡村治理性事务进行自我管理、自我教育、自我服务和自我监督。它通过践行民主选举、民主管理、民主决策和民主参与的基层民主精神,及时调解处理矛盾纠纷,有效回应村民诉求,维系社区共同体的和谐稳定。这种村民自治的组织体系的优化,一方面要实现乡政与村治在职权、边界和效能的明确分离,进一步明晰政务与村务的界限,重建乡政与村治之间业务指导与协商治理的组织关系;另一方面要优化村民自治组织内部的治理关系与结构,尤其要夯实村民理事会、村务监督委员会、村民代表大会的组织与群众基础,并深化村民自治实践,使村民自治组织真正嵌入乡村社会,有效发挥民事民管、民事民议、民事民定的社会治理功能,最终夯实和扩展"一委三会"的组织内涵。二是培育和发展各类乡村社区内生性组织,促进村落共同体的成长。各类社区内生性组织是村落共同体得以延续和发展的灵魂。在后乡土时代,由于人口大流动所带来的村民利益阶层分化、关系重组与村落空巢化,这些内生性的组织关系网络逐步走向了衰落。但衰落并不意味着终结,在村民日常社会生活中,基于乡里乡亲、互惠合作的各种内生性组织网络在生产互助、民俗节庆、人生礼仪、促进村落社会团结与社会整合等方面依然发挥着积极作用。因此,需要通过采取政策资源扶持、社会组织介入和正式组织帮扶等多种手段对各类社区内生性组织进行积极培育和引导,使之成为乡土重建与乡村振兴的重要社会基础。三是健全完善农村集体经济组织,因地制宜发展社区经济,夯实乡村振兴的社会经济基础。在村党组织的统一协调领导下,要在对社区当地的历史水平和自身条件进行一个准确评估的基础上,宜农则农、宜工则工。集体经济组织和村民委员会应当分设,使集体经济组织成为相对独立的法人组织。只有这样,才能解决长期以来两者之间边界不清、权责不明和职权重叠的问题。建设集体经济组织的主要目的在于盘活和经营管理村社集体资源、探索集体经济的多元

化实现方式，发展村社产业，最终壮大新型农村集体经济。为更好地体现集体经济的公有制性质，农村集体经济组织的领导者一般应由村党组织书记兼任，而其他成员则应当由村社中的经济能人、种植或养殖能手等构成。发展壮大新型农村集体经济，将会使农民与集体、个人与组织之间建立紧密型、股权型的利益联结，最终通过利益联结实现社会联结，促进乡村利益共同体的形成。这种利益共同体有助于密切干群关系，培育村民对村庄的认同感和归属感，进而实现乡村社会在社会秩序、经济交往和社会生活等方面的再组织。四是丰富协商主体，提高协商意识与能力。优化完善社区协商治理创新发展，既要有条件地支持社会组织作为第三方力量参与社区治理，也要更广泛地动员与培养有条件的城乡居民参与社区协商，进一步提高社区治理效能。在新时代社区协商治理领域，社会组织作为第三方的客观性与专业性应当给予更大的赋能空间。这就需要在厘清国家与社会、政府与社会组织权责边界的前提下，有序推进社会组织的"去行政化"，达成政社良性互动，并在法治框架下依法规范社会组织协商行为。另外，要加大扶持有条件的社会组织开展党建工作，培育社会组织的红色基因。除了社会组织作为协商主体，还有数量和能量更为巨大的居民群体应当成为协商治理的主力军。近年来，随着中国人口结构的变化以及医疗卫生事业的进步，不论是城市还是乡村，都出现了60岁左右老人增多的情况，这一群体中的老干部、老教师、老战士、老专家、老模范等"五老"是当前农村基层最基础的力量，也是基层协商治理力量之源。贺雪峰教授说："农村基层治理现代化的重心不在于其正式化、官僚化，也不在于引入外界的乡贤力量，而在于走群众路线，将本来就存在于农村中的能量极大热情极高无所不在的'负担不重的人'的积极性调动起来，让他们参与到基层治理中。"为了节省基层治理成本，提高治理效率，我们通过规范性、组织化的建设方式，把这一批人员凝聚调动起来。有条件的地区还可以建立区域化"社区协商人才数据库"，根据人才库人员的住地、专长、意愿进行协商主题的调配，进一步提高协商治理的精准性与有效性。五是拓展监督主体，建构多元共监格局。社区治理实质是一个多元共治的协同体系。参与村务决策管理的不只是村干部，在村民自治体制下应当包括所有村民群众。乡村治理不只是村民自治，还应当包括"乡政"的主体。特别是在农村经济社会现代性发展中，乡村逐渐地由一个封闭性社会转变为开放性社会，进而导致乡村治理主体的开放化，致使乡村治理主体日益呈现出多元化的趋向。根据中共中央、国务院《关于加强和完善城乡社区治理的意见》，新时代乡村治理主体包括基层党组织、基层政府、村民群众、社会力量等，是一个基层党组织领导、政府主导、社会参与、多方协同的共同治理体系。事实上，在现代的农村基层监督场域，同时并存着村民群众、村务监督委员会、社务监督委员会、党的纪检机构、政府监察机构、政府审计部门、会计核算部门、工程监理部门等多元主体。实践表明，乡村治理需要多元共治，任何单一主体都无法实施有效治理。同样，农村基层监督也需要多方协同。为此，需要在进一步完善村务监督委员会制度，提升村务监督委员会监督精准化的同时，拓展农村基层监督主体，建构全程实时、多方联动的监督体系。在村务监督委员会制度的基础上，逐步形成党政监督为主导、村民监督为基础、社会监督为补充的农村基层多元共监格局。

（三）多管齐下，调动群众参与社区治理的积极性，形成共建共治共享的治理格局

一是给予群众主体地位应有的重视。加强村民在社区建设中的主体地位，"最根本的就是要充分调动和发挥广大农民的积极性、创造性，让农民当主人、做主体、唱主角，形成农村社区建设的内在动力"。对此，首先，社区发展围绕农民为中心，政府减少过多的行政干预，使得社区形成居民自我管理、自我服务的居民意识，政府过多干预社区内部事务，会使社区居民形成依赖性以及懒惰性，不利于社区发展。其次，提高居民的参与意识，社区工作人员要向居民宣传社区建设的优势，并且倡导居民积极发言。让居民为社区建设献上好点子，引导居民参与社区管理，提高居民参与度，使居民成为社区真正的主人。同时积极开展活动，吸引居民参与。这样不仅能促使居民积极参与管理，在潜移默化中增强自己的归属感，还能使居民在管理中发表自己的意见和建议，促进社区的良性发展。二是重构农村社区文化体系。现阶段，我国在社会经济发展和文明建设中高度重视优秀传统文化传承，这也是我国社会、文化健康持续发展的重要精神命脉。新型农村社区作为我国社会管理的重要组成部分，需要以其内部的社区组织为基础，打造特色文化体系，这也是整个社区内部文化整体实力和竞争力持续增强的重要方式。在农村社区建立专属特色文化体系的过程中，需要以原本文化为基础，通过调研不同人群在文化方面的具体需求，塑造出与之相对的文化价值观，以一种兼收并蓄的态度包容不同文化。同时，新型农村社区内部的组织需要通过文化活动以及宣传教育等形式，引导和培养居民形成正确的文化价值观，从而帮助农村社区居民形成正确的三观以及邻里观念，在提升社区居民和政治素养的同时，营造一个良好的新型农村社区治理工作环境。三是健全党组织领导的自治、法治、德治相结合的城乡基层治理体系。"三治"结合，意味着城乡基层治理不能单纯依赖某种治理方式和治理路径。建立健全

基层治理体系的主体路径,可以按照"自治型主体为主导、法治型主体来指导、德治型主体为辅导"的思路进行,并从制定、实施和监督等环节进行机制完善。对基层治理规范的实施要确保在法律框架下综合运用各方力量,规范与群众最紧密接触政府职能部门、党政干部的行为,确保"三治"体系有效运转。

(本课题系全市应用研究资助项目一般课题研究成果;课题组负责人:李秀芸,江苏海洋大学教授;杨雪英,江苏海洋大学教授)

我市"大数据+网格化+铁脚板"治理模式存在的问题及对策建议

郭高晶

一、"大网铁"治理模式的背景与意义

（一）"大网铁"治理模式的背景

党的十九届四中全会提出推行网格化管理和服务，实现政府治理和社会调节、居民自治良性互动，夯实基层社会治理基础。党的十九届五中全会通过的国民经济发展"十四五"规划进一步提出："要构建网格化管理、精细化服务、信息化支撑、开放共享的基层管理服务平台。"网格化管理模式逐渐成为基层政府进行社会治理的新管理模式。随着大数据技术逐渐成熟并迅猛发展，开始被广泛运用于网格化管理模式的运作中，"大数据+网格化"模式的出现代表着社会治理走向了信息化、数字化和智能化的发展方向。在新冠疫情防控期间，为了满足基层繁复冗杂的治理需求，江苏在全国首创"大数据+网格化+铁脚板"治理模式（简称"大网铁"治理模式），是破解基层社会治理瓶颈的创新机制，在夺取疫情防控和经济社会发展"双胜利"中发挥了积极作用。目前，"大网铁"治理模式已经成为江苏省基层社会治理创新的名片，引发了学术界和实务界的共同关注。

（二）"大网铁"治理模式研究现状

"网格化"社会治理模式一直是学术界的研究热点，主要经历了两个研究阶段。2004年至2010年为第一阶段，这一阶段的总体特点为从网格技术到网格化管理。第一，这一阶段聚焦网格化管理的技术属性，利用现代信息技术和各网格单元间的协调机制，有效进行信息交流，透明共享组织资源，以最终达到整合组织资源、提高管理效率；第二，网格吸纳政府治理，网格化管理被认为是国家权力下沉延伸到基层的重要工具，即通过网格单元的设计，将原来科层结

构无法到达的部分真空地方，将资源整合在网格中，借此解决国家权力下沉基层社会的阻碍；第三，网格化管理的实现需以制度做保障，特别是权责关系及运作机制的再造。2010年至今为第二阶段。首先，总体特征为从网格管理到网格化社会治理。随着实践的不断深入，这一阶段研究的主要研究内容为探讨网格化社会治理的制度发展与完善，在管理对象、管理方法上都在向现代治理转变。其次，功能定位向多元转型。网格化管理已不仅仅是城市管理的信息化工具，更是呈现出具有资源整合、权威统合和社会控制三重功能。最后，聚焦实践改革的困境。学者通过社会调查研究，发现网格化社会治理体系出现泛化、虚化，机制碎片化，绩效悬浮化等方面问题。近年来，随着大数据理念及技术广泛应用到基层社会治理之中，一些学者将大数据与网格化服务管理相结合进行了研究，相关研究成果相对比较匮乏，亟待结合实践经验对其进行补充，丰富人们对大数据技术下网格化治理模式的认识。

（三）"大网铁"治理模式的意义

连云港市"大网铁"治理模式拥有自身特色，在破解基层治理难点和痛点问题上成效显著，但也暴露出了很多新问题，制约了社会管理和服务水平的提高。本文通过采取深入基层街道调研的方式，分析了连云港"大网铁"运行过程中存在的问题和原因，并提出针对性的对策建议。相关建议将对促进连云港市基层治理科学化、精细化和智能化具有重要的现实意义。同时，本研究将在分析海州区L街道现存问题产生原因的基础上，从"大数据""网格化""铁脚板"以及"共建共治共享"四个角度提出优化路径。

二、我市"大网铁"治理模式存在的问题与原因分析

（一）旧城改造阶段，公共基础薄弱

近年来，连云港市对于老旧小区采取"旧城改造"的方式，以期旧貌换新颜。"旧城改造"可以节省公共费用支出，以较少的成本为居民提供便利。但这些政策也因此让L街道边缘化，人口老龄化、公共设施破旧等问题亟待解决。目前，L街道仍有许多楼房是20世纪的产物，材料质量差、建设质量低、缺乏配套设施造成社区居住质量恶化。许多单位集资建造的房屋处于危楼状态，"旧城改造"的进展仍离居民日益增加的需求存在较大距离。此外，一些老旧小区根本没有物业公司愿意入驻，或者即便入驻也难以收齐物业费用。因此，许多老旧小区仍由社区承担物业职能。再如，L街道永尽巷公租房问题，这里的公租房始建于20世纪60年代，居住条件非常艰苦，住房面积狭小，每家公租房

无单独卫生间，只有公共厕所。其中不少公租房已经是危房，一到雨天，房屋漏雨、积水严重、污水倒灌入户等问题成为当地居民的烦心事。公租房虽然地处繁华地带，但与商业区的高楼大厦形成鲜明对比，形成了"城中村"。

（二）管理机制欠缺，网格资金不足

网格员是"大网铁"治理中的一线人员，发挥着至关重要的作用。在实际工作中，对网格员的管理机制并没有统一标准、硬性要求，各个街道根据自身实际情况，制定网格员管理办法，办法制定出台，又缺少必要的配套和监管措施，这就造成网格员管理机制欠缺。同时，针对网格工作的培训较少，即使每位网格员在上岗前都会进行一段时间的培训，但限于时间少、任务重，往往培训没有正规的考核，就直接安排上岗。在上岗后，无论是网格化治理，还是"大网铁"治理，后续配套培训工作难以跟进，省市级制度文件仅能传达到区里、街道一级，难以将制度文件传达到每一位网格员手中，即便如此，对于上级的相关制度安排，L街道仍努力将通知传达到各网格的网格长，再由网格长往下传达。可以理解，有些制度文件出于保密要求或者由于网格人员身兼多职的原因，实难妥善及时联系到每一个人。其次，从调查问卷的结果可知，网格员的薪酬待遇并不高。一方面，网格员并不属于社区编制，由社区工作人员转录的网格员拥有编制，合同制招聘的网格员以及志愿加入的网格员都没有编制，两者薪资待遇差别较大；另一方面，网格管理配套资金支持不高，网格员也缺乏相应的福利待遇，长此以往，难免会对网格员身份缺乏认同，不能融入社区治理工作中。然而，网格员工资虽然低，工作量却很大。专职网格员不仅属于社区工作人员，还身兼数职、一人多岗，在负责网格工作之余，还要处理其他工作。

（三）考核指标繁多，智能化水平低

在社区工作中，L街道主要运用区里制定的考核标准，每位网格员通过登录社会治理综合平台，进行打卡签到。首先，登录操作其实无法直接判断网格员是否完成相应工作，有时只需要按时打卡就可以应付考核。从系统中无法直观体现智能考核，如网格员行动轨迹、上报事件合格率、当日走访量等，孰优孰劣难以分辨。其次，网格员的工资主要由所在街道财政发放，因欠缺对网格员实际工作量的有效考核，导致"干得多干得少一个样"，网格员工作积极性慢慢降低。如即便辛辛苦苦实地网格走访，他人通过系统上报虚报，两者最后在系统内获取的工作量相差无几，所获得的收入也不相上下，势必会导致认真踏实工作的网格员越来越少，这也间接影响到整支网格员队伍的工作严谨性。最后，相关文件规定的网格考核指标在实际操作中难以执行，如考核要求以上报事件数量作为奖励标准,而网格员在走访过程中岂能总是遇到事件?但为了完成考核任务,不得不将鸡毛蒜皮之事也列为事件上报,更有甚者通过杜撰、虚构事件进行上传,这些现象从根本上背离了网格考核文件的设计初衷,在一定情况下起到截然相反的作用。

(四)群众参与度低,治理主体单一

现阶段,各级政府作为"大网铁"治理模式的推动者、参与者和主导者,下放到基层政府,主要由街道、乡镇层级具体实施。理想的多元主体协同治理应包括政府、企业、社会组织以及公民,多主体协同治理所产生的效能远比以政府为主导的单一主体要高。同时,群众广泛参与是基层群众自治精神的重要体现。但在目前"大网铁"治理中,群众力量并未得到体现,主要有三方面原因:一是部分政府工作人员尚未意识到居民参与共建的重要性和迫切性。在政府逐级向下推动的过程中,对上级要求的切实执行放在第一位,进而忽略从居民主动参与治理的角度思考,同时相关考核文件中并无这一硬性要求,必然导致街道工作人员不会主动推进群众参与。二是居民日常难有闲暇。随着现代社会发展,居民中的中青年一代忙于工作,能够参与的只有老年群体。而老年群体对于街道宣讲的"大数据""云计算""信息化"概念比较陌生,自身对于各类电子设备、APP、网络平台不善操作,进而打击了他们参与共治共建的热情。三是群众个性化需求难以统一。十个人会有十个不同的需求,同样,在网格化治理中,网格员发挥"铁脚板"精神也难以满足所有人的需求。居民参与的热情是建立在自身需求得到满足的前提下,当居民的需求无法得到满足时,自然会对社区工作降低积极性。

三、完善我市"大网铁"治理模式的对策建议

(一)完善"大数据"支持机制

1. 促进数据共享,消除数据孤岛

数据孤岛的形成呼唤着共享机制的形成,在大数据时代,政府部门之间、各级政府之间实现数据联动,才能更好地实现资源整合。基于我国条块分割的行政体制,各部门之间数据整合存在一定阻碍。对此,应积极采取措施打通各网络服务平台,锻造互联网传输通道,集聚各类数据资源。基层政府各部门不应拘泥于将数据技术应用于网格化管理、治安管理、信访管理等板块,而应将数据技术应用于更多领域,从而有效实现全流程、全方位的网络办公,让数据文件实现实时共享。各单位、各部门应共享数据红利,对数据进一步优化、整

合。上级政府制订统一规划，尤其注重对数据的采集、分析和决策，实现数据资源的有效利用。基层社区治理服务中心通过清晰预判问题所在，做到精准施策，达到增强社情民意实时掌握的效能。

2. 优化数据对接，避免重复劳作

大数据时代的社会治理，是一项系统性工程，应兼具正确路线、协同性改革以及整体性思维。在现代化城市建设中，数据存储的过高成本已成为制约城市发展的因素之一。数据增长过快是主要因素，但数据冗长、重复也是不可忽视的因素。同一数据为不同部门所需时，条块状管理导致彼此信息不通畅，采用多余的人力、财力去收集相同的数据，造成资源的大量浪费。在上下级数据对接环节，对于上级要求，下级部门在传达到基层时，往往带着层层加码之弊，造成基层工作人员需要花费更多精力获取数据，而这些数据可能只有小部分被利用，更多数据可能被永久深藏于政府部门电脑内。此外，对于数据的利用难以循环，每一次新项目意味着新一轮的数据调研，对先前固有数据往往弃置。全部推倒重来确实可以获得更准确的数据，但这也意味着成本大大提高。为避免重复劳动，应在数据采集之初，加强对数据采集的准确性要求，严禁层层加码。同时，应注意简化数据信息，对于不必要的数据进行删繁取简，尽量缩减成本。在数据对接时，选用专业性技术人才，保证数据传输便捷。在扩大数据共享的基础上，对各部门数据及时共享，避免相同数据重复采集。

3. 加强数据安全，恪守风控原则

目前，全球有 97 个国家建立了统一的数据开放平台。大数据基于庞大的用户人群，未来信息战已成为不可忽视的挑战。个人信息安全问题若治理不当，甚至会影响国家安全和社会稳定。为此，政府应加强对数据安全的管理，增强风险防控意识。信息安全的发展是一项重要挑战，大数据的重要性和巨大的商业价值不言自明。一方面，对于直接采集、统计和管理数据的工作人员，要进行统一的数据安全培训和意识形态培训，培养数据安全和保密意识，防止公众信息外泄。另一方面，对于存储数据的电子设备采取加密技术，建立数据保护机制，防止外来势力破坏、窃取。对于存储设备需要定期安排技术人员检测、维修，防止因设备老化造成数据丢失等问题。最后，在数据存储达到一定年限后，经核定已符合销毁条件的，应及时对过期数据采取无痕化销毁，确保数据信息安全。

（二）夯实"网格化"治理基础

1. 加强党建引领，发挥主导作用

在 2020—2022 年新冠疫情防控+网格化治理过程中，党员亲临一线的事例不胜枚举。在连云港市海州区L街道先前社区治理中，应将党建引领放在首位，实现社会治理方式的转型。如构建以基层党建创新促进社会多元主体参与，加强基层社会法治化建设，创造社会精细化治理体系。在此基础上，下一步建议L街道继续将党建引领作为社区治理的重要内容，在提升社会治理体系和治理能力现代化的同时，以"党建引领+创新方式+聚焦需求+严格考核"4项举措，推动基层党建和社会治理有机结合。在发挥党建作用的同时，街道应严格遵循统一标准与因地制宜原则相结合。在9个社区、25个网格的现有基础上，深入开展"党支部+社会治理"的创新模式，实行党支部与网格的有机融合。将现有的34个党支部分散到各个网格中，让每一个网格中都配有党支部，形成纵向组织体系，将党建精神传达到每一个基本单元格。

2. 完善运行机制，创新考核体系

完善社区网格运行机制，主要包括两方面：一是对网格划分的合理规划，现阶段网格划分结果并不是一成不变，可能会随着社区情况进行适当调整。二是对网格员工做安排、考核、奖惩的制度安排要合理，确保兼顾公平和效率。通过对网格科学划分，对网格工作合理分配，使网格运行通畅，做到责任到人，遇到问题可以及时有效反馈。对于原有的考核体系，应认真组织"回头看"，通过结合上级部门的管理建议和对网格员意见征集，对考核体系进行修改完善。这里的考核体系主要针对的是一线网格员，当前，网格人员的准入除一批原社区工作人员兼任外，大多通过社会招聘，准入门槛低，部分地区网格员只要求初中学历，年龄也放宽至45周岁。即便如此，也很难招到合适的人，归根结底在于薪酬考核体系不完善。为此，应创新网格员薪酬考核体系，按照实际工作量结算工资，对于想要干、干得好的网格员加大绩效奖励，防止"干多少都一样"的局面出现。

3. 规范组织框架，提升治理水平

当前，街道综治中心主要借助的是社会治理综合服务平台，根据平台上反馈的信息，实时处理相关问题，形成对全街道25个网格的实时治理。鉴于目前网格工作主要由地方政法委分管领导，在与其他部门的配合上，或多或少存在相互推诿、运行不畅的现象。建议在原有每个网格配一名网格长的基础上，参照海州区公安局在新冠疫情期间使用的"一长三员"模式，"一长"即网格长，负责统筹整个网格工作，定期向街道汇报网格工作，社区网格设定网格长负责制；"三员"即三名协干员，其中必须设置一名固定专职协干员，其余两名协干员可以兼职。另外，可邀请社区民警加入网格队伍中，实现"网格+警格"有机结合。通过对综合网格的优化调整，实现双网齐头并进、共同规划运行。将组织机关人员下放,与基层工作人员进行"捆绑",同时还可以建立"网格+企业""网格+物业"等模式。通过此类联动共治,将大大提升社区网格治理成效,增强社区居民安全感。

(三) 抓好"铁脚板"队伍建设

1. 增加资金支持,强化网格员配备

目前,连云港市各个街道财政实力迥然不同,对于地处新区、开发区的街道,因辖区内企业、商户众多,街道有足够资金去支持网格队伍的发展,网格人员配备的服装、工具也相应更为齐全。有些街道地处城郊,位置偏僻,辖区内人口少,更缺乏企业和商户,街道难以对网格工作提供足够资金支持。这就导致网格员工资较低,缺乏网格员配备,常年可能穿着便服上门尽调,给实际工作也带来一定的不便。因此,上级政府应针对不同地区予以适当的财政倾斜,使得地区之间基础工资均衡,否则越是偏远地区网格员辞职率越高,造成地方社区网格化治理难以维系,长期下去形成恶性循环。同时,对于基础网格员工资与设备问题,建议由地方政府统一落实和采购,将此部分与街道财政进行剥离,减少街道财政负担,也使得网格员不会因地区不同造成差异化,可以让网格员队伍显得更加正规、齐整。

2. 建立培训机制,做好网格员培训

从现阶段网格员招聘的标准可知,对于网格员文化程度要求较低,部分地区要求初中学历即可,年龄放宽到45周岁。由此可知,网格员在年轻化、专业化方面都有所欠缺。实际上,网格员的教育程度、专业水平等综合素质对社区网格化治理有直接影响,因此提升网格员的综合素质十分必要。现有的薪酬体系和人员规模难以大幅度调整,网格员也面临人员招聘难的困境,在此情形下,一套行之有效的培训系统将会大有裨益。政府主管部门应清楚地认识到网格工作人员的专业化能力对社区网格工作的重要性。鉴于基层社区治理中"大网铁"模式已形成较为完整的运行模式,可以将以往的经验与上级政府最新指导文件相结合,建立长效、完备的培训机制。社区治理所面临的问题时刻都在发生变化,新的经验、新的做法应当及时传播、学习。在培训中应设立考核测试,检测网格员的学习成果、进行网格工作的必要技能、解决问题的必备能力等。对培训要严肃、认真对待,只有培训通过的网格员,才能够继续担任网格员。在培训体系中,应建立交流学习机制,网格员之间可以相互分享工作经验和心得,提供优化网格服务的建议对策,对建言献策的网格员应给予一定的奖励。培训工作的最终目的是通过提升网格员的实践和理论水平,从而提高社区网格化治理的质量和效率。

3. 规范党员参与，培养网格员队伍

疫情防控时期，L街道采用党员加入的方式强化网格队伍力量，奋战一线的党员主要从社区"两委"成员、社会组织、物业公司、复退军人、退休党员干部、志愿者中挑选。这一举措在实践中已取得良好效果，值得推广和发扬。在原有基础上，一方面，L街道可以通过规范党员参与，继续强化网格员队伍建设。在原有的选拔范围基础上，可以进一步扩大选择范围，将社区居民党员纳入其中，尤其是群众威望较高、个人政治素质良好、熟悉所在社区情况的党员。另一方面，在社区"大网铁"治理中，建议提高网格员队伍中的党员比例，发挥党员的"主心骨"作用。建议L街道持续开展"网格+党支部"模式，实现网格与基层党支部的有机融合。发挥基层党组织的战斗作用，推动形成共建、共治、共享的良好局面。目前，L街道辖区共有34个党支部，共有25个网格，对于一个网格最少包含一个党支部的要求完全可以做到。与此同时，建议街道可以邀请市、区级人大代表参与履职，搭建代表服务"连心桥"。针对L街道辖内的各个网格，可以邀请25名人大代表担任所在网格的工作监督员，对网格工作进行监督，听取居民心声，提出改进建议。

（四）坚持"大网铁"联动共建共治共享

1. 加强部门协作，建立快速反应机制

如今的大数据时代，联动共治已成为高效行政的共识，地方政府应正确认识部门协作的重要性和必要性，克服传统单干、条块管理思维。在政法委牵头的"大网铁"治理模式中，需要加强与公安、应急管理、工商、城管等部门的联动，各部门之间做好协同工作。建议通过各职能部门，分别抽取精干成员，组建快速反应小队，在原有"警格+网格"的基础上，搭建快速反应平台，将快速反应小队分配在不同网格之中。在分配时，应注重加强对人口密集、情况复杂的网格增加人手，相反，对于人口较少、情况简单的网格，可以通过一支队伍兼任几个网格的形式，让网格力量更加均衡、合理。网格长一职在先前社区网格化治理中已经普及，但鉴于许多地区都由街道干部兼任的方式，不妨推行由社区民警担任，相较于普通工作人员，民警对排除隐患、社区治安的管理更富经验。通过司法行政部门牵头的网格治理，强化部门协作，建立快速反应机制，对于社区问题的治理极具效果。以L街道"法律五人组"的经验为例，便是对司法力量有机融合，确保群众问题可以得到权威解答，快速解决居民的难题。

2. 加强地区合作，开展学习交流

在江苏省内，社区网格化治理做得较为出彩的有南京市江宁区、徐州市铜山区。通过加强省内省外区域合作，派员前往交流学习，带回其他典范城市城区的先进经验，结合连云港市实际情况，打造自身社区网格治理亮点。相对而言，在"大网铁"治理这一背景下，江苏省内典型城区的治理经验或许与连云港市治理情况更相贴合，并且在后期经由江苏省政府下发的文件也会在全省范围内一并执行。但不容忽视的是，江苏省外其他城市的治理经验亦值得学习和了解，放眼全国，北京市东城区、广州市天河区、日照市东港区在社区网格治理上各有自身特色，建议通过借鉴、学习省外地区的治理经验，弥补自身不足和短板。

3. 鼓励多元参与，加强志愿服务

社区"大网铁"治理模式的优化与完善离不开多元力量共建，健康的社区网格同样离不开社会多方力量的参与。政府在社区治理中固然发挥着引导作用，但类如企业、其他社会组织、居民等的力量可以补足政府主导的不足。为此，政府应积极鼓励社会力量参与社区"大网铁"治理。一是企业的主动参与可以加快物资筹集。企业拥有滚动的资金流与高效的企业管理模式，这与行政管理模式是相得益彰的，在解决某些社区问题时，参考和借鉴企业管理模式可以收到良好成效。二是其他组织的主动参与可以带动社区活力。诸如"爱心小队""红十字""敬老志愿者"等公益组织的加入，增添了网格中的志愿力量，可以较好地解决在重大公共卫生风险事件中人力资源不足的问题。三是广大居民群众的参与可以增强社区治理成效。社区居民是"大网铁"治理的受益者，更应成为"大网铁"治理模式中的参与者。群众的力量是无穷的，也只有居民更能了解居民。因此，鼓励企业、其他组织以及群众积极参与到社区治理之中，可以增强网格力量，优化治理效能。在此基础上，可以将志愿服务队伍进一步规范化，将原先短期、难集中的志愿力量逐步改善，形成志愿长效、轮流服务与奖励机制相结合，将多元参与的效能进一步优化。

四、结语

本研究从具体工作实际出发，着眼细节，深入研究连云港市"大网铁"治理工作情况，分析了"大网铁"治理工作所取得的成效和仍需解决的问题，结合我国其他典型城市社区治理经验，提出对连云港市"大网铁"治理的优化建议。社区治理是一项长期且系统性的工作，需要研究和深挖的地方还有很多。今后，本研究团队将会持续关注江苏省"大网铁"治理工作的进程，继续加强对社区治理工作的研究，以期为我国基层社区治理新模式改革贡献力量。

参考文献

［1］陶希东. 大数据时代中国社会治理创新的路径与战略选择［J］. 南京社会科学，2016（6）：85-90.

［2］李德仁，姚远，邵振峰. 智慧城市中的大数据［J］. 武汉大学学报，2014（6）：23-25.

［3］吴湛微，禹卫华. 大数据如何改善社会治理：国外"大数据社会福祉"运动的案例分析和借鉴［J］. 中国行政管理，2016（1）：118-121.

［4］孙定宇. 网络信息战：社交媒体武器化趋势及影响［J］. 国防科技，2021（1）：60-65.

［5］齐爱民，盘佳. 数据权、数据主权的确立与大数据保护的基本原则［J］. 苏州大学学报（哲学社会科学版），2015（1）：64-70.

［6］冯伟. 大数据时代面临的信息安全机遇和挑战［J］. 中国科技投资，2012（12）：49-53.

［7］高海波. 从粗放式管理到精细化治理：党建引领社会治理的内在逻辑研究［J］. 中共太原市委党校学报，2018（3）：14-18.

（课题组负责人：郭高晶，江苏海洋大学博士、副教授；课题组成员：许丽娜、朱峰、沈辨玲）

05

文化教育篇

连云港大力弘扬西游文化的对策研究

赵 鸣

《西游记》是我国享誉海内外的传世经典，从成书至今已有300多年历史。在此期间，《西游记》作为我国明清小说的名著，走向千家万户，成为世人皆晓、妇孺皆知的文学名著，深受各阶层人士的喜爱。诸多专家学者开展《西游记》研究，从文学、艺术学、语言学、社会学、民俗学、传播学、环境学、生态学、比较学、佛学等多个视角研究《西游记》，探讨其文化艺术特点和专业学术特性，以及社会成因和生发背景，使得《西游记》从一部文学作品逐步形成了西游文化，在社会、经济、文化诸多领域发挥着文化育化功能和经济社会价值。

与《西游记》关联的文化事项和内容已成为连云港最显著的文化特征之一和呈现连云港城市形象及对外文化交流的一张亮丽名片。西游文化已深深融入连云港的城市精神，成为市民精神文化生活中的价值取向。多年来，生于斯、长于斯的连云港人一直致力于西游文化的传承、挖掘、弘扬、发展和保护，一直致力于西游文化、旅游产业的开发、利用和发展，一直致力于西游文化的创新和弘扬，西游文化融合到全市市民的生活和城市发展中。打造西游文化名城早已成为市民翘首以盼、政府勇毅推动、社会踊跃共建的共识目标。西游文化滋润着连云港市民，被地方百姓视为行动方位和城市文化支柱之一。

连云港作为《西游记》的发源地，承载着大力弘扬和发展西游文化的责任。跨入新时代以来，大力弘扬西游文化早已脱虚向实，不仅是一个文学话题，更是一个社会发展需求，需要用一个推动城市现代社会精神文明大提升、社会发展再加速的全新视角来考量和研究。《连云港大力弘扬西游文化的对策研究》成为适时之作，是基于新时代视域下的一个崭新话题。

一、西游文化的核心内涵和时代方位

（一）西游文化的核心内涵

文化，英文 Culture，是人类创造得到物质财富和精神财富的总和，是人类社会相对于经济、政治而言的精神活动及其产物，分为物质文化和非物质文化。文化既包括世界观、人生观、价值观等具有意识形态性质的部分，又包括自然科学和技术、语言和文字等非意识形态的部分。文化是人类社会特有的现象。文化是由人所创造、为人所特有的。

文化是个宽泛的概念。寻常人们所说的文化皆属广义的文化，是相对于政治、经济而言的人类全部精神活动及其产品，涵盖教育、科学、艺术等诸多内容。具体的文化内容可以包括群族的历史、域情地理、风土人情、传统习俗、生产工具、附属物、生活方式、宗教信仰、文学艺术、规范、律法、制度、思维方式、价值观念、审美情趣、精神图腾，等等。其中，中国文化烙印着民族性与时代性的特点，既有历史的传承，又有现代的发展，具有历史性、传承性和时代性等诸多特点。

"西游文化"属于一种宽泛的泛文化现象，主要是基于《西游记》小说本身的文化内容，以及由此而衍生出来的文学艺术、文化事项、精神内涵、思想价值观等一系列的智力成果，包括《西游记》小说的研究、开发、利用，《西游记》精神产品的传承、保护、生产和利用。同时，也体现了人们对于西游文化内容的再认识、再萃取、再繁衍和再发挥的精神成果，以及由于西游文化普及给人们带来的生产和生活的综合精神成果。

除了云雾缭绕、神奇浪漫的花果山外，在连云港还有大量的《西游记》文化传说，在海州地区民间广为流传，不管是《西游记》小说本身，还是作者来此探秘寻踪，寻找撰写《西游记》的创作灵感，沉淀下了许许多多、各式各样的民间传说，如《三元大帝的来历》《石猴出世的传说》《殷开山的宰相府》《水帘洞传说》《文笔峰》《万卷书》《仙砚的传说》等，都在连云港人民中引发广泛共鸣。这些历史文化积淀铺就了连云港地域的西游文化基础，也为传承弘扬西游文化培育了文化基因。

（二）弘扬西游文化的时代方位

西游文化承载着连云港城市的时代新气派。早在 20 世纪五六十年代，毛泽东同志就多次谈及连云港与西游文化的关系。当年还邀请时任团中央书记的胡耀邦来连云港看看孙猴子的老家花果山。花果山上的碑刻"孙猴子老家在新海连市花果山",记录了这段珍贵的历史篇章。近年来,市委、市政府将建设"山海相拥的知名旅游城市"作为城市发展的"四大战略"定位之一。同时,西游记文创、文旅产业发展迅速,不管是对《西游记》本源文化的传承,还是对《西游记》元素的创新,或是中国国际西游记文化节的持续演绎,还有影视、游戏、电玩、手游、文创产品、工业设计等开发如火如荼。建设西游记主题公园的呼声此起彼伏,振聋发聩,尽管没有落地,但是,关联性的《西游记》文化旅游衍生产品层出不穷,源源不断地进入市场。2009年,时任国家副主席的习近平在连云港视察时提出:"孙悟空的故事如果说有现实版的写照,应该就是我们连云港在新的世纪后发先至,构建新亚欧大陆桥,完成我们新时代的'西游记'。"新时代赋予西游文化新的文化内涵、文化空间和文化自信。连云港市第三十次党代会提出加快后发先至,全面开创新局,建设人民期待的现代化新港城。在党代会报告中,再次提出"大力弘扬西游文化,让'踏平坎坷成大道,斗罢艰险又出发'的奋斗精神,感召和鼓舞大众,激扬当代回响"。因此,我们现在开展"连云港大力弘扬西游文化的对策研究"需要站位时代新起点,登临时代新高峰,唱响时代新旋律,讲好西游文化新话题,传承西游文化新精神,描绘西游文化发展新图景。大力弘扬西游文化,不仅是对新港城人民文化生活期盼的一种回应,更应该成为港城现代化发展的新动能,为港城现代化发挥新功效,谱写新诗篇,提供新思路、新支撑和新方位。

二、连云港弘扬西游文化的实践状况

(一)持续开展西游文化研究

《西游记》是连云港哲学社会科学的学术研究重点。1982年,在连云港举办的全国首届西游记学术研讨会,100多位明清小说专家和学者会聚港城,拉开了当代国内西游文化研讨的序幕。目前,已举办六届。1992年6月30日,连云港市西游记研究会成立;21世纪,江苏海洋大学也设立了连云港西游记文化研究院,获批了国家社科基金项目,再版了新勘校的《西游记》版本书。经过多年的研究,先后出版了10多本《西游记》论坛文集,刊发了国内外400多篇关于《西游记》的研究论文。《江苏海洋大学学报(人文社会科学版)》的《西游记》专栏在全国具有较高影响力,获得全国学术期刊优秀栏目。此外,连云港持续举办西游文化研讨活动,2017年还举办了"中国·连云港首届西游记文化与创意产业论坛",西游文化研究是全市社科研究的重点,研究成果多次获奖。

（二）确立西游文化为地方特色文化之一

在连云港，《西游记》是一个妇孺皆知的话题。特别是近几年来，连云港市提出了"大圣故里·西游胜境，神奇浪漫之都连云港"的文旅推荐口号，使得连云港在全国的西游文化知晓度和美誉度大幅提升。只要一提孙大圣老家花果山，很多人都知道是在连云港。特别是 2009 年，时任国家副主席的习近平在视察连云港时的谈话提到"后发先至""新时代的'西游记'"再次点燃了港城市民对于西游文化的认同，也为连云港将西游文化作为城市核心地域特色文化提供了机缘。2011 年，我市的花果山系列传说成功入选第二批省级非物质文化遗产名录，开启了西游文化保护传承的新天地。在连云港"十四五"经济社会发展规划和文旅融合发展规划中，西游文化再领风骚，呈现出压倒性的态势。

（三）重点打造西游文化产业高地

在西游文化旅游产业方面，连云港市一直将其作为着力打造的产业重点。从 1998 年开始，连云港连续多年举办花果山登山节、西游记文化节、西游记国际旅游节等节庆活动，逐步提升了西游记节庆层级。自 21 世纪以来，连云港市充分利用《西游记》成书背景地的特色优势，以西游文化为纽带，打造西游文化平台，先后建设了西游记文创产品展示中心、徐培晨西游记文化艺术馆、西游记文化陈列馆和西游文化创意平台等西游文化产品销售和文化展示空间平台。2017 年，连云港市举行的"画说美猴王"全球征集活动，充分挖掘连云港的"西游元素"，带动了西游文化创意产业的发展。在每年参加江苏紫金文化大奖赛的创意作品中，西游文化主体的参赛作品占据主导位置，西游文化产品往往在获奖作品中占据先机。2021 年，大型原创音乐儿童剧《寻找花果山》在江苏紫金文化大奖赛上获优秀剧目奖，主演王欣获优秀演员奖。

（四）着力开发系列西游文化项目

西游文化一直是连云港市文化旅游产业的富矿，开发西游文化项目也是全国，特别是连云港地方企业专注的主题。自 2018 年以来，我市成立江苏文化旅游发展集团有限公司、江苏西游文化旅游产业有限公司等国企集团，聚焦打造西游文化小镇、主题乐园等项目，尽管进展缓慢，但毕竟打开了未来大型西游文旅项目开发的新空间。2018 连云港首届西游文化季暨"创意连云港"第四届文创大赛如火如荼，风头正劲，由文创大赛、西游音乐节、西游美食节、寻找美猴王抖音大赛等活动组成。同时，连云港城投集团创设的"逍遥猴"网络线上消费平台，吸引了诸多西游文化旅游消费者，目前注册人数超过 3 万人。此外,连云港市还陆续举办"创意连云港"文创设计大赛,以及水晶文创、西游文创、"连云游礼"3项专项赛事,促进我市文旅产业的融合发展。在西游文化体育结合方面,连云港市也做出了探索,在2017年至2018年我市连续举办了第一届、第二届花果山国际越野赛,吸引了国内外上千名选手参加,并努力通过赛事举办的连续性和创新性,把连云港花果山越野赛打造成国际上"齐天大圣"IP的西游文化精品体育赛事。2021年,在新冠疫情环境下,创作了西游文化题材的《丝路祥云》音乐会,呼应全市"一带一路"交汇点重点城市建设。

（五）致力于西游文化的广泛传播

长期以来,连云港市通过各种方式和手段大力传播西游文化,不断推陈出新。一方面,在城市和花果山景区中设立有关《西游记》的文化雕塑,如美猴王、吴承恩、五圣取经、群猴争斗、三打白骨精等；另一方面,通过媒体对外传播西游文化。2019年1月23日,"连云港·花果山号"高铁列车从连云港站驶出,首发沈阳,打出了"西游东渡,山海连云"旅游品牌,连云港市文化旅游正式迈入高铁时代,塑造起连云港西游文化与旅游的深度融合的标杆和杰作,打开了西游文旅融合传播的新空间。同年9月8日,全球首架最大IP文化宣传飞行器"连云港号"从北京首飞连云港成功,标志着西游文化传播层级的再提升,设计中融入了最为经典、符合西游记原著的大圣悟空形象。通过"连云港号"西游文化航空宣传,连云港丰富的山海旅游资源、独特深厚的历史文化将得到更广泛的展示。

三、连云港大力弘扬西游文化的问题与短板

（一）扛鼎西游文化的IP品牌缺失。

众所周知,近年来,全国文化IP产业风生水起,西游文化产业也不例外。《西游记》作为我国文化旅游产业的富矿,也是业界追捧的热点。连云港西游文化旅游产业,除了有一座孙大圣老家花果山以外,基本没有在全国闻名的西游文化IP产业的核心品牌和标杆。从全域文化旅游产业的角度来看,花果山的建设和开发也不具有IP产业的核心产业要素,或者说其本身创意设计规划还未成熟,连云港想仅仅依靠花果山做大西游文化IP品牌是非常困难的。

（二）西游文化产业和项目主体弱小

多年来,连云港市一直将西游文化作为全市文化、旅游创意产业的主攻方向,就实施这一文化的运行、开发主体而言,相对比较弱小。目前,承担西游文化旅游产业的最大主体是花果山园林管理处,2019年销售收入在3亿左右,

由于2020年至2021年新冠疫情的持续，营销收入整体缩水30%以上。其他文化产业公司，大多以小微企业为主，主要涉及文创、电玩、影视、设计、礼品、工艺美术、收藏、食品、餐饮等方面，企业涉足领域单一，人才储备不足，企业创新能力弱，各类产业之间的融合度差，单兵奋进，很难做大做强。此外，连云港文化旅游发展集团有限公司是新成立，集团投融资能力还较弱，不具备建设大型游乐园区和大型文旅项目的基础和能力。长期以来，花果山园林管理处是不具有现代企业制度的事业型单位，承担着大量的公益维护任务，在市场投入、融资担保等方面都存在诸多问题，且多年投入超预期，回报缓慢，极大地制约了未来产业的发展。

（三）西游文旅产业的产业链、供应链跨度不适

我市的西游文化旅游产业一直以观光型的业态为主，处于西游产业链、供应链的前段，未能形成覆盖文化产业全程、全时、全域的产业链和供应链体系。西游文化创意产业大多各自为政，疏于融合，再加上我国西游文化创意产业为全国热门，专业和版权制约较多，现代文化科技转型较快，中小微企业很难适应；另外，西游文化创意产业设计转化渠道不宽，如何畅达进入文化、旅游市场，如何将一、二、三产融合到一起，形成西游文化"第六产业"的消费市场还有很长的路要走。许多文创产品在展会和大赛获奖后即昙花一现，不能做成"既叫好，又叫座"的文创产品。从整体文旅产业链的分类来看，不管是西游"文化+旅游"，还是"旅游+文化"，或是"文化+""旅游+"与其他产业的融合方面，西游文旅全产业链整体都未能形成，如文化创意、动漫电玩、电影影视、新闻出版、景区游览、康养休闲等距离实现现代西游文化全域融合还有很大距离。

（四）西游文化旅游产业领域覆盖面不宽

全域旅游给予连云港开发西游文化旅游无限的想象空间，全行业、全产业、全过程、全视域覆盖是其核心要义。尽管我市对西游文化产业的关注度较高，但是视域一直局限在常规化的文化旅游产业，综合性、大型化、聚合性的西游文化旅游项目基本没有。如西游记文化乐园、西游记文化小镇、西游文化IP品牌项目开发等，大多停留在景区景点观光游、个性化的文创产品和《西游记》小说文化研究等领域，覆盖的产业面不宽。随着周边和全国西游文化开发的逐步成熟，连云港市错失发展良机。

（五）西游文化产品版权开发不力

西游文化开发的魅力在于其本身是一个无界域、不受限文化创意大观园，

版权开发是现代产业发展的着力点和制约处,关键看如何运用和开发。在《西游记》人物的关联商标注册方面,只要是与《西游记》人物有关的大多数商标领域,基本无缝可插。例如,孙大圣、孙行者、孙悟空、行者、大圣、悟空、金猴、猴王等在商标领域几乎被注册完毕,即便与此有关的筋斗云、金箍棒、定海神针等也是如此,甚至唐僧、沙僧、猪八戒等也是如此。现在流行的茶具、文具、电子产品、儿童玩具等,只要涉及《西游记》的文化创意产品,就会加入《西游记》的主要人物和金箍棒、八齿耙等使用物件以及花果山、筋斗云等自然风貌等,似乎离开了这些就不是《西游记》文化创意产品了。这类创意思路在版权保护的语境中,一方面极大地受制于原有文创知识产权及其保护法律,致使《西游记》文化创意本身的道路涉猎不宽;另一方面也束缚了西游文化创意产业本身的创新,甚至人为制造界域限制,自设掣肘。

四、连云港大力弘扬西游文化的对策和举措

从目前存在的主要问题与短板来看,大力弘扬西游文化还需要萃取西游文化时代特点,梳理城市文化的精神标杆,不断壮大西游文化承载主体,做实做强西游文化产业,有效改进西游文化传播方式,让全体民众沉浸式感悟和体验西游文化,满足新港城新发展的时代之需,使得西游文化成为最广大群体的生活偏好和精神向往。

(一)紧贴时代,萃取新时代西游文化中精神元素

大力弘扬西游文化,首先要明确推崇什么样的西游文化。

1. 精准定位新时代西游文化精神内涵

萃取西游文化中的优秀精华和契合时代发展之需的人文经典,将西游文化与当今经济社会发展深度融合。要深刻领会毛泽东、习近平等领导人在讲述《西游记》人文、运用西游文化经典时的客观环境、历史背景、价值指向和目的要求的具体实际,准确定位新时代西游文化的精神内涵,把握好精神尺度,切实将西游文化弘扬好、传播好。

2. 将西游文化嵌入城市精神价值体系

众所周知,城市精神是一个地方人文价值观的核心,体现在这个地方经济社会发展的全过程中,也呈现和蕴含在该地区人们具体行事方式和行为中。什么样的城市就有什么样的城市精神和人文风貌,如深圳的创新开放、上海的精细精准。在连云港大力弘扬西游文化,就需要浓缩西游文化的更高、更快、更强的奥林匹克精神,萃取不畏艰险和困难、奋勇前行的大无畏精神,将西游文化

中的精神元素嵌入城市价值体系。幸福生活是奋斗出来的，不是等来的，也不是靠别人施舍来的。我们正处于"十四五"的"后发先至"关键机遇期，要想完成习近平总书记要求的实现连云港市发展大跨越目标，不能将"后发先至"停留在口头上，而是必须拥有百倍的信心、付出千倍的努力、经历万倍的艰辛，才能真正完成新时代的《西游记》，将西游文化书写在连云港人实现现代化征途上，铸造在连云港城市人文价值观中。

3. 将西游文化融入地域整体人文体系

大力弘扬西游文化需要体现精准施策的基本原则，差异化推动西游文化落地。要在党员干部中大力传播讲忠诚、敢担当的西游精神，要学习孙大圣的自我牺牲精神，不畏艰险，勇往直前，为做好党的事业和维护人民利益而忘我工作。在文化旅游发展方面充分体现西游文化的生态绿色理念，用绿色铺就连云港文旅发展的底色，推动文旅融合，坚持文化创新，打造可持续的绿色西游文化新高地。在社会治理中弘扬公平正义、一心向善的西游人本主义思想，大力提升社会治理水平，推动全社会治理能力的现代化。只有分类施策，差异化推动，才能逐步用西游文化精神滋润市民的价值观和世界观，最终达到大力弘扬西游文化的目的。

（二）整体创意，建立连云港西游文化城市 IP 体系

打造西游文化 IP 体系是现代社会整合大众资源、大力提升文化品牌的成熟模式。

1. 创设连云港西游文化城市 IP 体系

可以借鉴日本熊本熊、美国迪士尼等成功的文化品牌样板，创设西游文化城市 IP 体系，全界域打造西游文化品牌。通过签约、邀请、购买和招标的方式，分类选取全国范围内最为经典的西游文化创意团队和作品，萃取精华，逐步完善，创立连云港城市西游文化 IP 体系，让西游文化渗透和遍及全市每一个角落。

2. 打造连云港西游文化名城标识体系

港城花果山，世界西游记。西游文化根在港城，但属于世界。连云港作为西游文化的汇聚地，需要汇聚城市发展之动能，大力弘扬西游文化，全力塑造世界级的西游文化名城。要将弘扬西游文化作为城市建设、城市开发、城市品牌塑造、城市标识制定、城市精神构建、文化展演、公共设施文化元素匹配的核心理念和价值取向，贯穿到连云港市与世界沟通、公共服务、对外传播的全过程、全领域，融入城市发展的全过程，逐步构建西游文化名城标识生态环境

和传播展示体系。

3. 培育西游文化 IP "独角兽" 种子

打造西游文化 IP 品牌是一个持续发展的过程，需要不断提升和完善。创设西游文化城市 IP 需要经历一个漫长的完善和锻造过程。探寻和打造具有 IP 品牌特质的种子，需要从团队人才、企业实体和资金扶持等方面综合考量，强化引导和倡导，不断培育地域性的西游文化创意 "独角兽" 企业和个人，争取引入国际性的大型文旅集团和世界知名的创意团队，笃行守正，砥砺前行，用 "十年磨一剑" 的气度和胆略，打造经典、持久的西游文化 IP 种子。

4. 加强西游文化的版权保护工作

运用新思维，坚持依法治理的原则，全新认识西游文化的版权保护功能和作用。在近期的中美贸易争端和我国大数据平台的治理中，知识产权保护一直是大家瞩目的焦点，世界知识产权和版权保护正在步入一个新时期。因此，西游文化的知识产权不再是任人宰割的 "唐僧肉"，也不是无限制的、谁都想用、谁都能用的 "法外之地"，而是逐步变成像土地、海洋一样的专有地域，成为有限度的文化资源。需要前瞻思考，加快推动西游文化的版权保护、专利申报、知识产权确权等工作，适应新时代的发展之需，及早布局，全面推动全市西游文化版权体系建设，依法开展西游文化元素和资源的使用和保护。

（三）引领产业，壮大连云港西游文化承载主体

将西游文化作为城市主导文化，需要打造与之相匹配的文化承载主体。

1. 力促国有西游文化主体转企改制

重点推进连云港花果山风景区管理处的转企改制，与连云港市文旅集团合并，组建符合现代经营方式的文旅股份制集团。加快推进产业经营和管理分开，将大花果山经营权和云台山的管理职能剥离开，全面深化现代企业建设，明确集团的企业属性，切实理顺西游文化产业主体经营机制，做实发展西游文化产业的基础。同时，推动大花果山景区建设，撤销连云港云台山风景名胜区管理委员会，将其管理职能归并到城乡建设和自然资源规划管理部门，施行中央提出的 "谁审批、谁管理" 的大部制管理模式，彻底破解西游文化城市建设的掣肘和困局。

2. 组建新型西游文化产业主体

充分发挥原有的 "政府、企业、学校" 的西游文化创意平台建设优势，构建全国范围内的西游文化创意、交易和开发平台，汇聚全国乃至世界西游文化资源，完善西游文化产业链、供应链和金融链，搭建世界性的西游文化产业承

载平台。目前，我国国企改革风头正劲，跨所有制改革是当前的重点。要以西游文化资源为纽带，进一步深化国有企业制度改革，大力引进民营资本加入西游文化旅游产业开发，组建多种所有制并存、以资本和资源为纽带的西游文旅产业专业开发集团主体。比如，将城投集团、演艺集团、报业集团、广电集团等多个文化产业实体融合起来，加入民营企业的股份，建设混合所有制开发主体。

（四）创新方式，构建现代浸透式西游文化传播生态

积极应对新技术、新科技的挑战，大力推广新科技在西游文化塑造和传播方面的具体应用。

1. 做好传统传播手段的开发和利用

西游文化的传播是一个历久弥新的文化现象。从最初的图书出版、电影电视，到后来的网络游戏、动漫、手游等产品，乐此不疲，经久不衰。《大话西游》《大圣归来》《梦幻西游》等出品多年，一直是老少皆宜的产品，深受各类文化旅游消费者喜爱。因此，在连云港地域内大力弘扬西游文化，需要打好组合拳，继续做好传统传播手段的应用和资源整合，营造立体化、可持续的西游文化生发环境。

2. 创新当代西游文化传播方式

充分运用各类文化传播的形式和手段，在更大范围内、可持续地传播西游文化。特别是要借助连云港智慧城市建设和 5G 商用机遇期，运用现代融媒体、全媒体、自媒体、现代网络、手机终端、微传播等传播方式，贯通西游文化传播渠道，构建西游文化传播平台，让西游文化产品进户落地更加便利化。可以选择花果山南大门步道，设计和建设 3D 视觉的西游文化绘画廊道；在连岛度假区大沙湾海滨浴场入口处，建设东海龙宫 3D 实景绘画廊道，让每一位游客都可感受到风情迥异的西游文化体验。

3. 推进智慧西游文化产品的创意和生产

进一步创新西游文化的数智化载体，综合布局，及早启动，加快开发覆盖全域的西游文化数智化平台项目。可以借助现代新科技、黑科技的独角兽企业，将线上线下、网上网下、视觉听觉等空间综合起来，在原有西游数字产品的基础上，结合现代和未来数字发展新趋势，深入研究，精准策划，一方面深化原有西游文化创意产品和产业深度，如开发 MR、VR、AR、ER 综合类型的产品；另一方面构建新型的"西游元宇宙"文化平台，锻造西游文化数智化产业链和 IP 产品集群。还可以开发盲人西游手游、残疾人无障碍游戏等，提供公平均衡

的西游文化产品。通过现代文化传播方式，大力弘扬西游文化。

（五）优势互补，力促西游文化跨区域互动和跨界融合

大力弘扬西游文化，需要破除界域限制，站位高远，鸟瞰全国乃至全世界，优势互补，扬长避短，趋利避害，整合各类资源，融合发展，增强西游文化区域之间的互动。

1. 加强与淮安地域的文旅产业融合

淮安是《西游记》作者吴承恩的故里，近年来，西游文化旅游产业风头正劲，不仅开发了观光型的旅游品牌产品吴承恩故居，建设了西游记文化博览馆和西游记主题公园，文化旅游产业的业态正在从观光型向体验消费型转变。如果连云港也开发西游记文化博览园和主题公园，极有可能形成低质量的同质化竞争，制约了双方的正常发展。建议连云港市可以融合互动，各显其能，借势淮安西游记文旅项目，寻求差异化发展、融合性共享，围绕山海绿色的西游文化本色，开发汇聚西游产业、宜居宜业的"西游创意文化休闲生态小镇"，扬长避短，跨越连云港西游文化产业的"修昔底德陷阱"。

2. 加强与全国西游文化资源的融合

跨界融合，突破平面地域的产业制约，整合全国的西游文化资源，开发"云西游""西游云"等数智化平台，集文化娱乐、文创展示、文旅消费、休闲体育、版权交易、版权保护等多项功能，线上线下活动、文旅、文体、文创、西游文化消费等多业并举互动，构建全域视域的西游文化平台。采用整体规划、分类实施的方法，由地方政府在"我的连云港"大数据中心规划设计好创意模块，在平台上设立多个链接端口和创意板块，邀请、聘请和购买各类西游文化企业和个人的资源，整合汇聚全球的西游文化产业元素，融合共享，互利共赢。

（六）绿色创新，呈现西游文化生态城市新空间

将城市作为载体，全市域地呈现西游文化是大力弘扬西游文化的最佳选择。

1. 打造综合承载西游文化的城市

按照全域旅游的发展思路，放眼全市各个界域和各个方面，打造承载和传播西游文化的城市。可以在城市家具、公共设施、景区景点和文化场馆内推广使用西游文化标志、标识，推广城市西游文化IP体系建设，使得每一个生活在新港城的人或来连云港的人都能够感受到西游文化的魅力。如在火车站、飞机场、公路客运站、公交站台、街道指示系统、城市管网盖设施上增设相应的城市西游文化标识，形成空中、地面一体化的西游文化展示窗口；在公共图书馆、博物馆、展示馆、学校和社区、乡村公共空间中嵌入城市西游文化标志或形象，

塑造西游文化城市整体形象，逐步塑造港城的西游文化生态，使得城市各个角落和各个方面，都可以做到满眼春风，满目西游，将西游文化全方位融入城市的方方面面。

2. 力推西游文化的社会化传承保护

《西游记》是我国文化旅游产业开发的常青树和聚宝盆，西游文化中蕴藏着丰富的元素。除了原有的西游产品、西游商标和西游品牌外，还可以根据需要，创设新型的与时代发展并行的西游文化产品，不断推陈出新，传承文化，创新不止。比如，在城市建设中，建设西游文化的街区和街道；在环境整治中，打造亲民的绿色西游文化公园、廊道、河流；在精神文明建设中，表达西游文化的文化境界和人文价值；在日常生活中，创新西游文化菜肴和产品；在基础教育中，开设西游文化特色课程，大力传承和保护《西游记》传说，保护和弘扬非物质文化遗产，设立西游文化大讲堂，开展西游文化进校园、进社区、进乡村、进家庭活动，让全市居民感受西游文化魅力，让来连的每一位客人体验到西游文化无处不在的风情。

3. 主攻"西游文化创意休闲生态小镇建设"

切实认识西游文化旅游产业对于连云港市文化旅游产业发展的产业价值和支撑功能，在南云台地域内设定专门区域，或在世博园地区采取招商引资和自主建设相结合、销售股权、投融资等方式，加快推进"西游文化创意休闲生态小镇建设"，打造连云港承载西游文化旅游产业的新型"巨无霸"平台。在西游文化旅游创意小镇建设中要牢固树立"绿色"发展理念，将可持续的西游文化旅游产业的业态和企业带入小镇建设，融合地缘优势、生态优势、环境优势和产业优势，将符合时代趋势、可持续发展的西游文化旅游产业植入小镇建设中。切实建设产业兴旺、人才会聚、生态绿色、休闲宜居的现代西游文化旅游创业空间和发展高地。

4. 创立"元宇宙"形态的"中国西游文化数智化生态博物馆"

大力弘扬西游文化的"后发先至"，需要在文化领域超越传统发展范式，紧盯时代新科技运用，及早布局"元宇宙"数智化模式，全面整合连云港西游文化资源，将西游文化研究、西游文化展示空间和西游文化创意产业等方面的资源要素，逐步汇聚，创意设计"中国西游文化数智化生态博物馆"。一方面，梳理和呈现我国西游文化发展脉络和历史变迁；另一方面，汇聚世界西游文化要素和产品以及各类资源，打造世界级的西游文化旅游产业发展新高地。

五、结束语

文章合为时而著,文学是时代的产物。作为一类文化必然承载着时代的印痕。《西游记》作为明清时期的一个群体的精神诉求,必然镌刻着时代的烙印。在西游文化的传承过程中,汲取先进文化的养料,提供给众多人们心灵慰藉,给予后人永久的精神愉悦和启迪,是当下传承和弘扬西游文化的核心要义。

新时代赋能新思想、新内涵和新空间,弘扬西游文化也不例外。只有持续研究和萃取西游文化的时代价值和文化要素,打造契合时代的西游文化城市精神,不断拓展西游文化的成长发展空间和文化界域范畴,整体构建新时代西游文化传承保护发展机理,承接历史,勇毅创新,后发先至,才能"踏平坎坷再出发"迈向弘扬西游文化发展的新蓝海,实现港城现代化"后发先至"的"新西游记"走在世界城市文化创新发展的前列。

参考文献

[1] 赵鸣. 知识产权保护背景下《西游记》文化创意产业的掣肘与破解 [J]. 淮海工学院学报(社会科学版), 2019 (6): 34-37.

[2] 赵鸣, 徐洪绕, 郝一川. 全域旅游视野下连云港市旅游经济创新发展研究 [J]. 连云港师范高等专科学校, 2020 (3): 18-24.

[3] 赵鸣, 钱诗睿, 鲍林. 数智化背景下连云港智慧文旅产业发展研究 [J]. 连云港师范高等专科学校, 2019 (4): 26-30.

[4] 赵鸣, 夏冰莹, 刘芳. 文化生态学视角下江苏非物质文化遗产项目生态化传承保护和发展研究 [J]. 连云港师范高等专科学校, 2018 (3): 1-6.

[5] 赵鸣, 鲍林, 徐洪绕. 全域旅游视野下连云港市《西游记》文化旅游产业融合发展研究 [J]. 连云港职业技术学院学报, 2021 (1): 27-31.

(课题组负责人:赵鸣;成员:徐洪绕、王丹、郝一川)

关于做强媒体核心优势 推动文创产业高质量发展调研报告

苏中保

根据谱写"'争做表率、争做示范、走在前列'连云港新篇章"专题读书调研活动安排，考虑到连云港报业传媒集团文化产业发展实际，2021年9月，我先后到连报文化传媒有限公司、小记者文化传媒有限公司开展文化产业发展情况专题调研，采取听情况汇报、召开座谈会、实地察看等形式，广泛听取各方意见和建议，深入了解报业集团文化产业的现状及未来发展趋势。现将调研情况报告如下：

一、报业集团文化产业发展概况

近年来，连云港报业传媒集团积极适应媒体传播格局的剧变，不断寻求媒体转型发展和融合改革新路径，户外传媒版块和教育文创产业是集团转型突破的重点之一，连报文化传媒有限公司和小记者文化传媒有限公司应运而生，并呈现快速发展的良好态势，成为报业集团新的经济增长点。

（一）连报文化传媒有限公司

公司成立于2010年，注册资金200万元，独立法人单位，一般纳税人企业，连云港报业传媒集团旗下国有全资子公司，是一家集媒体运营、商务策划、客户管理、文化传播及整合营销于一体的智力型传媒机构。公司现有媒介载体有：公交车身及车内广告（468辆）、步行街户外LED大屏（1块）、室内多媒体互动平台（100台）、阅报栏（38座）、信息栏（98座）。公司其他业务内容有：LOGO及VI设计、产品包装设计、空间导视设计及落地、展览展示设计及落地、微电影及宣传片策划制作、主办与承接各类大型文艺活动、承办会务和文化交流活动、企事业单位形象设计、随手礼（港城文化名片）、书画艺术品拍卖等业务。

产业实力不断增强。近三年，公司业绩呈现稳中有升态势。2018年签订合同额840.42万元，完成销售收入838万元，利润2.42万元。2019年签订合同额844.75万元，完成销售收入870.2万元，利润1.1万元。2020年签订合同额644.52万元，完成销售收入686.93万元，利润17.2万元。2021年1月至8月，完成销售收入501万元，完成全年目标任务的58%，较序时进度低8个百分点。

文创产业做出特色。依托党报媒体行业优势资源，公司为客户提供媒体运营、商务策划、客户管理、文化传播及整合营销等服务，投资祥生·苍梧春晓等项目，获得社会广泛认可。公司文化创意和设计、文化信息传输、工业美术品等方面做出特色，并呈现快速增长态势，对集团贡献程度显著增加。荣获2019年第五届"创意连云港"文化创意创业大赛公益传播设计大赛优秀奖，荣获2019年第六届江苏省"紫金奖"文化创意设计大赛优秀奖，荣获首届连云港市广告行业2020年公益广告设计技能大赛银铜奖，一批特色文化展会品牌知名度不断提升。

人才队伍不断壮大。连报文化传媒现有员工14人，其中，本科7人，大专7人。年均工资总额约120万元。总经理及副总经理薪酬由集团人力资源制定，业务总监年薪15万元，策划总监6800元/月，设计人员5000元/月，办公人员（内勤）3500元/月，办公人员（外勤）2500元/月，业务人员2300元/月。公司完成年初集团下达给公司经营任务指标，将根据集团年终综合考核办法进行超产奖、兑现奖分配。总经理及副总经理缴纳至集团财务处的风险金3.6万元、2.88万元双倍兑现，超产奖部分按照公司全员不同岗位进行分配发放。

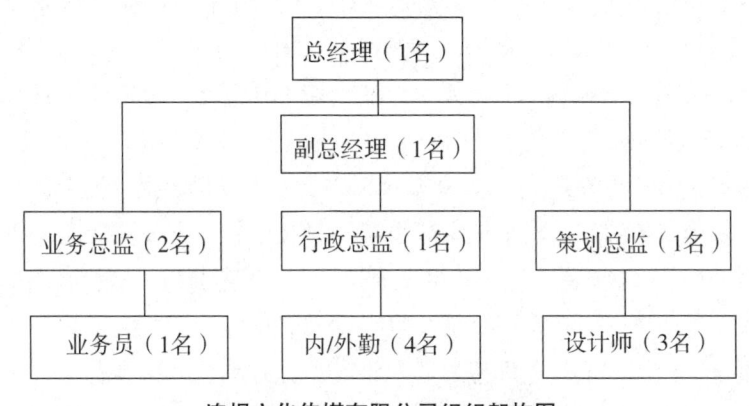

连报文化传媒有限公司组织架构图

（二）小记者文化传媒有限公司

苍梧晚报小记者组建于2001年，全市小记者逾1.5万人，分布于市区及三县100余所中小学。多年来，小记者以"记录成长、赢得明天"为口号，形成了采访、采风、讲座、竞赛四大类品牌活动，组织小记者活动逾10万人次，发表小记者文章7万余篇，创建省级小记者采访基地2家、市级小记者采访基地14家，策划组建了"苏鲁豫皖地市报小记者协作会"。小记者文化传媒公司以苍梧晚报为主要平台，以小记者产业化为经济基础，立足全市教育资源，开展教育文创、小记者培训及成长服务的综合型公司，涉及校园文化咨询设计、小记者优训、未成年人品牌活动等方面业务。小记者中心现有员工15人，平均年龄40岁左右。公司下设小记者文创园、小记者乒乓球俱乐部等部门，为全市中小学提供教育培训等服务，产生了较好的社会效益和经济效益，成为连云港市乃至全国有影响的公益品牌。

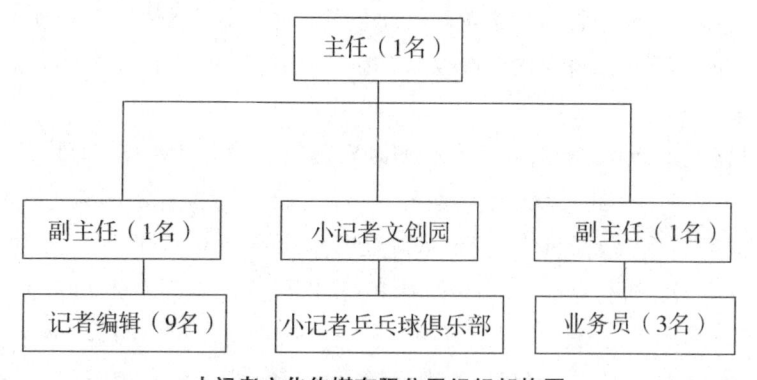

小记者文化传媒有限公司组织架构图

规模总量逆势前行。近三年，公司业绩呈现稳中有升态势。2018年签订合同额92.788万元，利润-3.68万元。2019年签订合同额85.4元，利润-181.49万元。2020年签订合同额162万元，年底到账110万元。2021年1月至8月签订合同额131万元，完成全年目标任务的69%，较序时进度低6个百分点。

品牌影响力稳步提升。经过20多年精心发展的苍梧晚报小记者，已成为报业集团一块金字招牌。开展小记者读书节、科技节、艺术节等活动，如"小记者牵手西部娃""小记者与奥委会主席通信""小记者与雷锋车同行""小记者与新疆霍尔果斯口岸同龄人手拉手"等活动在省内外产生一定影响。曾被中央文明委授予"全国未成年人思想道德建设工作先进单位"荣誉称号，被江苏省文明委授予"全省未成年人思想道德建设工作先进集体"荣誉称号。

精品生产成果丰硕。先后出版《小记者寻找家乡的年味》《小记者寻找身边的好人》《小记者寻找家乡的美景》《小记者中外名著名篇读后感》等系列丛书，《万名小记者寻找身边的美》《万名小记者共创文明城》等在省内外产生一定的影响，策划组织"七彩中国梦、童画新时代""小记者助推书香连云港"等系列活动，受到家长和学校的广泛好评。

二、报业集团文化产业发展存在问题及原因

当前，地方报业文化产业经营转型面临严峻考验，在媒介生态环境剧变的压力之下，行业环境、商业模式、利润来源成为经营转型的焦点和难点，文化传媒产业需要持续的资金投入。由于经济基础薄弱、产业发展起步较晚、文化市场竞争激烈、主营业务单一、新业态发展不充分等因素，已成为制约报业集团文化产业高质量发展的"瓶颈"所在，也是近年报业集团文化产业增速放缓的重要原因，更深层次原因是人才引进力度不够，科技创新能力不足，主营业务没有与互联网信息技术深度融合，导致文化产品科技含量不高，新兴文化产业领域竞争力较弱，只有加快发展新业态、新模式文创产品，才能扭转报业集团文化产业效益下滑的趋势。

（一）连报文化传媒有限公司

车身广告利润不断缩小。调研发现，地产、酒水、汽车、金融等行业为周边城市车身广告的投入主力。但连云港房地产市场受政策严格管控、市场供需关系不平衡等因素影响，近年来，广告投放力度不断下降。在本地白酒市场中，汤沟、桃林等地产白酒广告投放意愿低，汽车、金融行业对广告投放意愿也较低，对车身广告投放意愿更低，直接影响公交车身广告业务量。自2020年年初以来，公交车身广告承接范围和业务量明显下降，利润空间大幅缩减。随着全市创文、创卫等工作不断深入，公交车身公益广告宣传频次增加，直接缩减市场广告业务投放量。

户外广告市场竞争激烈。连云港城区主干路和标志性建筑大多建有大型电子屏，各高速入口处广告高炮数量已呈饱和状态，在很大程度上分流了公交车身广告业务。连报文化传媒与海通集团双方签约公交车应投放台数和实际投放数量存在一定差距。2015年签约应投放广告宣传公交车数量为600台，实际投放广告宣传运营的只有485台。在徐圩、机场等专线以及新投运线路公交车，并没有交付给连报文化传媒进行广告运营，有被第三方承包运营的情况。从市场整体运营角度上看，同一区域引入不同车身广告运营商，对连报文化传媒经营车身广告市场造成价格混乱，导致车身广告风格不统一、内容不延续，甚至引发恶性竞争，削弱了整体车身广告市场培育和投放的专一性。目前公交车身广告面积占比均为半包，与车身广告全包效果相比，在冲击力、视觉感、渲染力等方面均显不足。经测算，如果将车身广告面积改为业内目前普遍采用的全包模式，也将大幅增加宣传运营的成本。

平台合同续签风险较高。2015年，连报文化传媒和海通公交公司签署合作协议，连报文化传媒获得7年车身广告经营权，2021年实际运营公交车485辆，年承包费用增长至603万元，承包成本1.2万元/台，预计到2022年年底经营权到期，续签合同面临多方压力，连报文化传媒广告资质为三星级，在全市同行业广告市场不占优势，通过招投标方式续签合同阻力较大，建议报业集团增加注册资金，提高广告运营资质，确保与海通集团继续合作，确保连报文化传媒的主要宣传载体不变。

产业结构发展极不平衡。从产业结构看，连报文化传媒仅立足公交车身广告唯一资源，平台显得相对单一，需要探寻新的利润增长空间以及经营模式，寻找业务空白点，提升公司业绩。从产业园区集聚效应看，连云港各类文化产业园区（基地）不少，由于规模化、集约化、专业化水平较低，大多停留在空间集聚状态，产业、人才、资金等集聚效应明显不足。集团至今没有文化企业进驻影响大、产出高的文化产业集聚区。调研发现，集团下属企业与企业之间缺少共生互补、价值链需求和产业链联系，没有形成集设计、研发、生产、销售、服务于一体的完整文化产业链，企业难以做大做强，难以形成知名品牌。

（二）小记者文化传媒有限公司

小记者发行压力巨大。苍梧晚报发行近年来呈下滑趋势，2018年发行4.3万份，2019年发行4万份，2020年发行3.8万份，小记者中心每年承担1万多份发行任务，占总发行量近三分之一，组织开展社会实践活动是促进苍梧晚报发行的"催化剂"，而组织各项活动花费大量的人力、物力和财力，很多学校在周六推出延时服务，使得活动时间被进一步压缩，给发行工作带来巨大的压力。苍梧晚报在县区发展小记者比较困难，建议在偏远地区发展小记者与报纸发行脱钩，改变目前单一依靠订报发展小记者的方式，通过策划组织活动发展小记者会员，减少投递成本和投诉压力。对比省内其他晚报的小记者产业，原来有三家小记者人数过万，目前按照传统模式都难以运转。

文创园场地有待拓展。作为传统平面媒体与教育产业相融合的产物——小记者文创园，第一期工程使用报业集团后院原印务车间，总面积约300平方米；第二期工程使用报业集团后院的厂房，总面积约300平方米，加上学生运动场及休闲场所，总面积达1000平方米。由于受到规模和场地限制，小记者文创园存在办学层次不高、办学水平有限、学员人数较少、产业利润空间有待拓展等问题。目前，仅开设学前教育、美术班、书法班、乒乓球培训等，在册学员200余人，生源流失严重。因受新冠疫情和国家"双减"政策影响，使得前期部分意向明确的广告推迟或减量投放，旅游类宣传广告、教育类广告业务损失较大。按照去年同期测算，直接经济损失30万元。

文化领军人才不多。调研中反映比较强烈的是报业集团文化产业高端人才不足，缺乏懂经营、善管理的文化产业人才，缺乏开拓文化市场的人才，缺乏具有创新能力的复合型人才，文化领军人才"引不来、留不住"已成为制约集团文化产业发展的主要瓶颈。连报文化传媒、小记者中心等负责人普遍反映，报业集团文化产业人才主要集中在报纸美编和媒体生产制造环节，数字技术、创意研发和营销环节人才匮乏，连报文化传媒、小记者中心人员平均年龄40岁以上，其文化水平、创新意识、经营理念等相对落后，人员队伍存在年龄老化、专业化程度不高的问题，跟不上市场发展需求。小记者文创园管理人员必须具备多重管理能力，并熟悉专业技术和业务，聘用外部人员花费较高，增加项目运营成本，且存在跳槽风险，从报业集团内部选调培训，可能需要一段调整磨合的适应时间。

政策落地实效不够。国家、省、市先后出台了一系列文化产业发展的扶持政策，因为种种原因，时至今日仍没有得到很好的落实，这些都直接导致文化产业发展环境不佳，不利于发挥各方发展文化产业的积极性。调研中不少企业反映，市级层面文化产业改革缺乏清晰的改革方向、有力的扶持政策及明确的路线图，文化产业引导资金扶持不够精准，扶助方式多为"锦上添花"的事后奖励，少有"雪中送炭"的事前、事中补助，处于初创时期的新兴产业、特色产业获取上级财政扶持的机会不多，扶持促进作用没有真正体现，各企业普遍希望进一步完善财政税收、金融支持、人才培养、知识产权保护、土地使用等政策。

产业融合深度不够。按照中央《关于加快推进媒体深度融合发展的意见》，报业集团必须加快传统媒体文化产业和新兴媒体在内容、平台、渠道、经营、管理等方面的深度融合。调研发现，集团各企业运用现代高科技手段开发文化资源、改造传统文化产业的速度不快，不少文化企业经营领域还停留在传统广告经营业态，至今没有推出有价值的文创产品，对户外大屏、室内移动显示屏等能耗少、附加值高、科技含量高的文化产品开发较少，对连云港旅游产品文化内涵挖掘不深、文化价值体现不充分。

三、文化产业高质量发展路径和突破重点

"十三五"以来，全市共有文化企业 8000 余家，其中国有文化企业 10 家，初步形成包括文化传播、新闻出版、文化辅助生产等在内的综合型文化产业体系。市委、市政府先后出台了《连云港市"十三五"文化发展改革规划》《关于推动文化建设迈上新台阶的实施意见》《文化建设高质量三年行动计划》和《关于推动全市文化产业高质量发展的若干政策意见》等系列政策文件，报业集团抢抓连云港市文化产业发展政策机遇，深化文化体制改革，加大资源整合力度，扶持培育集团文化企业重点项目发展，尽快形成优势突出、特色鲜明、富有创意、竞争力强的现代文化产业体系。

（一）加强组织领导，推动产业提档升级

习近平总书记在全国宣传思想工作会议上指出："要推动文化产业高质量发展，健全现代文化产业体系和市场体系，推动各类文化市场主体发展壮大，培育新型文化业态和文化消费模式，以高质量文化供给增强人们的文化获得感、幸福感。"这一重要论述为文化产业实现高质量发展提供了根本遵循。报业集团将以贯彻落实全国、省、市宣传思忽工作会议精神为契机，在顶层设计方面继续明确改革方向，在政策层面加大扶持力度，加大对文化产业资金政策扶持，加快文化产业领域供给侧结构性改革，加大人才引进支持力度，加大资源整合力度，将文化产业发展摆在集团当前重要工作位置，开创新时代文化产业发展的新局面。

（二）深挖平台资源，提升文创经营业绩

作为优势媒体资源，城市公交车体广告是具有极强流动性和影响力的区域性广告载体，必须充分挖掘公交车体广告资源，把发展用户、凝聚用户、服务用户贯穿公司运营的各个环节，积极申请加入"一带一路"公交大联盟，争取运营更多的公交线路，开拓 BRT 站台广告市场，把车内看板、把手、座位套等资源用足用好，不断提高设计理念和水平，打造一流的服务和产品，作为公司新的盈利点，在广告设计上增强吸引力，在宣传内容上增加公益性，在价格设置上体现唯一性。

（三）有效整合资源，开拓新兴产业市场

连报文化传媒将充分利用好公交车身及车内广告、户外 LED 大屏、多媒体互动交换平台、阅报栏广告、综合信息牌等平台，认真研究载体特性，以客户需求为导向，不断提升广告业务量。强化信息栏、多媒体互动平台维护出新，

增强载体的吸引力和影响力。主动适应市场需求和变化，与新龙门广告公司、报业集团广告公司合作，实现广告一次洽谈、多渠道发布，实现商家宣传多元化、文创收益最大化。积极转变经营理念，做大户外广告市场，改变现有公交车体广告的唯一模式，主动迎接市场挑战，承担多种广告业务，设计多款文创产品，不断提升市场竞争力，确保连报文化传媒可持续发展。

（四）开拓媒体平台，实现产业多元发展

借助西游文化嘉年华、西游音乐节、连云港文博会、东海水晶节等文化品牌活动，积极策划筹办5G春晚、万人健步走、啤酒节等活动，主办和承接各类大型文艺活动、承办会务会议（论坛）会展、文化展示交流活动等，推动文化企业多元化发展。连报文化传媒将主动与方洋集团等重点企业对接，实现户外培训基地资源共享，共同开发企业文化、企业管理、学生培训市场。探索以项目为载体，引入文化资本、金融资本、社会资本，稳妥探索市场化运作路径。突出创意引领，开展文化创意咨询等相关产业，科学合理地延伸产业链，提高文创产业附加值。

（五）运用先进技术，推动文创与科技融合

报业集团将以媒体融合为契机，运用先进技术，发展新兴特色文化产业。"连报文化传媒"微信将联合金融、房地产、通信等行业举办活动，力争粉丝量突破1万人，通过举办线上线下互动，增强新闻性和影响力。小记者文化传媒公司将搭建小记者新媒体平台，利用苍梧晚报和抖音、快手等传统媒体和新媒体平台，做大做强"苍梧晚报小记者"微信公众号，使之成为全市教育新闻发布的重要渠道和权威媒体。拓展小记者户外活动基地，在既有小记者活动基地的基础上，主动与市文明办、阅读办等部门对接，开辟一批校外社会实践基地，举办小记者实践基地挂牌活动，既解决目前小记者活动场地难题，又扩大了小记者公益培训的规模，提高小记者影响力和公信力。

（六）制订专项规划，发展新兴文创产业

根据全市文化产业发展布局，及时制订文创产业中长期发展规划，出台"一揽子"扶持政策，鼓励媒体结合资源优势，探索建设集文化创意研发、形象设计、旅游推介、展览展示和服务管理等功能于一体的综合性、生态型连云港报业传媒集团文化创意产业园。精心打造小记者文创园项目，充分发挥其根植于苍梧晚报的传统纸媒资源，建设小记者报业新闻博物馆、校园文创研发中心、小记者优训教室、小记者摄影写真馆、小记者文具卖场（含学校办公用品服务），按照教育规律和市场价值规律运作，以研发教育市场为导向，打造成全市首个集艺术培训、摄像摄影、文具售卖、校园文化咨询设计等多领域的综合机构，为全市中小学生和家长提供高端优质的社会实践活动场地和优质服务。

（七）完善政策措施，增创产业发展优势

报业集团各文化企业加大对省市文化产业项目资金申请力度，申请政策资金支持，申请文创贷优惠贷款，建议在推动现有政策措施落地落实的基础上，对文化产业政策进行全面梳理、整合创新，健全现代文化产业体系和市场体系，推动各类文化市场主体发展壮大，引导培育和支持新型文化业态。连报文化传媒、小记者文创园符合国家新兴产业和文化产业发展方向，争取进入716等文创产业基地，将其打造成连云港市文化产业的一个新亮点和新增长点。以深化卓越绩效管理为契机，有效地搞好连报文化传媒公司各项管理工作，努力提升公司管理水平，着力解决影响和制约公司发展的管理问题，全面提升公司执行力、核心竞争力和盈利能力。在全面自查和诊断的基础上，全面梳理优化工作流程，有效运用精细化管理方法，建立系统、科学、实用的标准和制度体系，严格执行，夯实管理基础，促进公司持续健康科学发展。延长拓展产业链，开拓新的业务市场。连报文化传媒要结合连云港特色，开发随手礼、书画艺术品展示拍卖等业务，开展微电影及宣传片策划制作，通过专业创意设计、营销策划为用户服务。

（八）擦亮公益品牌，促进小记者提质上量

报业集团党委高度重视小记者产业发展，在机构设置上，把小记者中心作为集团重要组成部门；在产业经营上，把教育产业整体打包给小记者中心；在人员安排上，选派14名具备采编、刊播、摄影等技术的人才。我们要实现小记者这块"金字招牌"可持续发展，实现"人无我有、人有我用"。针对教育广告占集团份额较少现象，建议将集团教育类广告整体打包给小记者中心。通过引进国内外知名创意培训机构，邀请校长、名师和专家授课，组织"青年记者进校园"活动，扩大小记者品牌影响力，把小记者产业打造成全市最好、全省有位置、全国有影响的品牌。联合江苏海洋大学、连云港师专"文化融合协同创新中心"和"文化创意研究所"师资力量，加大文化产业专业人才的引进力度，定期开展文化改革发展专题培训，加快培养适应现代文创产业发展需求的人才队伍，推动报业集团文化产业高质量发展。做大做强文创产业，组织县区小记者参加社会实践活动，开辟版面，增加县区小记者发稿率，提高县区中小学参加小记者的积极性，建议偏远地区小记者与发行脱钩，既增加小记者会员数量，又减少投递成本和投诉压力。

（九）增加培训场地，拓展小记者活动空间

小记者文创园是报业集团成熟的、在市内外具有较大影响力的文创品牌，场地限制已成为制约小记者发展的重要"瓶颈"。建议从市级层面加大土地等公共资源配给力度，积极盘活公共场地资源，与市图书馆、市革命纪念馆、市博物馆、市科技馆、市规划展览馆等公共场所合作，成为小记者社会实践教育培训基地，组织小记者看科技、学党史、看红色电影等活动，传承红色基因，赓续红色血脉。建议参照省内其他城市做法，徐州市把徐州美术馆划归徐州报业传媒集团运营，宿迁市将未成年人素质拓展基地交给宿迁晚报小记者中心运营，更好地发挥公共资源服务群众的功能。建议打造集采编播等功能于一体的小记者新闻影视基地，组织小记者学习新闻采访技巧，学习新闻摄影摄像等技能，增设小记者社会实践基地，吸引更多家长及市民参与，聚焦小记者群体，放大小记者品牌效应，在"苍梧晚报小记者"品牌效应中打造新的品牌。

[苏中保，连云港报业传媒集团（原）董事长、总经理]

关于海州文化旅游融合发展问题的思考

顾建华

海州区作为连云港市的主城区，既有中心城区的区位优势，又有作为城市之根、文化之源的历史文化资源和旅游资源，在发展文化旅游产业尤其是文化旅游融合发展方面具有得天独厚的优势和条件。如何变资源优势为竞争优势，促进文化与旅游深度融合，形成互促互进、互融共赢的发展新态势，更大程度地发挥文化旅游产业对地方经济的促进作用，是一个值得深入思考研究的课题。

一、海州文化旅游融合发展的现实基础

海州是连云港市的中心城区，交通便利、区位优势明显、公共服务设施和文化旅游资源较为丰富、文化人才队伍相对较多、多个商圈繁荣发展，都为全区文化旅游事业产业的发展奠定了良好的基础。值得一提的是，海州古城、板浦古镇均有千年以上的建成历史，久负盛名，目前区域内拥有国家和省市级文化遗产216项，省级以上文保单位14家，拥有被誉为"东方天书"的桃花涧将军崖岩画和孔望山摩崖石刻等国家一级文物保护单位，还有以五个曲牌为主要腔调的"海州五大宫调"为首批国家级非物质文化遗产。同时，海州历史文化名人众多，宗教历史悠久，这些文物和遗产彰显了海州的悠久历史，见证了城市的发展变迁，成为海州文化旅游融合发展的重要支撑。

近年来，海州区文化旅游事业获得了长足发展，市级文化产业园民主路街区、省级文化产业园杰瑞科技创意产业园等相继创成并逐步繁荣，文化产业增加值占GDP比重在全市领先；海州古城复兴工程初见成效，建成环锦屏山游步道、朐山书院、孔巷文化商业街区、花鸟鱼虫市场、秦东门广场（朐园）、双龙井游园、临洪门等一批节点项目，文化旅游公共服务配套不断完善；乡村振兴战略深入推进，打造朐阳街道吴窑村、浦南江浦村等一批美丽乡村建设示范点，现已成为远近游客网红打卡地；自2019年以来，海州区加快"1+N"文化服务平台体系建设，建成文创海州服务平台，该平台为集文化科技、创意研发、创业孵化、信息咨询、展示交流、版权、法律、文化培训于一体的综合性融合发展服务平台，同时建成运营"创意连云港"海州文创体验店，为小微文化企业及个人提供销售平台，融合旅游发展，推动文化创意产品走向市场化。到目前，境内共有国家A级以上景区5家，其中，孔望山和桃花涧景区为4A级，民主路街区为3A级，民主路街区同时是市级文化产业园，省星级乡村旅游区7家，国家级工业旅游区1家，市级特色旅游街区3条，旅行社72家；现有区级文化场馆6个，区文化馆、图书馆创成国家一级馆，图书馆分馆27家，文化馆分馆25家，建成15个镇街文化站，完成179家村（社区）综合性文体服务中心标准化建设，覆盖率100%；建成公共文化广场7个，社区文化小广场30个，文体游园39个，健身点788个。

同时，文化旅游活动开展成绩斐然，持续策划举办"白虎山庙会""花漾海州·四季赏花""春节民俗大联欢""百年老街 民国绮梦""推进三区两城 矢志高质发展""与时代同行 向梦想加速""文动海州""文创海州"等文化旅游特色系列活动，不断唱响"山水海州、人文古城"文化旅游品牌，彰显好人文化主题的海州原创话剧《守望者》入选2019紫金文化艺术节展演并获优秀剧目奖。由海州区组织的广场舞艺术团多次在国家级广场舞顶级赛事中荣获金牌，其中，参加2016年全国广场舞大赛总决赛获得特等奖第一名；2019年承办中国广场舞大赛总决赛，海州广场舞品牌享誉全国；先后建成江苏省公共体育服务体系示范区、江苏省广场舞示范区，荣获"全国群众体育先进单位""江苏省老年太极拳之乡"等称号。这些扩大了海州的知名度和影响力，为海州文化旅游事业的新一轮发展奠定了良好基础。据统计，2019年全区全年累计接待游客约1190万人次，实现旅游综合收入约170.8亿元。

二、海州文化旅游融合发展的制约因素

虽然海州区在文化旅游发展方面取得明显成效，但存在的问题同样不容忽视。一是"文化强旅，以旅兴文"的理念尚未完全确立。这也导致在编制文化旅游发展规划时不能紧密结合，往往还是文是文、旅是旅。二是对文物和文化遗产保护、开发利用之间关系的理解还未到位。文物往往存在于旅游景区，发展旅游必须合理并充分利用文物和文化遗产，在开发文旅项目时不能正确认识二者之间的关系，导致一些项目不能顺利开展，开发利用的方法和手段有待提高。三是全区文化旅游事业发展的整体水平偏低。文旅项目布点分散，集聚不够，统筹不足，融合不紧，产业规模较小。现有A级景区和星级乡村旅游区没有完全纳入全市大旅游框架，在景区的特色化、精细化、体验化管理建设方面

还远远不能满足现代旅游消费的需求，旅游的整体运营水平和服务能力亟待提升。四是文化旅游事业发展体制机制有待完善。管理机制、运营机制、投入机制还不够灵活，对优势资源的开发力度不够，在运用社会化资本有效投入文化旅游事业方面还有很大空间。五是文化旅游的宣传推介工作还需进一步加强。特别是在运用区域历史文化资源开展有特色、有个性、有影响力的宣传活动方面还有很多文章要做。六是文旅人才队伍储备不足。组织、管理、运营、推介、开发、传承海州文化旅游事业产业的各类人才队伍相对缺乏，文化旅游突破性发展的后劲不足。

三、海州文化旅游融合发展的工作思路

文化和旅游密不可分，相辅相成。文化是旅游的灵魂，旅游是文化的载体。文化需求是旅游的重要动因，旅游过程实际上是文化的体验和享受。文化和旅游的融合互动是社会进步、大众消费的必然要求，具有广阔的发展空间。今后一个时期，海州实现文化和旅游的融合发展，要全面实施"文化强旅，以旅兴文"战略，使文化与旅游水乳交融、协同发展、相互促进，着力把海州打造成全域文化旅游示范区。具体要在以下几方面下功夫。

一要统筹规划、重抓项目。文化旅游产业的融合发展需要结合市场需要统一规划发展，也需要一批影响力大、带动性强、综合效益好的项目作为示范和支撑。要坚持以市场为导向，依托海州悠久厚重的历史文化、富有特色的民俗文化、源远流长的宗教文化、繁荣发达的商贸文化等人文资源以及山水湿地等自然资源，以项目建设为载体和抓手，加强文化旅游产业的硬件建设，不断优化结构，丰富内涵，有机整合海州山、水、城、街等特色资源，着力构建全域旅游格局，全面提升海州文化旅游发展水平。当前和今后一段时期，要深入研究文化遗产的保护使用，在此基础上重点推进"一城三园五片区"建设。"一城"，即海州古城。紧紧围绕锦屏山旅游开发规划，全面实施海州古城复兴工程，在完成朐山书院、孔巷文化商业街区、花鸟鱼虫市场、二营巷、双龙井等节点工程并丰富文化内涵、旅游元素的基础上，进一步加强管理运营，编制完成谢家洋房、谢小楼桥修复方案以及古城墙和护城河遗址的勘探调查，并着手启动文庙复建、古城南侧旅游综合服务中心等计划项目，不断丰富古城街区业态，完善服务设施功能，力争通过三到五年的努力，把海州古城建设成有较大知名度和影响力的历史文化旅游名城。"三园"，即民主路文化产业园、盐河巷文化产业园、杰瑞科技文化创意园。民主路文化产业园在调整完善现有街区经营业态的同时，重点加强 IMAX 影视城、连云港古玩城、水晶城、大华文化交

流中心、文创海州服务平台及"创意连云港"海州文创体验店等管理运营和提档升级,着力打造集古玩字画交易、文化艺术展陈、旅游休闲购物等为一体的文化旅游特色街区;盐河巷文化产业园在繁荣提档现有特色餐饮等业态的基础上,重点打造提升海州画院等文化项目,并与新浦公园统筹规划,联片运营,使之成为在全市乃至周边城市具有较大影响力的文化旅游休闲中心。杰瑞科技文化创意园在提升现有业态基础上,重点引进文化创意、软件开发、动漫网游、广告传媒等新兴业态,推进创建"国际创意孵化园",努力打造全市规模最大的科技创意产业园。"多片区",即浦南镇片区、板浦镇片区、新坝镇片区、锦屏山片区、宁海街道片区等。浦南镇片区进一步完善月牙岛湿地公园服务功能,重点建设月牙岛镜湖三岛工程、特色精品民宿、太平旅游度假区和以星光湖周边土地房屋综合利用为主的文创综合体;板浦镇片区以打造"镜花缘小镇"为主题,加快建设完善以李汝珍纪念馆、汪家大院、精勤书院、汪恕有滴醋厂、秋园等为重点的文化旅游项目;新坝镇片区围绕打造"田园小镇",重点发展乡村采摘、农家美食、田园观光、休闲垂钓等旅游业态;锦屏山片区,建成刘志洲山体育公园,推动吴窑村创建省级乡村旅游重点村,重点建设"诗画锦屏"旅游小镇,提档升级桃花涧景区、孔望山景区、石棚山景区等现有景区,推进非遗体验工坊进驻景区,盘活原锦屏磷矿采矿厂区,积极创造条件建设富有特色的工业遗址公园或是打造"布达拉宫"文旅综合体,同时将镇、湖(蔷薇湖)、山(锦屏山)、城(海州古城)四要素整体运营,努力形成环锦屏山大旅游格局;宁海街道片区进一步打造提升太阳雨集团省级工业旅游区,同时充分发挥近郊区的区位优势,依托林海湾都市丛林乐园,积极发展乡村特色旅游,并通过新204国道与板浦、新坝、锦屏、浦南等串点成线,沿国道打造一批乡村旅游精品,形成乡村旅游观光带和环市区乡村旅游圈。

二要创新发展、塑造品牌。品牌是文化旅游业的名片,文化品牌化更是以文兴旅的重要手段。应坚持统筹谋划、分类指导、整体推进的原则,全力打造一批具有吸引力、影响力、竞争力的文化旅游品牌,构建海州文化旅游品牌体系,使海州文化旅游具有更鲜明的总体品位和整体形象。一是打造景区景点文化品牌。对孔望山景区、桃花涧景区等具备较好发展基础、拥有丰富文物资源的旅游景区,要进一步挖掘潜力,凸显摩崖石刻、将军崖岩画的文化内涵,以文化品牌吸引群众游览;对月牙岛湿地公园、民主路文化产业园区等以都市休闲为特色的景区景点,要不断增加体验性文化休闲内容,设计更多的体验和消费项目,丰富游客周末休闲游选择。二是打造文化节庆活动品牌。按照定位准确、主题突出、特色鲜明的要求,进一步做亮海州白虎山庙会等文化节庆活动品牌，并推动"海州五大宫调"、淮海戏、剪纸、面塑等民间艺术、民间技艺进入旅游市场，积极开发旅游者可参与的互动型、体验型旅游产品，推动文化遗产活化利用。三是打造旅游演艺产品品牌。借鉴外地旅游演艺产品开发经验，坚持以市场为导向，以投资融资为纽带，立足海州地方历史文化，打造类似于《宋城千古情》的旅游演艺龙头产品，同时在不同景区依其自身特色开发小型演艺项目，共同培育旅游演出市场，优势互补，实现多赢。四是打造文化旅游工艺品（纪念品）品牌。对海州区现有的文化资源特别是将军崖岩画、孔望山摩崖石刻、孔望山东汉石像等历史遗迹，以及民俗文化、人文景观、非物质文化遗产进行全面梳理，并对其再创造、再包装，以新的理念、新的视角创意制作符合海州文化特点的文化旅游工艺品，打造地方特色IP，增强消费引力的同时留住游客记忆。

三要顺应潮流、活化宣传。宣传推介是提高文化旅游品牌知名度和美誉度的重要途径。随着旅游产业区际竞争越来越激烈，运用文化的魅力进行区域旅游形象的策划和推广显得越来越重要。在宣传途径上，随着自媒体的兴起，宣传方式已经发生革命性的变革，除了运用报纸、电视等传统宣传方式外，更要增加抖音、快手、微视频等新兴宣传方式，让每一个游客都成为宣传载体，促进文旅景区的口碑化宣传。在宣传内容上，一是运用人文古迹资源扩大宣传的影响力。深入挖掘海州境内将军崖岩画、孔望山摩崖石刻、孔望山东汉石像、塔山古道、钟鼓楼、民主路、盐河巷、板浦古镇等诸多历史古迹，龙洞庵、准提寺、碧霞寺、观音庵、紫竹林寺等宗教活动场所，以及糜竺、沈云沛、石曼卿、王同、林廷玉、卞赓、李汝珍等历史名人的文化旅游宣传价值，通过编撰图书、拍摄视频、设立名贤公园广场和纪念馆等手段，扩大文旅项目宣传点。二是运用山水自然资源提高宣传的感召力。组织文艺名家开展广泛的采风创作活动，让海州的锦屏山、石棚山、孔望山、白虎山、月牙岛、蔷薇湖、临洪口湿地等山水自然风光以及乡村风情进入艺术家的作品创作中，在更大范围内、更多艺术门类中凸显海州元素，展示海州风采。三是运用城市形象资源增强宣传的亲和力。积极开展海州城市形象宣传语、城市形象标识征集评选活动，发动社会各界积极参与城市形象宣传片、外宣用品、旅游纪念品的设计、开发、整合、浓缩，升华海州的内在历史底蕴和外在人文特征，形成海州独特的城市名片。

四要政策引领、机制护航。一是强化政府主导。政府主导的作用在于高起点规划、高标准定位、高质量建设和高品质管理等。要牢固树立海州大文化、大旅游、大营销观念，进一步整合行政资源和社会力量，发挥在政策、规划、投融资、市场监管、形象宣传、基础设施建设、人才引进培养等方面的主导作用，形成推动文化旅游发展的强大动力。二是强化多元投入。无论是文化旅游的硬件建设，还是文化旅游的综合开发，都需要大量的资金投入，仅靠政府财力难免捉襟见肘。需要坚持面向市场，鼓励促进社会资本以多种形式进入文化旅游发展市场，包括景区建设、景点开发、场馆运营、闲置土地房屋盘活等，创新发展"文化旅游+"等新兴业态，搭建"旅游惠海州"平台，组建区内集景区、旅行社、各类酒店、餐饮及文创企业等为一体的服务联盟，实现互惠互动，不断加快文化旅游事业的发展步伐。三是强化企业培育。一方面，在已设立文化旅游产业引导资金的基础上，进一步增量扩面，同时，采取政府购买服务、减免租金、优化税费政策等方式，对现有具有一定发展潜力并积极提供公共服务的文化企业进行补贴扶持，促使其不断扩大规模，积极参与到公共文化服务中来；另一方面，要对具有文化创意基因的本土规模企业进行策划研究、整合包装，推动企业向文化旅游方向发展。如海州开发区的美步楼梯，就可以引导其增加企业生产中的文化创意元素，建设可供游览的木制家装博览馆，既能提升企业形象，又可以扩大产品宣传。在培育龙头文化企业的同时，还要进一步放活市场，让文旅小微企业和创意人才参与到文旅融合大发展的进程中来，形成点、线、面结合发展的格局，不断促进文旅市场繁荣。四是强化人才保障。促进文化与旅游深度融合，必须依托区域内的传统文化资源，既需要大量的传统文化传承人，也需要大量的专业管理人才，将传承、研究、发展很好地结合起来。因此，既要大力培养本土传统文化继承人，特别是非物质文化遗产项目传承人，建立大师工作室，鼓励和扶持群众中涌现出来的各类文化人才和文化活动积极分子，也要引进、培养一批具备文旅专业素质的领导人才，在政府主导文旅融合发展的时代，专业性的领导队伍建设显得尤为重要。同时，要建立完善人尽其才、才尽其用的人才管理和激励机制，通过项目带动，引进各类专业管理经营人才，为文化旅游的融合发展提供强有力的人才保障和智力支持。

（顾建华，连云港市海州区政协主席，现任；中共连云港市海州区委常委、宣传部部长，时任）

我市推进新时代教育评价改革的思考及建议

骆增翼

教育评价是树立办学导向的指挥棒,具有重要的导向作用,是教育综合改革的关键环节。相比我市高等教育,评价在基础教育领域所受的社会关注度更高,特别是市区的直属中小学又是关注的焦点、热点,每当招生季、中高考毕业季稍有不慎就会引发舆情。

一、基本现状

我市中小学校教育资源分布不够均衡,城乡之间、学校之间的差异还很大。重点校、实验学校、中等学校、薄弱校真实客观地存在。虽然市政府和教育局在学校教育资源投入、教育质量提升方面实施了不少改革举措,但薄弱和重点之分依旧明显。

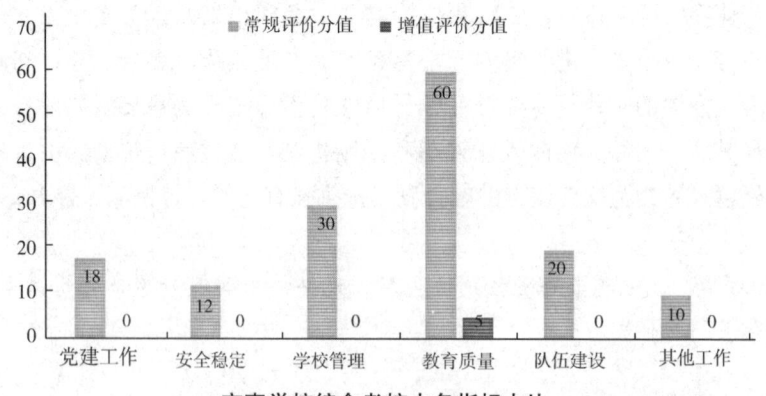

指标	常规评价分值	增值评价分值
党建工作	18	0
安全稳定	12	0
学校管理	30	0
教育质量	60	5
队伍建设	20	0
其他工作	10	0

市直学校综合考核中各指标占比

我市市区某些优质学校入校难、超大班额居高不下,而且有愈演愈烈的趋势,严重造成教育不均衡,"唯分数、唯升学"难以改变。聚集最优生源的名校缺乏外部竞争力,导致内部教育教学改革创新动力不足,教学水平难以提升,甚至倒退。次名校和后进校受生源、区域、历史等影响，按照现行的评价一直排序在后，也没有改进的信心与热情。单纯不考虑起点、基础和过程的变化，以升学为主要依据的结果评价导致学校办学缺乏生机、校长动力不足、教师发展懈怠、学生成长缓慢，对连云港市教育生态的持续健康发展极为不利。我市近几年高考成绩可以说明一些问题，特别是市区一些名校近几年高考成绩与生源、资源、地位名不符实。

目前，无论是教育行政部门制定的中小学校综合考核的评价标准，还是各学校制定的年度考核、绩效分配、目标管理奖分配、职称评审、岗位设置、"三好学生"和优秀班级评选等校级方案，都存在增值评价缺失或者增值评价较少的现象，评价标准制约着各级各类学校的驱动发展。

市直中小学考核文件统计表

学校名称	绩效奖励考核方案	目标管理考核方案	年度考核评价方案	职称晋升评审方案	岗位设置评审方案	党员民主评议方案	三好学生评比方案	优秀班级评比方案	涉及增值评价数
一附小	√	√	√	√	√	√	√	√	0
二附小	√	√	√	√	√	√	√	√	1
三附小	√	√	√	√	√	√	√	√	0
苍梧小学	√	√	√	√	√	√	√	√	0
新海初级中学	√	√	√	√	√	√	√	√	1
新海实验中学	√	√	√	√	√	√	√	√	0
新海初级中学	√	√	√	√	√	√	√	√	0
海州实验中学	√	√	√	√	√	√	√	√	2
外国语学校	√	√	√	√	√	√	√	√	0
新海高级中学	√	√	√	√	√	√	√	√	1
海州高级中学	√	√	√	√	√	√	√	√	0
连云港高级中学	√	√	√	√	√	√	√	√	1

二、增值评价的必要性、价值与视角

（一）增值评价的必要性

运用增值评价杠杆改变这一现象势在必行。增值评价是对学生在学习方面取得的进步进行评定，进而根据结果评价教师教学和学校办学的效益状况。基础教育领域传统的评价方式多采用横向评价，主要用于学生间成绩优劣的比较，这强化了学生间的竞争机制，易导致攀比等不良学风和学生心理问题的形成。探索增值评价，即秉持可持续发展理念，关注每名学生在特定时间段成绩和能力的发展情况，随之调整教学和办学方式，满足所有学生的个性化诉求，进一步实现教育评价的公平公正。然而，由于家长和社会对名校的裹挟、教育优质资源的过度集中、高中入学优质生源的不合理分配，考核学校的增值评价面临诸多挑战。

作为中坚力量的公办学校在政府资源扶持、学校办学水平、管理水平及教育教学水平等方面需要进一步得到提升，以避免学校之间差异加剧。其中，尤为重要的是要关注公办学校的提升值。增值评价是以学生进步幅度来衡量学校努力程度的一种发展性评价方法，评价的是学校效能，简单说就是"看起点、比进步"。

"双减"政策中明确提出"全面压减作业总量和时长，减轻学生过重作业负担；提升学校课后服务水平，满足学生多样化需求"等一系列减轻学生负担的举措与要求，旨在切实减轻学生课业负担，培养德智体美劳全面发展的综合型人才，促使学校教育必须紧跟时代要求，科学构建符合国家政策要求、符合学校实际的教育教学管理评价体系。在"双减"政策背景下，落实评价方式改革是落实政策的重要工作之一。

（二）增值评价的价值

中央全面深化改革委员会第十四次会议审议通过《深化新时代教育评价改革总体方案》，会议指出，教育评价事关教育发展方向，要全面贯彻党的教育方针，坚持社会主义办学方向，落实立德树人根本任务，遵循教育规律，针对不同主体和不同学段、不同类型教育特点，改进结果评价，强化过程评价，探索增值评价，健全综合评价，着力破除唯分数、唯升学、唯文凭、唯论文、唯帽子的顽瘴痼疾，建立科学的、符合时代要求的教育评价制度。

利用增值评价这种方法评价学校、教师绩效。第一，有利于促进学校和区域间的公平比较，有效激发生源质量差的学校和区域促进学生学业进步的动力。第二，有助于激活、提高前端学校、教师和学生的潜能，让他们开展良性竞争，百尺竿头更进一步。第三，通过对低效能学生、教师和学校的问题剖析和对高效能学生、教师和学校的经验挖掘，可以为"学、教、管"等提供更为有效的策略。更本质的是，通过实施增值评价，可以逐渐改变人们对教育的关注点，从过分关注结果转向更关注过程，从过分关注条件转向更关注培养，树立内生的教育发展观和科学的教育质量观。

（三）把握增值评价的视角

学校增值评价的视角之一是国家的教育法律法规、方针政策和课程标准。学校发展要以国家教育法律法规为准绳，以课程标准为依据，以现代教育教学理念为指导，加强教学质量发展研究，选择科学的教学质量管理机制，不断提高学校的教学质量与水平。

学校增值评价的视角之二是自我发展。要把学校增值评价看作一个以自我发展和自我监控为主、外部推动为辅的动态发展过程，要把评价和日常教学、管理结合起来，要将下一周期的自评结果与上一周期进行对比，衡量其进步程度，不断反省并采取修正措施，以使教学质量不断提升。

学校增值评价的视角之三是学生和家长。学校要根据学生和家长的不同需求，结合本校的特点和条件，设计教学质量发展目标，制订课程计划，开发课程资源，为学生和家长提供更好的服务。

三、增值评价的原则、指标与策略

（一）遵循增值评价的原则

中小学增值评价，要以"为了学生的全面发展"为核心理念，始终坚持"以生为本，和谐科学"的主体性原则，始终坚持"三维目标，全面发展"的整体性原则，始终坚持"纵向发展，优质增值"的发展性原则，始终坚持"共同参与，合作协商"的民主性原则，始终坚持"自我反思，自主完善"的激励性原则。

中小学增值评价，还要坚持多元化与专业化的原则。评价主体的多元化是助推教育评价现代化的重要力量。多元主体参与教育评价使得各主体在各自领域范围内具有其他评价主体不可取代的优势，如教师对学生进行学业述评独具优势，学校对教师的教学表现更有发言权等。评价主体的专业化是实现教育评价科学化的核心要义。《评价改革总体方案》除了明确提出评价主体要多元化之外，还指出教育评价应不断加强专业化建设，着力"发挥专业机构和社会组织作用"以及"培养教育评价专门人才"作用。

（二）制定增值评价的指标

教育评价，特别是增值评价的实践基点应该是变革育人方式。

第一，评价政府部门的履职行为，坚决纠正"唯升学"的片面行为，科学履行教育评价职责，不断加强统筹和领导，增强公共服务意识。

第二，评价学校的办学行为，坚决克服"唯分数""唯升学"等做法。基于立德树人根本任务评价幼儿园的保育水平、中小学校的育人能力、职业学校的技能培训以及高校的办学特色。

第三，评价教师的教学行为，坚决纠正"唯论文""唯帽子"的现象，侧重师德师风、教学实绩及潜心育人水平等评价。其中教学管理的科学性、教师教学的有效性、学生发展的增值性为其主要评价指标。教学管理的科学性，主要评价管理理念的引领性、管理制度的科学性和管理策略的有效性，这是学校教学质量的根本保障；教师教学的有效性，主要评价教师的专业伦理、教学水平、研究能力，这是学校教学质量的关键要素。

第四，评价学生的学习行为，坚决克服"唯分数"评价倾向，注重学生的综合素质评价，创新德智体美劳过程性评价办法。学生发展的增值性，主要评价学生的品德发展、学业发展和特长养成，这是学校教学质量的核心内容。该项评价旨在对学生全面发展状况做出正确的价值判断，为学校不断完善学生健康成长环境获得依据。

第五，评价社会选人用人行为，坚决摒弃"唯文凭"的顽瘴痼疾，更加注重个人的品德和能力。

（三）选择增值评价的策略

教育评价标准应反映出人们对于教育价值的选择，引导人们选取有助于增进该项教育价值的切实可行的策略与方法。教育评价标准并非针对某一类型的学校或人群而制定的标准，而是关注不同区域和不同人群的共同需求，根据需求再做出有效的判定。评价标准在对教育质量进行价值衡量的过程中，通过不断影响评价对象的认知结构、目标定位和行为逻辑，能够生产出一套符合评定规则要求的话语体系和评价文化，从而实现评价活动常态化与合理化。

制定《连云港市中小学增值评价认定表》作为学校教学质量增值评价的主要工具。在全市范围内开展以第三方服务的方式对中小学校进行增值评价。各区县教育行政主管部门将增值评价结果作为对学校奖励、考核及资源投入的依据，有效激发生源质量差的学校和区域促进学生学业进步的动力。教育行政部门用好增值评价结果，将增值评价用于评价学校内部不同学科、不同人群的增值，对校内德育、学校管理等各方面实施增值评价，从而更有效地引导学校多元发展，办出特色。

四、增值评价的内容与具体建议

（一）增值评价的内容

如何改进政府评价、学校评价、教师评价和学生评价是增值评价的主要内容。有什么样的评价指挥棒，就有什么样的办学导向。按照中央相关决策部署，必须紧紧抓住教育评价改革这个"源头"，"双减"政策才能真正落地见效。

第一，改进教育履职评价，推动政府科学履职尽责。充分发挥连云港市委统一领导下的教育督导委员会、教育工委和教育工作领导小组统筹协调作用，建立党政齐抓共管、部门各负其责的教育领导体制，着力推动县区党委和政府科学履行教育职责。完善对县级政府履行教育职责评价，坚决纠正片面追求升学率倾向。

一是全面落实教育督导职能。市政府教育督导委员会办公室要加强对下级教育督导机构的指导和管理，推动县区理顺教育督导管理体制，健全机构设置；市、区两级教育督导委员会要充分发挥各成员单位作用，形成统一协调、内外协同、部门联动、同向发力的工作新格局。

二是健全教育督导问责机制。各级教育督导机构在开展督导工作中，要进一步优化问责权力结构，进一步完善和健全报告、反馈、整改等问责制度，理顺"谁来问责""如何问责""谁来整改"等追责问效的关系，让教育督导真正"长牙齿"。

三是加强对政府履行教育职责的督导。把教育重点工作推进落实情况纳入政府履行教育职责评价体系，定期开展督导评价工作，促进县区政府落实教育优先发展的主体责任，确保各项工作不折不扣落实到位，推动县区优化教育布局规划、资源配置和办学条件，破解教育治理难题，进一步提升全市教育现代化水平。

第二，改进学校评价，推动学校治理现代化。坚持把立德树人成效作为评价学校的根本标准，加快完善全市基础教育学校评价标准，突出不同学段评价体系的系统构建，运用"四个评价"组合拳，进一步激发学校（幼儿园）办学活力。

一是分类推进幼儿园保教质量评价。继续推进学前教育类级评估，启动实施幼儿园保教质量评估监测，重点评价幼儿园科学保教、规范办园、安全卫生、队伍建设、克服小学化倾向等情况，引导培育一批学前教育基地，发挥示范引领作用。

二是深入推进中小学校办学质量评价。实施义务教育标准化等级评估和质量监测，加强监测结果运用，建立全市义务教育质量评估监测长效机制，推动义务教育学校实现建设和管理水平双提升，促进全市义务教育优质均衡发展。在全区率先启动实施普通高中办学质量综合评价和质量监测，从学校管理、学业质量和影响因素等多维度、系统化、全方位评价普通高中教育质量。

三是实施中等职业学校育人质量评价。探索建立德技并修、育训结合的中等职业教育评价机制，构建地方中等职业教育育人质量指标体系，突出对普职融通、产教融合、校企"双元"育人、"双师型"教师队伍建设等方面的评价，推动中等职业学校高水平、特色化发展。

第三，改进教师评价，增强教书育人使命本领。坚持把师德师风作为评价教师的第一标准，建立全员全方位全过程育人、突出教育教学实绩、全面关注学生成长的教师评价机制，推动师德师风建设常态化、长效化，使校长和教师两支队伍综合素质、专业化水平和创新能力大幅提升。

一是深化师德师风考核评价制度。建立学校、教师、学生、家长和社会多方面参与的教师综合考评机制，推行师德师风负面清单，健全师德师风诚信档案、激励制度、惩处制度、监督制度和宣传引导制度，形成师德师风长效考评机制。

二是建立校长任用与绩效考评长效机制。进一步落实《连云港市中小学校长任职资格考评任职资格证认定细则》《中小学校领导班子和领导干部目标考核指导意见》等考核方案，完善校长的准入机制、激励机制、考核机制，建立健全问责和退出机制，探索建立容错纠错机制。

三是强化教师综合素养评价。以连云港市教师综合考评办法为切入点，逐步构建导向明确、标准科学、体系完善、评价多元、符合中小学教师岗位特点的考核评价制度与指标体系。形成教师综合素养评价与职称评聘、绩效工资、荣誉评定等考核融合激励机制，提升教师队伍整体活力。

第四，改进学生评价，突出"五育"并举全面发展。坚持科学的教育质量评价观，健全学生德、智、体、美、劳全面发展的评价机制，过程性和结果性评价有机结合，引导学校和教师在坚定学生理想信念、厚植学生爱国主义情怀、加强学生品德修养、增强学生综合素质等方面思考与着力。

一是开展系统化德育评价。落实落细《连云港市中小学德育一体化工作指导意见》《连云港市中小学德育课程一体化指导意见》《连云港市义务教育阶段学校学生综合素质评价实施方案》，深入贯彻《关于改进新时代中等职业学校德育工作的意见》，构建一体化德育体系和工作机制，深化课程育人、文化育人、活动育人、实践育人、管理育人、协同育人相结合的育人模式。

二是健全学业质量评价标准。探索建立学科成绩与学习环境、学业增值等因素关联分析的多维度学业质量评价标准，完善过程性考核与结果性考核有机结合的学业考评制度，开展学业质量监测，推动学校和教师着力培养学生认知能力和良好的学习习惯，促进思维发展，激发创新意识，提升人文素养和科学素养。强化综合评价，突出素质导向；重视过程评价，改善教学效果；改进考试评价，纾解学生压力；探索增值评价，激发学习动力。

三是强化体育实效性评价。建立学校日常体育工作与学生体质监测结果和运动技能发展水平相结合的评价机制，以学生日常体育参与和体质健康发展评价为重点。开展实施《连云港市义务教育体育课程规范》绩效评价，将学生体质测试达标作为学校考核的硬性指标，以改进中考体育测试为突破口，通过

"抓中间、带两头"引导学校切实提高学生体质水平。

四是探索美育融合性评价。把艺术类课程与艺术实践活动情况纳入中小学学业要求,评估《连云港市义务教育美育课程规范》实施绩效,探索将艺术类科目纳入中考改革试点,适时加入美育科目在高中阶段学校考试招生录取计分分值,形成校内外、课内外相结合的美育评价机制。

五是加强劳动教育实践性评价。推动全市中小学全面落实《连云港市关于进一步加强中小学生劳动教育的实施意见》《连云港市中小学综合性社会实践基地建设规范》,将劳动实践内容纳入学校课程建设和学生综合素质评价体系之中,推动劳动教育与学科教学、实践活动和社会资源的有机融合,探索建立分级分类的劳动教育大课堂考核评价机制。

(二)连云港地区实施增值评价的具体建议

面对深化教育评价改革的挑战,市委、市政府在政策层面可以从组建专家团队、制定评价标准、合理分配优质生源等方面采取一些措施进行积极干预,为我市基础教育健康持续发展保驾护航。具体建议如下:

首先,人事部门会同教育部门、编制办公室加快制定《关于组建基础教育评价专家队伍的实施意见》。

教育评价是非常专业的事,其一专业性强,其二涉及面广。教育评价涉及教育学、管理学、心理学、测量学、法学、政策学、社会学等多学科专业知识,专业的事需要专业的人去做,才能保证评价的科学性。教育评价关涉面广,涉及教师、学生、教育行政管理人员等不同主体,涉及幼儿、小学、中等教育等不同学段,涉及普通教育、职业教育等不同类型,每个层次、类别的教育特点各异,相应地需要不同的评价方式,需要行政助力、社会支持才能得以有效开展。组建专职和兼职相结合的专业评价团队是做好评价的前提和基础。

一是成立由分管教育副市长牵头的基础教育评价改革推进领导小组。

二是市委编办行文,设立连云港市教育评价与评估中心。

三是组建由教育行政人员、高校教育评价专家、科研院所教研人员、校长及一线骨干教师、家长、社区代表、行业代表、专业志愿者等组成的评价团队。

四是适当时候聘请第三方专业评价机构介入。

其次,教育部门会同工信、财政等部门加快制定《连云港市基础教育学校增值评价标准》,依据标准建立学校发展动态的数据库。

依据中共中央、国务院 2020 年 10 月 13 日公布的《深化新时代教育评价改革总体方案》和省委、省政府 2022 年 1 月 19 日公布的《江苏省深化新时代教育评价改革实施方案》，结合 2019 年 6 月 23 日出台的《中共中央国务院关于深化教育教学改革全面提高义务教育质量的意见》，积极探索"以入口定出口、从起点看变化"的增值评价，落实立德树人根本任务，综合考查学生进步、教师成长和学校发展过程，构建立体多维的教育质量综合评价体系，用不同尺子衡量基础不同的学校，让所有学校都获得发展动力，切实扭转简单依据中考优秀率、高考升学率来评价学校的社会观念，有效解决择校热的问题，引领我市学生健康成长和基础教育质量全面提升。

尝试对人民群众非常关注、公信力高的初一新生分班考试、中考、学业水平考试和高考等大规模教育考试数据进行科学分析，将初一新生分班考试成绩、中考成绩分别作为初中入口、出口成绩，将中考成绩、高考成绩分别作为高中入口、出口成绩，不再另行组织评价检测，减轻学生测评负担。

定期发布全市"学业增值+能力素质"排名靠前的学校，以新的评价方式切实解决因起点不同带来的评价不公的难题，激发不同生源、不同类型学校办学的积极性，建立以增值评价绩效为导向的资金分配奖励激励机制，推动全市基础教育质量的全面高质发展。

最后，教育部门会同宣传部门、媒体加强宣传，逐渐打破将鸡蛋放在一个篮子里的思维。

教育行政部门在中考指标生设计上要科学合理，避免歧视性供给，具备条件的学校可以面向全市招生。在考虑学位安排时，要有把鸡蛋放在不同篮子里的思维，加大对海州高级中学创新班、特色班的支持力度，尤其是优质生源的供给。

通过布局调整、校区迁移、增加校址，解决新海初级中学超大规模办学问题，降低家长、社会对其入学和升学的过度关注，为学校的育人改革提供宽容的外部环境。通过交流轮岗的方式开展区域内校长交流轮换、骨干教师均衡配置、普通教师派位轮岗，缩小区域内校际差距。

宣传部门、媒体应通过多种渠道加强宣传，引导学生、家长、教师、学校和社会树立科学的发展观、教育质量观。看到孩子成长变化、看到学校发生新变化就是成功，而不仅仅是分数、升学率。营造良好育人环境和社会支持氛围对于落实教育增值评价改革尤为重要。

（本课题组负责人：骆增翼，连云港市海州实验中学博士、高级教师；成员：刘洪超、史春林、李庆德、范学全、寇斌）

06
生态文明篇

关于涉渔"三无"船舶清理和海岸环境整治的调研报告

华宏铭

一、基本情况

连云区地处海州湾畔,是江苏省唯一的海滨城区,拥有118.4千米海岸线、16个海岛、1600平方千米海域,6.3万亩沿海滩涂,150余万亩近海可养殖海域,其中紫菜养殖面积约12.9万亩,现有连岛和高公岛两个一级渔港,海洋开发历史悠久,特色资源丰富,具有发展海洋养殖捕捞产业的天然条件。目前,全区共有各类渔船815艘,其中在册捕捞渔船42艘,乡镇管理渔船75艘,紫菜养殖船698艘;今年以来,渔业总产值达8.87亿元。

二、主要做法

近年来,为进一步加强海洋渔业安全生产和规范管理,切实保护海洋渔业资源和生态环境,我区坚决贯彻省市关于"三无"船舶整治的相关部署要求,深入开展专项整治行动,持续打好清理整治攻坚战。

一是迅速组织发动。将今年确定为海洋综合执法年,成立领导小组和工作专班,制定出台"百日行动"实施方案,明确工作重点和责任分工,多次召开专题会议,研究推进打击整治工作。密切联系海事、海警、公安、市执法支队等相关部门,形成常态化执法机制。

二是从严从重打击。持续开展涉渔"三无"船舶打击整治联合执法行动,从5月起对发现的涉渔"三无"船舶一律查扣拆解,不断挤压清除"三无"船舶生存空间。截至目前共组织联合执法行动7次、小规模执法行动40次,查扣"三无"渔船354艘、拆解331艘。

三是加强岸线治理。成功举办全国常态化净滩公益活动连云港主会场活动,为公益净滩活动树立标杆。区湾长办联合发动清洁海岸义工团、属地街道及广大爱海社会组织，开展各类净滩活动20余次，清理海岸垃圾超10吨。在重点码头，设立岸线清洁公益性岗位，增强一线力量，保持码头整洁。

四是强化宣传引导。通过悬挂横幅、张贴通告、广播宣传、逐户逐船告知方式，发放安全宣传册900余份，悬挂横幅26条，发放告渔民一封信400余份，开展联合宣传7次，全面宣传"三无"船舶的风险危害，争取渔民对清理行动的理解和支持。

三、存在问题

一是传统渔村思维与国际海滨城区理念的矛盾。紫菜养殖、海洋捕捞产业曾经作为连云区先进生产力的代表，有力带动了辖区渔民致富、推动了村集体经济发展，但随着社会经济快速发展、生态保护意识加强，传统养殖和捕捞的发展空间日渐萎缩，大量滩涂被围垦造田，伏休期延长，紫菜养殖、海洋捕捞效益下降，渔民增收困难，小渔村格局、小渔业思维与现代化、智能化、数字化养殖作业不相匹配，已不能适应当前加快建设现代化国际海滨城区的客观需要。

二是落后渔业码头与现代中心渔港建设的矛盾。连岛中心渔港2013年省发改委批准立项，2016年开工建设，因机构改革等原因，工程滞后，原计划停靠1000艘渔船的渔港目前只能停靠300艘左右，导致连岛、海州湾的渔船停靠在西墅码头、海棠码头、庙前湾等小码头，以及在海一方、港池等禁停区域，严重影响最美岸线形象。

三是单打独斗执法与综合协作执法合力的矛盾。"三无"船舶整治涉及部门多，需联合作战、协作配合。在实际工作中，相关部门之间仍存在职责不清、分工不明的情况，各部门参与积极性、主动性不一。港口集团港池及核电取排水口等重点区域，执法人员进出受限，常态化打击难以保证，执法效果不如预期。此外，由于辖区渔港自然开放、岸线曲折复杂、涉海县区整治力度不等，一定程度上给流窜渔船提供了藏匿便利，增加了治理难度。

四是非法捕捞暴利与低廉违法成本代价的矛盾。"三无"船舶大多为浮子筏以及老旧淘汰船只，造价仅有数万到十来万不等，一次非法出海捕捞收益就可达数万元，与目前没收拆解为主的涉渔"三无"船舶处罚措施相比，违法成本低廉，巨大的利益诱惑使一些"三无"船主知法犯法，从事非法捕捞作业。

五是养殖渔船标准与规范捕捞渔船标准的矛盾。紫菜养殖作为我区传统富民产业，在渔业中占比较大，养殖作业船只占比达85%。而养殖船只在近海作业，船型标准与捕捞船有较大差别，相关部门对养殖船舶没有相应标准和合格证书，形成监管盲区。

四、对策建议

开展"三无"渔船清理暨海岸环境整治不仅是加快建设现代化国际海滨城区、高水平塑造江苏沿海生态风光带的内在要求，更是实现渔业生产转型升级、保障渔民生命财产安全的现实需要。连云区将下定决心、排除万难，加快行动、快出成效。

一是分类施策快整治。结合辖区渔业捕捞和紫菜养殖实际，对不同类型的船舶依法依规分类治理，确保专项清理整治行动取得良好成效。"三无"船舶要坚决取缔。将打击涉渔"三无"船舶、浮子筏及快艇作为当前整治头号工作，保持高压态势，做到彻底清理。落实"岸上堵、海上查"一体化执法，常态化推进"一打三整治"专项行动。在岸上，组织开展多种形式的"清港"执法行动，全面清理停泊在港池、重点地区的"三无"船舶；在海上，加大巡查频率和打击力度，对查获的"三无"船舶、浮子筏及快艇，一律扣押、拆解。在本周内完成无主船、"僵尸"船、非法改装船等船体破解。乡镇船舶要有序退出。对符合一定标准，经市、区两级审核认可的乡镇船舶，全面建档立卡，加强日常监管，在年审中严格要求，不符条件的一律退出。按照"正向引导，分类处置，严格管理"的思路，依据《江苏省沿海借名登记渔船、涉渔乡镇船舶、涉渔"三无"船舶专项清理整治行动方案》要求，结合自身实际，出台乡镇船舶退出补偿标准，对在规定期限内主动退出生产的适当提高奖补标准，引导乡镇船舶有序退出。养殖船舶要规范管理。对于从事紫菜养殖的养殖船、工具船，在上级主管部门没有认定的前提下，采取以下措施规范管理：制订淘汰标准，对老破旧等有碍观瞻、有安全隐患的，一律予以淘汰；强化日常管理，对于养殖船舶开展渔业捕捞作业，一经发现，从严从重处理，确保专船专用；严格停靠范围，对于养殖工具船，相关街道明确地点停放，在养殖期间可以出海作业，日常作为生产工具规范停放在指定地点，不得在渔港停靠。在册船舶要严格审核。全面排查异地借名登记我区、我区借名登记异地渔船等违规行为，对已确认借名登记渔船，劝导减船转产或过户至实际所在地，对不服从管理的，依法依规予以注销。对"脱管"船舶或不在法定期间、核定场所作业的一律进行注销，并视同"三无"船舶予以打击。

二是综合管理彰特色。持续压减紫菜养殖面积，加快渔港基础设施建设，常态开展岸线环境治理，综合治理彰显百里蓝湾现实模样。①严管集中停泊。要加快连岛中心渔港建设，推进高公岛一级渔港升级，采取物理闸机、电子围栏等方式强化进出港管理，确保渔港内不停靠"三无"船舶，不为"三无"船舶提供补给服务。对西墅码头、庙前湾码头等基础条件较差的小码头，坚决予以取缔。规划渔船停泊位置，将板桥的渔船全部停到高公岛，海州湾的船全部停到连岛，对在海一方、港池、核电取水口、连岛游艇码头等重点区域，实行严管严治，坚决防止船只停靠。②严管近海养殖。要疏堵结合，从严管控近海紫菜养殖，压缩近海紫菜养殖面积、降低养殖密度、清理养殖航道，合理确定养殖区域和禁养区域，确保航线畅通。对于转包海域，一经发现，一律收回海域使用证。③严管岸线保洁。由城管部门牵头，街村组织实施，成立渔港管理办公室，组建码头、岸线专业保洁队伍，常态化开展岸线清理，保持海岸整洁。依托"连云港市清洁海岸志愿服务中心""清洁海岸义工团"，实施"海好有你"海州湾海洋环保系列行动，开展环保海岛行、海岸线垃圾清理与监测等专项活动，在全社会营造良好亲海、爱海、护海氛围。④严管海上安全。严格落实部门、街道、村社安全生产监管责任和船舶所有人的主体责任，实施进出港签证管理，按照"十个必须"要求，实施常态化联合执法检查，严格落实管控措施，确保渔船出港前逐船登临检查人、证、安全设备到位，保障海上作业安全。

（华宏铭，中共连云港市连云区委书记）

连云港市重点行业碳达峰碳中和工作研究

谢方宝

2020年年底，中央经济工作会议将"做好碳达峰、碳中和工作"列为2021年重点工作之一。工业是碳排放重要领域，实现工业低碳减排至关重要。2021年2月8日，工信部组织召开重点行业碳达峰、碳中和视频研讨会，研究"十四五"工业应对气候变化目标任务，将实施工业低碳行动和绿色制造工程，并制订钢铁、水泥等重点行业碳达峰行动方案和路线图。目前，省工信厅也启动了钢铁、石化化工、建材、数据中心5G新基建四个领域碳达峰实施方案。为推动我市工业领域碳达峰碳中和相关工作，提前做好谋划，根据我市钢铁、石化化工、电力热力行业发展现状，我们开展了调查研究。

一、重点耗能行业用能现状

（一）钢铁行业

钢铁行业占全市总产值的18%左右，拥有镔鑫、兴鑫、亚新、华乐四大钢企，钢铁总产能1260万吨，主要产品包括建筑用材、工业用材、不锈钢等。2020年，钢铁行业综合能耗348.03万吨标煤，占工业总能耗40.7%，其中用电2.78亿千瓦时，相比于2019年增长10.91%。其单位产值能耗为0.658吨标煤/万元，是全市平均水平的2.2倍，行业增加值率为17.2%，低于全市平均水平12.7个百分点。

（二）石化化工行业

石化化工行业占全市总产值的20%左右，共有生产企业159家。代表企业新海石化、斯尔邦石化、虹港石化、三吉利、碱业公司，主要产品高清洁汽油、精制柴油、液化石油气、丙烯腈产品、苯二酚等。2020年，石化化工行业能耗174.6万吨标煤，占工业总能耗20.4%，其中用电2.77亿千瓦时，相比于2019

年增长74%。单位产值能耗为0.349吨标煤/万元，是全市平均水平的1.2倍。

（三）电力热力行业

电力热力行业占全市总产值的6%左右，共有规模以上企业33家，重点用能企业主要集中在新海电厂、协鑫生物质发电、鑫能污泥发电、虹洋热电、亚邦供热等。2020年，电力热力行业综合能耗214.83万吨标煤，占工业总能耗25.1%，用电8.7万千瓦时，相比于2019年减少2.73%。单位产值能耗为1.276吨标煤/万元，是全市平均水平的4.2倍。

由此可见，仅钢铁、石化化工、电力热力（除去用于生产钢铁、石化化工用电部分等值的能耗）三个行业能耗就占工业总能耗86%，且单个行业单位产值能耗均高于全市平均水平，也就是说三个行业消耗大量能源，是我市碳排放的重点产业，是我市工业领域碳达峰碳中和目标实现的关键所在。另外，钢铁、石化化工行业用电量呈总体上升的趋势，其清洁能源替代潜力大，有助于我市工业领域碳中和目标的实现。

二、重点耗能行业新增用能趋势

（一）钢铁行业

2022年，镔鑫钢铁年产115万吨生铁项目预计年内投产，达产后年综合能耗62万吨标煤。"十四五"期间，镔鑫钢铁新建1250立方米高炉建设工程、2×265平方米烧结机技改、320平方米烧结机技改等7个项目将陆续实施，预计新增能耗164.34万吨标煤/年，拉动全市能耗上升11.4%。

（二）石化化工行业

"十四五"期间，盛虹炼化一体化、卫星石化320万吨/年轻烃综合利用、斯尔邦石化新建丙烷、新海石化150万吨/年丙烷综合利用等35个石化类项目拟投产，预计新增能耗3100万吨标煤/年，将拉动全市能耗增加215.6%。其中，仅盛虹炼化一体化单个项目，全部达产后年综合能耗将达到1900万吨标煤，是目前我市全社会总能耗的1.3倍。从目前投产的卫星石化单个项目看，5月运行以来，其单位工业增加值能耗2.32吨标煤/万元，是全市工业增加值能耗的2.2倍，项目能耗高，对GDP贡献反而不大。

（三）电力热力行业

"十四五"期间，作为盛虹炼化项目配套的虹洋热电联产扩建项目、公用工程岛供热项目将陆续达产，预计新增能耗110.62万吨标煤/年，拉动全市能耗上升7%。

三、实现双碳目标所采取的措施

（一）健全完善碳排放指标体系

一是要健全现有的碳核算体系。在已有的碳核算架构基础上，利用基于碳排放流理论精确核算企业耗电造成的等效碳排放，以此替代传统架构中基于核算报表的估算方法。二是要完善现有的碳排放量评价体系。借鉴通用的碳排放评价指标，结合我市发展水平、产业结构以及未来发展规划，建立适合我市发展现状的碳排放评价体系。三是做好碳核查工作中相关数据的协调、收集、核准、分析以及保密工作，全面加强实践指标体系全过程中的数据集成管理工作。四是加快指标体系的推广应用工作，组织开展指标体系的宣传推广，根据重点行业企业的碳排放评价水平制订因地制宜的减碳计划。

（二）探索建立碳监测平台

依托现有重点用能企业能耗在线监测平台，联合市生态环境局、国网连云港供电公司合作共建碳监测中心（能效数据中心），拓展完善碳监测功能，汇聚电力、化石能源、天然气、清洁能源等生产传输储备数据，以地区、行业、时间等多维度，构建全市规上工业企业能源生产、能源储运、能源消费全局视图，以便全面掌握区域内能源供应、生产以及全社会总体用能情况，为合理调度能源提供数据支撑。实时监测能源生产、消费企业污染物排放量，对于排放超标的企业实时预警，实现对高能耗、高排放企业的精准监管，科学调整碳考核计划，确保目标责任落实到位，实现碳排放精准"监、管、控"，推动产业绿色发展。

（三）持续推动产业结构优化升级

一是严格实施技改项目节能审查制度，对不符合国家产业规划、产业政策、"三线一单"、产能置换、能效标准、煤炭消费减量替代和污染物排放区域削减等要求的"两高"项目，要严格把关，严禁违规上马"两高"项目。二是积极稳妥地推进产业结构调整，加快商贸、交通运输、餐饮服务等传统服务业升级，加快传统农业向现代农业转型，特别是积极发展能耗低、附加值高的现代服务业，通过提高耗能低的服务业比重，延缓或降低第二产业结构比重上升的速度。三是抑制高耗能行业过快发展，加快发展技术含量高、能耗低的高附加值先进制造业，积极推进新医药、新材料、新能源以及信息技术等战略性新兴产业，使其成为带动经济稳步发展的支柱产业。四是调整产品结构，对主要的高耗能行业，要提高产品的技术含量和附加值。

（四）加快淘汰落后产能

淘汰高耗能行业落后产能，是实现节能降耗、降低碳排放最直接、最有效的手段。一是继续加快淘汰落后工艺、技术和设备，有计划、有步骤地关、停、并、转一批高耗能行业中产能落后、效益差的小企业。二是严格控制产能产量，持续淘汰落后钢铁产能，严格淘汰底线，逐步将4.3米及以下焦炉、450立方米及以下高炉纳入淘汰范围。严控新增产能，严格产能减量替代要求，严防已淘汰产能死灰复燃。三是大力发展循环经济。以企业清洁生产为基础，扎实推进以节能、降耗、减污、增效为目标的清洁生产和水资源循环利用，以发展重点行业生态群和循环型工业基础设施为核心，以建设生态工业园区为载体，以点带面突出重点，大力推动全市工业按照循环型工业建设战略方向发展。

（五）大力推进节能技术改造

一是加快传统工业改造升级步伐。以高新技术为先导、多元产业为支撑，积极采用高新技术和先进适应技术改造提升石化、钢铁、电力等传统产业的竞争力，围绕产业链延伸与产业集群培育，全面提升产业层次和产品档次，推动传统产业向高端高质高效方向发展。二是提高节能技术应用比例。结合钢铁行业超低排放推进进度，持续提高烧结烟气循环、燃气蒸汽循环发电、炉顶余压发电、烟气余热回收、高炉渣余热回收、钢渣余热回收等节能技术，进一步降低行业能耗，减少行业碳排放总量，实现减污降碳协同。提高余热发电机组的转化效率，将中低温余热回收工艺改进为高温高压工艺，提高余能利用率，降低能耗。

（六）着力抓好重点领域节能

严格实施能源消费总量和强度"双控"管理，着力推动石化、钢铁、电力等重点领域和重点用能单位节能降碳。严格控制钢铁行业高炉转炉流程占比，在建设项目产能减量替代的基础上，增加碳排放量减量或倍量替代前置条件。对于碳排放量居高不下的企业，通过提高电价等方式提高其排放成本。鼓励短流程工艺，出台电炉短流程炼钢优惠政策，对电炉建设项目，在产能替代环节予以政策倾斜。对电炉企业采取优惠电价、减征税费等措施。鼓励发展碳排放量较低的直接还原、稳定可靠的熔融还原等非高炉炼铁工艺。

［谢方宝，连云港市工业和信息化局（原）副局长］

连云港市农村黑臭水体治理研究

吕江莉

党的十八大报告中首次提出美丽中国建设，强调把生态文明建设放在突出地位，融入经济建设、政治建设、文化建设、社会建设各方面和全过程。报告指出，建设生态文明是关系人民福祉、关乎民族未来的长远大计。面对资源约束趋紧、环境污染严重、生态系统退化的严峻形势，必须树立尊重自然、顺应自然、保护自然的生态文明理念，把生态文明建设放在突出地位，融入经济建设、政治建设、文化建设、社会建设各方面和全过程，努力建设美丽中国，实现中华民族永续发展。党的十九大将建设美丽中国作为建设社会主义现代化强国的重要目标，明确推进绿色发展、着力解决突出环境问题、加大生态系统保护力度、改革生态环境监管体制作为建设美丽中国的重要任务，解决突出环境问题中，重要的一项就是开展农村人居环境整治。为全面响应美丽中国建设，推动人居环境改善，生态环境部、水利部、农业农村部以农村黑臭水体治理为出发点，联合印发《关于推进农村黑臭水体治理工作的指导意见》（简称《指导意见》）（环土壤〔2019〕48号），标志着我国农村黑臭水体治理工作在全国正式拉开序幕。《指导意见》提出，"到2020年，以打基础为重点，建立规章制度，完成排查，启动试点示范。到2025年，形成一批可复制、可推广的农村黑臭水体治理模式，加快推进农村黑臭水体治理工作。到2035年，基本消除我国农村黑臭水体"。

按照习近平总书记为江苏擘画的"强富美高"宏伟蓝图，中共江苏省委、江苏省人民政府联合出台了《关于深入推进美丽江苏建设的意见》，从准确把握美丽江苏建设目标要求、持续优化省域空间布局、全面提升生态环境质量、积极打造美丽宜居城市、全面推进美丽田园乡村建设、着力塑造"水韵江苏"人文品牌、切实强化美丽江苏建设组织推进七方面，要求深入推进美丽江苏建设，更好地推动高质量发展，满足人民群众美好生活需要。同时，为响应美丽江苏建设及各部委关于农村黑臭水体治理的要求，省生态环境厅、水利厅、农业农村厅联合印发《关于开展农村黑臭水体排查治理工作的通知》（苏环办〔2019〕394号），要求在全省范围内开展农村黑臭水体排查识别、农村黑臭水体治理试点示范、分类推进农村黑臭水体综合治理、重点推进农村生活污水治理、建立农村黑臭水体长效管理机制等工作，有效改善农村人居环境。

在美丽中国、美丽江苏建设背景下，我市迅速行动，落实这项事关全局的战略任务，印发《中共连云港市委　连云港市人民政府关于深入推进美丽连云港建设的实施意见》（连发〔2020〕24号），要求持续提升农村人居环境质量，其中重要的一项工作就是开展农村黑臭水体治理。2020年3月，市打好污染防治攻坚战指挥部印发《关于加快开展农村黑臭水体排查治理工作的通知》（连污防指办〔2020〕9号），进一步细化农村黑臭水体排查识别、市级农村黑臭水体治理试点示范、分类推进农村黑臭水体综合治理、重点推进农村生活污水治理、建立农村黑臭水体长效管理机制、强化治理保障措施、上报成果等工作要求。明确连云区及灌南县作为连云港市试点县区，率先开展黑臭水体整治工作。连云区及灌南县作为连云港市试点县区，对其黑臭水体开展治理研究，对全市黑臭水体的整治有着积极示范作用。

一、连云港市黑臭水体概况

根据初步排查结果，全市农村黑臭水体共有200余条，其中黑臭比较突出的主河道为烧香河、妇联河，其余水体均为农村沟渠或水塘，其中试点县区农村黑臭水体现状如下所述。

（一）连云区黑臭水体排查情况

1. 连云区概况

连云区为我市东部城区，地处我国沿海中部的黄海之滨，东与日本、朝鲜、韩国隔海相望，北为海州湾海域，西与海州区、赣榆区接界，南与灌云县、灌西盐场接壤，土地面积156.8平方千米，下辖涉农区域有海州湾街道、连岛街道、云山街道、板桥街道、宿城街道、高公岛街道和前三岛乡，共计7个涉农街道（乡、镇），涉及20个行政村和12个社区，常住人口8余万人。

连云区境内有2条区域性河道，分别是烧香河和排淡河。区内主要河道有驳盐河、北排淡河、西墅河、院前排洪河、宿城南河、宿城北河和凤凰河等。主要水库有宿城水库、李庄水库、胡沟水库、连岛水库、棠梨水库等，分布于山区的抗旱塘坝及浅水井有40余处。

连云区农村水体多发源自云台山脉，共有大大小小65处，包含镇级43条、村级22条。其中，后云台山北片区的沟渠均为自山而下的天然涧沟，有一定水力坡度，渠内不易积水，除降雨外基本无存水，有存水水质一般感官也较好，不具备黑臭水体成因条件。后云台山南片区上游段一般也无存水，来水也多为雨水，而水质感官较差的水体多集中在地势相对平缓、河道窄浅的地区，这些水体普遍富营养化严重，有的已有恶化趋势，有的已经发黑发臭。

2. 连云区黑臭水体现状

按照《农村黑臭水体治理工作指南（试行）》规定，连云区65条水体共有农村黑臭水体10条，共计约3080米，水域面积27260平方米。

表1 连云区农村黑臭水体识别情况表

序号	水体名称或具体位置	无黑臭	局部黑臭	全部黑臭	判定依据
1	市场河			√	发黑、发白、有异味
2	老君堂中心涧沟		√		发黑、发白、有异味
3	经九路排水沟		√		发黑
4	李庄中心沟		√		发黑、有异味
5	阳云丰服装厂东沟		√		发黑
6	经十五路排水沟		√		发黄
7	经十七路排水沟		√		发白、有异味
8	东港涧		√		发黑、发白、有异味
9	北河		√		发黑
10	棠梨涧		√		发白、有异味

（二）灌南县黑臭水体排查情况

1. 灌南县概况

灌南县地处我市南部，位于淮安、连云港、宿迁、盐城四市交界处，东部濒临黄海，南至东南与涟水、响水两县相连，西与沭阳县为邻，北隔新沂河与灌云县相望。东西最大直线距离71千米，南北30千米，县域总面积1030平方千米，人口约82万人，其中城镇人口约38万人。灌南县下辖11镇，分别为新安镇、北陈集镇、张店镇、孟兴庄镇、汤沟镇、李集镇、百禄镇、三口镇、堆沟港镇、新集镇、田楼镇，在这些乡镇中，共设有5个工业园区，2个农业园区，1个文化产业园区，228个村（居）民委员会。

灌南县地处淮、沂、沭、泗下游，地势低洼，素有"洪水走廊"之称，境内河流众多，沟塘密布，水系发达，水域面积占县域总面积的四分之一。境内共有省级骨干河道17条680千米，县级骨干河道6条115千米，大沟198条734.1千米，中沟1226条1422千米，小沟5551条2598千米，村沟5780条4113千米，村塘6908座，各级固定渠道（干支斗农渠）共4440条3209千米。

2. 灌南县黑臭水体现状

按照《农村黑臭水体治理工作指南（试行）》规定，灌南县共有农村黑臭水体69条，约42912米，水域面积393353平方米。

表2 灌南县农村黑臭水体识别情况表

序号	水体名称	所在乡镇	序号	水体名称	所在乡镇
1	管武大沟	新安镇	36	季二红门前塘	田楼镇
2	一号沟	新安镇	37	陈士贵家门前沟	田楼镇
3	二号沟	新安镇	38	杨玉华家东向南中沟	堆沟港镇
4	和平大沟	新安镇	39	周文祥家西向南中沟	堆沟港镇
5	七组后沟	新安镇	40	袁树红家西向南中沟	堆沟港镇
6	曹庄新村西侧中心大沟	新安镇	41	胡长红家东向南中沟	堆沟港镇
7	闸北与小元交界沟	新安镇	42	兴港人工湖	堆沟港镇
8	桥西边沟	新安镇	43	四道排河平桥段	堆沟港镇
9	鸡场后沟	新安镇	44	村卫生室西侧沟	堆沟港镇
10	镇西9组乡道路西塘	新安镇	45	杨桥村三组大塘	百禄镇
11	西悦来河	新安镇	46	杨罗村二组排灌沟	百禄镇
12	惠庄中心沟	新安镇	47	杨百河老河道	百禄镇
13	郑于大沟袁闸段	新安镇	48	汪胡队后沟	百禄镇
14	村部西沟	北陈集镇	49	窑湾村二组排灌沟	百禄镇
15	六七组排水沟	北陈集镇	50	樊生河大沟	百禄镇
16	尹荡桥南侧尹杭元家往西排水沟	北陈集镇	51	八间房村沟	李集镇
17	三四五组排水沟	北陈集镇	52	大杨村部北边塘	李集镇
18	居委会小区排水沟	张店镇	53	东条河村沟渠	李集镇
19	居委会二组排水沟	张店镇	54	徐庄村李学友西边河	李集镇
20	十里长圩路南沟	张店镇	55	中心村沟渠	李集镇

续表

序号	水体名称	所在乡镇	序号	水体名称	所在乡镇
21	南闸村部后塘	张店镇	56	后朱圩塘	李集镇
22	马台四组路南塘	张店镇	57	新集中学门前东、西塘	新集镇
23	木材厂南塘	三口镇	58	徐老庄人民广场左侧河	新集镇
24	张湾8组排水沟	三口镇	59	支沟村四组、十三组塘	汤沟镇
25	小南12组排水沟	三口镇	60	沟东村四组塘	汤沟镇
26	大港3组排水沟	三口镇	61	葛集五组庄内塘	汤沟镇
27	大港4组排水沟	三口镇	62	支沟十组、十一组排水沟	汤沟镇
28	茂华新村东侧排水沟	田楼镇	63	陈庄大沟、村部后沟	汤沟镇
29	农贸市场排水沟	田楼镇	64	金星村主干道路边沟	汤沟镇
30	一号排河	田楼镇	65	连五四组路边塘	汤沟镇
31	中学排水沟	田楼镇	66	扎花厂门前排水沟	孟兴庄镇
32	扎花厂至供电所排水沟	田楼镇	67	六湖大沟	孟兴庄镇
33	许金波家门前塘	田楼镇	68	后杨中心大塘	孟兴庄镇
34	中学西侧排水沟	田楼镇	69	兴庄村部后方东西塘	孟兴庄镇
35	封宁家至长茂大沟排水沟	田楼镇	/	/	/

二、我市试点地区农村水体黑臭主要问题及原因分析

我市两个试点地区连云区和灌南县农村水体黑臭原因及分析。

（一）连云区农村黑臭水体成因分析

连云区农村黑臭水体普遍存在的问题归纳起来主要有以下5点。

第一，部分地区管网覆盖不到位。近年来，连云区不断加强农村生活污水收集处理设施建设，农村生活污水直排入河的现象已有明显改善，但仍然存在部分地区管网未覆盖或存在盲点死角、管网老旧破损等问题，导致仍有未经收集处理的污水直排入河的现象存在。

第二，水环境容量小。连云区共有两条主要河流，主要功能是汛期防洪排涝，非汛期水位低、水环境容量小，农村水体也主要承担泄洪作用，上游生态补水不足。在污染不断增加的情况下，现有水容量稀释、消纳不了不断增加的污染负荷。

第三，现有污水处理能力不足。目前连云区大部分生活污水主要通过墟沟污水处理厂进行处理，处理能力4万吨/天。由于墟沟污水处理厂承接连云区及市开发区两个片区污水，污水处理能力严重不足，部分污水从雨水口溢流入河，加重水体污染。

第四，水体底泥淤积严重。连云区农村黑臭水体主要集中在下游地势平缓地带，每遇降雨，上游河道挟带泥沙迅速汇入平原河网，河水流速变缓，泥沙逐步沉积，区域污水截流管网未建成前，周边工业企业、居民生活污水、生活垃圾直排入河以及农药化肥的淋溶与冲刷入河，长期的污染积累构成严重的内源污染。

第五，垃圾及水生植物污染。各黑臭水体周边垃圾岸边堆放及入河现象严重，垃圾渗滤液直接入河。河道中水生植物均为一年生，植物死亡后没有及时清除打捞，残留水草长期浸泡在水中，造成二次污染。

（二）灌南县农村黑臭水体成因分析

灌南县农村黑臭水体部分位于城乡接合部附近，部分位于村庄地区，污染来源复杂多样，主要成因有以下方面。

第一，污水截流不彻底。由于受建设规划、经济技术条件的制约，黑臭水体涉及的村庄污水收集管网建设相对滞后，部分村庄建有污水收集处理系统，但是污水收集率低、治理设施运行不正常。部分村庄仍为合流制排水体系，也未设置截流设施或治理设施，污水直排现象突出。

第二，种植及畜禽养殖污染严重。灌南县农业种植业发达，化肥、农药等农田利用率不高，肥药残留随雨水或灌溉退水进入河道，对水体水质影响较大。此外，部分水体周边存在分散式圈养畜禽及规模化畜禽养殖场，粪污处理不规范，入河现象普遍。

第三，垃圾、秸秆倾倒入河。农村垃圾收运体系不健全，部分水体存在岸边垃圾、农作物秸秆堆放、倾倒入河现象，因垃圾乱堆乱放导致周边及下游水体受到污染。还有在河边清洗垃圾桶，污水直接入河现象。

第四，工业污染客观存在。部分水体位于工业区附近，存在工业废水直排入河或企业内部雨污、清污不分，导致部分污水经雨水系统进入外环境的情况。

第五，水体富营养化严重。部分水体由于富营养化造成水生植物、藻类等过度繁殖、覆盖水面，影响水生植物光合作用及水体复氧，加之流动性差，导致水体堵塞现象严重，降低水体自净能力。长此以往，造成水体底泥淤积严重，底泥污染释放造成污染。

（三）全市农村黑臭水体主要成因

虽然连云区和灌南县农村水体黑臭的具体成因大有不同，但归根结底是因各类污染源产生大量有机物进入水体，消耗水体中的溶解氧，且水体自净能力不足，内源污染严重，导致水体变黑，形成黑臭水体。通过两个试点县区水体黑臭成因分析，总结推断我市农村存在黑臭水体主要有以下原因。

第一，点源污染及治污设施不健全。主要是农村生活污水直排问题。农村无污染防治专项规划，各项基础设施落后，雨水、污水管网无配套，生活污水收集不彻底，直排现象严重，部分村镇虽建有污水处理设施，但管理不善，运行不正常或不运行，形同虚设。

第二，农业面源及畜禽污染。我市是传统的农业大市，农村种植业发达，水稻种植过程中农田回归水未得到有效处理，直排入河，玉米、小麦种植过程中使用的农药化肥经雨水淋溶汇入附近水体，对水体造成污染。农村农户多有散养或小型圈养畜禽，无粪污水处理设施，粪污水直排房前屋后沟塘。另外，农村垃圾收运体系还不健全，垃圾岸边堆放或入河现象严重，也对水体产生污染。

第三，水体长年未清淤，自净能力差。多数农村水体富营养化严重，浮萍等水生植物、藻类大量繁殖，影响水生植物光合作用及水体复氧，水体自净能力降低。水中芦苇水草丛生，植物死亡后未及时有效清理，腐败于河中，常年沉降淤积，同时各类污染物入河导致底泥沉积大量污染物质，易释放至水体造成污染。

三、我市农村黑臭水体整治提升对策建议

（一）试点县区整治措施选择

根据排查出的连云区及灌南县黑臭水体排查溯源情况，各黑臭水体均为综合性污染，根据具体污染来源，采用截污纳管、雨污分流、尾水净化等措施，消除点源污染；通过清理打捞、长效保洁解决垃圾入河问题；通过农药化肥使用控制消除农业面源污染；对粪污开展综合利用处置解决畜禽养殖污染；清淤疏浚解决内源污染；生态护坡、水生动植物投放、水系连通等生态修复措施提高水体自净能力。多措并举，解决源头污染，消除水体黑臭。

（二）全市农村黑臭水体治理建议

根据试点区域黑臭水体污染源排查情况，有针对性地提出5条全市农村黑臭水体治理措施。

1. 加强农村生活污水收集处理

统筹城乡、区域生活污水治理，加快农村污水处理统一规划、统一建设、统一管理。合理选择就近接入城镇污水处理厂统一处理或就地建设小型设施相对集中处理和分散处理等治理方式，具体应遵循城乡统筹、因地制宜、实事求是、量力而行的原则，从经济、适用、安全、可靠的角度出发，采用"能集中则集中、宜分散则分散""能收尽收"的原则，加大对农村污水处理的力度，有效实现污染物的削减。污水处理工艺应优选符合本地村庄特点、运行稳定、经济适用、简单易行、便于维护的适宜技术产品和设备。

2. 清淤疏浚

大部分存在黑臭现象的水体底泥污染十分严重，含有大量的有机物、营养盐和耗氧物质，是非常典型的内源污染物。通过清除河底沉积的淤泥，消除内源性污染，清除河道内的垃圾，使河道畅通，恢复河道的行洪和运输功能，变死水为活水。清淤疏浚可采取机械清淤和水力清淤等方式。对清理出的底泥的处理和处置应遵循"减量化、无害化、资源化"的原则，不得堆放岸边，禁止再次入河。对未受工业污染的底泥，可自然干化处理，经检测达到相关标准的底泥可用于场地回填、农业用土和绿化用土，也可作为堤路的回填材料。

3. 生态修复

开展生态护坡，对现有自然土质岸坡进行美化修整、植被恢复等生态护坡建设，形成自然岸线景观。在两岸浅滩种植具有吸磷吸氮功能的水生植物，增强水体自净能力。水生植物应选择本地物种、生长迅速但可控、净化能力强及具有一定美化景观效果和一定经济价值的物种。通过向水体内鼓风曝气等方式，增加水体内部与氧气的接触，从而达到提高水体中溶解氧含量的目的，为水体中的好氧微生物及植物提供基础的生长繁殖条件，降解水中有机物，促进良性循环。在河道较宽、水深较深的区域内，可通过布置人工生态浮岛增加水生植物覆盖率，丰富水生态物种多样性，提高水体溶解氧含量，改善水生态环境，提升景观效果。开展定期巡查，发现局部爆发性物种及其他植物残体时应及时打捞，并根据实际情况进行水生陆生植物群落结构调整，辅助植物收割并尽量资源化。

4. 加强农业面源管控

引导河道岸坡种植逐步退出或强制清理，结合生态岸坡建设，在岸边种植草坪等，恢复生态植被。推广农业清洁生产，推动无公害农产品、绿色食品、有机食品规模化发展，从源头控制种植业污染。开展化肥使用量零增长行动，大力发展节肥种植技术，实行测土配方施肥，推广精准施肥技术和机具，推进化肥使用减量化。加大对有机肥产业发展支持力度,鼓励使用农家肥、商品有机肥,逐步增加农田有机肥使用量。开展农药使用量零增长行动,推广低毒、低残留农药使用补助试点经验,开展农作物病虫害绿色防控和统防统治,实施农药减量工程,推广精准施药及减量控害技术,减少农药施用量,加强废农药瓶(袋)收集处理。强化农作物秸秆管控,汇水区内农作物秸秆全部离田综合利用,严禁抛河或岸边堆放。开展农田排灌系统生态化改造,采用生物、工程等技术措施构建生态排水沟、渠、塘,在沟、渠、塘中配置多种植物,并设置透水坝、拦截坝等辅助性工程设施,对农田回归水和地表径流中氮、磷等物质进行拦截、吸附、沉淀、转化及吸收利用。可在沟渠、塘末端设置强化净化(如生物接触曝气)与资源化处理,进一步降低污染物浓度。

5. 加强岸边及水面漂浮物管理

对黑臭水体周边现有岸边垃圾和水面漂浮物(生活垃圾、果品、秸秆、水生植物残体及藻类)进行清理。水生植物、岸带植物和落叶等属于季节性污染物,需在干枯腐烂前及时清理。清理的垃圾应进入收运系统。完善垃圾收运体系,将现有临河设置的垃圾收集点搬离河道,并及时转运收集的垃圾。禁止河道内、临岸清洗垃圾桶。在彻底清理沿岸垃圾及水面漂浮物的基础上,由各街道、镇村负责落实,建立水面垃圾、漂浮物定期清捞保洁和沿岸植物季节性收割的管护机制。

(三)相关政策保障措施

黑臭水体存在一定的时空变化,在治理上,除了需要根据实际情况采取工程措施消除黑臭外,还需要采取以下政策措施,以保障治理成果。

1. 落实责任主体与职责分工

当地政府部门是农村黑臭水体治理的责任主体,要建立农村黑臭水体整治的组织机制,明确牵头部门,将整治任务分解落实到相关职能部门,各部门各尽其责,协同推进。根据治理方案,将每一个黑臭水体整治任务分解到具体责任单位和责任人,明确目标任务和时间节点。

2. 鼓励公众参与

群众的感受是判别水体黑臭的重要标准之一,因此,对黑臭水体整治工作建立全流程公开透明的社会监督体系是完全必要的。每半年应向社会公布农村黑臭水体整治的工作进展情况,及时回应公众举报监督,重视公众参与在整治农村黑臭水体工作中的作用,要把公众参与和监督作为长效管理的重要手段。

3. 强化技术人才支撑

组织大专院校、科研单位、企业开展农村黑臭水体整治关键技术、工艺和装备的研发。重视本土专业技术人才培养，制定人才培养和保障制度。加强农村黑臭水体项目整治和维护管理人员技术培训，相关部门要选派专业技术人员驻村指导，组织开展企业与镇村对接农村黑臭水体整治技术和装备。

4. 加强宣传引导

充分发挥广播、电视等新闻媒体和网站、微博、微信等网络新媒体的作用，广泛宣传农村黑臭水体整治工作，加强与公众互动，积极赢得群众的理解、支持和参与，并推广好案例、好经验和好做法，努力营造全社会关心支持农村黑臭水体整治的良好氛围。组织开展水环境保护示范村评选活动，增强农民保护水体环境的荣誉感。

5. 落实资金保障

财政部门要统筹涉农资金、奖补资金，深化"以奖代补"政策，支持开展农村黑臭水体整治行动，保障黑臭水体整治资金投入。后期保洁和维护费用应纳入乡镇级财政预算管理。各级政府和相关部门要积极争取中央、省、市有关专项补助资金，加强与国家开发银行、农业发展银行等政策性金融机构的合作，充分利用低成本、中长期专项贷款支持农村黑臭水体整治，鼓励专业化、市场化治理和运行管护。

6. 建立农村黑臭水体长效管理机制

结合农村人居环境整治、乡村振兴、农业农村污染攻坚战等工作，建立农村黑臭水体长效管理机制。推动河长制向村级延伸，跨村庄河道应由乡镇级领导担任河长，村庄内黑臭水体由村书记、村主任等分别担任河长，各级农村黑臭水体的河长作为第一责任人，要切实履行综合治理和管理保护责任。构建农村黑臭水体监管体系，提升农村环境监管能力。强化村委会治理责任，发挥村民主体作用，提高群众参与度。建立村民参与机制，将农村黑臭水体治理要求纳入村规民约。

（吕江莉，连云港市连云生态环境局工程师）

充分发挥河湖长制优势
高质量推进水污染防治

市政协社法民宗委

全面推行河湖长制是以习近平同志为核心的党中央作出的重大决策。按照市委批准的《市政协2022年协商计划》，市政协将"充分发挥河湖长制优势，高质量推进水污染防治"列为年度重点协商议题，研究制定工作方案，精心组织落实。

一、我市河湖长制推进基本情况

我市自2017年4月25日印发《连云港市全面推行河长制的实施方案》以来，河长制工作取得了实实在在的成效。

（一）责任体系全面建立

市县乡村四级河长组织体系全面建立，全市现有市县乡村四级河长3328人。市委、市政府主要领导主动认领河湖水环境面貌较差河道河长，各级河湖长积极履职，市级河长累计签发问题交办单96份，交办督办河湖管理保护重大事项266项。市县有关部门各司其职，形成一级抓一级、层层抓落实的工作格局。

（二）河湖乱象有效遏制

自2017年以来，通过排查、登记、整改、"两违"专项整治等系列活动，共清理违法圈圩3.68万亩、违法建设190余万平方米。"两违三乱"整治任务在全省率先完成，成为全省第一家百分之百完成整治、百分之百提请验收、百分之百实现销号的地级市。

（三）河湖水质持续改善

依托河长制平台，统筹左右岸、干支流、上下游协同治理，以群众反映强烈、部省督查重点、污染成因复杂的河流为重点，逐一制订攻坚行动方案，解决突出水污染问题，取得显著成效。全市国考断面水质优Ⅲ比例从不足70%，提高至86.7%，45个省考断面优Ⅲ类比例达82.2%。

（四）河湖生态持续复苏

通过落实河长制，各地持续加大河湖治理建设投入，覆盖全市范围的生态水网初步形成，河湖生态系统持续复苏。一批河湖面貌焕然一新，石梁河水库、东盐河河长制主题公园、蔷薇河月牙岛成为河湖治理典型样板；成功创建国家级水利风景区3家、省级水利风景区9家；新沭河、蔷薇河生态景观廊道、新沂河"百里菜花"等一批样板河段正在成为我市河湖管理保护的亮丽名片。

二、存在的主要问题

（一）思想认识有待进一步提高

河长制作为新兴的管理制度，由于目前相关制度和工作程序尚处于制定和完善阶段，推广过程中出现个别相关部门或个人对河长制理解不透彻、职责划分不明确、部分工作措施落实不到位的现象。如河长的主要职责是负责组织领导相应河湖的管理和保护工作，牵头组织对突出问题依法进行清理整治。但由于尚未对河长正式进行考核，部分河长对河长制工作的重要性、长期性、艰巨性以及自身的职责和定位认识不到位，准备不充分；部分基层河长持观望态度，工作推进缓慢，当上级河长开始调度、督导工作进展时，基层河长才开始搞突击。此外，河长都是党政领导干部，流动性大，加之河湖问题日积月累且多涉及民生，整治难度大，部分基层河长有一定的"等靠"思想。

（二）体制机制有待进一步完善

推行河长制重要目的之一就是打破部门和行业之间的壁垒，变"九龙治水"为"统一作战"，最终形成群策群力、上下联动、齐抓共管的共同推进格局。但从目前情况看，部门联动离河长制的要求还有较大差距。有的地方河湖长履职不到位，重形式、轻实效、风声大雨点小。河长制办公室在实际工作中协调其他部门的难度较大，部门协作的力度不大。在工作部署上，河湖清违清障、农村人居环境整治、畜禽养殖整治、黑臭水体治理等专项行动均涉及河长制的工作内容，但在具体实施中往往相关部门各自为政，缺少在河长制的框架体系内形成相互联系、共同推进的工作格局。

（三）考核问责机制有待进一步健全

目前，河长制的考核指标主要为体制机制建设、整治工作和整治成效三方面，重点围绕水质目标展开。但是水环境整治是一个区域性、系统性、长期性的工作，改善水质难以在短期内实现；且水质检测结果具有一定的随机性，易受水文、天气影响。这一考核机制不仅可能无法达到考核目的，还可能会打击基层河长履职的积极性。在考核内容中，体制机制建设情况等考核分数所占比例较大，黑臭水体消除率、管网建设完成情况、农业面源污染消除情况、节水城市建设情况等直接影响水环境的考核内容在考核分数中所占的比例较少。

（四）智慧河湖建设有待进一步强化

河长制信息管理系统在实际工作中应用不足，而且存在数据不准确、信息不共享、考核评估难以应用等情况。"一河一策"等河湖基础信息数据库尚未全面建立，河湖信息的动态性、实时性、全面性有所欠缺。水质、水量监测体系不完备，部分河湖跨界断面缺少水质监测设施，多部门监测数据实时共享体系尚未建立。河湖动态监控体系落后，大部分地区仍采用人工巡查的方式发现河湖存在的问题，无人机巡查、遥感影像监测等现代化的技术手段应用还不广泛，依靠大数据分析和处理问题的能力还不强。

（五）社会参与有待进一步深化

河湖生态环境问题与每个人的生活理念、生活方式、生活习惯息息相关，需要全社会公众积极参与，避免陷入边治理、边破坏的困局。同时，河湖水系数量多、空间分布广的自然属性也决定了要做好河湖管护就必须发动全社会的力量，形成共识，实现共振。但从调研情况看，公众参与渠道和参与模式还十分有限，目前公众参与的主要方式就是投诉举报，虽然有的县区进行了有益尝试，设立了民间河湖长、社会监督员等，但其参与决策、参与治理、参与管护、参与监督、参与宣传的力度还远远不够，公众参与平台单一、程序不规范、利益诉求传递途径不顺畅，造成社会公众对河长制湖长制工作关心少、参与度低、积极性不高。

三、对策建议

针对民主监督过程中发现的主要问题，梳理民主监督组及社会各界的意见，提出如下建议。

（一）完善体制机制，加大组织统筹力度

一是加大领导力度。建议参照我市创文、创卫等组织架构模式，进一步提升完善河长制组织架构，由相关市领导担任河长办主任，加大统筹力度，协调各方力量，真正形成齐抓共管格局。二是创新治河理念。进一步完善流域长制度，推动"河长制"向"河长治"转变，由机构建立向全域治河阶段转变。切实落实属地和部门责任，推动流域内各级河长切实履行河长职责，各部门单位协同推进全流域水质提升工作。三是加强监督检查。严格执行各项监督检查制度，在检查方式上，合理运用联合督导、暗访、群众举报调查、专项督查等多种手段，在满足频次要求的前提下，更加注重检查的质量和成效；在检查内容上，不仅要包括上级部署事项的落实情况，而且要加大对"一河（湖）一策"落实、河湖违法事项整治、长效机制建立等情况的督查力度，对政策措施不细不实的予以纠正，确保河湖管护各项举措能够真正落实落地，不流于形式。四是完善考核机制。建议合理调整河长制考核指标体系，适当降低体制机制建设分数占比，提高黑臭水体消除率、管网建设完成情况、农业面源污染消除情况、节水城市建设情况等直接影响水环境的考核内容分数比重，充分发挥考核的"指挥棒""风向标"作用。对河湖管理保护中不作为、慢作为以及存在严重破坏河湖行为的地区，对其河湖长和相关部门进行通报问责；对工作推进效果显著、河湖面貌改善明显的予以政策和资金激励，形成出真招、动真格、见实效的工作导向。

（二）精准实施策略，巩固提升治理成效

一是扎实提升河道长效管护。修订和完善"一河一策"，厘清思路、梳理项目、闭环管理，整治抓早、任务抓实、职责抓细，着力将每条河道打造成安全线、生态线和风景线。二是深入推进河库岸线空间管护。巩固河库岸线整治成果，实施"清四乱"常态化、制度化、规范化，对全市82条骨干河道和11座大中型水库水域岸线再排查再整治，并推动岸线治违治乱工作向乡村级河道和小型水库延伸。加强河道巡查监管，始终保持河湖生态监管高压态势。三是持续打赢打好碧水保卫战。坚持标本兼治、防治并重、城乡统筹、水岸联动，扎实推动国省考断面水质稳定达标。进一步巩固大浦河、蔷薇河、通榆河等河道整治攻坚行动成效，推动河道水质持续向好。开展重点河道排污口排查，制定短期管控和长效治理任务清单、责任清单，加大跟踪推进力度。

（三）创新创优举措，推动河湖治理与社会治理深度融合

一是加大依法治水工作力度。建议尽快制定出台《连云港市河长制工作条例》，以立法形式固化工作经验，明确河长担当，压实河库管护责任。重点压实基层河长履职责任，充分发挥巡河地缘优势，打通河库管护"最后一公里"。压实河长制成员单位责任，完善部门联席会议制度，加强沟通联动、信息共享，定期会商河湖治理保护中存在的突出问题。二是持续推动创新创优。及时总结流域长制、河长制督查交办三色清单管理制度、跨界河湖联防联控机制等创新

举措成功经验,并在全市范围内推广,实现河长制与断面长制、管长制、湾长制同频共振,同向发力。大力推进"河长制+"行动,通过"河长制+富民""河长制+乡村振兴""河长制+基层社会治理"等各种形式和载体,着力彰显河库在经济社会发展中的辐射带动作用,进一步放大河长治水的经济效益、社会效益和生态效益。

(四)加强科技支撑,推进幸福河湖建设

一是强化信息化保障。健全完善河长制湖长制信息管理系统,将"一河(湖)一策"、河湖划界、日常检查、工作考核、投诉举报等纳入信息系统管理,逐步实现智慧管控,提高治水能力和工作效率。加强水环境预警体系建设,增设自动监测站点,实现对重要河流湖泊和敏感水域进行水域岸线、水土流失、水生态环境等的动态监控。加快建立信息共享机制,推动实现河湖基础数据、水质监测、违法事项整治等信息的共享,为各级河湖长和相关部门科学有效决策提供有力支撑。二是打造特色亮点引领幸福河湖建设。围绕"河安湖晏、水清岸绿、鱼翔浅底、文昌人和"工作目标,着力形成一批可复制、可推广的典型案例,做好幸福河湖创建验收及宣传推广工作。加快推进石梁河水库幸福河湖建设清水进城行动,针对各项重点任务,制订督查工作方案,定期通报进展情况,督促落实建设责任。继续实施河道综合治理,强化河道生态型治理,打造河道水生态廊道,推进生态经济化、经济生态化。

(五)加强培训宣传,营造亲水爱水舆论氛围

一是建立定期培训制度。通过采取赴先进地区实地展示授课、河长制湖长制进党校、专家授课、学习交流、专题讲座等方式,加强对各级河长制办公室工作人员、村级河湖长的培训,不断提高对水环境治理的思想认识,增强责任意识,提高履职能力。二是加大社会宣传力度。通过微信、微博、抖音等群众广泛使用的新媒体工具,扩大宣传范围,加大河湖管护正面宣传力度。在报纸、电视、电台等媒体设立曝光台,针对河湖管护中的负面典型如污染河湖、懒政怠政、弄虚作假等行为给予曝光,形成震慑作用。制作宣传短片,在人流量较大的路口街头进行电子屏幕的播放展示,让水环境保护知识"飞入寻常百姓家"。

(六)畅通参与渠道,全面提升社会参与度

一是提高公众参与意识。利用公益广告、专家讲座、征文比赛、知识竞赛、护河行动、主题展览等形式提高公众对河长制湖长制工作的认识和理解。二是畅通公众参与渠道。如引入社会资本参与河湖治理、聘请社会人士担任民间河

湖长、选聘护河志愿者、成立护河志愿队等；聘请各级政协委员或人大代表担任监督员，鼓励公众通过市长热线、随手拍等参与提问题监督等。三是规范公众参与流程。明确公众参与的原则要求、议事程序、职权职责等，将公众意见诉求和决策有效对接，把解决好河长制湖长制实施过程中涉及群众的利益问题作为决策的前提。四是提高公众参与积极性。采取适当的物质或精神奖励，如赠送手机流量、赠送话费、积分兑换礼品、精神表彰等，激发公众参与热情，主动关心、支持、参与、监督河库管理保护，使公众真正成为推进河长制湖长制工作取得实效的重要力量，形成与政府管理同频共振的良好态势。

后　记

为深入学习贯彻习近平新时代中国特色社会主义思想，认真落实中央、省委决策部署和市第十三次党代会精神，2021年年底，市社科联以书记市长圈题、市委常委命题、市重点部门主要领导出题为主要方式，以服务和助推连云港"加快后发先至、全面开创新局"为主题主线，紧紧围绕事关全市经济社会发展的重大现实问题，紧密结合"一带一路"强支点建设、江苏自贸区连云港片区建设、加快海洋强市的现代化跨越等重点工作任务，组织市内相关专家团队开展相关课题研究，形成了一批具有较高学术价值和决策参考价值的研究报告。课题研究成果通过市社科联《决策内参》和成果专报等形式进行有效转化，部分成果得到市领导肯定性批示。为充分发挥这批成果决策咨询、工作参考和研究借鉴等方面的作用，现将29项研究成果分为自贸区建设、产业发展、海洋强市、社会民生、文化教育、生态文明6个专题，编辑成《连云港后发先至：理论、实践与探索（2022）》。这是继《连云港智库》（2015、2016、2017、2018、2019、2020）后编辑的第七本书。

市社科联党组书记张国桥审定编写方案并审阅书稿。市社科联党组成员、副主席韩冠旗负责组织编辑工作。市社科联谢仁善具体负责编辑工作。市社科联汪海波、王兰舟、陈宾宾围绕研究成果转化运用付出了辛勤的劳动，在此一并表示感谢！

由于编辑时间仓促，加之编者水平有限，书中难免存在不足之处，敬请读者批评指正。

编　者

2023年12月